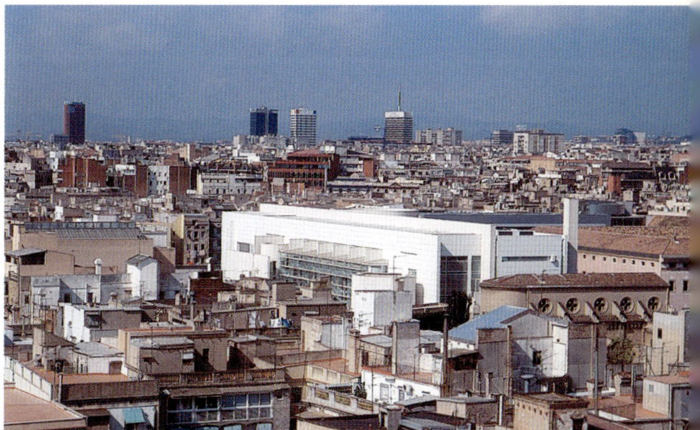

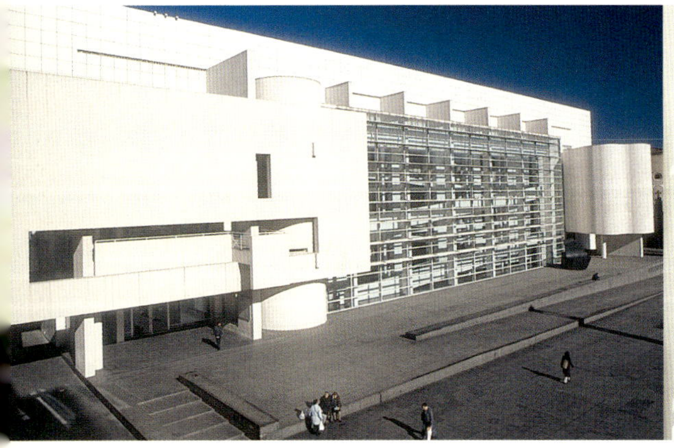
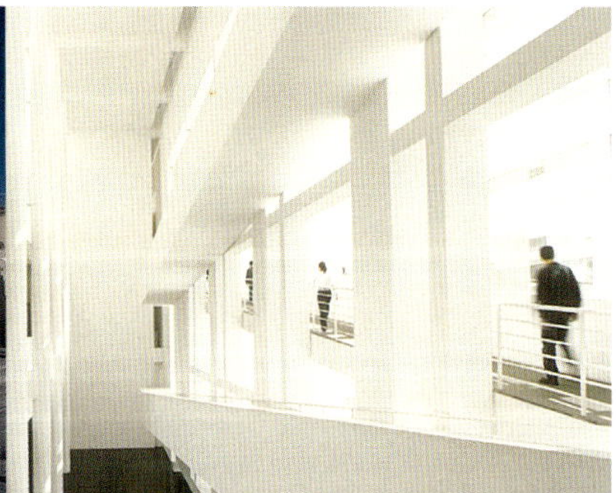

COL·LECCIÓ MACBA

MACBA Museu d'Art Contemporani de Barcelona

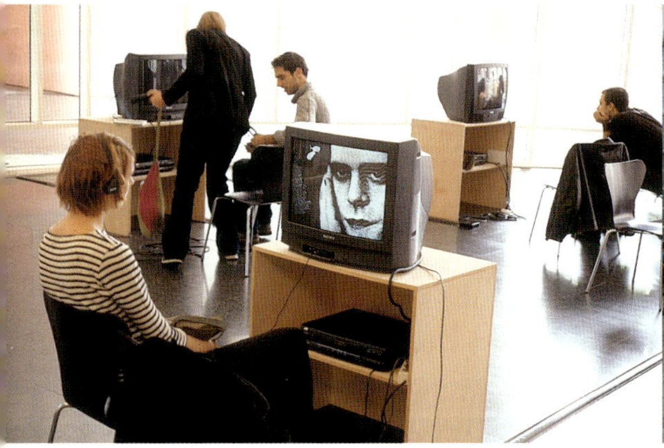
1

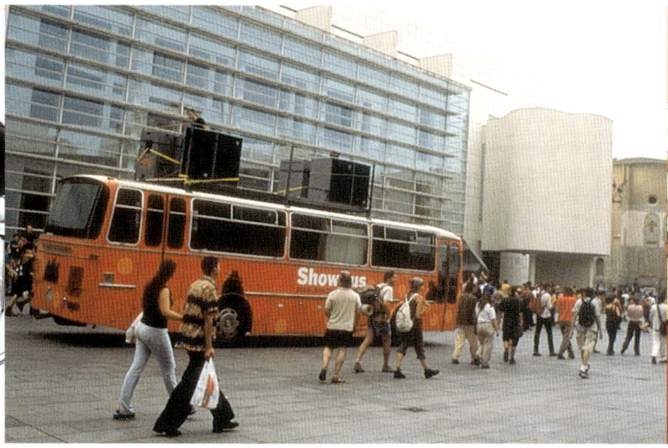
2

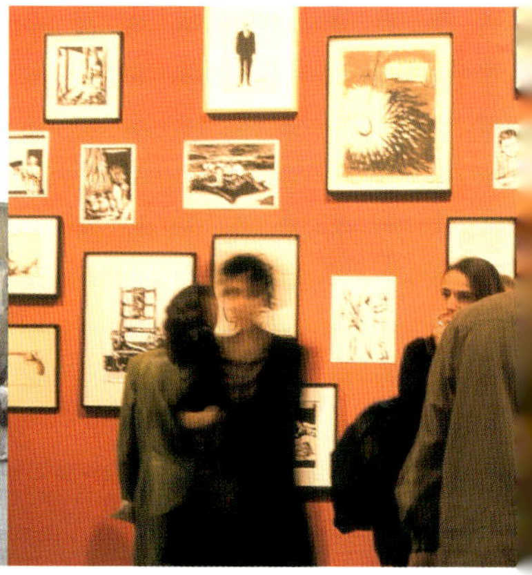
3

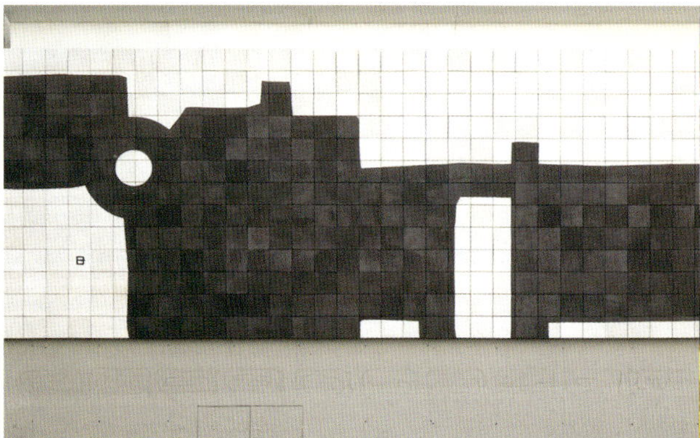
5

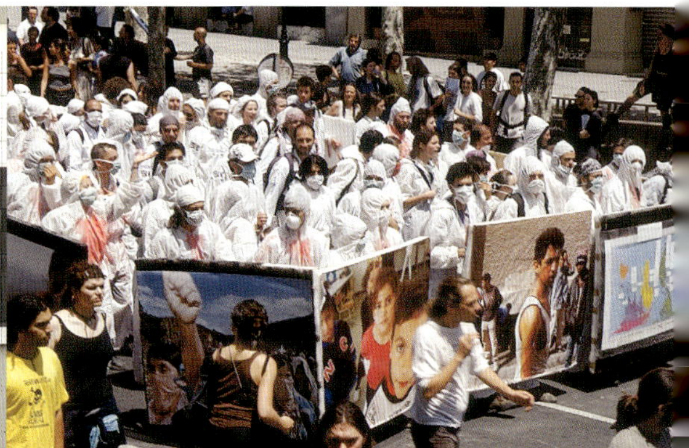
6

ÍNDEX

7 **Museu, memòria i identitat**
MANUEL J. BORJA-VILLEL

15 **Itinerari**

197 **Catalogació**

208 **Bibliografia**

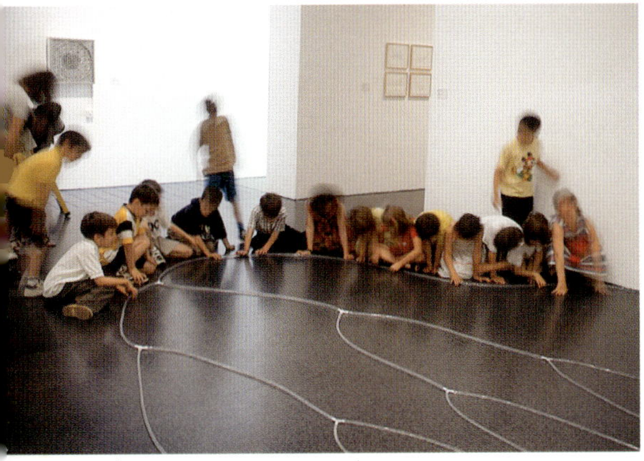

4

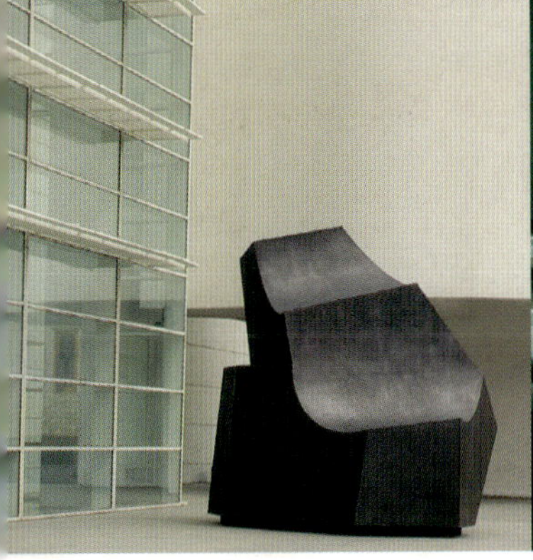

7

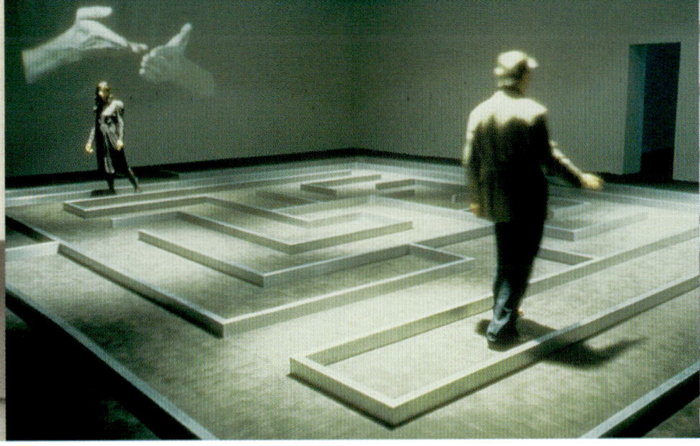

8

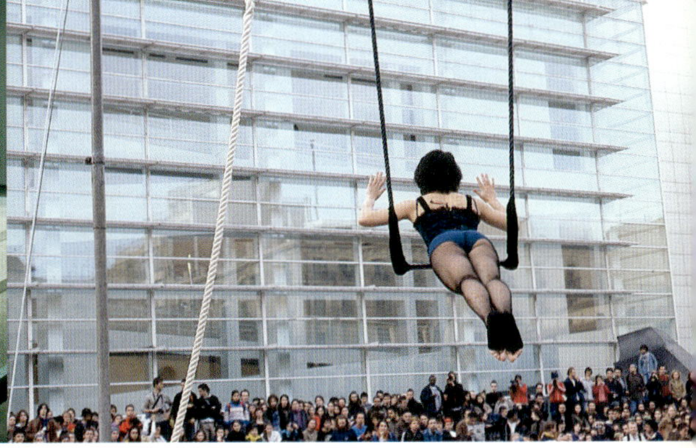

9

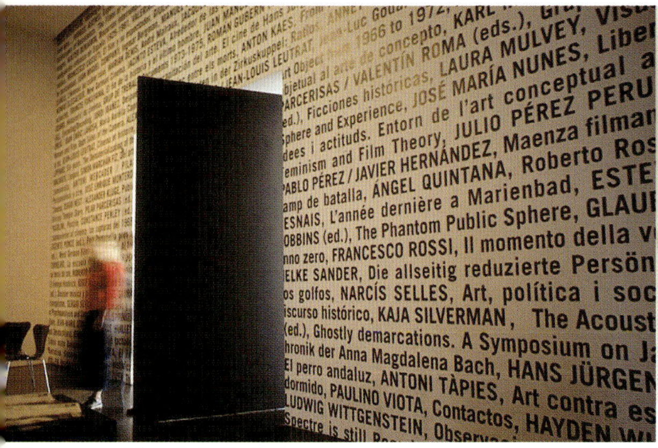

10

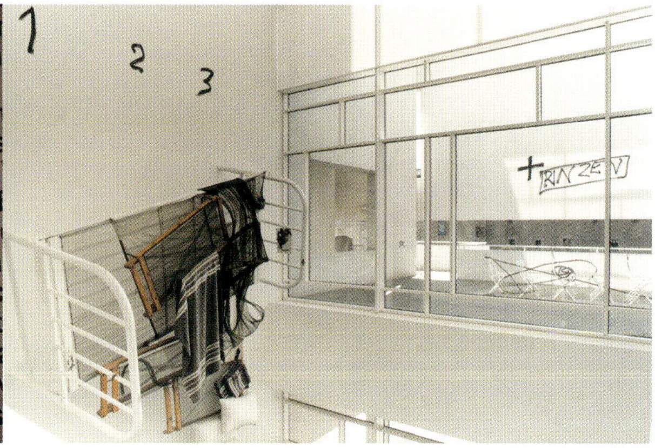

11

1. *Bon rotllo. Polítiques de resistència i cultures musicals.* Sala de referència, juny 2002
2. **Las Agencias**, *Show Bus*, Barcelona 2001
3. Exposició *Raymond Pettibon*, febrer 2002
4. Exposició *Camps de forces. Un assaig sobre el cinètic*, abril – juny 2000
5. **Eduardo Chillida**, *Barcelona*, 1998. Col·lecció MACBA. Fundació Museu d'Art Contemporani de Barcelona. Donació Sara Lee Corporation
6. **Las Agencias**, *Artmani*, Barcelona 2001
7. **Jorge Oteiza**, *La ola*, 1998. Col·lecció MACBA. Fundació Museu d'Art Contemporani de Barcelona. Donació de Jorge Oteiza i Media Planning Group
8. Exposició *Gary Hill*, juliol – setembre, 1998
9. **Circo VS**, Imperi Global, març 2001
10. Exposició *Pere Portabella. Històries sense argument*, febrer – març 2001
11. **Antoni Tàpies**, *Rinzen*, 1992-1993. Col·lecció MACBA. Fundació Museu d'Art Contemporani de Barcelona. Donació REPSOL YPF

MUSEU, MEMÒRIA I IDENTITAT

MANUEL J. BORJA-VILLEL

1

Segons Walter Benjamin, col·leccionar és una forma de coneixement que està íntimament lligada a la memòria, i que es caracteritza per la seva riquesa, per la seva capacitat de mobilització, d'afavorir associacions sobtades i de produir vincles no anticipats entre una experiència del present i una del passat. Tota col·lecció autèntica s'allunya, doncs, de la mera acumulació de records i «materials morts», i pot constituir una reserva d'experiències i d'imatges immensa, polimòrfica i oberta. Confon qualsevol linealitat, interromp la temporalitat i s'inclina cap al descobriment del potencial utòpic del passat. «Aconseguir això és una cosa reservada a una ciència històrica que no té per objecte formar un cabdell de factualitats pures, sinó un grup comptat de fils que representen la trama d'un passat en el teixit del present. (Seria un pas en fals equiparar aquesta trama amb el mer nexe causal. És més aviat un nexe dialèctic, i hi ha fils que poden estar perduts durant segles i que el decurs actual de la història torna a prendre de manera sobtada i inadvertida.)»[1]

Entesa d'aquesta manera, una col·lecció qüestiona els mateixos ciments sobre els quals se sosté la visió burgesa de l'art: l'halo de la bellesa, l'harmonia, la unitat del que és múltiple i el concepte de geni. Es contraposa a una història de l'art i la literatura en què tota escola es mostra com a reacció o desenvolupament de la precedent, o un nou estil com a superació d'un de més antic. També s'oposa a l'hàbit de presentar les construccions culturals deslligades de la repercussió sobre l'ésser humà i el seu procés de reproducció, tant espiritual com econòmic. Trenca, per tant, amb l'historicisme que prenia carta d'identitat a finals del segle XVIII, i que tendia a ocultar qualsevol incompatibilitat i a universalitzar –i, en últim terme, a psicologitzar– la nostra concepció del pensament i de la cultura. Aquest historicisme ignorava que la cultura es forma a partir d'entitats heterogènies, que el lloc on aquestes es juxtaposen és exclusivament el discurs, i que les formacions discursives pateixen mutacions històriques de tal magnitud que arriben a ser incompatibles entre si.

Ara bé, la col·lecció personal a què es referia Benjamin quan escrivia sobre Eduard Fuchs era ja en aquell moment una espècie en extinció, i més tard va ser reemplaçada per dos models aparentment contraris i que en l'actualitat són dominants: la col·lecció privada, que es mou d'acord amb els paràmetres lligats al mercat, i la col·lecció pública, de vocació inequívocament homogeneïtzadora. La col·lecció que Benjamin va analitzar trencava, però, amb els lligams conceptuals de l'idealisme romàntic i amb els vincles comercials que imposava el mercat. Els objectes acumulats no solament revelaven significats que no tenien cabuda en la història oficial, sinó que, en perdre la «utilitat», resistien qualsevol possible mercantilització. Per contra, els nous models, marcats per l'aparició espectacular de museus i d'espais destinats al consum d'esdeveniments, així com pel floriment d'un gran mercat d'obres d'art, reintroduïa la servitud del romanticisme i del mercat.

Aquest era el dilema a què es van afrontar els artistes que a partir de la segona meitat dels anys seixanta van dur a terme una tasca significativa de crítica institucional, com el belga Marcel Broodthaers. Quan va fundar el 1968 un museu fictici d'art modern, que incloïa una secció del segle XIX i un «departament de les àguiles», Broodthaers va ser un dels primers que van actuar sobre la condició discursiva del museu i les col·leccions. En una expressió d'aquest museu que va tenir lloc a la Kunsthalle de Düsseldorf l'any 1972, Broodthaers va incloure 266 objectes que representaven àguiles, els quals havia agafat en préstec de museus i col·leccions privades. L'antiguitat d'aquests objectes s'estenia des de l'oligocè fins al present, i cada peça anava acompanyada d'una cartel·la en què es llegia «Això no és una obra d'art» (una fórmula que Broodthaers va obtenir en unir dos conceptes antitètics, l'un formulat per Duchamp i l'altre de Magritte). Amb això, Broodthaers combatia qualsevol història cultural i, prenent l'àguila com a patró, en mostrava el caràcter contextual. La col·lecció d'«àguiles» es resisteix a ser integrada en un únic sistema i denuncia, per tant, l'artificialitat.[2]

La col·lecció de Broodthaers es basa en la identificació de l'àguila com a idea amb l'art com a idea. Però el resultat de l'«àguila com a idea» és, en aquest cas, una vasta diversitat d'objectes tal (pintures, fòssils, vasos, armadures, botelles de cervesa, telèfons, camises, fotografies, etc.) que és la mateixa estructura sobre la qual es basa aquesta juxtaposició la que es qüestiona, la que apareix com a discursiva i dependent dels diversos paradigmes històrics. A través dels *readymade*, Duchamp ens va fer veure que la funció del museu consistia a declarar que els objectes que acollia «eren obres d'art». Les cartel·les de Broodthaers van més enllà en aquesta proposició. I quan afirma «això no és una obra d'art», la designació d'un altre objecte com a art esdevé una designació arbitrària, una mera representació. Si el pensament occidental ha vetllat perquè hi hagi el menor espai possible entre el pensament i la parla, l'artista-col·leccionista mostraria que aquest pensament es troba sempre revestit de signes i es fa visible a través d'aquests. I encara més, que el discurs no és simplement el mitjà que tradueix les lluites i els sistemes de dominació, sinó el mitjà a través del qual es lluita; és el poder que es vol obtenir.

2

La modernitat ens volia convèncer de les excel·lències d'una història teleològica que buscava la puresa de les espècies artístiques. Aquesta història arrencava en Cézanne, continuava en el cubisme i el surrealisme i acabava en l'expressionisme abstracte, la *color field painting*, etc. Aquesta història va tenir lloc en un circuit de ciutats molt precís, que passava per París, primer, i Nova York, després. Altres pràctiques que no s'emmarcaven en aquesta progressió, o que se situaven geogràficament fora d'aquests centres, tendien a ser jutjades com a provincianes, derivatives, etc. La llista d'artistes amb una obra malentesa o mal representada és molt extensa, i incloïa figures avui tan importants com Hélio Oiticica, Lygia Clark, Öyvind Fahlström, Dieter Roth i Georges Vantongerloo, entre d'altres.

Malgrat tots els esforços de l'historicisme per ocultar, devaluar i despolititzar l'espai com a objecte del discurs social crític, és obvi que no únicament vivim en el temps, ni en una espècie de buit en el qual es col·loquen els éssers vius i les coses. Vivim en llocs dispars que es vertebren en i a través d'una xarxa de relacions específiques.[3] Tal com van entendre Mandel i Lefebvre, el desenvolupament regional desigual forma part integral de la condició conflictiva del capitalisme, ja que crea grans reserves de mà d'obra i mercats complementaris capaços de respondre als fluxos espasmòdics i contradictoris del capital. La tensió dialèctica entre la diferència i l'homogeneïtzació és immanent al desenvolupament geogràfic desigual. És lògica, doncs, la persistència amb què es fomenta una homogeneïtzació cultural i d'hàbits, alhora que es manté la distància entre la perifèria i la metròpoli. La història hegemònica oficial oculta les petites històries subalternes i regionals, i tota diferència tendeix a obliterar-se.

Possiblement és aquest espai tangencial el que ha ocupat l'art del nostre país, en part a causa d'una situació d'excepció que ha durat unes quantes dècades. Així doncs, la dimensió espacial en la història que mirem de construir des de la Col·lecció MACBA té ara més sentit que mai. És molt important prestar atenció a les combinacions de temps i espai, història i geografia, seqüència i sincronia, a fi de crear simultaneïtats, mapes laterals que permetin entrar en la narració en qualsevol punt, sense perdre de vista l'objectiu general. En certa manera, hem d'aprendre de l'espai de la literatura contemporània, que és molt conscient de la simultaneïtat i l'extensió dels esdeveniments, com també de la seva successió. «Hi ha tantes raons per les quals això ha de ser així: l'espectre dels mitjans moderns de comunicació, l'escala del poder modern, el grau de responsabilitat política que ha de ser acceptat per esdeveniments arreu del món, el desenvolupament dins d'aquest món, l'escala de l'explotació.»[4]

3

El MACBA es va inaugurar oficialment el 1995 i s'inscrivia en un seguit d'accions portades a terme a Barcelona durant els anys vuitanta i la primera meitat dels noranta, que van tenir com a objectiu la reordenació urbana de la ciutat així com l'orientació cap a un tipus d'economia extravertida, sustentada essencialment en el sector terciari i el turisme. Els canvis que ha viscut Barcelona aquests darrers anys corresponen a moviments similars que s'han produït en altres ciutats, i formen part de les transformacions en la producció a partir de la mundialització del capital i la globalització. A finals dels anys quaranta, amb el pas d'una economia basada en la indústria i la producció a una economia orientada cap al consum i la reproducció social, la ciutat va començar a exercir un paper que no havia tingut anteriorment. «En contrast amb temps anteriors, quan la industrializació produïa urbanisme, ens afrontem ara a una situació en què la industrializació i el creixement econòmic, les bases de l'acumulació capitalista, es conformen en gran part per i a través de la producció social de l'espai urbanitzat, planificat i orquestrat per l'Estat, i s'estén fins a englobar una gran part de la població mundial i els recursos.»[5] La ja coneguda utilització de l'art com a primer pas per a la regeneració urbana està directament lligada a aquest fenomen, i explicaria segurament la relació tan especial que mantenen molts museus amb el seu entorn.

Els espais conquerits pel capital ja no són exclusivament els que corresponien a les terres llunyanes que descriuen de manera magistral les novel·les de finals del segle XIX. El nou espai generador de riquesa és l'espai de la nostra vida diària, el nostre propi espai de llibertat. Tal com ha descrit Andreas Huyssen a propòsit de la transformació que va viure Times Square a la ciutat de Nova York, no és tant un debat sobre la dicotomia «cultura popular *versus* cultura d'elit», sinó sobre l'alteració profunda de la cultura en una època en què les grans empreses d'entreteniment han descobert el valor de la ciutat i dels turistes que la visiten per les estratègies de màrqueting.[6]

La hiperactivitat cultural actual, especialment representada por la proliferació dels museus durant les últimes dècades, suposa, en realitat, una nova fase en la societat consumista occidental. El museu, al contrari del que es pensava en l'època de les avantguardes històriques, no ha acabat separat de la modernitat, ni ha superat la cultura burgesa, sinó que ha acabat com a agent privilegiat d'aquesta. Assistim a una museïficació creixent de la societat en general. Artistes i obres no són sinó pretextos perquè no deixi de girar el món de l'art, un món que sembla necessitar contínuament d'espectacle artístic, de nous objectes i formes amb què satisfer una curiositat que devora qualsevol nova expressió, que sovint acaba buidant-se de contingut crític en el procés.

Des d'instàncies públiques i privades es demana als museus un paper actiu en la configuració d'un programa artístic ideat en funció d'una concepció utilitària de l'art, com a reclam per atreure turistes. Es prioritza l'espectacle, es fomenten els festivals (les «primaveres fotogràfiques», «del disseny», etc.), però no la cultura com a negociació i agonia, com a lloc on es recrea l'esfera pública i es qüestiona la nostra posició al món. El museu i la ciutat esdevenen una mena de parc temàtic, situat en un present continu, disfressat de falsa memòria i on les relacions entre els individus es basen en el consum, i el subjecte polític és substituït pel consumidor.

El creixement del mercat de l'art i l'explosió de les exposicions i els museus van coincidir, durant la primera meitat dels anys vuitanta, amb el que semblava una tornada definitiva a la tradició i al *métier*, la recuperació de l'al·legoria i la metàfora com a maneres d'expressió i el rebuig dels valors associats a l'avantguarda. És patent que l'expansió de la cultura com a fenomen social va anar acompanyada d'una regressió en el camp artístic. Ens trobem, de fet, davant de dos fenòmens estretament units. La nova centralitat de la cultura no era deguda a un interès renovat per l'educació i el canvi, ni a la voluntat de complir el que va ser una promesa utòpica per part del museu per oferir igualtat i accés públic al coneixement històric i a l'experiència cultural. Al contrari, la seva funció era oferir els mites de la cultura com a productes de consum, continuant la decepció general de qualsevol consum, que consisteix a ocultar el preu real del treball, és a dir, la disponibilitat lliure de la identitat mercantilitzada.[7]

El procés de restauració de la tradició va comportar un interès exacerbat per la història i les escoles nacionals; i es va traduir de manera plàstica en diversos neoexpressionismes i transavantguardes dels anys vuitanta, que van caure en múltiples llocs comuns, despersonalitzats i plens de clixés. En un moment en el qual les burgesies locals començaven a exportar capital i mà d'obra i, sobretot, a vendre recursos nacionals a multinacionals, la recuperació de tot el que era nacional adquiria un sentit ple. El multiculturalisme dels noranta no va ser sinó una continuació dels expressionismes dels vuitanta. Si aquests últims suposaven la pèrdua d'identitat per part de les burgesies nacionals, i la transformació en una mercaderia intercanviable a escala global, el primer representa l'obertura completa del capital a tot tipus d'identitats que acaben convertides en estereotips.

La perversitat d'aquesta situació va quedar en evidència molt aviat. A la profunda crisi dels anys setanta es va respondre amb una nova organització social que, sota una aparença d'acceptar moltes crítiques que amb tanta virulència es produïen aquells anys, en el fons servia per absorbir el discurs crític i afavorir-ne la fetitxització i mercantilització posteriors. La gestualitat i espontaneïtat de les obres connotaven llibertat. A diferència dels minimalistes o els conceptuals, els artistes eren ara lliures de tota restricció empírica o racional, però continuaven lligats a una definició molt concreta sobre el que s'acceptava com a art i cultura. La manera com s'anul·lava el treball intel·lectual i es cancel·lava el perill de dissensió consistia a crear un espai tancat on l'artista era lliure de fer el que volgués, però més enllà d'això no se li permetia experimentar. Es reforçava la «institució art». Dins d'aquest espai, l'artista gaudia de grans prebendes. Fora d'aquest espai només existia el buit. I, d'aquesta manera, qualsevol intervenció amb implicacions polítiques reals era irònicament qualificada de restrictiva, i deixava de ser considerada art.[8]

Així com la societat decimonònica va voler historiar i mitificar un present i un passat que eren només d'uns quants, però que se'ls donava carta de naturalesa i se'ls presentava com si fossin de tots, avui vivim en una època en què la pedagogia artística està cada cop més institucionalitzada i l'art esdevé paradigma retòric contra el que es percep com a caos social. Des que Thomas Hobbes va escriure sobre la necessitat de limitar l'ús «irresponsable» de les paraules i el que transmetem en la història que escrivim, ha estat freqüent percebre la ciència i les arts com a perilloses, és a dir, com a forces que poden incitar a la revolució i a la desobediència civil. Sabem també que la historiografia i la crítica oficials tendeixen no únicament a no veure, sinó també a denegar l'existència de zones fora de control.

Tot i això, si bé les grans regularitats i normatives de la història de l'art s'han prestat a les calculacions de la ideologia dominant, també poden prestar-se a nous desordres i arbitrarietats que pertorben els rigors objectius, i encara més en una època en què la divisió dins/fora ha deixat de tenir sentit.[9] Les pràctiques artístiques circulen a la nostra societat. La mateixa dimensió estètica és la condició i l'efecte d'aquesta circulació. No hi ha dubte, per tant, que és possible crear enunciats que introdueixin línies de fractura en els cossos col·lectius. Tal com ens recorda Jacques Rancière en *La división de lo sensible*, l'ésser humà és un animal polític perquè és un animal literari. «La circulació d'aquests enunciats determina les modificacions de la percepció sensible del que és comú, de la relació entre l'espai comú de les arts i la distribució sensible d'espais i ocupacions. Dibuixen així comunitats aleatòries que contribueixen a la formació de col·lectius d'enunciació que tornen a posar en qüestió la distribució dels papers, territoris i llenguatges; en resum, d'aquests subjectes polítics que tornen a posar en dubte la divisió predeterminada de la sensibilitat.»[10]

La història que ens narra una col·lecció és també història, ja que té capacitat per actuar com a agent històric. Existeix, d'aquesta manera, un element compartit entre les obres que componen la col·lecció i la col·lecció mateixa, entre el fet artístic i el museu, entre la narració que escrivim i les nostres accions com a agents històrics. La política i l'art construeixen «ficcions», és a dir, reordenaments materials de signes i imatges, de les relacions entre veure i saber, del que es fa i del que es pot fer. Aquestes «ficcions» són la manera com pensem la realitat: reconfigurant el mapa de la sensibilitat i descobrint noves relacions entre les maneres de ser, fer i dir. És llavors quan els enunciats literaris, siguin històrics o artístics, poden arribar a tenir, com també els polítics, incidència en la realitat.[11]

4

La Col·lecció MACBA es constitueix a partir dels fons que han dipositat al Museu les tres institucions que conformen el Consorci del Museu d'Art Contemporani de Barcelona: la Generalitat de Catalunya, l'Ajuntament de Barcelona i la Fundació Museu d'Art Contemporani de Barcelona. Tot i que, des que es van integrar al Consorci, aquests fons s'articulen i es desenvolupen d'acord amb les línies directives que estableix el museu, els orígens són diversos, i la seva especificitat reflecteix moltes de les complexitats i contradiccions que caracteritzen la nostra història més recent, tant en l'àmbit cultural com el polític.

Moltes vegades, quan parlem d'aquestes col·leccions, se'n discuteix el valor respecte al que es considera la història canònica de l'art del segle XX, a la qual pretesament es volia accedir. Així, s'ha lamentat l'absència d'obres i figures essencials de la modernitat. El nostre museu ja ha arribat tard no solament a les obres mestres de Cézanne o Picasso, sinó també a les de Pollock, Johns o Warhol. Davant d'aquesta impossibilitat de rescriure la història, de «recuperar» el temps perdut, es va generar un corrent d'opinió que defensava un museu assentat en el present, bolcat en l'exposició de l'última tendència, en què el valor de la novetat és un valor objectiu.

La necessitat imperiosa d'estar al dia i que el museu reflecteixi el que acaba de passar, és una constant en molts museus actuals. L'atenció especial que es concedeix a les seccions «prospectives», és a dir, aquelles seccions destinades a descobrir per endavant el que encara no existeix, insisteix en aquesta idea. Ara bé, el valor de la novetat no suposa una ruptura ni implica la dispersió de posicions sinó que és l'element aglutinador que unifica les opcions i dificulta la diferència. La novetat és identificada amb la bondat i la veritat, i és revestida, per tant, d'un component ètic. No és sorprenent que els debats es polaritzin fàcilment entre els qui han sabut reconèixer la bondat innata de les idees noves i els qui, aferrats a un passat caduc, són incapaços de fer-ho. El resultat és que poques vegades s'analitzen les propostes pel que poden aportar en l'àmbit dels enunciats i opcions. Al contrari, la novetat és acceptada d'acord amb uns valors generals que són freqüentment normatius.

Sovint, els sectors que entenen que el museu ha de ser, primer de tot, expressió i reposador de la producció artística d'un país, perceben aquesta concepció del museu antitètica i incompatible. Molt sovint assistim a l'aparició de tot tipus de raonaments en defensa d'aquesta posició, els quals alhora generen intrincades discussions sobre altres temes, com ara la possible data d'inici de la Col·lecció MACBA. La base d'aquesta mena de polèmiques, però, és falsa i serveix sobretot per ocultar el fet que tant la noció que emfatitza l'actualitat com la que reivindica el passat constitueixen les dues cares d'una mateixa moneda. Totes dues argumentacions situen les obres d'art en un espai idèntic, fictici i ideal. Ens trobem davant de dues postures intercanviables, en què el valor del progrés i el mite de l'origen poden alternar-se indistintament. Ni l'una ni l'altra tenen en compte que és precisament la naturalesa mítica de les col·leccions la que els confereix, per endavant, el contingut.

La idea subjacent a aquests plantejaments defineix la identitat d'acord amb uns trets més o menys mítics, uns trets que situen la història fora de la història, en una narració lineal i evolutiva, on el present es veu reflectit i interpretat segons un origen únic, que havia tingut una aura revolucionària i transgressora, cosa que explicaria la temptació de repetir-ne les formes i imitarne els episodis i els caràcters. En el nostre cas, aquesta condició mítica estaria representada per la ruptura que va suposar en el país el col·lectiu Dau al Set i l'informalisme matèric. A partir d'aquí es creen tot un seguit de constants canòniques de l'art català, que significativament tenen a veure amb un interès pels aspectes materials de la pintura, pels jocs de llenguatge, etc.; i que, sens dubte, han contribuït a la hipertròfia d'aquestes tendències en la nostra història oficial, i a la indiferència gairebé total davant una altra mena de pràctiques artístiques, com les que van dur a terme els membres del Grup de Treball a mitjan anys setanta.

El fet que aquesta estructura narrativa s'hagi estès tant en un país com Catalunya no és casual, considerant que la ideologia identitària es troba molt arrelada en la nostra organització social i política, i que les nocions de nació i narració estan molt entrellaçades. La història d'una nació –ha escrit Etienne Balibar– sempre se'ns presenta en forma d'una narrativa que atorga a aquesta entitat la continuïtat d'un subjecte.[12]

Aquest enfocament constitueix clarament una manifestació de la personalitat nacional. Coneixem la posició privilegiada que ha tingut i té la nació com a forma política hegemònica, capaç no sols de controlar les lluites entre les classes heterogènies, sinó també de produir ideologies que poden mantenir i fins i tot produir aquesta hegemonia. Hi ha una connexió implícita entre la il·lusió d'una evolució històrica necessàriament unilineal i l'acceptació acrítica de la nació com a forma última d'entendre les nostres relacions i la història. La ideologia identitària, en aquest sentit, actua com una religió, i l'educació, com un element aglutinador i definitori de les nostres comunitats. Però, simultàniament, aquesta ideologia pot suposar la subscripció tàcita d'un sistema de desigualtats, per al qual la narració que aquesta estructura identitària comporta no és solament una coartada sinó també una forma d'aprenentatge.

La nació, la raça i el grup ètnic no estan arrelats a la naturalesa sinó que, com han sabut veure Balibar i Wallerstein, són construccions socials, lligades d'una manera molt concreta a un ordre econòmic mundial que s'estableix sobre una estructura axial centre-perifèria. Aquest centre, al mateix temps, es troba dividit en altres centres i perifèries, cada un dels quals defensa els seus propis mètodes d'acumulació i explotació de la força de treball, i entre els quals s'estableixen vincles d'intercanvi i de dominació diversos i desiguals. Fins i tot podríem dir que en aquest centre la jerarquia de les diferents unitats nacionals és antagònica i actua com a eina de competició que provoca el domini del centre sobre la perifèria.

Un posicionament adequat a aquest context ens permet entendre millor la insistència de la nostra historiografia en determinades figures retòriques, així com l'obsessió gairebé malaltissa per escriure una història de l'art català de caire universalista, plena de figures i grans genis, que caldria situar al capdamunt de la cultura contemporània. Es reivindica l'art de la perifèria, però en consonància amb el centre. S'intenta superar un ordre jeràrquic, però només per establirne un altre. La novetat consisteix que aquesta vegada la relació de dependència amb el centre es fa des de la perifèria.

En la societat actual de comunicacions transnacionals i de relacions globals de força, tenim la missió d'anar més enllà de l'exclusivisme de la ideologia identitària. Cada individu està obligat a trobar en la transformació de l'imaginari de la gent els mitjans per deixar-lo enrere, per poder comunicar-se amb els individus d'altres llocs amb els quals pugui compartir els mateixos interessos i fins i tot el mateix futur.[13] ¿Podem parlar de la rellevància de la cultura, de la necessitat d'una cultura democràtica, si no som conscients que avui la cultura és element integrant de la societat de consum i és constantment cooptada per una ordenació hegemònica burgesa, i si la nostra única postura consisteix a demanar més accés –un tros més gran del pastís– a aquest poder? No es tracta, doncs, de «normalitzar» la història d'un país, ni de «millorar» l'estatus dels nostres artistes en la gran història universal i homogeneïtzadora que pretenem escriure a partir d'un discurs identitari. Es tracta, per contra, de repensar quines són aquestes estructures narratives i en quines institucions es produeixen.

1 Walter Benjamin. *Discursos interrumpidos*. Madrid: Taurus, 1987, p. 104.

2 Vegeu Douglas Crimp. *On the Museu's Ruins*. Cambridge, Massachusetts: The MIT Press, 1993, p. 202-203.

3 Edward W. Soja. *Postmodern Geographies*. Londres, Nova York: Verso, 1989, p. 4.

4 John Berger. *The Look of Things*, p. 40, citat a Soja, *op. cit.*, p. 22.

5 Edward W. Soja, *op. cit.*, p. 96.

6 Andreas Huyssen. «Fear of Mice», a *Harvard Design Magazine*, primavera, 1998.

7 Benjamin Buchloh. *Neo-Avantgard'and Culture Industry*. Cambridge, Massachusetts: The MIT Press, 2000, p. 124.

8 L'ambigüitat constant que mostra el capitalisme respecte als processos d'alliberament ha ocasionat noves formes de relació i submissió. Si bé és cert que amb l'aparició d'Internet la possibilitat de participar en un gran nombre de debats i d'obtenir més autonomia s'ha accentuat considerablement, també ho és que s'han generat noves formes de dependència, com l'aparició de l'autocontrol i la censura o els terminis extremadament curts de producció. Vegeu Luc Boltanksi i Ève Chiapello. *El nuevo espíritu del capitalismo*. Madrid: Akal, 2002.

9 Vegeu Paolo Virno. *Gramática della moltitudine*. Soveria Mannelli: Rubbettino Editore, 2001, p. 12.

10 Jacques Rancière. *La división de lo sensible*. Salamanca: Consorcio Salamanca, 2002, p. 68-69.

11 Ibidem, p. 67.

12 Etienne Balibar. «The Nation Form: History and Ideology», a Etienne Balibar i Immanuel Wallerstein. *Race, Nation, Class (Ambiguous Identities)*. Londres: Verso, 1991, p. 86.

13 Ibidem, p. 105.

ITINERARI

En aquest itinerari, a causa de les limitacions imposades pel mateix format de la publicació, es presenten tan sols 257 obres de les més de dues mil que constitueixen la Col·lecció MACBA, de procedències diverses: fonamentalment la Generalitat de Catalunya, l'Ajuntament de Barcelona i la Fundació MACBA, i també dipòsits a llarg termini, entre els quals destaquen les aportacions de la Col·lecció Onnasch, de Sandra Álvarez de Toledo i de la Fundación Telefónica. A l'hora de realitzar aquesta selecció no s'ha pretès elaborar un cànon de l'art contemporani, ni tan sols de l'art català actual, sinó una presentació que pensem que ha de tenir sentit en un lloc i un moment concrets: els d'una ciutat que es pot considerar perfectament paradigmàtica del que Jameson va anomenar «condició postmoderna». Amb aquesta selecció, davant de la noció del saber acumulatiu i suposadament enciclopèdic, es reivindica l'assaig i es deixa oberta la possibilitat –sense caure en cap tipus d'eclecticisme– de fer una lectura diferent, en un altre moment, de la Col·lecció MACBA.

Davant del caràcter heterogeni de tota la col·lecció i la necessitat de situar temporalment i espacialment les obres que la integren, així com de potenciar-ne la interpretació, les reproduccions de les peces s'acompanyen amb textos que han escrit els artistes o autors molt vinculats a aquests, o bé amb fitxes breus elaborades al MACBA la funció de les quals és servir de guia al lector. A la catalogació que apareix al final d'aquest volum, al costat de la informació tècnica, s'indica la procedència de cada una de les obres reproduïdes.

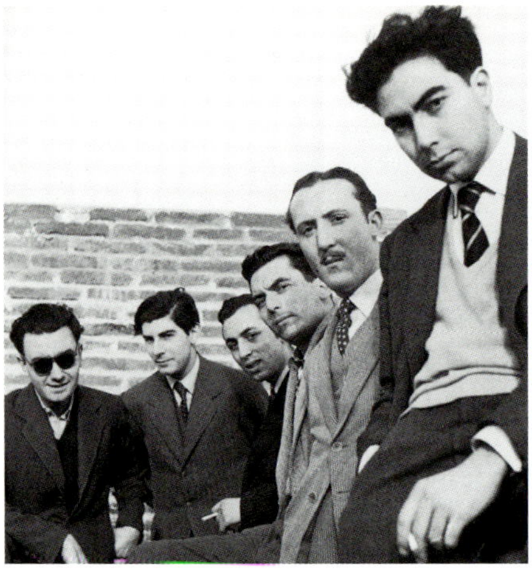

Joan Brossa, Modest Cuixart, Joan Ponç,
Joan Josep Tharrats, René Metràs i Antoni Tàpies,
1949

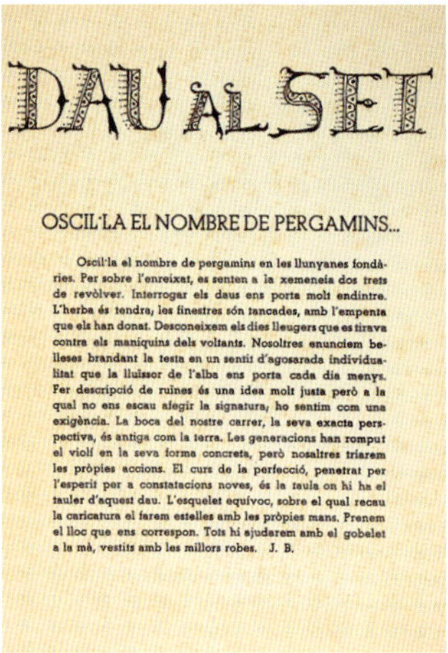

DAU AL SET

OSCIL·LA EL NOMBRE DE PERGAMINS...

Oscil·la el nombre de pergamins en les llunyanes fondàries. Per sobre l'enreixat, es senten a la xemeneia dos trets de revòlver. Interrogar els daus ens porta molt endintre. L'herba és tendra, les finestres són tancades, amb l'empenta que els han donat. Desconeixem els dies lleugers que es tirava contra els maniquins dels voltants. Nosoltres enunciem belleses brandant la testa en un sentit d'agosarada individualitat que la lluïssor de l'alba ens porta cada dia menys. Fer descripció de ruïnes és una idea molt justa però a la qual no ens escau afegir la signatura, ho sentim com una exigència. La boca del nostre carrer, la seva exacta perspectiva, és antiga com la terra. Les generacions han romput el violí en la seva forma concreta, però nosaltres triarem les pròpies accions. El curs de la perfecció, penetrat per l'esperit per a constatacions noves, és la taula on hi ha el tauler d'aquest dau. L'esquelet equívoc, sobre el qual recau la caricatura el farem estelles amb les pròpies mans. Prenem el lloc que ens correspon. Tots hi ajudarem amb el gobelet a la mà, vestits amb les millors robes. J. B.

Dau al set, setembre 1948
(vol. I). Pàgina de revista amb
text de Joan Brossa

Dau al Set va ser un grup heterogeni, amb inquietuds diverses, que pretenia eixamplar el restringit panorama artístic barceloní i recuperar la tradició de l'avantguarda artística catalana que s'havia vist interrompuda el 1939, utilitzant una revista com a plataforma d'expressió per a materialitzar certes inquietuds artístiques i intel·lectuals. El grup estava integrat pels pintors Modest Cuixart, Joan Ponç, Joan Josep Tharrats i Antoni Tàpies, el poeta Joan Brossa i el filòsof Arnau Puig. Tharrats tenia cura de la impressió i la distribució de la revista que donava nom al grup, que es va publicar des de 1948 fins a 1956. Amb un tiratge que oscil·lava entre cent i dos-cents exemplars –que a l'època es distribuïen entre els subscriptors– la revista *Dau al Set* va constituir el vehicle perquè els diferents membres del grup despleguessin el seu ideari, per mitjà de la paraula, en el cas de Brossa i de Puig, i de la imatge, en el cas de Tàpies, Cuixart, Ponç i Tharrats. A més, s'hi van publicar els escrits de personatges afins com ara Juan Eduardo Cirlot, Carlos Edmundo de Ory i Rafael Santos Torroella, i va contribuir a crear un clima teòric favorable per a l'activitat artística de Dau al Set.

Si bé els integrants de Dau al Set havien començat a col·laborar el 1946, el seu període d'activitat més intensa es va concentrar entre els anys 1948 i 1951, època en què Dau al Set participà en diverses exposicions, i portà a terme una tasca editorial important. Encara que s'ha assenyalat l'any 1953 com a data de dissolució del grup, ens hem d'atenir a les impressions personals de cada protagonista per saber realment quan es va desintegrar.

Els membres de Dau al Set només varen exposar conjuntament en dues ocasions: l'any 1949, a l'Institut Francès de Barcelona, i a la Sala Caralt de Barcelona, l'octubre de 1951. La primera exposició va ser organitzada pel grup Cobalto 49 amb la col·laboració de l'Institut Francès de Barcelona, institució que propiciava l'únic intercanvi cultural internacional possible en la Barcelona d'aquells anys, i que becava els artistes amb estades a París. En aquella exposició van participar els pintors Antoni Tàpies, Joan Ponç i Modest Cuixart. A la segona exposició, titulada *Dau al Set*, hi presentaren obra tots els integrants del grup, als quals es van afegir Arnau Puig i Juan Eduardo Cirlot.

El grup Dau al Set se sentia dipositari i seguidor de l'herència surrealista; de fet, fou coetani encara de la plenitud del surrealisme que, tot just el 1947, va celebrar a París la seva darrera Exposició Internacional. L'estil dels seus membres no derivava d'unes tècniques pictòriques i unes fonts literàries determinades, sinó que compartien una iconografia comuna. Entre les seves influències destaquen els artistes de l'avantguarda catalana anterior a la Guerra Civil, com ara Salvador Dalí, Joan Miró i J.V. Foix, i la poderosa influència de Joan Brossa es feia palesa en el gust per la sorpresa o la transformació. Un altre referent important fou Paul Klee, a qui la revista va dedicar un número especial en el desè aniversari de la seva mort.

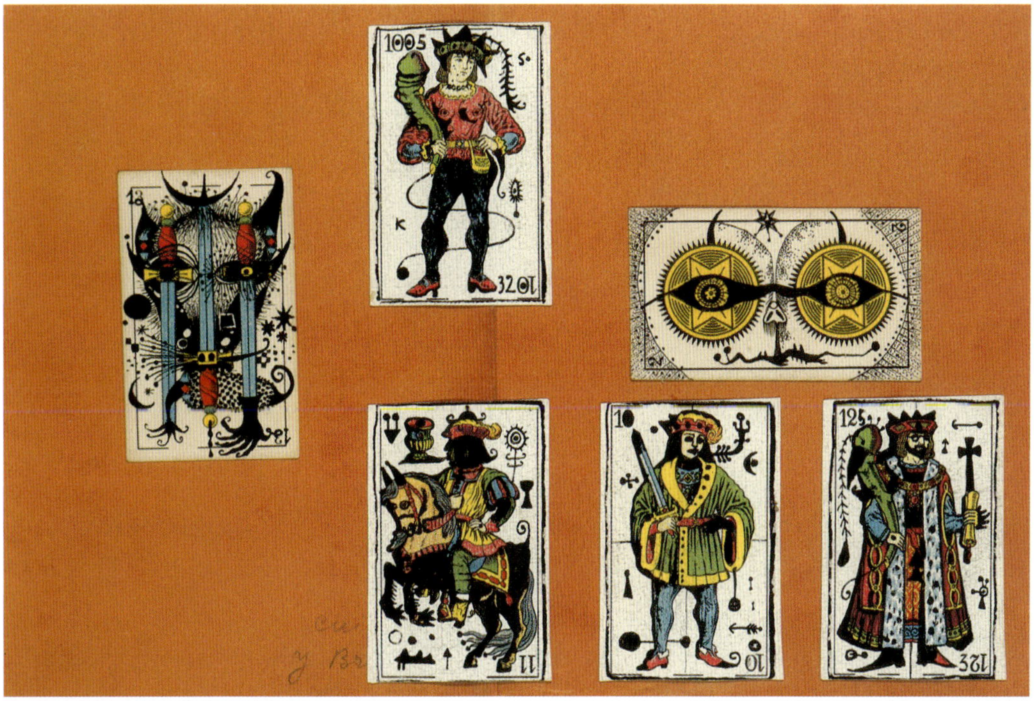

Joan Brossa, **Modest Cuixart**, **Joan Ponç** i **Antoni Tàpies**, *Joc de cartes*, 1949

BALADA DELS CINC MARINERS EXCLUSIUS I EL TIMONER QUE ERA JO

A n'Antoni Tàpies, a en Modest Cuixart i a en Joan Ponç, pintors

A mitja nit navegàvem
A tres milles de Cap Gros;
Érem cinc a cos de sarja
I el timoner vestit d'or.
Els quatre vents de la barca
Bufaven de cara nord,
Ençà i enllà flamejava
un Ull coronat de flors.
Quan érem prop de Talabra
Algú ens cridà pel nom:
Era una pedra, era un arbre,
Un casull entre vinyots
O el somriure d'una balma
Que paria dues fonts.
El patró ens demana calma
I mirem els fars d'escorç;
Als estels brollen albades
I a ponent dormen els ports;
El pubis d'una maragda
Sangoneja a l'aiguamort
I una perla s'esfullava
A la conquilla dels cors.
Quatre llunes s'encovaven
Amb molses per para-sol,
El mulà que les encalça
Mars enllà calava focs.
Ja un menhir ens amenaça
I ombra i clarors caça al vol,
Cellajunt, la passa llarga,
Per la corol.la dels rocs.
Suren mans amb roses caldes
I un safir clama el seu dol,
les Medelles s'encrespaven
I a Culip tot és revolt.
Cremen llavis per les cales
I somiquen els pujols;
Els astres es despullaven
I s'espien els bassols.
Cantarem una balada
Tot bevent el vi dels molls,
De les noies que s'amaguen
Per la brossalla dels ponts
I es pentinen i es descalcen
Als hostals que ombreja el son,
O folguen en jaços d'alga
En palaus sense trespol;
De la sang que brolla ufana
del sexe dels farellons,
I dels coralls que amoregen
Per la pelussa del gou.
Prou voldríem tornar a casa
A ple sol d'un corriol
Quan bresquen les atzavares
I una veu enaigua els horts,
Però la mar és la fada
Que ens acotxa amb flocs dels Pols.
Una campana descalça
Sotjava la nostra mort.

J.V. Foix, 1950

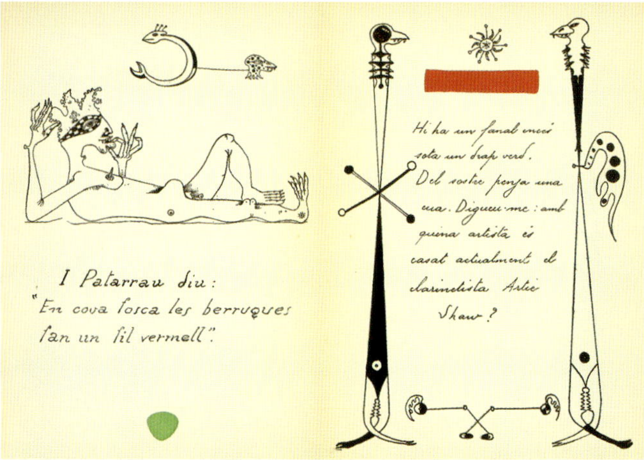

Dau al set, gener – febrer 1949 (vol. I). Pàgina de revista amb il·lustració de Joan Ponç

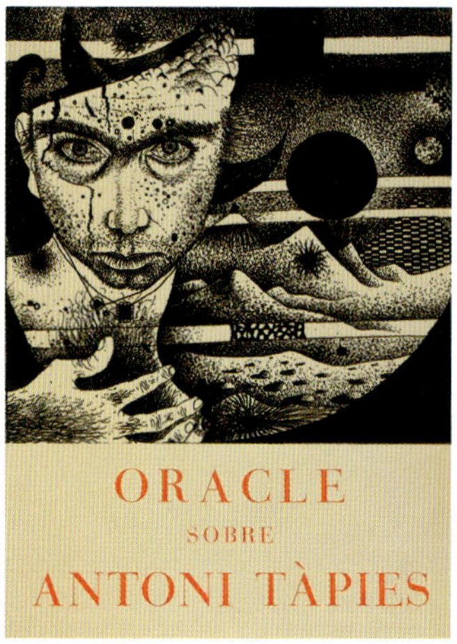

Dau al set, novembre 1950 (vol. II). Pàgina de revista amb il·lustració d'Antoni Tàpies

El sol és allò que roda. Redreceu el cap. Són les dues al desert. Vet aquí, nous agrupaments de cases despullen els roures de paraula. Els vents impetuosos remouen tofudes branques amb cames de canya. I vaig veure, més enllà dels boscos tallats amb les eines d'Arromoc, multituds de pobles de països, inertes, en sepultura, no posseint boscúria; i, així mateix, les ares, les veia donades a la sal en arsenals d'amagatalls. Amb ulls d'espurna vaig veure també el llamp que manté roges la planta i la virtut. I vaig rumiar un arbre que plegui les fulles en una direcció única, cap a l'alta columna. I s'esdevé que no sento res. Van girant rodes de foc damunt les muntanyes i es fa malbé l'arbust que no enganya els pèrfids del torrent ni para llaços, furient, més ençà del jardí de Batafra. Només, de nit, sento alarits en el jardí que, per a consum del meu cabell, recolza en mi l'ombreig de la seva riquesa, i amb fum mutila el bust i il·lumina ulls. Per això, mentre l'autor del gall estudia la posta que el té vermell i ple de roques vivents, he après a imaginar la terra mig submergida en l'aigua, vessant de figures. Vet aquí, per tant, que, escoltats els mots i conegudes les obres, no és, doncs, inútil de fer veure amb un gest de la mà el disc lunar, vivent damunt dels colls, com un llampec en una font prodigiosa; o bé decretar, contra les terrasses de les gents, pluja que renti herbatge i farda.

Sota el ferro de les llances, en sis llargues fileres ininterrompudes, la terra, eixuta, es morirà de fum, posada nua. Moltes cases són il·luminades, però una fletxa serveix de contrapès a l'huracà. Milers d'homes, en tota la terra, calcen esclops que els fan ésser més alts, i duen al cap una perruca negra amb cabells llargs i cap raïm. Brillen encara a l'herbam, oh Kna!, els reflexos dels servents que, amb lliurea i el cap empolvorat, sostenen, enguantats, una banya encesa. Vet aquí, però, que els grans camins desemboquen en un pou; i els forasters que s'hi atansen es troben més aïllats que a la muntanya. La ruta dels qui emigren a davant no resta oberta igualment per a totes les multituds si, en el decurs de la vida, el toro no s'emporta la fullaraca. Només, ben cert, un sòcol en la boscúria –oh Rodac, missatger de les coves!– fumeja poderós. No és per fruits, ni per diners, que ufaneja d'obrir de bat a bat la nuvolada.

N'he parlat amb alegria. Errem per la muntanya i diguem a la muntanya: Essent tu la muntanya, penetra per les portes de la vida humana, com la lluna. Ah! Codum! Mudoc! Marmella! No trameu cap més captivitat! Que torni a la vostra orella perduda l'oracle revelat; tant més que així em parla l'oracle: I tu, Brossa, digues: Escolteu això; aquí les boires amaguen i obscureixen i les glaçades tornen sòlides aigües. Mots de mentida ressonen pels portals interiors de color fosc, i s'estenen pels sorrals, infestats d'ossos d'audaços, obscures pastures. Perquè els arbres no són sinó un tronc –diu l'oracle en mi–; i el núvol blanc que enrotlla el roure, no s'alçarà pels aires. I el servent que acaba de trencar un llum, diu: Amb què s'ha cremat la serventa? No us en refieu, però, ni llaureu els turons, ni li cosiu la caputxa. Com sigui que heu posat menja sobre la taula i heu tancat les portes: ¿no us aturareu en entrar si, en haver obert novament les portes, trobeu menjada la vianda? Realment, us enutjareu i direu de la terra, direu: Ah! Per què m'he ficat en aquest jardí?

I tot escampant oracles per les muntanyes em va ésser mostrat que al cim d'una muntanya cafida de cavalls, en aquesta muntanya, refermada amb set cims, hi havia un canvi de noms. Vet aquí els noms. Els fargaires posaven: a Joan Brossa, Modest Cuixart; a Antoni Tàpies, Joan Brossa; a Modest Cuixart, Joan Ponç, i a Joan Ponç, Antoni Tàpies. I va succeir, a causa de tot això, que les pedres podien parlar, aixecar-se de terra i aterrar els arbres.

JOAN BROSSA, 1949

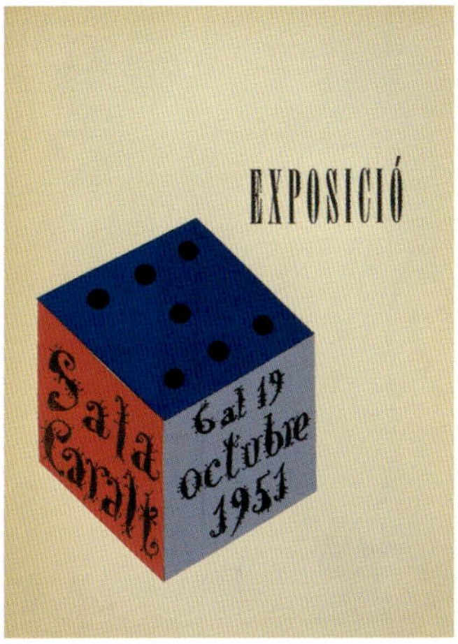

Dau al set, octubre 1951 (vol. III).
Pàgina de revista (Sala Caralt)

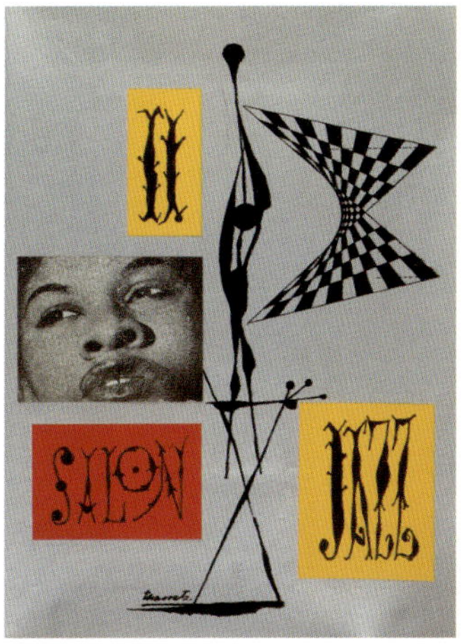

Dau al set, juny – juliol 1952 (vol. IV).
Pàgina de revista amb il·lustració
de Joan Josep Tharrats

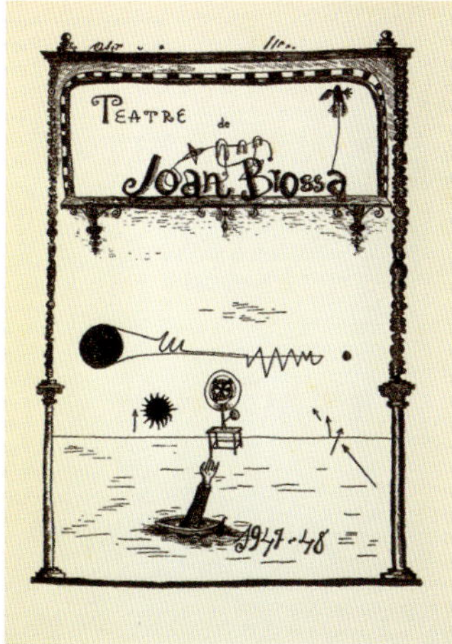

Dau al set. Teatre Joan Brossa,
octubre – novembre 1952
(vol. IV). Pàgina de revista amb
il·lustració de Modest Cuixart

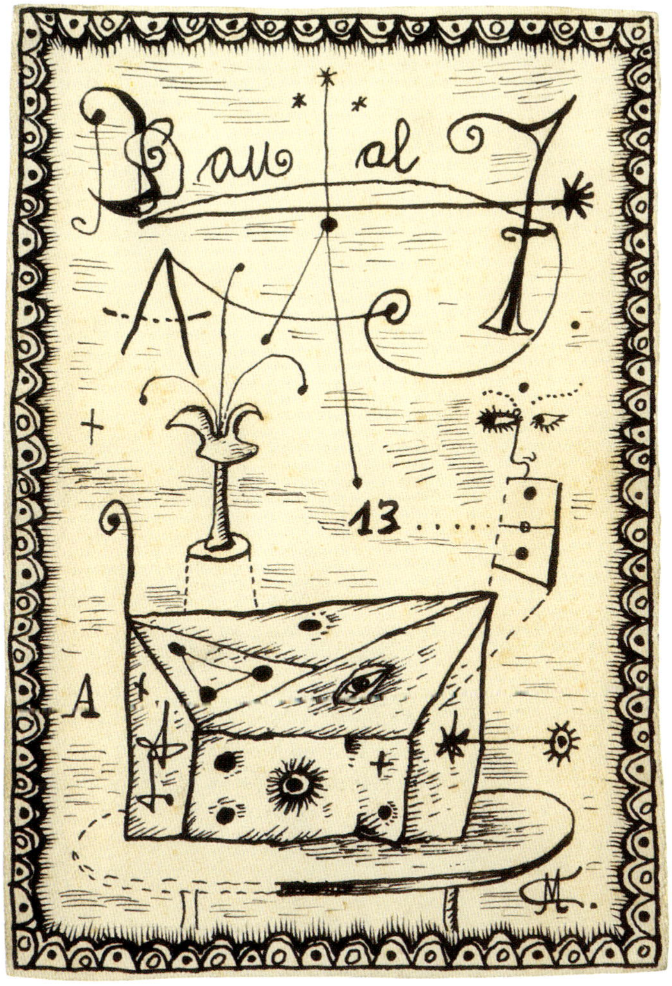

Modest Cuixart, *Sense títol* (original *Dau al set*), 1950

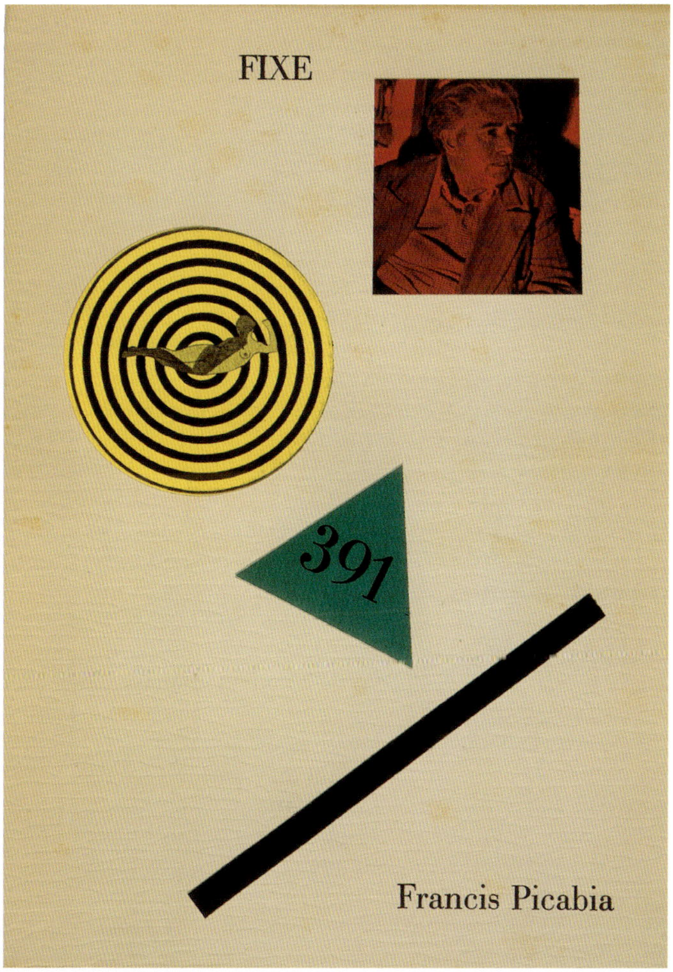

Dau al set, agost – setembre 1952 (vol. II). Coberta del número
especial dedicat a Francis Picabia, realitzat per Joan Josep Tharrats
segons Michel Perrin

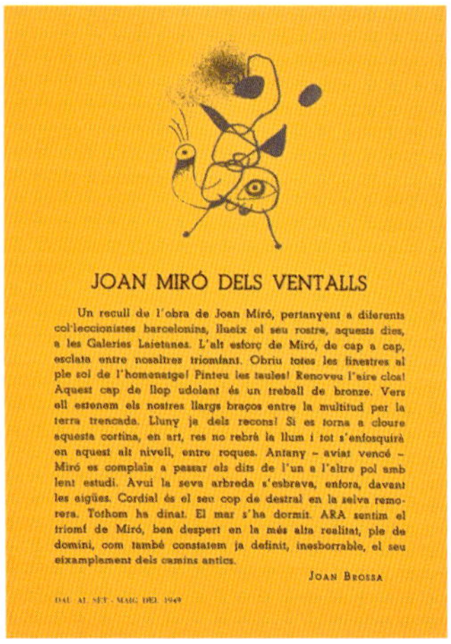

JOAN MIRÓ DELS VENTALLS

Un recull de l'obra de Joan Miró, pertanyent a diferents col·leccionistes barcelonins, llueix el seu rostre, aquests dies, a les Galeries Laietanes. L'alt esforç de Miró, de cap a cap, esclata entre nosaltres triomfant. Obriu totes les finestres al ple sol de l'homenatge! Pinteu les taules! Renoveu l'aire clos! Aquest cap de llop udolant és un treball de bronze. Vers ell estenem els nostres llargs braços entre la multitud per la terra trencada. Lluny ja dels recons! Si es torna a cloure aquesta cortina, en art, res no rebrà la llum i tot s'enfosquirà en aquest alt nivell, entre roques. Antany – aviat vencé – Miró es complaïa a passar els dits de l'un a l'altre pol amb lent estudi. Avui la seva arbreda s'esbrava, enfora, davant les aigües. Cordial és el seu cop de destral en la selva remorera. Tothom ha dinat. El mar s'ha dormit. ARA sentim el triomf de Miró, ben despert en la més alta realitat, ple de domini, com també constatem ja definit, inesborrable, el seu eixamplement dels camins antics.

JOAN BROSSA

DAU AL SET - MAIG DEL 1949

Dau al set, maig 1949 (vol. I).
Pàgina de revista amb il·lustració
de Joan Brossa

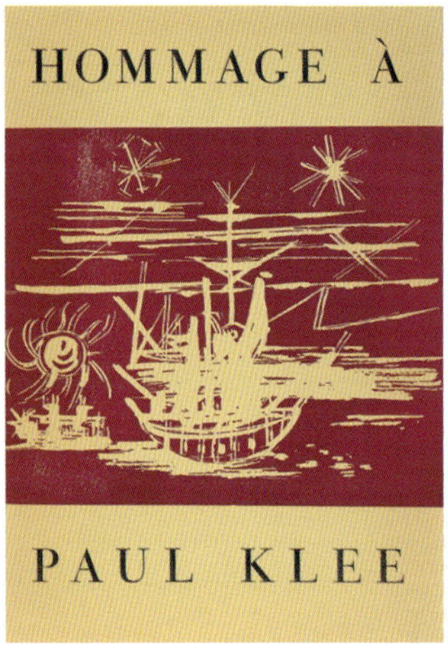

Dau al set, juny 1950 (vol. II).
Pàgina de revista (Hommage à
Paul Klee)

En aquells temps en la meva biblioteca s'amuntegaven un sens fi de llibres i revistes que es referien a l'art viu i vibrant que desitja el nostre segle. No és per dir-ho, però potser enlloc de Barcelona s'hauria pogut trobar tanta informació gràfica i tan al dia, tret que en Joan Prats [...] es deixés registrar i espigolar els seus prestatges. Els tres pintors i jo, a voltes també l'Arnau Puig i en Brossa, que mai no hi faltava, ens passàvem hores i hores contemplant i discutint les reproduccions de publicacions franceses o americanes i els noms de Paul Klee i de Joan Miró sonaven tantes voltes que fins i tot me n'ha quedat l'empremta en totes les parets del meu pis. Jo crec que en Brossa i en Tàpies s'han mirat més de cent vegades el número de *Cahiers d'art* que Christian Zervos va dedicar a Joan Miró…

JOAN JOSEP THARRATS, 1950

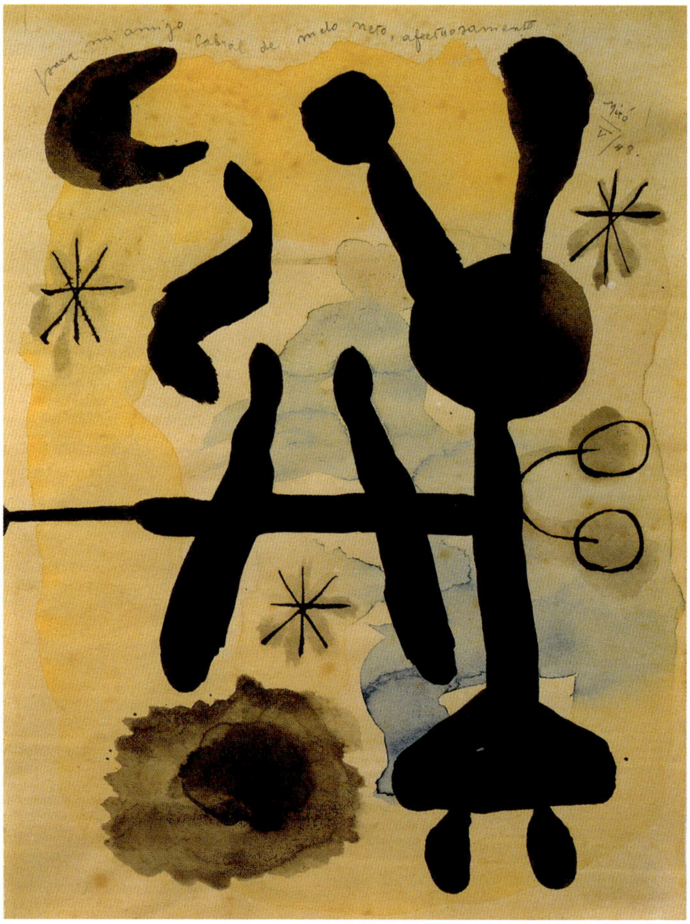

Joan Miró, *Composició*, 1948

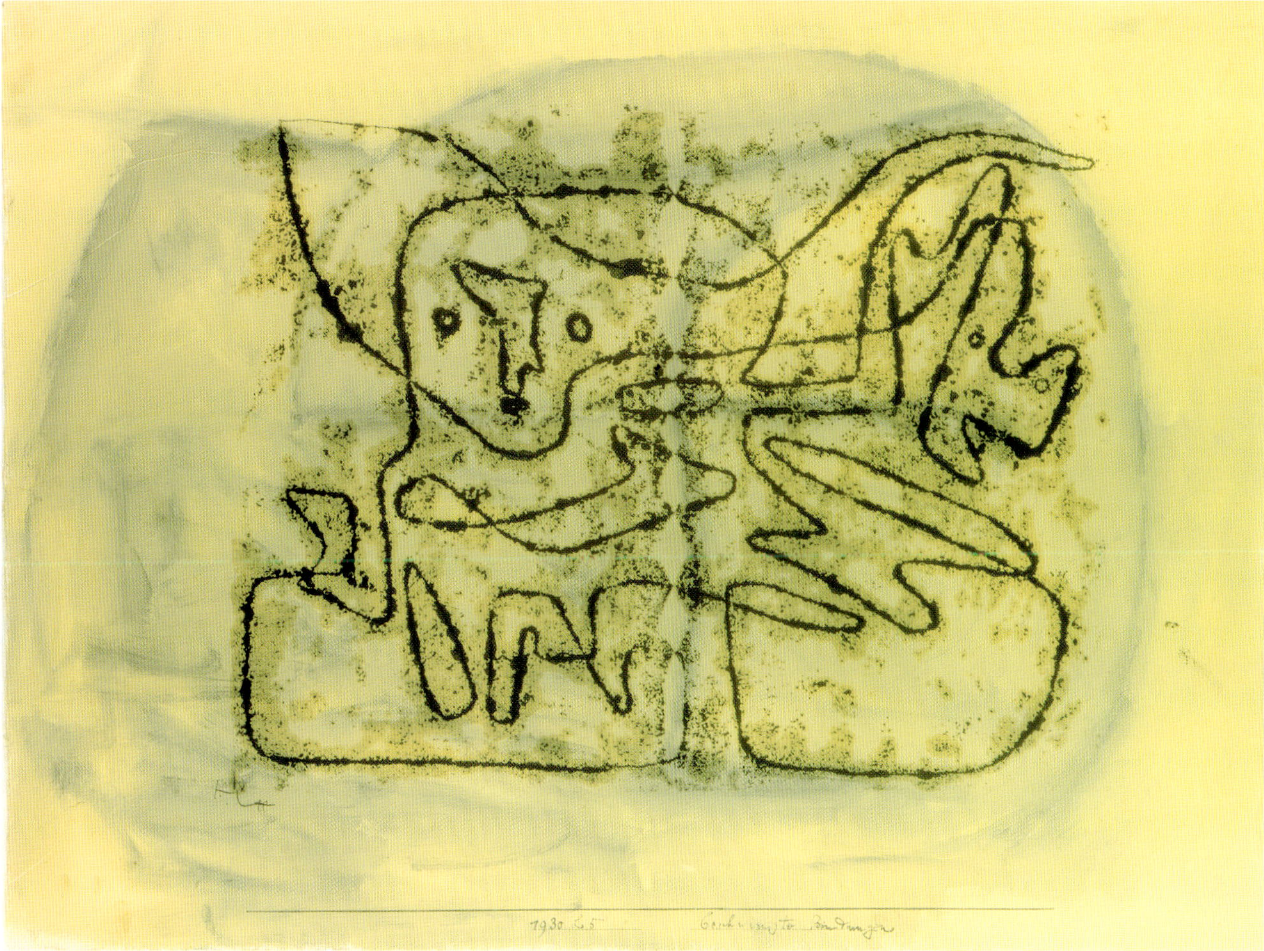

Paul Klee, *Beschwingte Bindungen*, 1930

A *Beschwingte Bindungen*, com si es tractés d'un exercici entorn de la forma pictòrica, Paul Klee experimenta amb el moviment a través de la relació entre el complex conjunt de línies i el fons. El traç deixa una estela de taques i textures que afegeixen a la composició cert caràcter informe, i el dibuix continuat descobreix imatges semifiguratives i també formes geomètriques que formen part d'un codi o escriptura personal de l'artista.

Les primeres obres de Klee foren aiguaforts en els quals criticava amb mordacitat la realitat social i política del moment. Més tard va aprofundir en l'ús del color, i es va interessar per la pintura i l'aquarel·la, sense abandonar el dibuix. Després de la Primera Guerra Mundial es va tancar totalment en la seva obra, que va adquirir una major complexitat tècnica i va arribar a un més alt grau d'abstracció. En els últims anys de la seva vida, malgrat la seva greu malaltia, va realitzar una gran quantitat d'obres en les quals simplificà el dibuix i accentuà la seva força expressiva, utilitzant combinacions de materials inèdites: tela de jute, cotó, paper de diari, pintura a la cola... L'any 1940, any de la seva mort, va crear les pintures més dramàtiques, que posen de manifest una visió pessimista i fascinada pel destí.

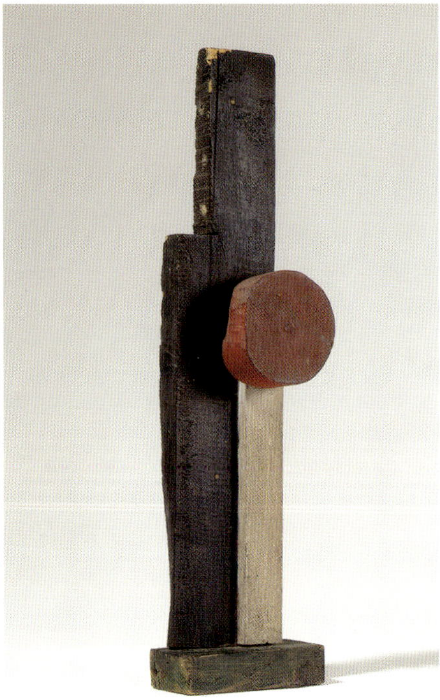

Joaquín Torres-García, *Construcción con un círculo rojo*, 1930

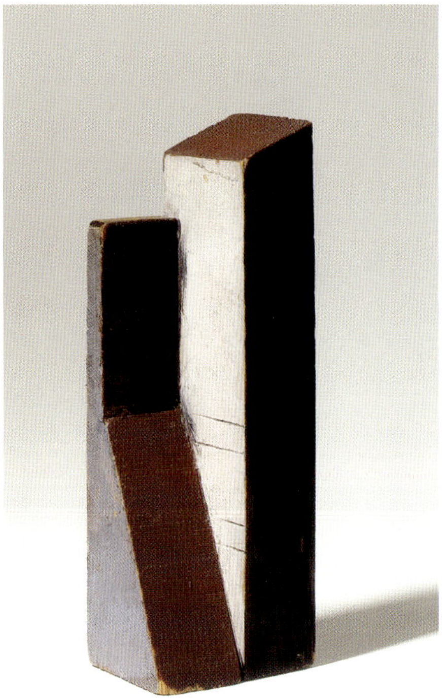

Joaquín Torres-García, *Contrapunto*, 1929

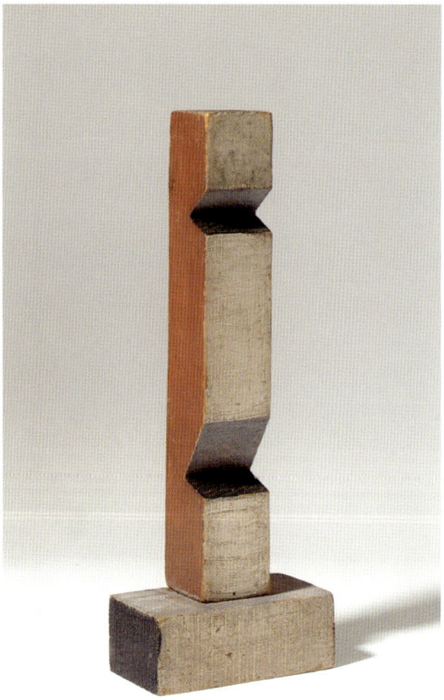

Joaquín Torres-García, *Forma abstracta*, 1929

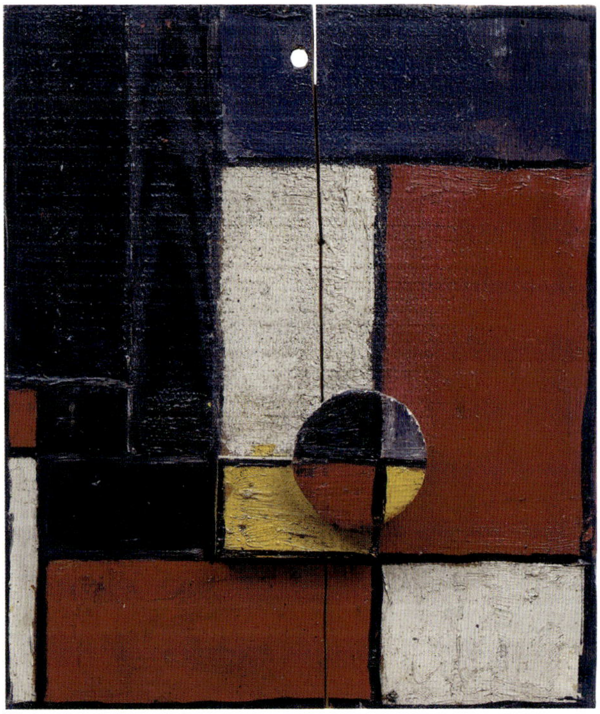

Joaquín Torres-García, *Planos de color con dos maderas superpuestas*, 1929

L'ojecte complet només es troba en el nostre cap. Si tenim l'objecte complet en el nostre cap, per donar-li una idea gràfica escollirem, quasi sense adonar-nos, les parts essencials i *construirem* un dibuix que, tot i no estar d'acord amb les regles de la perspectiva, serà més il·lustratiu. Aquí es troba l'esperit de la síntesi.

JOAQUÍN TORRES-GARCÍA, 1931

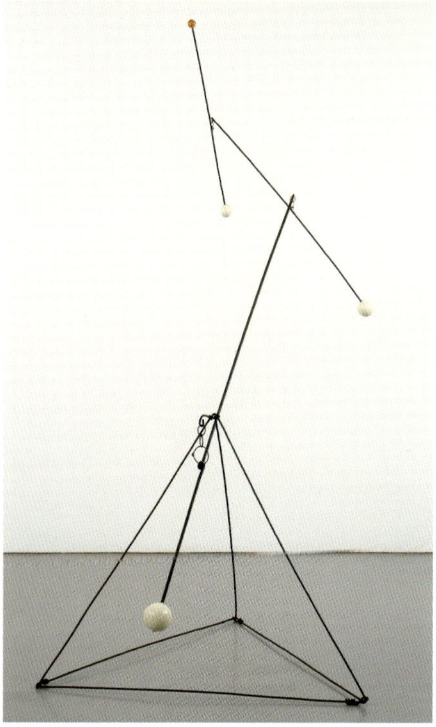

Alexander Calder, *Sense títol*, 1933

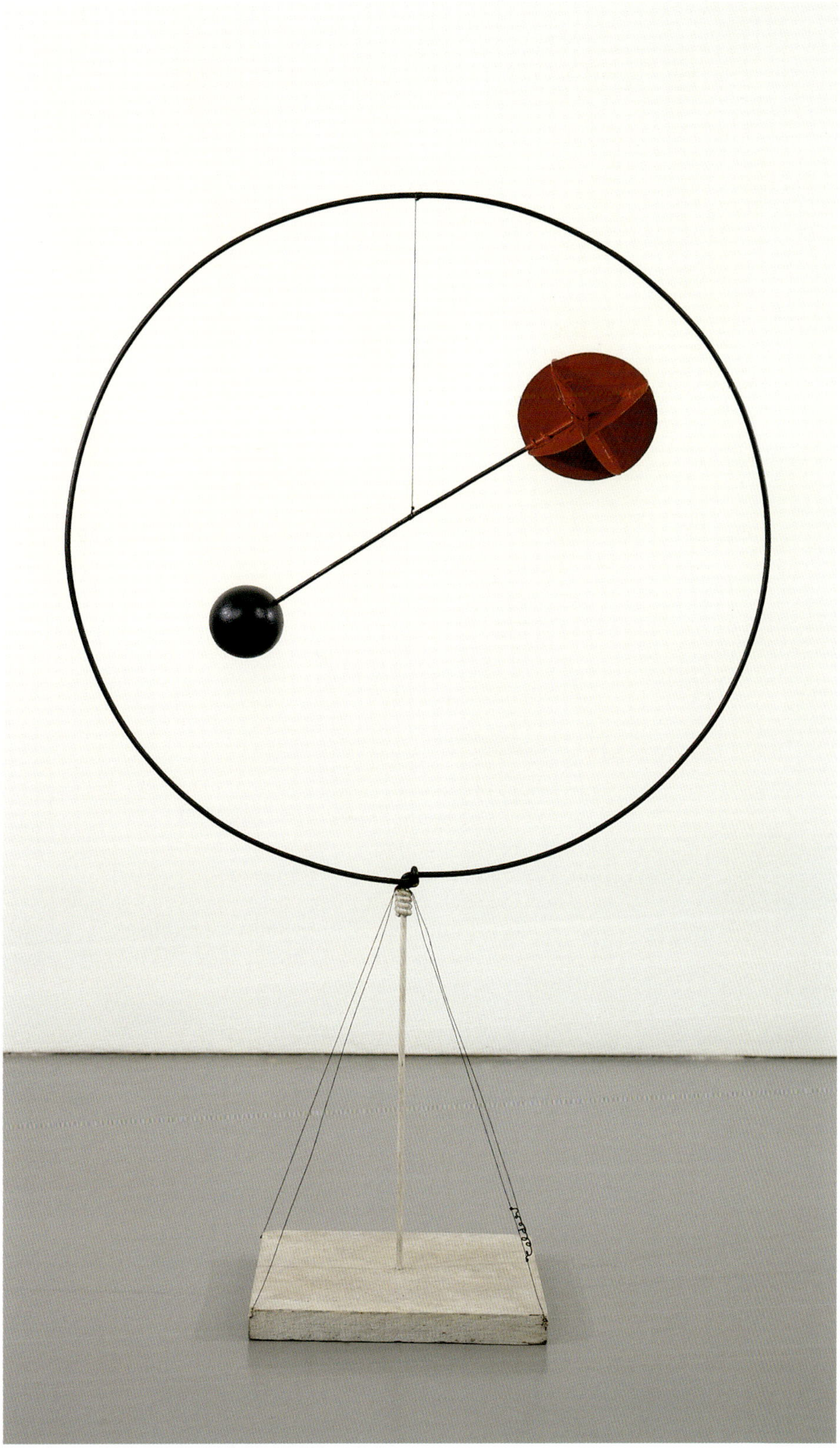

Alexander Calder, *Sense títol*, 1933

Aquestes dues escultures, que Alexander Calder va realitzar durant la seva estada a Barcelona el 1933, pertanyen a un període decisiu de la seva trajectòria: només un any abans Calder havia presentat per primer cop els seus *mobiles*, que contraposava als anomenats *stabiles*. Tot i la relació evident que hi ha entre totes dues obres, les seves característiques formals són distintes. L'una suggereix l'esfericitat a partir de l'equilibri entre diferents elements: una bola negra, dues circumferències encreuades i un gran cercle que les emmarca. En aquest cas, el suport es presenta com un simple condicionament físic damunt el qual es manifesta la ingravidesa de les formes geomètriques. L'altra contraposa el dinamisme i la quietud, la temporalitat i la intemporalitat, a partir, fonamentalment, de les relacions entre les tres boles de fusta unides per barretes de ferro i la forma piramidal, que descansa al terra.

Com si fossin planetes, aquests elements esfèrics suggereixen un model teòric d'univers que, a partir de lleis físiques, apunta una nova concepció de l'espai i el temps. La mobilitat, provocada pel simple desplaçament de l'aire, proposa formes reals –quan es troben en repòs– i, alhora, volums potencials –quan es mouen.

Alexander Calder, *Sense títol*, 1933

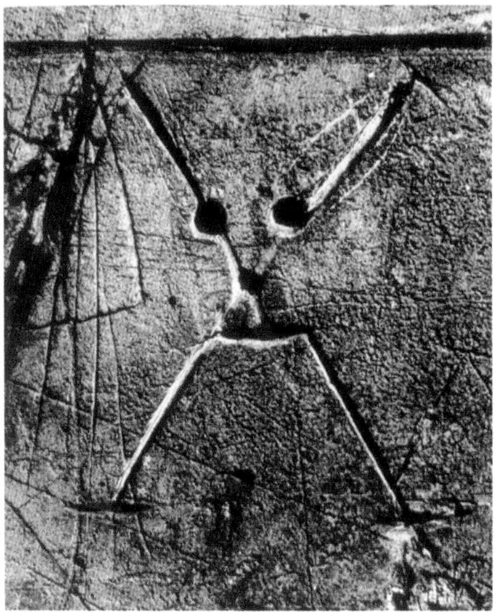
Brassaï, *La Mort*, sèrie «La Mort», ca. 1930

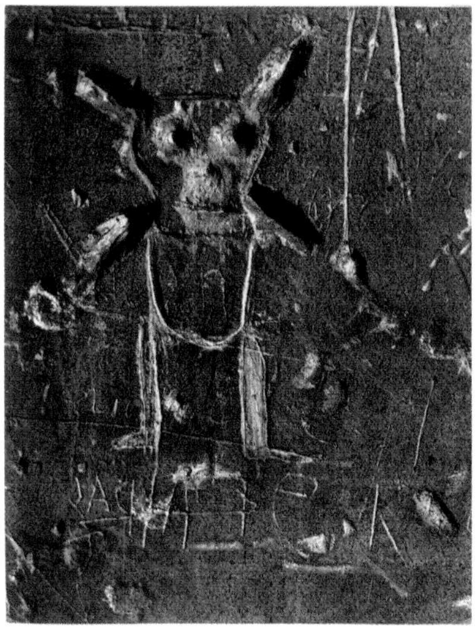
Brassaï, *Sense títol*, sèrie «La Mort», ca. 1930

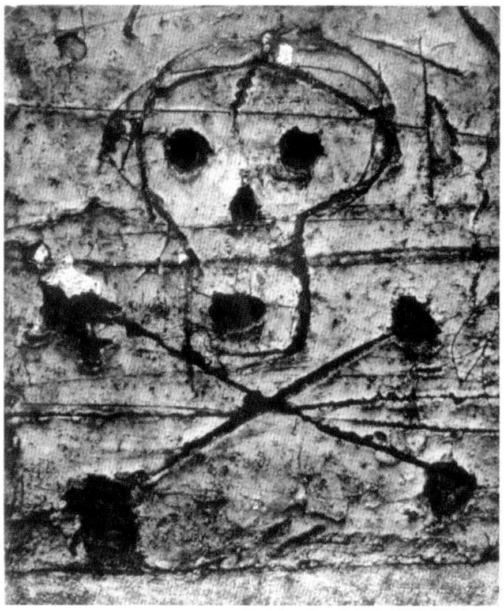
Brassaï, *Sense títol*, sèrie «La Mort», ca. 1930

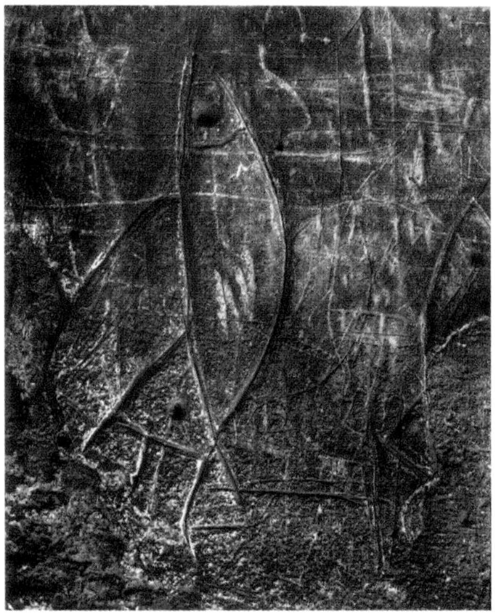
Brassaï, *Rue Nicolas-Houël – rue de Lourmel*, sèrie «Les Animaux», ca. 1930

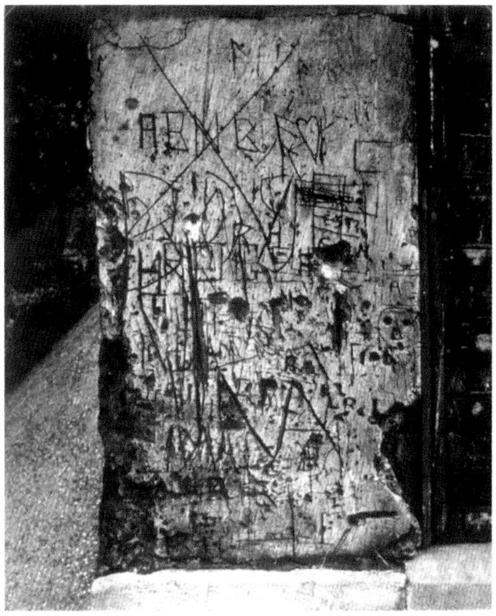
Brassaï, *Propositions sur le mur*, sèrie «Le Langage du mur», ca. 1930

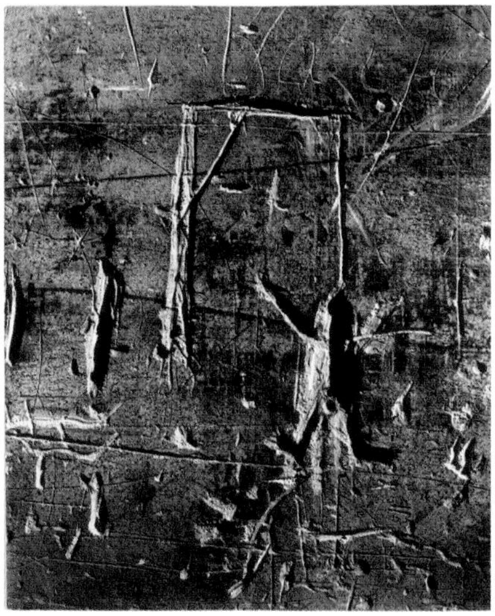
Brassaï, *Le Pendu*, sèrie «La Magie», ca. 1930

Cal rendir-se a l'evidència: la sorda força del mur arrenca de l'ànima infantil un «estil» ben diferent del paper, més aspre, més dur, més expressiu, despullat de tot pintoresquisme. Som lluny de la gràcia dels dibuixos dels infants, del seu humor, de la seva fantasia. La vocació de les matèries i de les eines pot transformar un art i transfigurar fins i tot el pensament. Del paper al mur, l'expressió infantil adquireix una certa gravetat, una certa densitat. Deu ser perquè el paper se sotmet i el mur, en canvi, mana. I modifica no sols la factura d'una expressió, sinó també la natura i les aptituds de l'esperit. Una eina que burina –en aquest cas, un clau, una navalla oscada– enceta una lluita desconeguda pel llapis i el pinzell, que no actuen en profunditat com el burí. Un tret gravat és infinitament més poderós que un de traçat. Atura el gest, concentra tota l'atenció, i l'esforç muscular que exigeix allibera una força vital de la mateixa font de la vida profunda de l'infant. D'aquí el poder i l'atractiu del mur. Té la seva part activa, creadora, en tot allò que incideix damunt la seva matèria d'una manera semblant a la talla dolça. Aquests ulls que esbatana una curiositat insaciable, aquestes mirades d'al·lucinats, no corresponen tan sols als ulls de l'infant. També són els «ulls del mur», la «mirada del mur», com tots aquells rostres són els «rostres del mur» i tots aquests cors, els «cors del mur». Tot neix aquí en funció de la matèria i predeterminat per ella. El mur dóna a tots els graffiti una unitat d'estil, un aire de família, com si els hagués traçat una mateixa mà, i aquesta pàtina gastada i corroïda, com si emergissin d'una altra època.

Jo m'he dedicat a fotografiar graffiti des del 1930, i el meu primer text, titulat «Du mur des cavernes au mur d'usine» –títol suggerit per Paul Eluard– va aparèixer el 1934 dins un dels primers números de *Minotaure*. Però no va ser fins

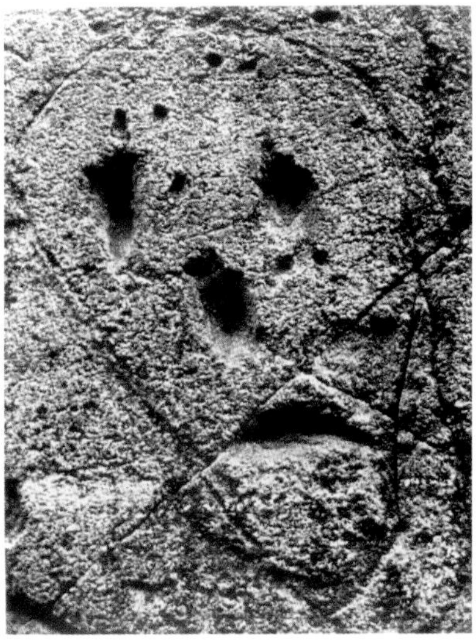

Brassaï, *Masques et Visages*, sèrie «Masques et Visages», ca. 1930

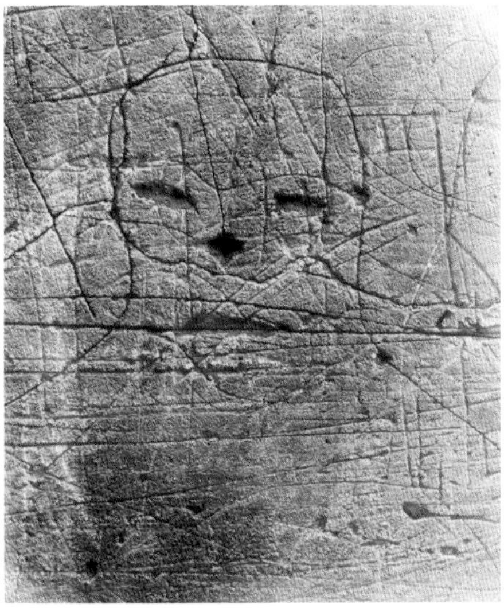

Brassaï, *Magie: fantôme*, sèrie «Masques et Visages», ca. 1930

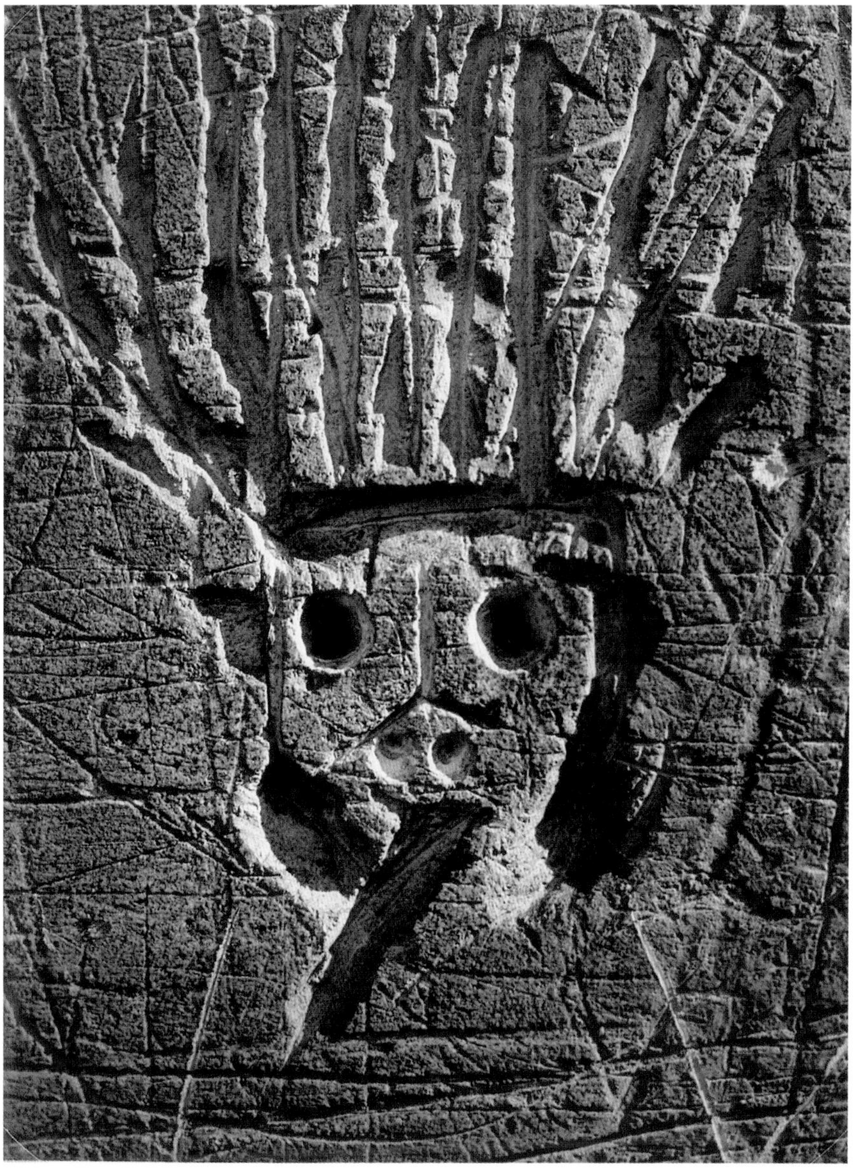

Brassaï, *Roi Soleil. Porte-de-Saint-Ouen*, sèrie «Images primitives», ca. 1930

al 1950, aproximadament, que se'm va acudir la idea de fer fitxes, on anotava, sota un dibuix esquemàtic de cada graffiti, l'adreça corresponent, per tal de poder-lo fotografiar amb més bona il·luminació o bé de poder-hi tornar al cap dels anys i seguir-ne l'evolució. Així és com he pogut constatar la presència del temps tot fotografiant el mateix graffiti amb diversos anys de diferència. Perquè es dóna el cas que molts graffiti esdevenen l'origen d'obres col·lectives: al dibuix original altres mans hi afegeixen altres trets, eixamplen els solcs, aprofundeixen les òrbites. És així com, en dos lustres, un rostre juvenil es transforma en el rostre patètic d'un vell. De la mateixa manera, la cara d'un bruixot amb orelles d'ase es converteix, al cap de set anys, en la d'un pallasso enfarinat.

BRASSAÏ, ca. 1960

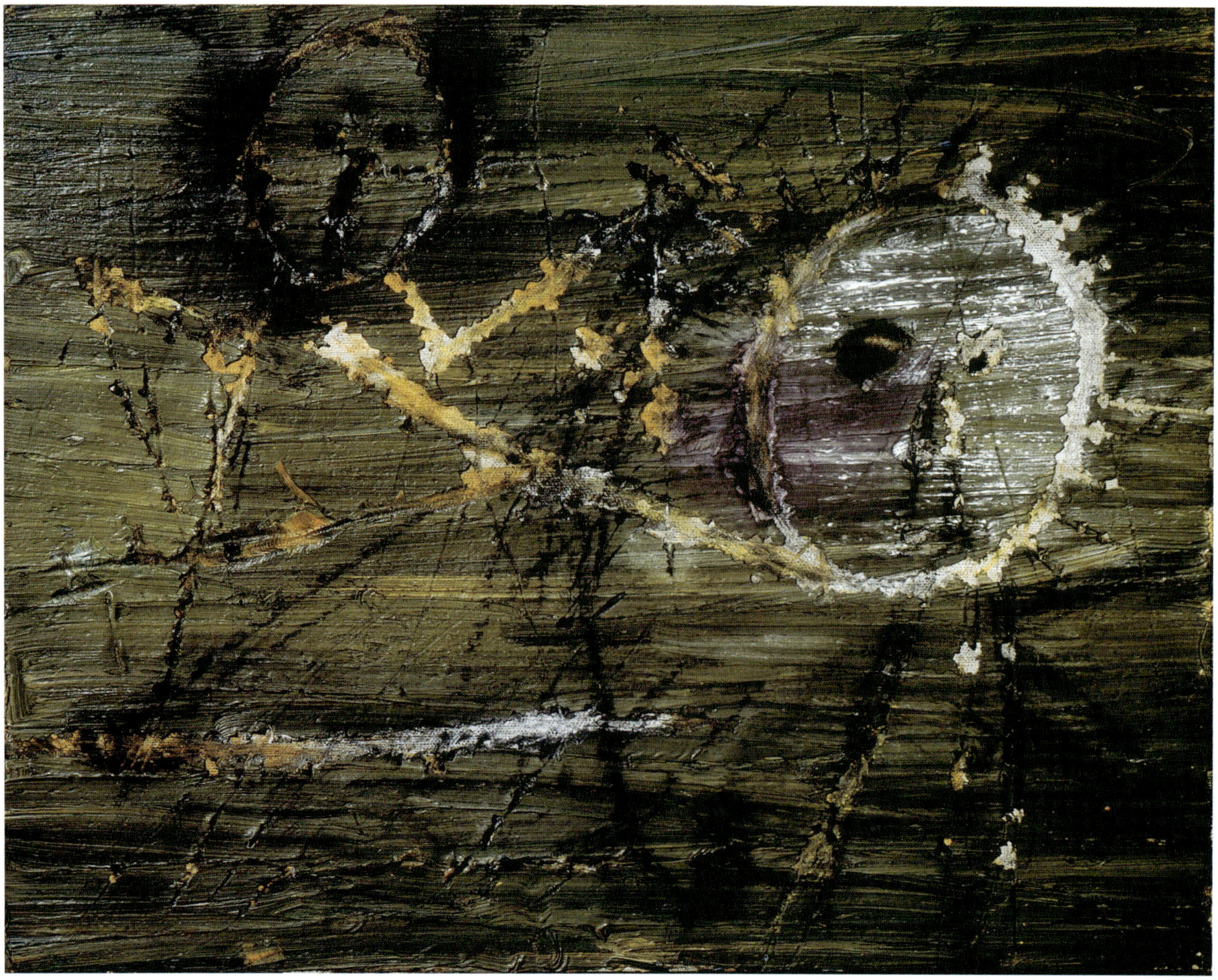

Antoni Tàpies, *Composició*, 1947

Antoni Tàpies va començar a fer obres importants el 1945, és a dir, tres anys abans de formar part del grup Dau al Set, dins d'una tècnica d'empastament gruixut i de talla de la matèria, utilitzant el *grattage* com a procediment de disseny. La seva concepció mural intrínseca es revela en l'ús freqüent de mètodes pictòrics similars a l'esgrafiat, superposant capes de color i arrencant-les [...]. Durant el 1947 perfecciona aquestes tècniques i crea composicions una mica més complexes, en què unifica el fons i les figures per mitjà de ritmes lineals traçats com solcs en l'empastament. La gamma cromàtica concedeix preferència als colors terra, gris i blanc, tot i que el lila, el morat i el groc també hi apareixen, així com un verd bronze i negre que a vegades obté per l'aplicació de foc [...]. El 1948 modifica el seu sentiment espacial, abandona en part el caràcter d'«extensió de matèria» per convertir-se en lloc d'aparicions. Es fa més complexa la iconografia i per això mateix disminueix l'empastament gruixut, i s'accepten procediments de la tècnica representativa il·lusionista [...]. Desenvolupa aquesta temàtica durant el període 1948-1952, en què Tàpies s'adscriu a l'estètica Dau al Set i publica dibuixos a la revista del mateix nom...

JUAN EDUARDO CIRLOT, 1961

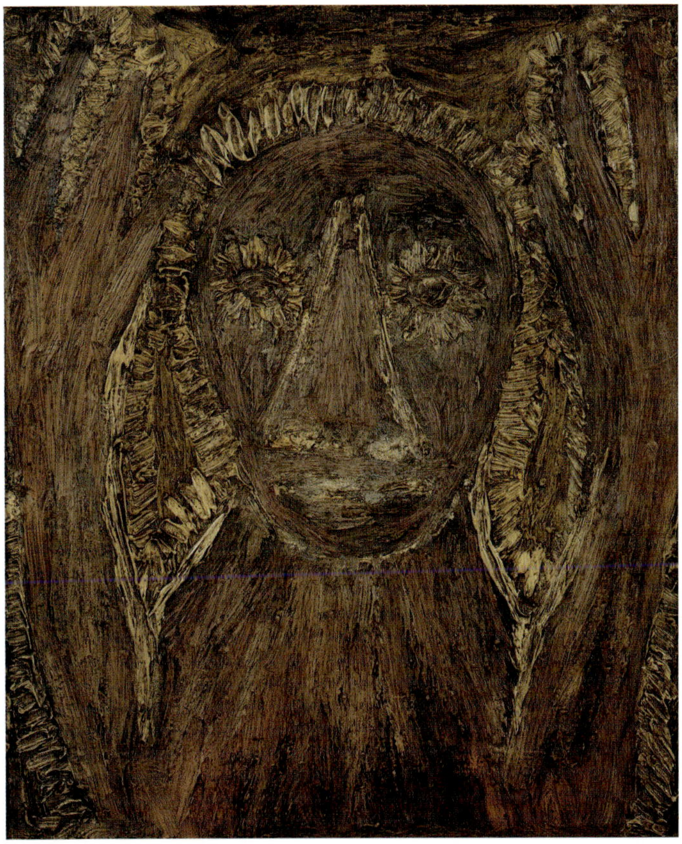

Antoni Tàpies, *Pintura relleu*, 1945

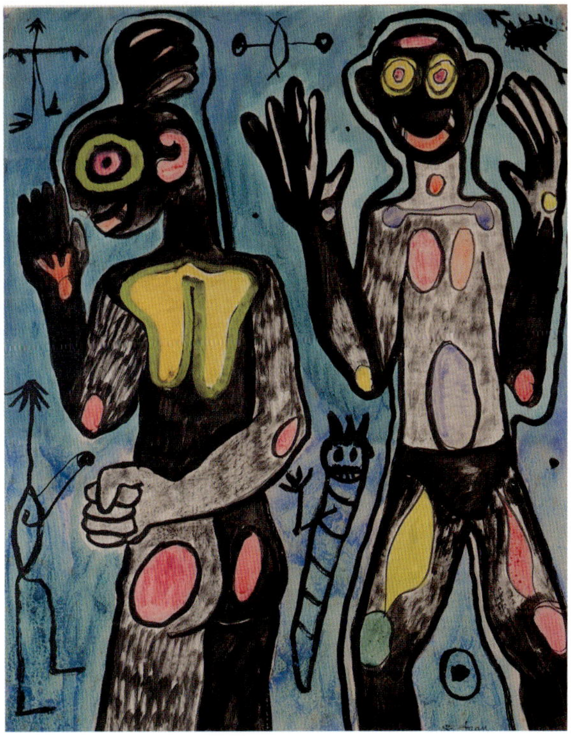

Joan Ponç, *Suite al·lucinacions*, 1947

Els símbols fantàstics i inquietants i una iconografia de reminiscències religioses, les imatges de caire expressionista i els colors brillants que caracteritzen l'obra de Joan Ponç constitueixen un dels intents més originals de renovació artística de la postguerra espanyola. El gust de Ponç per allò que és demoníac es troba clarament explicitat en *Fanafafa Veribú*, quadre en què s'observa una influència de l'obra tardana de Giorgio de Chirico i l'escola metafísica italiana. Temples en ruïnes, edificis solitaris i torres abandonades esdevenen símbols de vida nostàlgics en un paisatge desolat i nocturn. El Bosco i Peter Brueghel també són referents d'aquesta obra, que mostra un personatge, mig diable mig arlequí, al costat de diferents motius geomètrics i figuratius que el pintor manlleva del món de l'astrologia i la màgia. En aquesta visió terrorífica s'adverteixen algunes referències autobiogràfiques vinculades a la concepció de l'artista com a esperit profètic, posseïdor de facultats sobrenaturals.

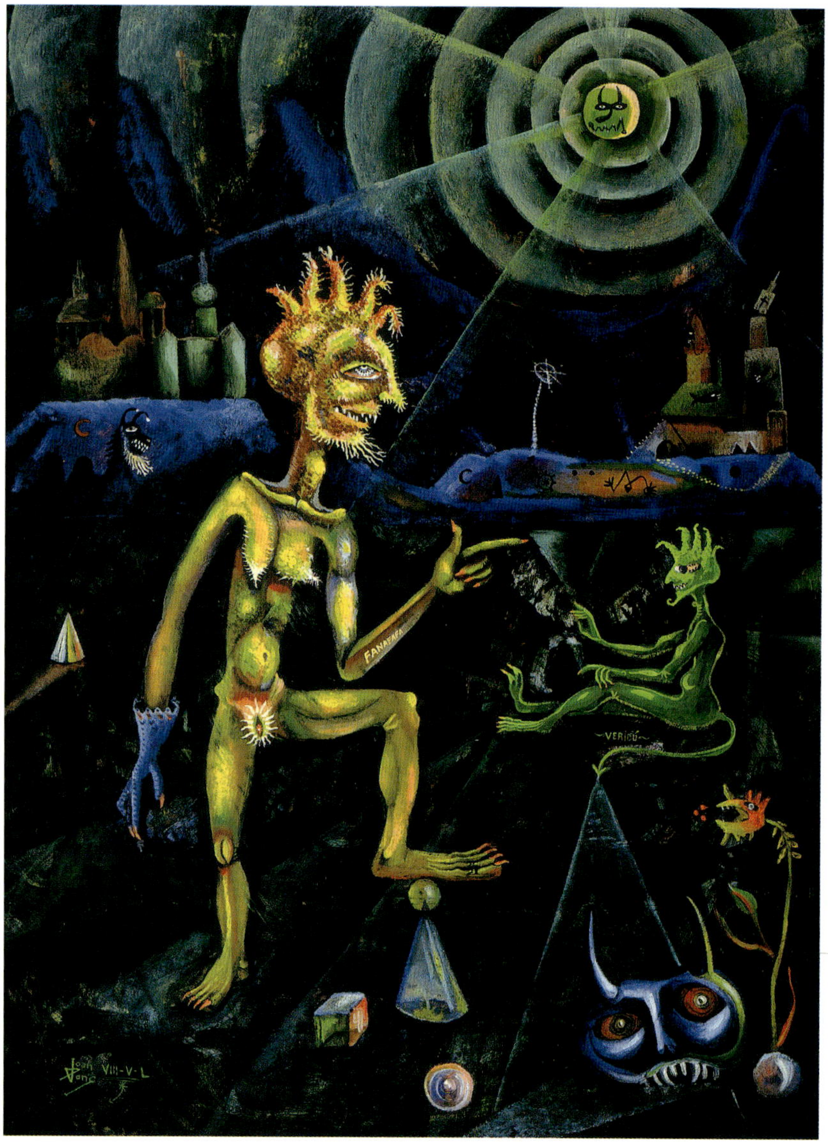

Joan Ponç, *Fanafafa Veribú*, 1950

Com a conseqüència de l'interès que ha despertat la màgia, per la seva relació amb el surrealisme, i de la impotència que sembla tenir actualment aquest últim moviment per continuar engendrant creacions noves i típiques, per la procedència de les concomitàncies al·ludides i també de l'interès que ha suscitat el sector més obscur del realisme màgic, s'està produint un brot profund i greu de filiació estrictament màgica, amb expressions en la lírica i en la plàstica. Podria ser potser aquest moviment, després de l'oscil·lació cap a l'abstractisme que es constata des de 1940 aproximadament, l'horitzó d'una pròxima renovació espiritual i artística. Pot plantejar-se la qüestió de si els artistes que practiquen aquest gènere creuen realment en la màgia; aclarir aquest punt ens introduiria de ple en una teoria sobre les creences que, en aquest lloc, no podem ni intentar de plantejar. N'hi ha prou que indiquem que les creences poden ser ambivalents i també poden trobar-se sota les zones conscients del pensament, i que sorgeixen com a aspiració col·lectiva o personal, i sempre com a revelació de la voluntat general de poder i transmutació que presideix els canvis d'estil en el transcurs històric. Tres joves pintors del present, Joan Ponç, Antoni Tàpies i Modest Cuixart, constitueixen la revelació més ferma i sorprenent en aquest sentit. Allò que en Ernst, en Miró i en Klee no eren sinó pressentiments, en aquests es converteix en realitat, doble fins a l'extrem de constituir-se com a inquietant i meravellosa.

JUAN EDUARDO CIRLOT, 1949

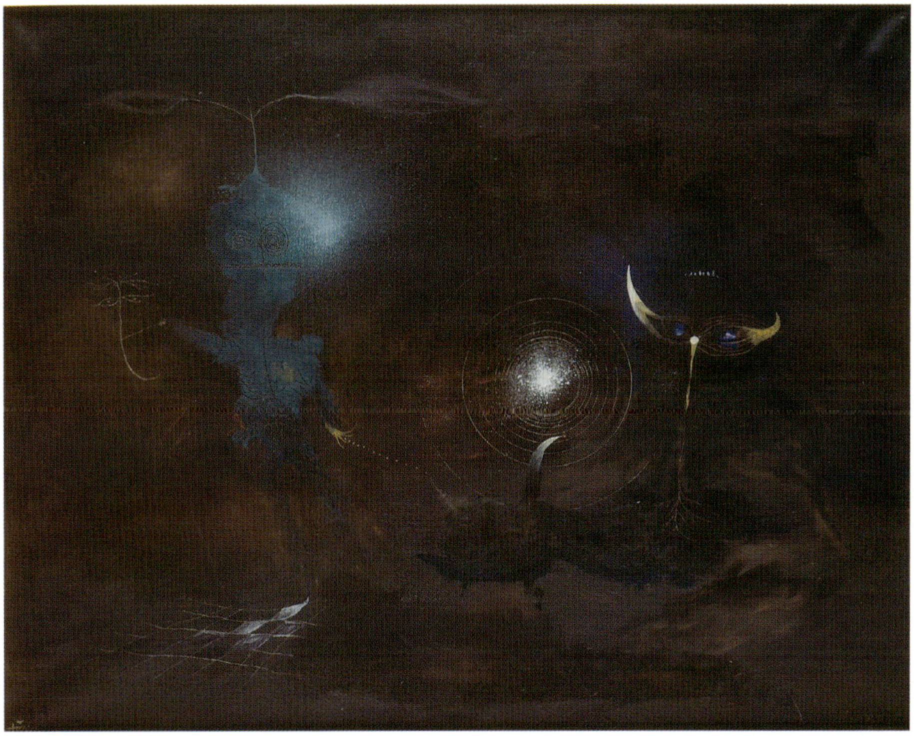

Antoni Tàpies, *Verds damunt marró fosc*, 1949

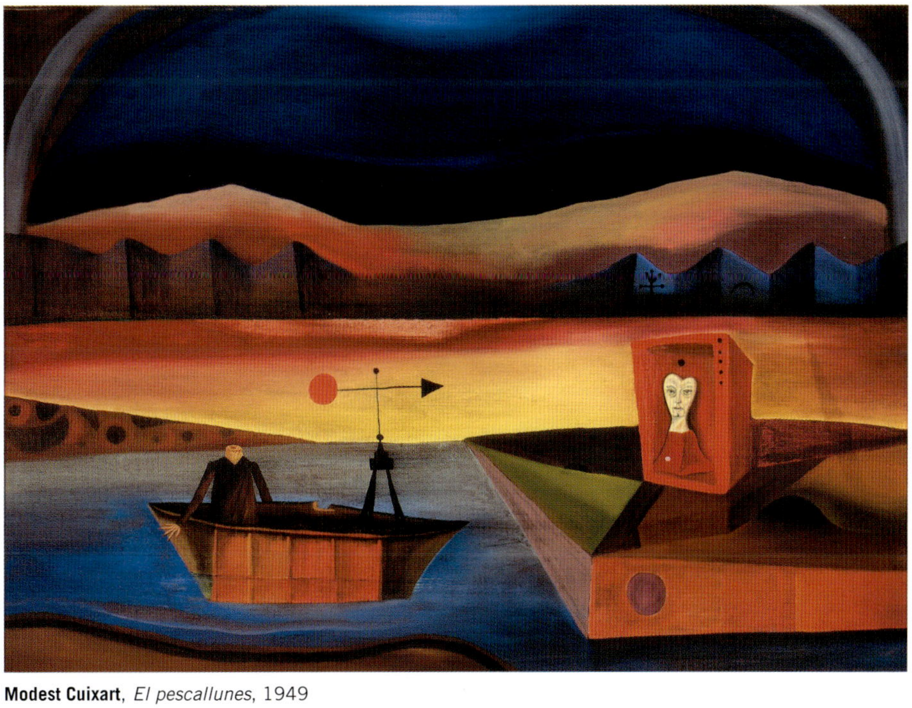

Modest Cuixart, *El pescallunes*, 1949

L'ART BRUT, PREFERIT A LES ARTS CULTURALS

JEAN DUBUFFET, 1957

Aquell qui, com nosaltres, es disposi a contemplar les obres dels *irregulars*, es veurà inclinat a fer-se de l'art homologat, és a dir, de l'art dels museus, galeries i salons –anomenem-lo *l'art cultural*–, una idea del tot diferent de la que se'n té normalment. Aquesta producció deixarà de semblar-li representativa de l'activitat artística general, per veure-la simplement com a pròpia de l'activitat d'un clan ben especial: el clan dels intel·lectuals de carrera.

¿Quin país pot deixar de tenir la seva petita secció d'art cultural, la seva brigada d'intel·lectuals de carrera? És com una obligació. D'una capital a l'altra, tots s'imiten a la perfecció, practicant un art artificial, un art *esperanto*, copiat arreu fins a l'extenuació; ¿se'n pot dir art, d'això? ¿Té aquesta activitat alguna cosa a veure amb l'art?

Segons una idea força estesa, contemplant la producció artística dels intel·lectuals es té a les mans alhora la flor de la producció general, atès que els intel·lectuals, sorgits del comú de la gent, tenen totes les qualitats de la gent normal, a més de les que han adquirit durant anys i panys gastant colzes als pupitres de l'escola. Tot això sense comptar que per definició es creuen molt intel·ligents, molt més intel·ligents que la gent normal i corrent. Tanmateix, ¿és del tot cert això? Hi ha molta gent que té una idea molt menys favorable de l'intel·lectual. Veuen en l'intel·lectual un individu sense Orient, opac, sense vitamines, un nedador en aigües tèrboles. Neutralitzat, desmagnetitzat. Que perd tota visió.

És possible que la posició asseguda de l'intel·lectual sigui una posició *tallacircuit*. L'intel·lectual actua sempre assegut: assegut a l'escola, assegut a les conferències, assegut als congressos, sempre assegut. Sovint ensopit. I de vegades mort: assegut i mort.

Durant molt de temps s'ha tingut la intel·ligència en molta estima. Quan es deia d'algú que era intel·ligent ja estava tot dit. Ara es rebaixa el to, es comença a demanar una altra cosa; les accions de la intel·ligència van de baixa. Les que ara pugen són les de les vitamines. Ens adonem que allò que anomenàvem intel·ligència consistia en una simple habilitat en el maneig d'una determinada àlgebra simplista, falsa, inútil, que no té res a veure amb la veritable clarividència, sinó que més aviat l'ofusca.

No es pot negar que en el pla d'aquesta clarividència, l'intel·lectual brilla ben poc. L'imbècil (aquell qui l'intel·lectual anomena imbècil) s'hi mostra molt més predisposat. Fins i tot podríem dir que els pupitres de l'escola gasten aquesta clarividència al mateix temps que els colzes. L'imbècil pot ser que ho sigui però centelleja tot ell com els pèls d'un gat mentre que el mestretites de gramàtica espurneja menys que un drapot moll. Així és que: ¡Visca l'imbècil! ¡Ell és el nostre home!

El que els convé, als nostres doctors de toga i birret, és un raspat de cervell. Aleshores es tornarien bons conductors de corrents i els creixerien milions d'ulls a la sang com en l'home salvatge, ulls que els serien més útils per veure-hi que no pas les ulleres que s'encasqueten al nas. Els doctors haurien de fer-se el gran harakiri de la intel·ligència, fer el gran salt en la imbecil·litat extralúcida. Només aleshores els podrien créixer els milions d'ulls. Encara hi ha gent que no ha pres clarament consciència (sobretot entre els intel·lectuals, és clar) del costat il·lusori d'allò que s'anomenava intel·ligència. Es trenquen de riure quan senten que allò que ells anomenen intel·ligència pot ser pres per una cosa banal, i que, en qüestions de lucidesa, es confia més en aquells que ells anomenen imbècils. Una idea com aquesta no els cap al cap.

L'intel·lectual es torna boig per les idees, és un gran mastegador d'idees, que no pot concebre l'existència d'altres gomes de mastegar a part de la de les idees.

Ara bé, l'art és justament una goma que no té res a veure amb les idees; de vegades això es perd de vista. Les idees, i l'àlgebra de les idees, són potser un camí de coneixement, però l'art és un altre mitjà de coneixement que té uns camins ben diferents: els camins de la *visió*. La visió no ha de menester savis ni intel·ligents. No coneix aquests àmbits. El saber i la intel·ligència són ales dèbils al costat de la visió.

Les idees són un gas pobre, un gas descomprimit. Quan la visió s'apaga apareixen les idees i el verí cec de les seves aigües: l'intel·lectual.

La raó d'ésser de l'art és que es tracta d'un mitjà d'operació que no passa pel camí de les idees. Allà on les idees es fiquen pel mig, es tracta d'art oxidat, sense cap valor. Per tant, d'idees, ¡les mínimes! ¡No és d'idees que es nodreix l'art!

N'hi ha (l'autor d'aquestes línies, per exemple) que arriben a considerar l'art dels intel·lectuals un art fals, la moneda falsa de l'art, moneda copiosament adornada però que no sona.

És cert que l'adorn interessa fins a cert punt, però el so, molt més. Hi ha petites obres insignificants, del tot ínfimes, quasi informes, però que *sonen* amb una força que fa que siguin preferides a moltes obres monumentals d'il·lustres professionals.

Hi ha qui en té prou de saber que l'autor d'una obra és artista de professió perquè es trenqui l'encís a l'instant. Entre els artistes, jugadors de cartes o amants, els professionals passen per intrusos.

D'altra banda, val a dir que hi ha gent amant dels llocs poc freqüentats, gent interessada preferentment per les obres petites i poc vistoses. Parlant de llocs de vacances, al costat dels que prefereixen els indrets de gran anomenada, com ara Capri o Miami, n'hi ha que fugen de les multituds, per anar-se'n a una caleta que no coneix ningú. Si, donat el cas, comença a arribar gent al seu niuet, agafen els trastets i se'n van més enllà. De gent així, n'hi ha. Hi ha gent que detesta els partits, els marcadors, els campions, i que troba tot això estúpid i fals. Són idees de cavaller de pa sucat amb oli voler cavalcar el cavall guanyador de les curses. Un gautxo de debò no somnia el cavall guanyador sinó el poltre salvatge atrapat amb el llaç. Se'n riu dels pedigrís i no li agraden les bèsties domesticades.

Estan molt bé totes aquestes festes en honor de l'artista; ara bé, ¿què és el que passa? El bernat ermità, paràsit de les

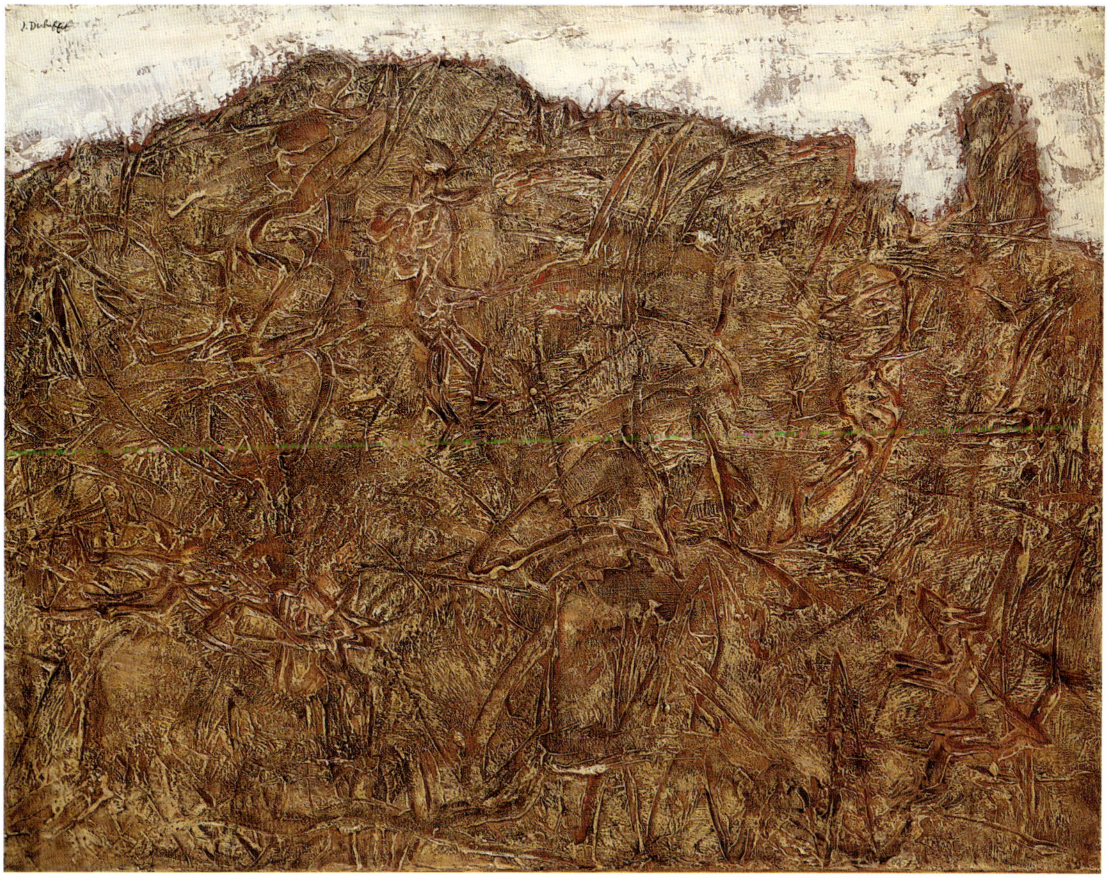

Jean Dubuffet, *Le Chien jappeur*, 1953

conquilles, aprofitant l'ocasió, s'hi precipita, i vet aquí com s'instal·la en la conquilla de l'art. Allà on hi hagi festes amb visques i cava a dojo al voltant d'una conquilla, podeu pujar-hi de peus: hi ha un bernat ermità.

L'art de debò és troba sempre en el lloc més inesperat. Allà on ningú no pensa en ell ni en pronuncia el nom. L'art detesta que el reconeguin i que el saludin pel nom. Fuig cames ajudeu-me. L'art és un personatge bojament enamorat de l'incògnit. Tan bon punt se'l descobreix, que algú l'assenyala amb el dit, fuig deixant en el seu lloc un figurant llorejat, amb una pancarta a l'esquena amb la paraula *art*, que tothom cuita a ruixar de cava i que els conferenciants passegen de ciutat en ciutat amb una anella als morros. És el senyor Art de mentida, aquest. És el que el públic coneix perquè és qui porta els llorers i la pancarta. ¡El senyor Art de debò mai no es penjaria cap pancarta al coll! I és així com ningú no el reconeix. Es passeja pertot arreu, tothom se l'ha trobat pel camí i s'hi topa vint cops al dia a cada cantonada, però ningú no es pot afigurar que aquest sigui el senyor Art de debò, de qui es diuen meravelles. I això és perquè no en fa la cara. Vet-ho aquí, el senyor Art de mentida fa cara de ser el de debò i el de debò, en canvi, ¡no en fa la cara! ¡I és així com ens equivoquem! ¡Molts s'equivoquen!

COMUNICACIÓ SOBRE EL MUR

ANTONI TÀPIES, 1969

La llarga nit;
el so de l'aigua
diu el que penso.
GOTXIKU

Sempre que m'han demanat explicacions sobre allò que anomenen les meves parets, finestres o portes, procuro aclarir immediatament que en realitat he fet menys parets, finestres o portes de les que la gent s'imagina.

La meva resposta es pot interpretar en un doble sentit. Primer, com una protesta o una invitació que les meves parets, finestres o portes –les quals, de tota manera, poden ben bé estar als meus quadres– siguin preses fonamentalment com una organització artística. En segon lloc, com una advertència al fet que aquestes imatges en les meves intencions, com en la majoria d'obres d'art, mai no han estat un fi en elles mateixes, sinó que han de ser vistes com un trampolí, com un mitjà per atènyer unes metes més llunyanes. Però la paret, la finestra o la porta –com tantes i tantes imatges que han desfilat per les meves teles– no deixen tanmateix de ser-hi i em trobo ben lluny d'intentar ara escamotejar-les. Vull dir amb això que no penso que les imatges, en les meves obres, s'hagin de considerar com una mera excusa indiferent on recolzar uns ingredients plàstics, com diuen que foren per exemple els «assumptes» per als impressionistes o *fauves*, «assumptes» dels quals, afegeixen de vegades, ja s'alliberaren del tot els artistes abstractes o informalistes posteriors. Les meves parets, finestres o portes –o si més no el seu suggeriment–, al contrari, continuen dretes sense eludir responsabilitats i amb tota la seva càrrega arquetípica o simbòlica.

Es tracta d'un retorn a l'«assumpte»? La resposta ha de ser novament ambigua. Avui sabem que en l'estructura de la comunicació artística les coses, màgicament, de vegades hi són i no hi són, apareixen i desapareixen, van d'unes a altres, s'entrellacen, desencadenen associacions... Tot és possible! Perquè tot ocorre en un camp infinitament més gran que el que delimita la mesura del quadre o d'allò que hi ha materialment en el quadre. Perquè aquest es únicament un *suport* que convida el contemplador a participar en el joc molt més ampli de les mil i una visions i sentiments: el talismà que aixeca o esfondra els murs en racons més profunds del nostre esperit, que obre i tanca de vegades les portes i les finestres en les construccions de la nostra impotència, del nostre esclavatge o de la nostra llibertat. L'«assumpte» pot trobar-se, doncs, en el quadre o pot ser únicament al cap de l'espectador.

Si he de fer la història de com es va anar concretant en mi la consciència d'aquest poder evocador de les imatges murals, m'he de remuntar molt enllà. Són records que vénen de la meva adolescència i de la meva primera joventut tancada entre els murs en què vaig viure les guerres. Tot el drama que patien els adults i totes les cruels fantasies d'una edat, que enmig de tantes catàstrofes semblava abandonada als seus propis impulsos, es dibuixaven i quedaven inscrits al meu voltant. Tots els murs d'una ciutat que per tradició familiar em semblava tan meva, foren testimoni de tots els martiris i de tots els retards inhumans que s'infligien al nostre poble.

Sens dubte, però, els records culturals n'augmentaren naturalment l'accent. I des de totes les divulgacions arqueològiques que vaig anar absorbint fins als consells de Da Vinci, des de totes les destruccions de Dadà, fins a les fotos de Brassaï, contribuïren, no és pas estrany, al fet que ja les primeres obres de 1945 tinguessin alguna cosa a veure amb els *graffiti* de carrer i amb tot un món de protesta reprimida, clandestina, però plena de vida, que també circulava per les parets del meu país.

Més tard va venir «l'hora de la solitud». I en la meva menuda habitació-estudi van començar els quaranta dies d'un desert que no sé si es va acabar. Amb un acarnissament desesperat i febril vaig portar l'experimentació formal a uns graus de maníac. Cada tela era un camp de batalla on les ferides s'anaven multiplicant sempre més i més fins a l'infinit. I aleshores s'esdevingué la sorpresa. Tot aquell moviment frenètic, tota aquella gesticulació, tot aquell dinamisme inacabable, a força d'esgarrapades, de cops, de cicatrius, de divisions i subdivisions que infligia a cada mil·límetre, a cada centèsima de mil·límetre de la matèria, van fer de sobte el salt qualitatiu. L'ull ja no percebia les diferències. Tot s'unia en una massa uniforme. Allò que fou ebullició ardent es transformava ell mateix en silenci estàtic. Fou com una gran lliçó d'humilitat que rebia la supèrbia del desenfrenament.

I un dia vaig provar d'arribar directament al silenci amb més resignació, rendint-me a la fatalitat que governa tota lluita profunda. Els milions de furioses urpades es van convertir en milions de grans de pols, de sorra... Tot un nou paisatge, com en la història del qui travessa el mirall, s'obrí de cop al meu davant per comunicar-me la interioritat més secreta de les coses. Tota una nova geografia m'il·luminà de sorpresa en sorpresa. Suggestió de rares combinacions i estructures moleculars, de fenòmens atòmics, del món de les galàxies, d'imatges del microscopi. Simbolisme de la pols –«confondre's amb la pols, vet aquí la profunda identitat, és a dir, la profunditat interna entre l'home i la natura» (Tao-teking)–, de la cendra, de la terra d'on sorgim i on tornem, de la solidaritat que neix en veure que la diferència que hi ha entre nosaltres és la mateixa que hi ha entre un gra de sorra i un altre... I la sorpresa més sensacional va ser descobrir un dia de cop i volta que els meus quadres, per primera vegada a la història, s'havien convertit en murs.

¿Per quin estrany procés havia arribat a unes imatges tan precises? ¿I per què, com a primer espectador, em van fer tremolar d'emoció? Evidentment, res no surt del no-res i tot havia de tenir una explicació. ¿Era la culminació d'un procés de fatiga causat per la proliferació d'un fàcil *tachisme* en tot el món? ¿Una reacció per sortir de tots els informalismes anàrquics?

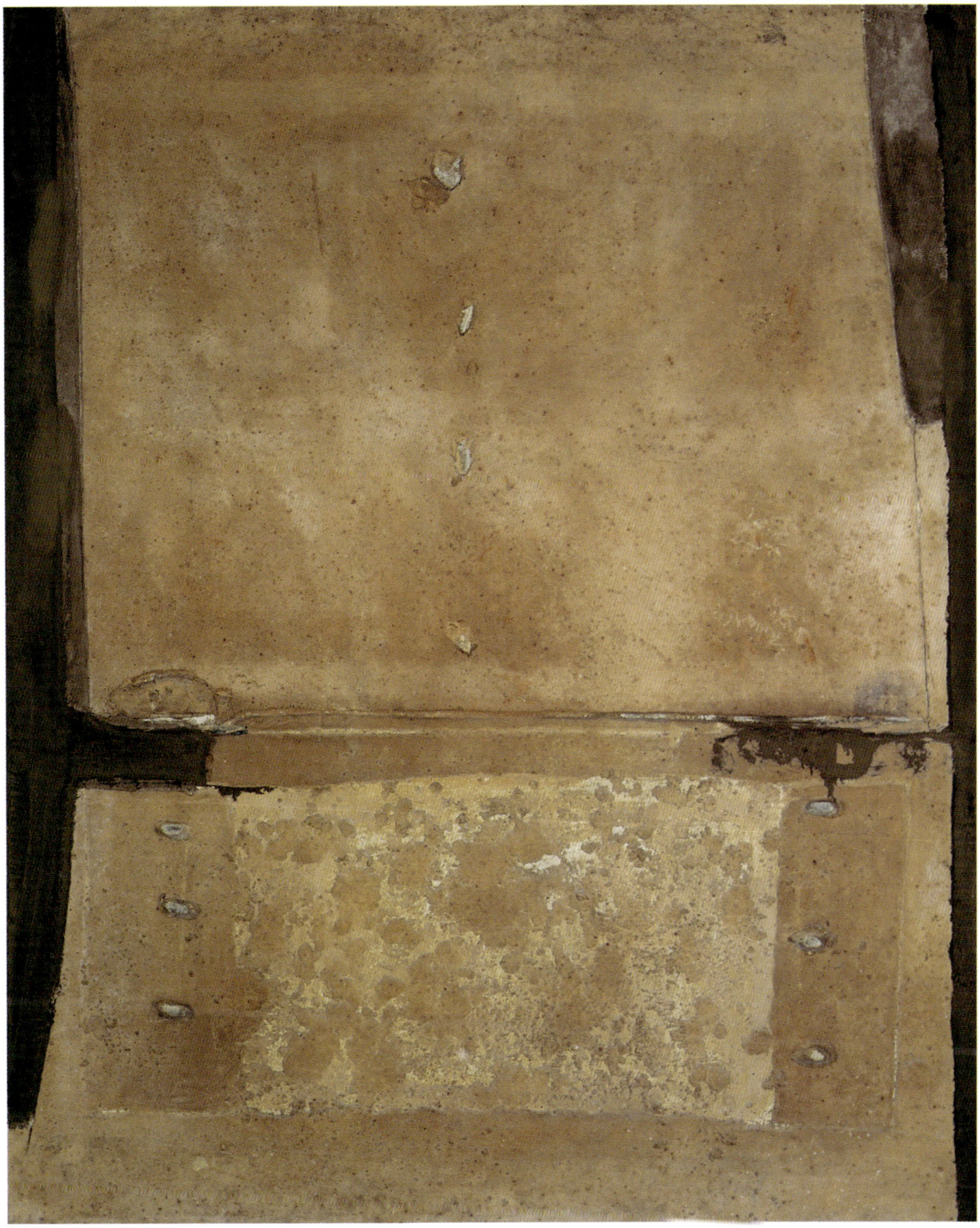

Antoni Tàpies, *Pintura ocre*, 1959

¿Un intent d'escapar dels excessos abstractes i un afany per alguna cosa més concreta? ¿Veia amb allò la possibilitat de tocar terrenys encara més primordials, els elements més extremadament purs, més essencials de la pintura, que els mestres de la generació anterior m'havien estimulat a buscar? Potser a un altre artista tot li hauria passat més o menys desapercebut, o més o menys transitòriament. ¿Però com podia no marcar-me a mi? Estrany destí del meu nom! Semblava que es complís en mi l'estrany presagi que uns anys abans havia sentit explicar a un adepte de les ciències ocultes sobre la influència del nostre nom en el propi caràcter i en el propi destí. La qüestió és que en poc temps vaig prendre consciència d'una sèrie de possibles experimentacions que, en anys successius, m'apassionaren més i més i que sens dubte també van tenir els seus fruits i la seva ressonància més o menys gran en tot el món de l'art.

Quantes suggestions es poden desprendre de la imatge del mur i de totes les seves possibles derivacions! Separació, enclaustrament, mur de lamentació, de presó, testimoni del pas del temps; superfícies llises, serenes, blanques; superfícies torturades, velles, decrèpites; senyals d'empremtes humanes, d'objectes, dels elements naturals; sensació de lluita, d'esforç;

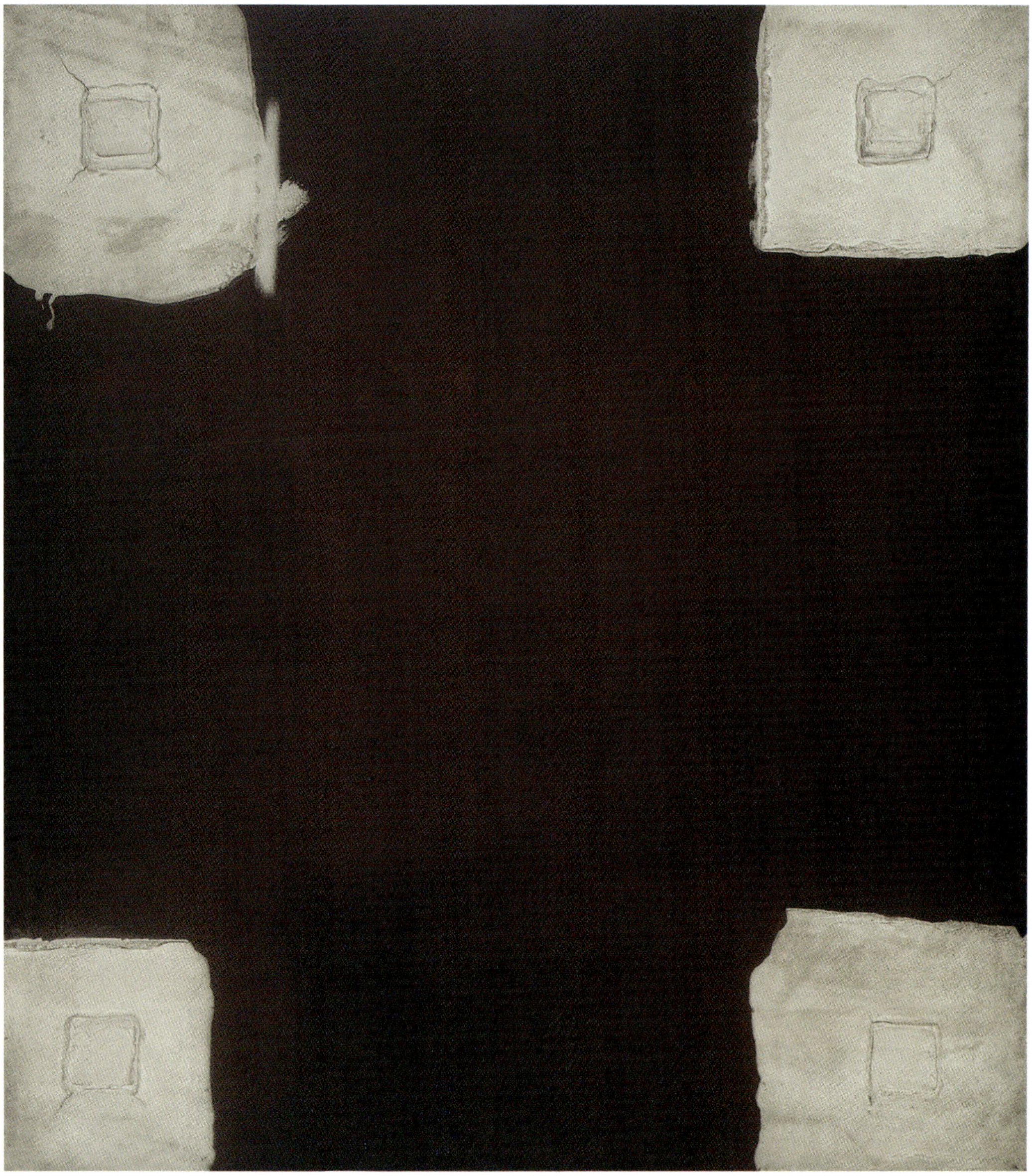

Antoni Tàpies, *Quatre quadrats grisos sobre fons marró*, 1959

de destrucció, de cataclisme; o de construcció, de sorgiment, d'equilibri; restes d'amor, de dolor, de fàstic, de desordre; prestigi romàntic de les ruïnes; aportació d'elements orgànics, formes suggerents de ritmes naturals i del moviment espontani de la matèria; sentit paisatgístic, suggestió de la unitat primordial de totes les coses; matèria generalitzada; afirmació i estimació de la cosa terrena; possibilitat de distribució variada i combinada de grans masses, sensació de caiguda, d'esfondrament, d'expansió, de concentració; rebuig del món, contemplació interior, aniquilació de les passions, silenci, mort; esquinçaments i tortures, cossos esquarterats, restes humanes; equivalències de sons, esgarrapades, raspats, explosions, trets, cops, martelleigs, crits, ressonàncies, ecos en l'espai; meditació d'un tema còsmic, reflexió per la contemplació de la terra, del magma, de la lava, de la cendra; camp de batalla; jardí; terreny de joc; destí de l'efímer… i tantes i tantes idees que se'm van anar presentant l'una rere l'altra com les cireres que traiem d'un cistell. I tantes i tantes coses que semblava que m'emparentessin amb orgull a filosofies i savieses tan estimades per mi!

Quina gran sorpresa, per exemple, saber posteriorment que l'obra de Bodidarma, fundador del Zen, es va dir: *Contemplació del mur al Mahayana*. Que els temples Zen tenien jardins de sorra formant estries o franges semblants als solcs d'alguns dels meus quadres. Que els orientals ja havien definit determinats elements o sentiments en l'obra d'art que inconscientment afloraven aleshores en el meu esperit: els ingredients Sabi, Wabi,

Antoni Tàpies, *Relleu blanc*, 1959

Aware, Yugen... Que en la meditació búdica cerquen igualment el suport d'unes Kasinas consistents a vegades en terra col·locada en un marc, en un forat, en una paret, en matèria carbonitzada...

¿Pot continuar anomenant-se murs tot el que he fet?

Lluny del clixé que la gent es forma de l'artista, amb tot el seu bagatge de necessària originalitat, personalitat, estil, etc., que fa que les obres parlin de portes enfora, per a l'autor hi ha, primer de tot, un nucli de pensament més anònim, col·lectiu, del qual només és un modest servidor. És segurament la zona on és dipositada la saviesa que en realitat es troba sota totes les ideologies i les fatals contingències del món. És l'impuls del nostre instint de vida, de coneixement, d'amor, de llibertat, que ha estat conservat i vivificat per la saviesa de sempre. Les formes en què es concreta, sens dubte imprescindibles per a la captació dels seus missatges, són l'episodi obligat de les pròpies lleis de creixement que té l'art en cada moment donat. La imatge del mur, amb totes les seves innombrables ressonàncies, constitueix, naturalment, un d'aquests episodis. Però si té alguna importància en la història dels encadenaments estilístics, no pot ser altra que la d'haver reflectit per un moment aquest patrimoni comú que tots els homes creem en moments de profunditat durant el curs dels segles i sense el qual la cosa artística seria sempre supèrflua, banal, pretensiosa o ridícula. I on els estils, les escoles, les tendències, els ismes, les fórmules i els mateixos murs no són, per si mateixos, cap garantia d'una autèntica expressió.

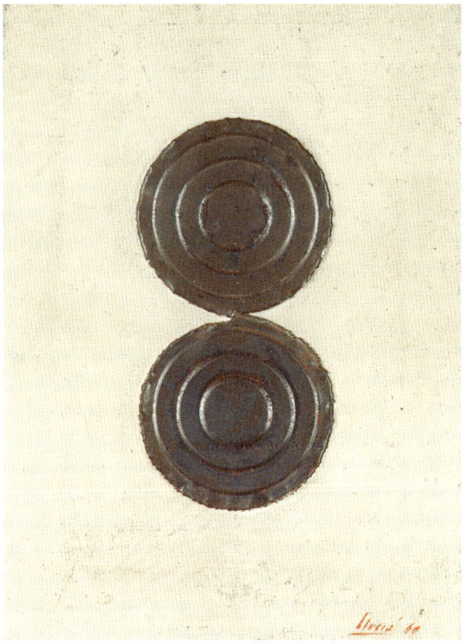

Joaquim Llucià, *Relacions*, 1960

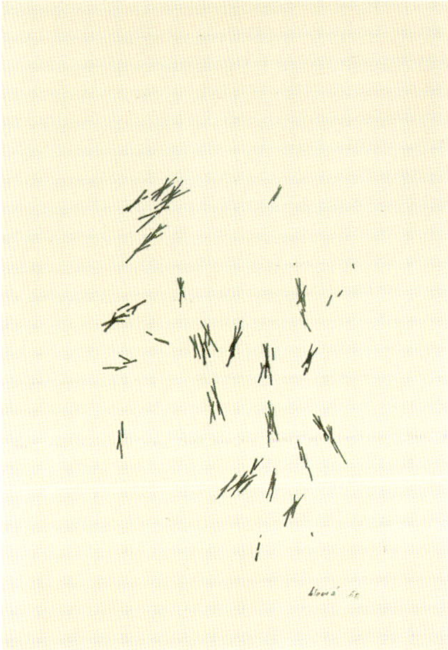

Joaquim Lluçià, *Sense títol*, 1960

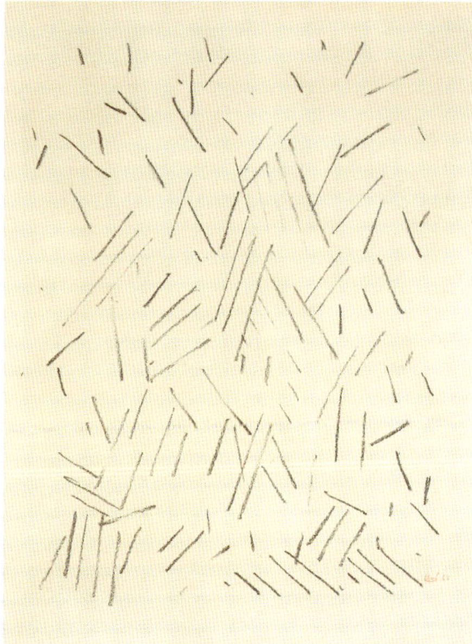

Joaquim Lluçià, *Sense títol*, 1962

La poesia de les relacions espacials entre elements simples situats en un camp pictòric esdevé un sentiment estètic. Però Llucià, naturalment, no troba les estructures de repetició d'una manera unilateral. La seva obra dels anys 1957 ençà marca una sèrie de direccions diverses, unides per grans afinitats de sentit, però realment diferents per l'orientació, el concepte i la tècnica.

[...] Enemic de les confessions i de les efusions romàntiques, Llucià, tanmateix, posa una sensibilitat eriçada en els traços i les estries, i fins i tot a les superfícies de les zones, que mai no posseeixen la fredor de l'«art del delineant», tot i que sí tenen la fredor que dimana del color platejat: aquella llum de matí d'hivern, cristal·lina i tremolosa, en el fons una mica trista, però sostinguda.

Juan Eduardo Cirlot, 1960

Modest Cuixart, *Composició*, 1960

Lucio Fontana, *Concetto spaziale*, 1957

Concetto spaziale aplega dos elements característics de l'etapa de maduresa de Fontana: el foradament i la incorporació d'elements corporis sobre la superfície de la tela. En aquesta obra els forats acompleixen una doble funció: dibuixen línies discontínues, i converteixen l'espai simbòlic de la pintura en un espai real, tangible, a través del qual ressona el rerefons ocult que la mateixa pintura amaga. La matèria sembla oscil·lar entre l'esfumat i la forma palpable, guanyant densitat en algunes zones i escampant-se per d'altres. El diàleg entre uniformitat i accident és una de les aportacions més interessants de *Concetto spaziale*; a partir d'aquí Fontana indagaria en la contraposició entre llum i ombra, profunditat i superfície, turbulència i estatisme, pols entre els quals oscil·lava la seva radical concepció de l'espai pictòric.

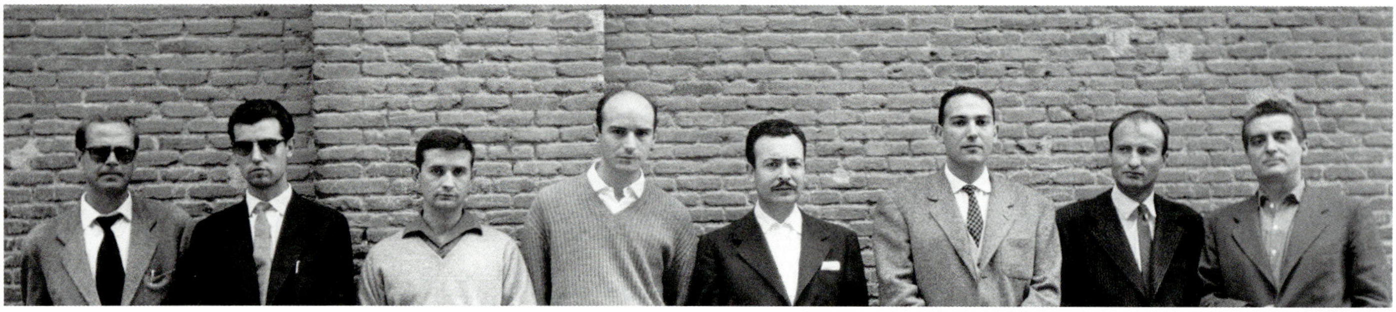

Els integrants del grup El Paso: d'esquerra a dreta, Martín Chirino, Rafael Canogar, Luís Feito, Antonio Saura, Manuel Rivera, José Ayllón, Manolo Millares i Manuel Viola, 1959

MANIFEST

El Paso és una «activitat» que pretén crear un nou estat de l'esperit dins el món artístic espanyol.

El Paso neix com a conseqüència de l'agrupació de diversos pintors i escriptors que per diferents camins han comprès la necessitat moral de fer una acció dins el seu país.

El Paso pretén crear un ambient que permeti el lliure desenvolupament de l'art i de l'artista, i lluitarà per superar l'aguda crisi per la qual travessa Espanya en el camp de les arts visuals (les causes: la falta de museus i de col·leccionistes, l'absència d'una crítica responsable, la separació radical entre les diferents activitats artístiques, la solució artificial de l'emigració artística, etc.).

Creiem que el nostre art no és vàlid mentre no contingui una inquietud coincident amb els signes de l'època, i faci una apassionada presa de contacte amb els corrents artístics més renovadors.

Anem cap a una plàstica revolucionària –en què estan presents la nostra tradició dramàtica i la nostra expressió directa– que respon històricament a una activitat universal.

Conscients de la inutilitat de la discussió sobre els termes «abstracció-figuració», «art constructiu-expressionista», «art col·lectiu-individualista», etc., el nostre propòsit és presentar una obra autèntica i lliure, oberta cap a l'experimentació i la investigació sense fronteres, i no subjecta a cànons exclusivistes i limitats.

Propugnem un art vigorós i profund, greu i significatiu.

Lluitem per un art cap a la salvació de la individualitat, dins el signe de la nostra època.

Ens encaminem cap a la transformació plàstica on puguem trobar l'expressió d'una «nova realitat».

I cap a una antiacadèmia, en la qual l'espectador i l'artista prenen consciència de la responsabilitat social i espiritual.

L'acció d'El Paso durarà mentre les condicions ja exposades es mantinguin en aquest país.

Manifiesto El Paso, estiu de 1957

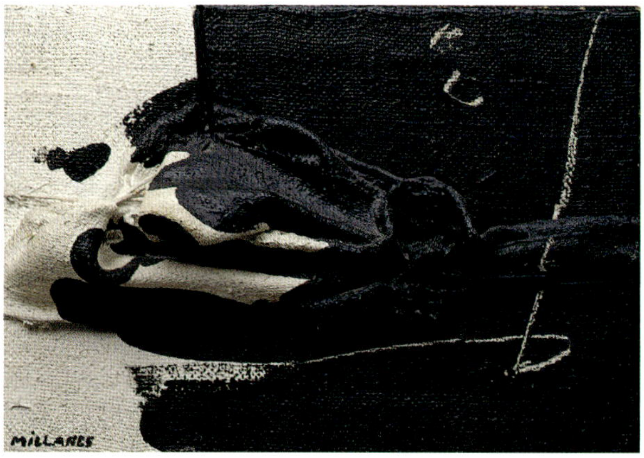

Manolo Millares, *Cuadro*, 1967

Sabem que el pensament i l'art contemporanis estan necessàriament mediatitzats, i davant de la disjuntiva d'escollir entre les direccions més enfrontades que van des de l'obscurantisme teològic fins a la reivindicació més justa i on s'ensopeguen totes les demagògies i els discursos encesos que advoquen en favor d'una hipòtesi estable i per un desig absolut.

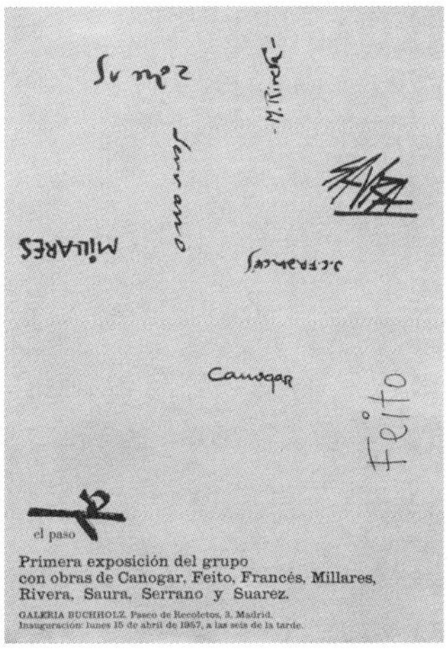

Primera exposició del grup El Paso, Galería Buchholz, Madrid, 1957. Contracoberta del catàlog il·lustrat

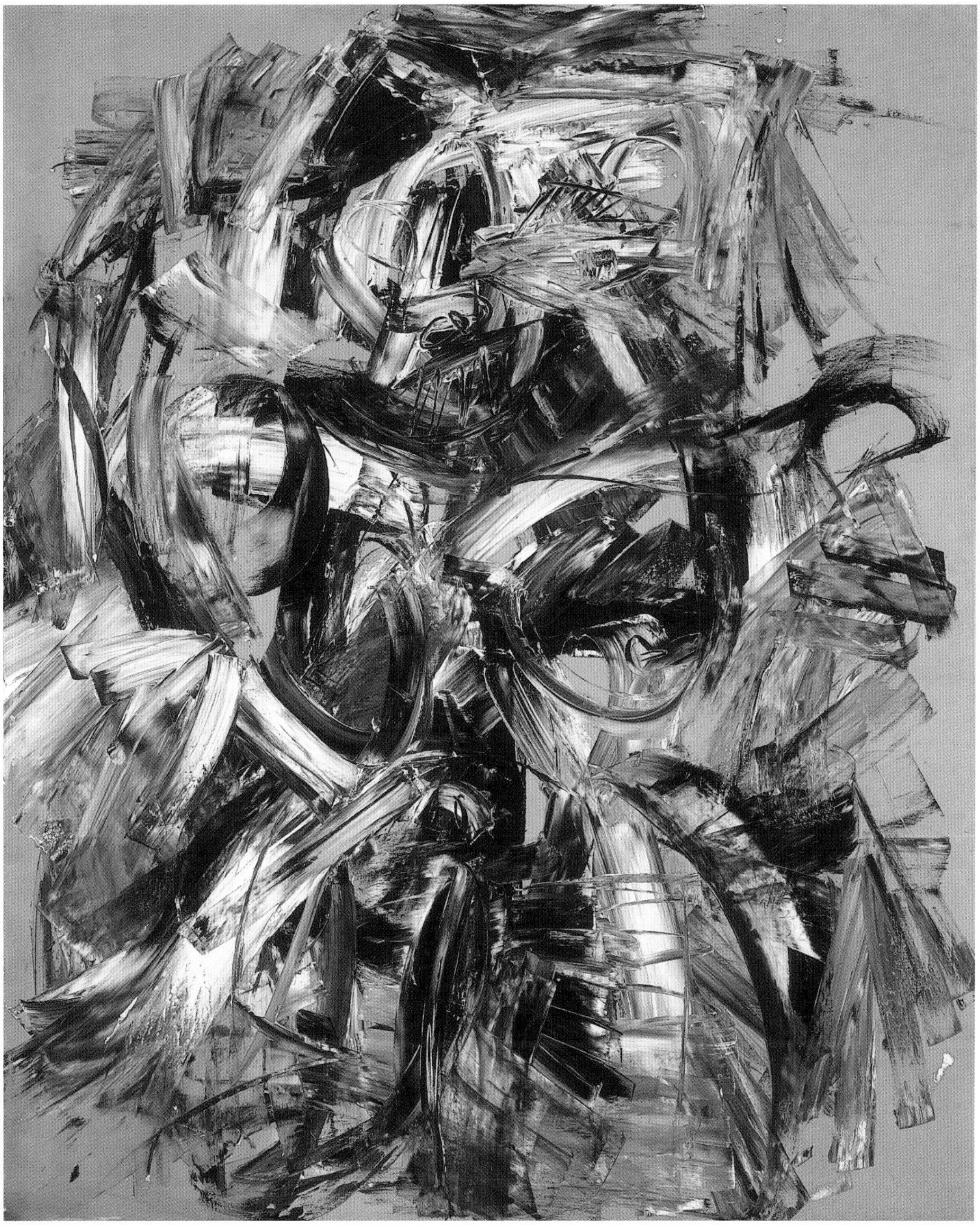

Antonio Saura, *Hia*, 1958

Sabem que l'etern problema de la mort presenta la seva amenaça nova i repugnant en tots els racons des de l'aparició de l'arbre nuclear i la fruita bacteriològica, i crea un pànic constant que repercuteix en totes les nacions i en la humanitat sencera.

Així neix la inseguretat, la por, la sortida de les bestioles nocturnes. Aquest ferment de la destrucció i la temporalitat dramàtiques s'enganxa a la construcció quotidiana de la vida.

Els profunds solcs del cataclisme de la guerra i d'un món absurd ens obliguen a perdre peu; de fet, un art polsador d'una època destrossada que ha sortit dels viaranys seculars per estimbar-se aparatosament en unes ombres de les quals, tal vegada, germinaran el *logos* i la llum desitjats.

Però ara l'art –i és el que interessa aquí– esdevé testimoni de realitat; i el que es veu aquí –o es jutja– no és la moral de l'art, ni la de l'artista; es veu i es jutja aquesta realitat mateixa on s'aboca el que és moral o el que és immoral d'una societat on es viu.

Manolo Millares, 1963

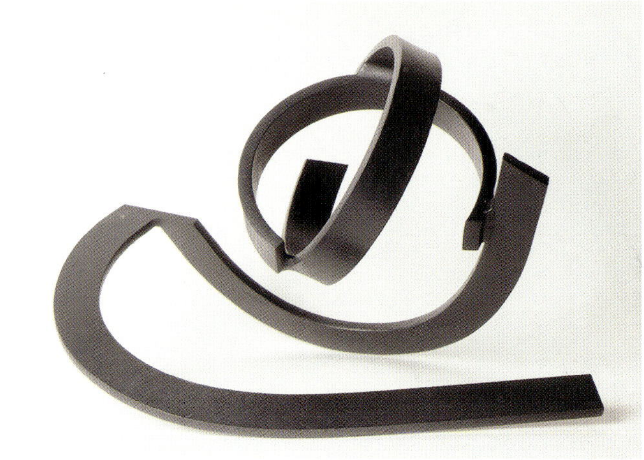

Jorge Oteiza, *Conjunción dinámica de dos pares de elementos curvos y livianos*, 1957

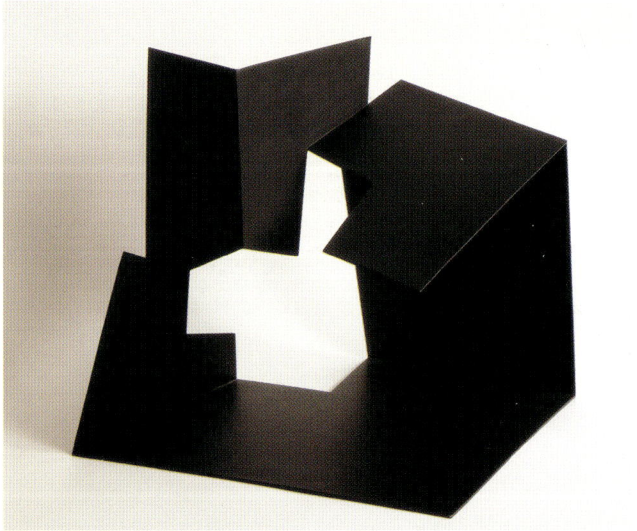

Jorge Oteiza, *Desocupación no cúbica del espacio*, 1958-1959

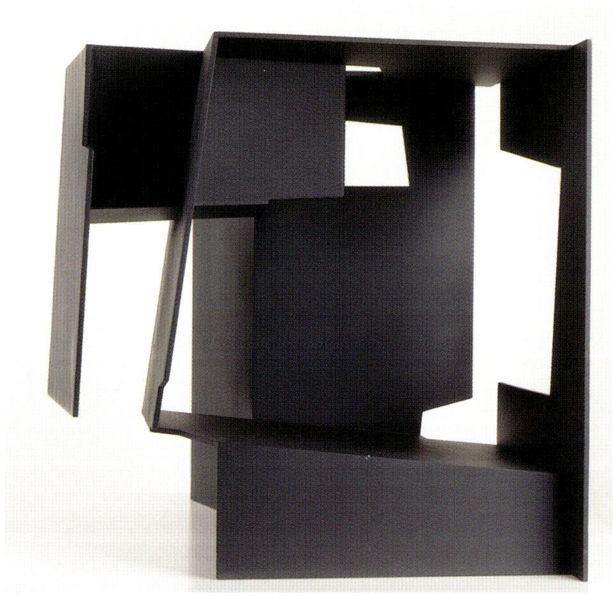

Jorge Oteiza, *Retrato de un gudari llamado Odiseo*, 1975

A mitjan anys cinquanta, Jorge Oteiza va començar la recerca al voltant del quadrat o el cub com a unitats essencials, influït per Piet Mondrian, Kazimir Malevic i, sobretot, per Paul Cézanne. En les seves escultures de pedra, ferro o acer, evidencia una concepció dels volums tancats que es distingeix pel fet de mostrar-los com a presències metafísiques i no pas com a absències de massa sòlida. Es tracta, doncs, de manllevar l'essència del buit, la seva capacitat de generar alhora energia espiritual i física.

Els anys cinquanta foren l'època més fèrtil d'Oteiza com a escultor, tot i que, paral·lelament a la seva producció escultòrica, la seva obra teòrica va anar assolint envergadura i complexitat: a més de desenvolupar importants estudis sobre les arrels culturals i artístiques del poble basc, Oteiza va exposar les seves preocupacions estètiques principals i el seu compromís ideològic en diversos textos; i a partir del 1959 va decidir abandonar l'escultura per dedicar-se completament a la teoria de l'art i a l'estudi de la identitat cultural basca. Des de llavors, ha realitzat col·laboracions en àmbits tan diversos com l'arquitectura, la poesia o el cinema.

Conjunción dinámica de dos pares de elementos curvos y livianos explora la «desocupació espacial» d'un volum partint d'un sentit dinàmic de l'esfera que, per essència, gira sobre si mateixa o roman en rotació constant. Tanmateix, aquest moviment primordial es presenta immòbil en el temps i estabilitzat en l'espai, la qual cosa permet l'aparició d'un nucli interior actiu que mai no arriba a aïllar-se de l'espai que el circumda. Com en els moviments cíclics de la naturalesa, el dinamisme d'aquestes bandes de ferro de vores convexes s'inscriu dins unes pautes predeterminades i reiteratives, tal com correspon a la visió còsmica de l'artista, l'interès del qual se centra en la superació de la matèria en la recerca d'una energia pura que, en paraules seves, es troba dins «el buit respirable a través de les formes».

Realitzada un any abans que Oteiza abandonés la pràctica escultòrica, *Desocupación no cúbica del espacio* s'inscriu en la sèrie dedicada a *Construcciones vacías* i a *Cajas metafísicas*. Oteiza desplega en aquesta obra una complexa combinatòria entre plans esglaonats i volums espacials interns i externs. Malgrat que se situa prop de la pràctica neoplasticista i suprematista, els procediments emprats en aquesta escultura palesen una de les constants de la trajectòria del seu autor: la voluntat de preservar el contingut vital de les seves obres en contraposició al logicisme pur. Així doncs, davant la rigidesa analítica de la matemàtica, l'escultor basc hi oposa la biologia o la física, ciències ancorades en la realitat.

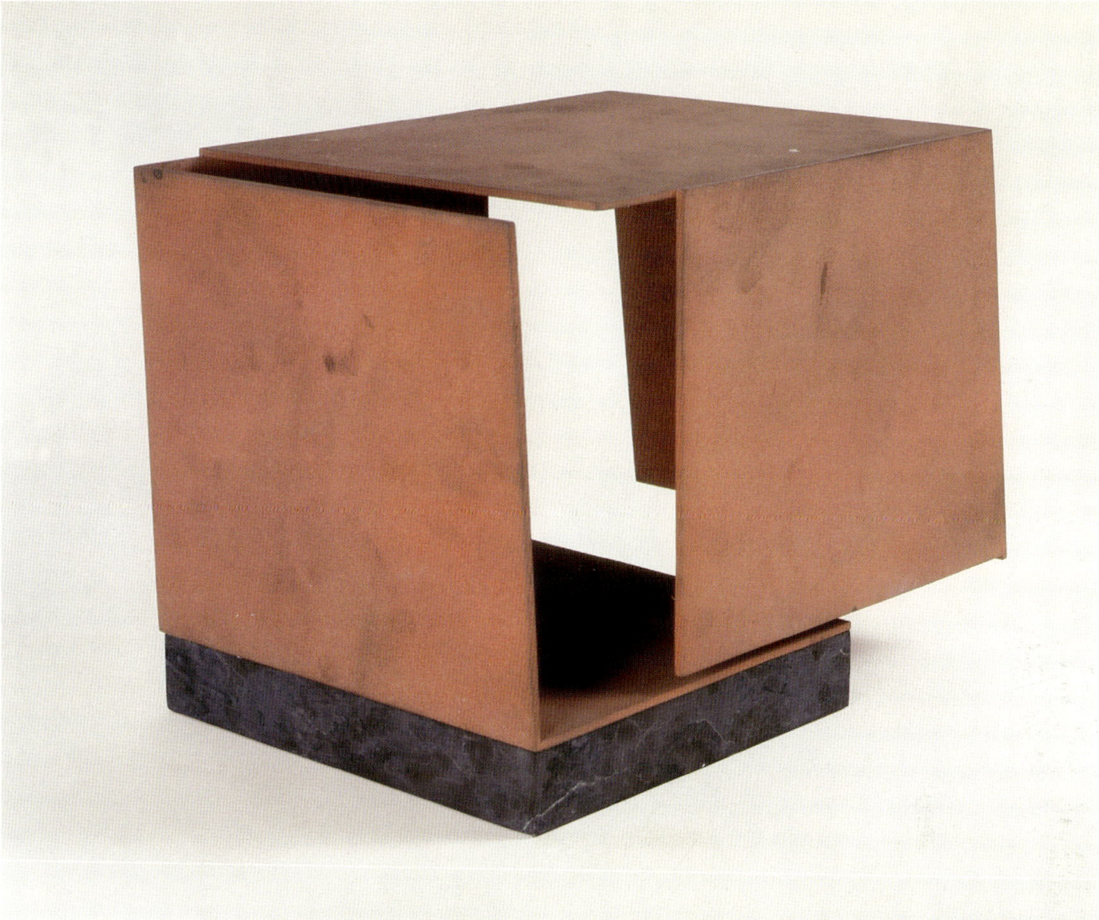

Jorge Oteiza, *Caja metafísica por conjunción de dos triedros*, 1958-1959

DE MI DESOCUPACIÓN DEL ESPACIO

creación de huecos de espacios vacíos
        en escultura como objeto experimental
        desocupación espacial del cubo
                        de la esfera
                        y el cilindro
                con un abrazo a Cézanne

desocupación del poliedro
desocupación de la ciudad

en arquitectura   en urbanismo   vaciar la ciudad
                                 para ver el cielo
en el cine   concavidad agujeros
en el deporte   sitios fuera del mundo
en el fútbol
        descolocar defensas
        abrir huecos
        para escapar.

JORGE OTEIZA, s/d

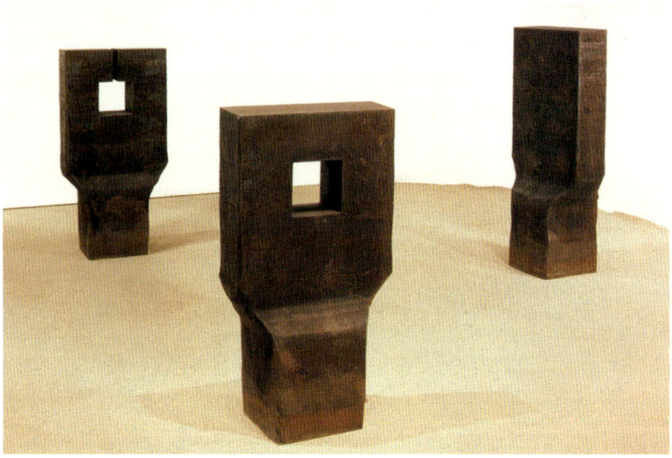

Eduardo Chillida, *Iru Burni*, 1986

Els primers treballs d'Eduardo Chillida traslluei-xen un interès per la matèria que aniria creixent amb el temps i que, unit a l'atracció per temes filosòfics de caràcter existencial i al ferm arrelament a la seva terra, és un dels trets definitoris de la seva producció. La totalitat de la seva obra, que es mou entre la petita dimensió i l'escultura pública, és un constant equilibri de masses i volums habitats per l'aire, que compten amb l'economia de mitjans com a ressort per dotar-se d'un sentit de la monumentalitat que és independent de la seva dimensió.

L'espai que interessa a l'artista no és l'espai que queda fora, al voltant de les formes, sinó l'espai que aquestes creen al seu interior, cosa que li ha valgut l'apel·latiu d'«arquitecte del buit». Al mateix temps, a les seves escultures la rellevància del material i de les seves qualitats s'uneix al profund significat de la forma en què aquests es treballen: la ferreria tradicional, els apilonaments de fusta, la pedreria..., donen a les seves obres un aura heroica, totalment allunyada dels procediments industrials. Els seus treballs, penetrats de la dignitat del procés, s'erigeixen com a símbols en un món en què individu i natura són una mateixa cosa.

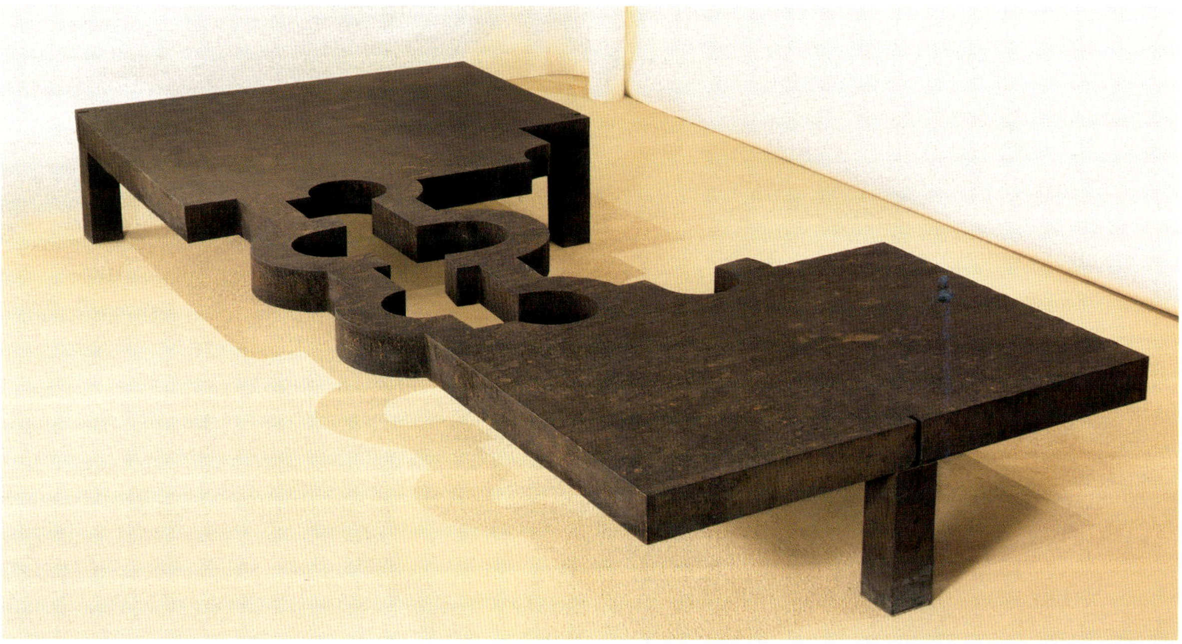

Eduardo Chillida, *Mesa de Omar Khayyan IV*, 1983

[Els dibuixos i les aiguades] constitueixen el que es pot anomenar el germen o la llavor de les obres que en procedeixen. Les escultures són el desenvolupament en la tercera dimensió de les meves formes bidimensionals. Els dibuixos són *estructures* que mitjançant un procés de manipulació provoquen generacions metamòrfiques que formen famílies. [...] La biologia, en efecte, ens serveix de metàfora per entendre aquest procés. La geometria està en l'origen de la vida, que és el més inventiu i interminable que coneixem. Tenir una *visió* de les estructures que es troben contingudes en altres estructures, *veure* les formes noves en potència, *veure* les possibilitats de generar unes altres formes, d'experimentar el pas d'unes formes *a* unes altres per mitjà de les metamorfosis, *veure* el que creix com una planta. Les formes geomètriques amb les quals treballo també es desenvolupen mitjançant un procés o moviment metamòrfic de molt llarga durada, i per això es pot dir que aquestes formes són obertes i romanen obertes i *predisposades* per a la transformació.

La geometria em sembla central perquè és la mesura de la matèria. Mesurar és una manera d'explorar, i s'explora per intentar conèixer el que és desconegut. La meva obra s'ha associat molt al terme francès *recherche*, a la recerca científica. Però quan aquest fenomen passa a l'art sorgeix la confusió. L'artista no fa recerca. El concepte té un altre sentit. Es busca perquè alguna cosa ens atrau cap a un punt que desconeixem i que pressentim. És una interacció constant de la imaginació i del pensament, un pensament que imagina, que no només és «sentidor», com deia Zubiri. Els àrabs l'anomenaven la imaginació activa, que és el que crea imaginacions visionàries, ja que veuen el que no es veu. Per tant, en l'art contemporani la imaginació s'ha considerat de manera pejorativa.

PABLO PALAZUELO, 1995

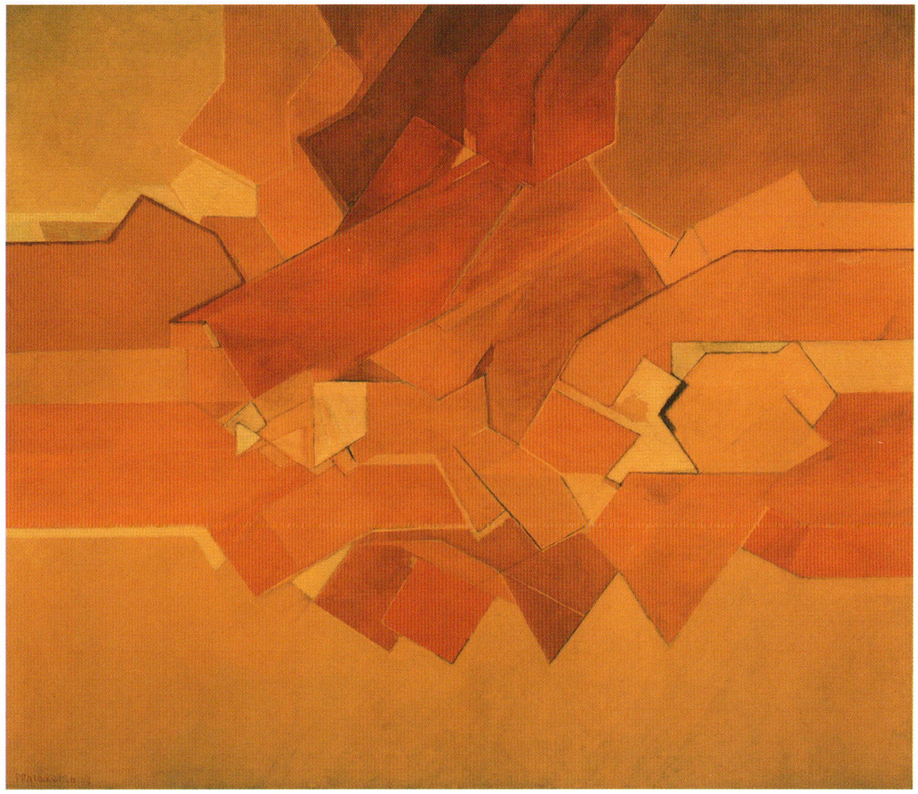

Pablo Palazuelo, *Solitudes III*, 1955

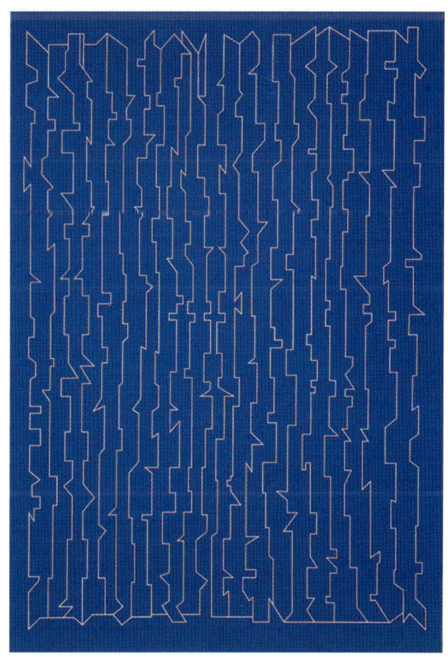

Pablo Palazuelo, *Arran*, 1990

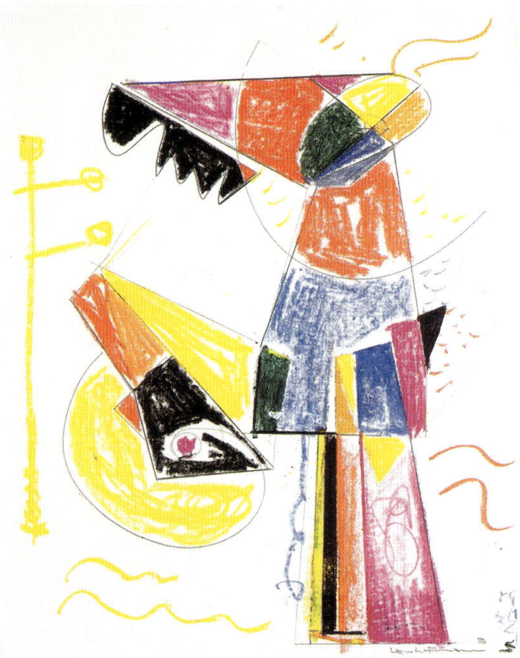

Hans Hofmann, *Sense títol*, 1950

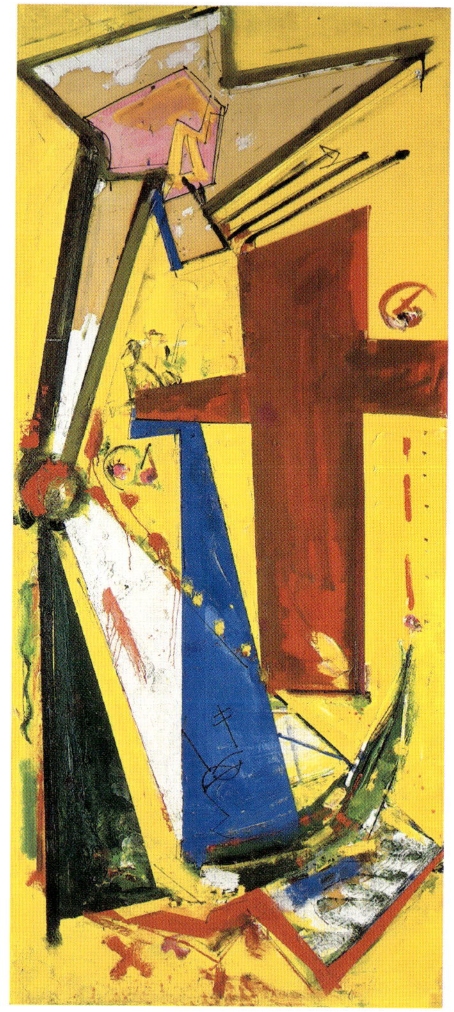

Hans Hofmann, *Study for Mosaic Cross*, 1950

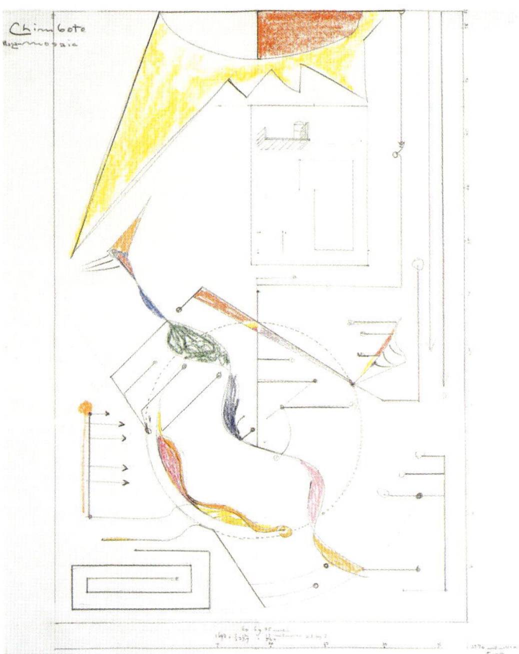

Hans Hofmann, *Chimbote Plaza Mosaic*, 1950

L'any 1947, els arquitectes Josep Lluís Sert i Paul Lester Weiner varen rebre l'encàrrec de realitzar un pla urbanístic per al port industrial de Chimbote, a la costa septentrional del Perú. L'encàrrec, que no va arribar a finalitzar-se, provenia de la Corporación Peruana del Santa, una organització governamental inspirada en la Tennessee Valley Authority, que s'ocupava del desenvolupament de la zona nord del Perú.

Els estudis, esbossos i pintures que Hans Hofmann va realitzar l'any 1950 per a Chimbote s'han de situar en aquest

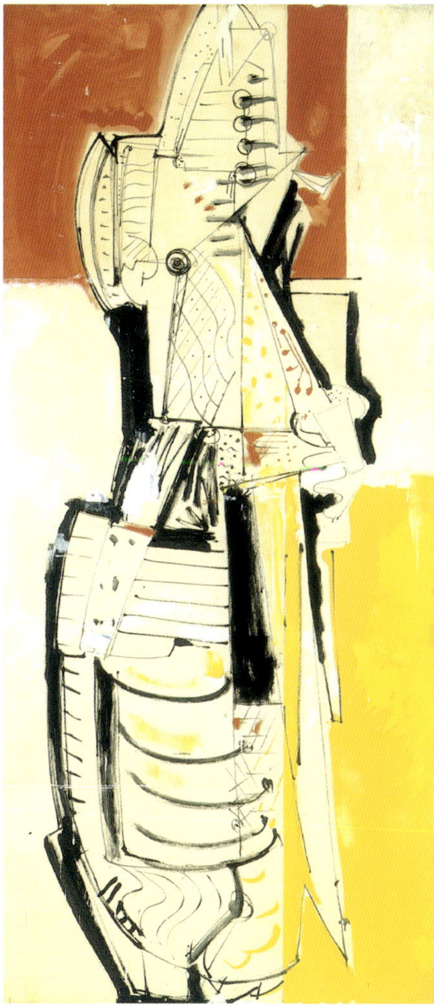

Hans Hofmann, *Sense títol*, 1950

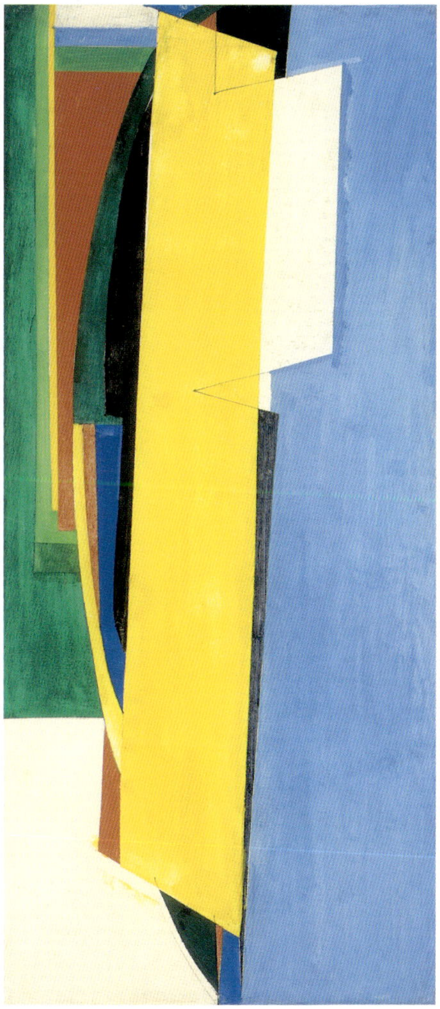

Hans Hofmann, *Chimbote Mural Fragment of Part I*, 1950

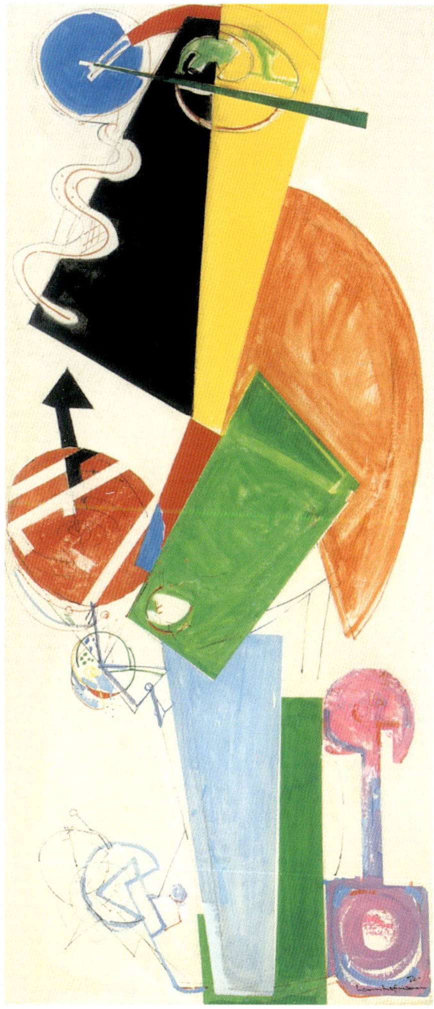

Hans Hofmann, *Chimbote Mural Fragment of Part II*, 1950

context: es tracta d'estudis per a pintures destinades a les parets del campanar de l'església projectada junt amb la resta de la ciutat, de mosaics per al terra de la plaça..., que exemplifiquen el que podria representar la col·laboració entre arquitectes i artistes que Josep Lluís Sert defensava. Els colors vius, els empastaments abundants, la coexistència de línies rectes i corbes, tot això ens remet a l'obra pictòrica d'aquest artista, però també al món acolorit i abarrocat de les cultures autòctones sud-americanes.

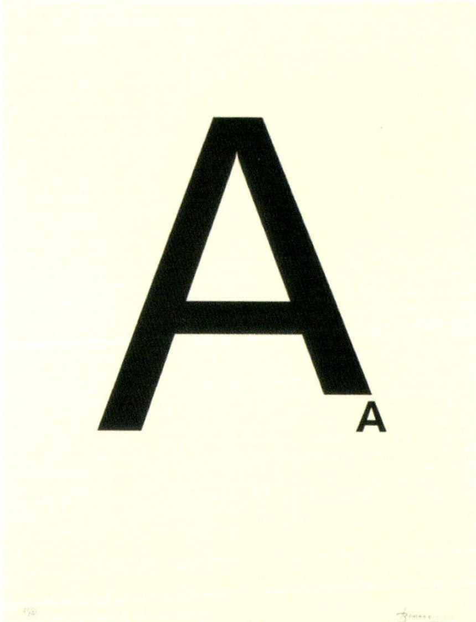

Joan Brossa, *Poema visual*, 1988

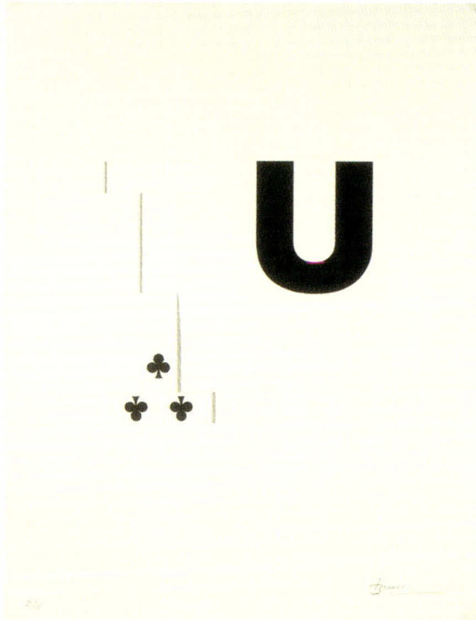

Joan Brossa, *Poema visual (TU)*, 1988

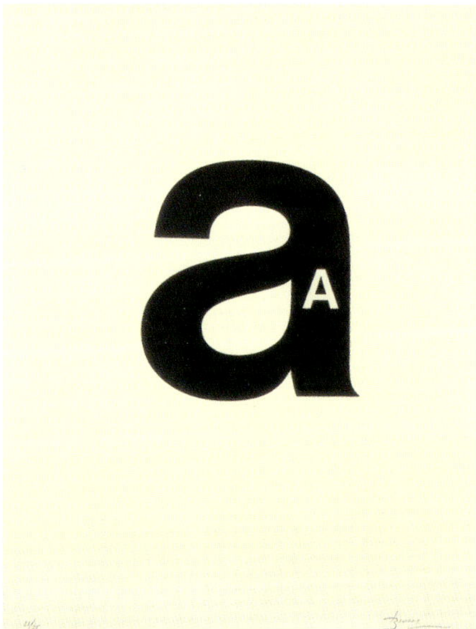

Joan Brossa, *Poema visual I*, 1988

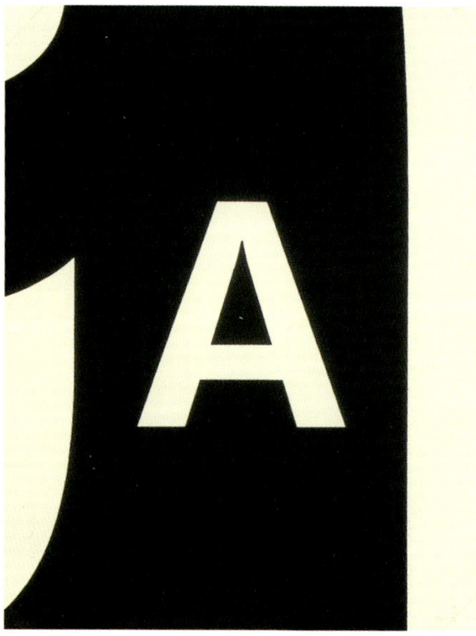

Joan Brossa, *Poema visual II*, 1988

Crec que el poeta actual ha d'ampliar el seu camp, sortir dels llibres i projectar-se amb un seguit de mitjans que li dóna la societat mateixa i que el poeta pot fer servir com a vehicles insòlits, tot injectant-los un contingut ètic que la societat no els confereix. D'aquí arrenquen les experiències de la poesia visual que, per mi, esdevé la poesia experimental pròpia del nostre temps. La recerca d'un nou terreny entre el que és visual i el que és semàntic.

JOAN BROSSA, 1985

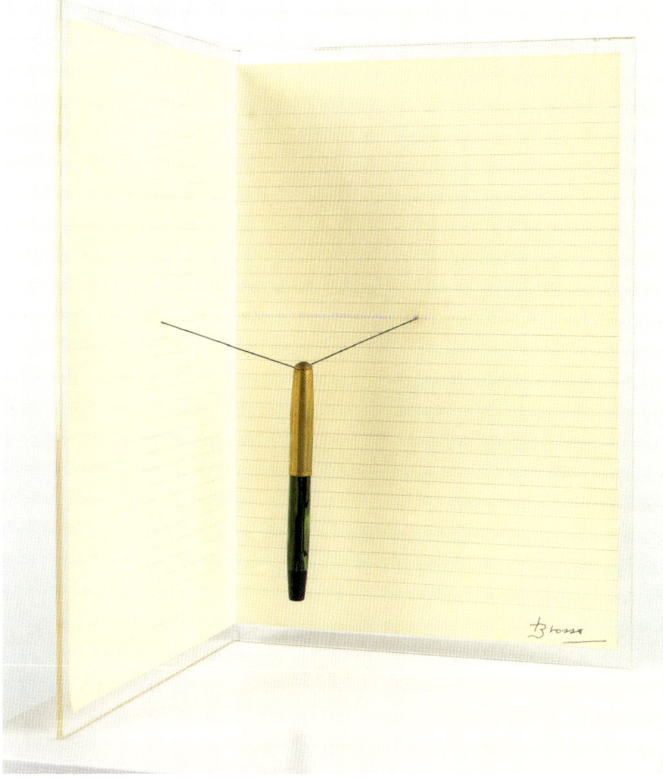

Joan Brossa, *Racó*, 1986

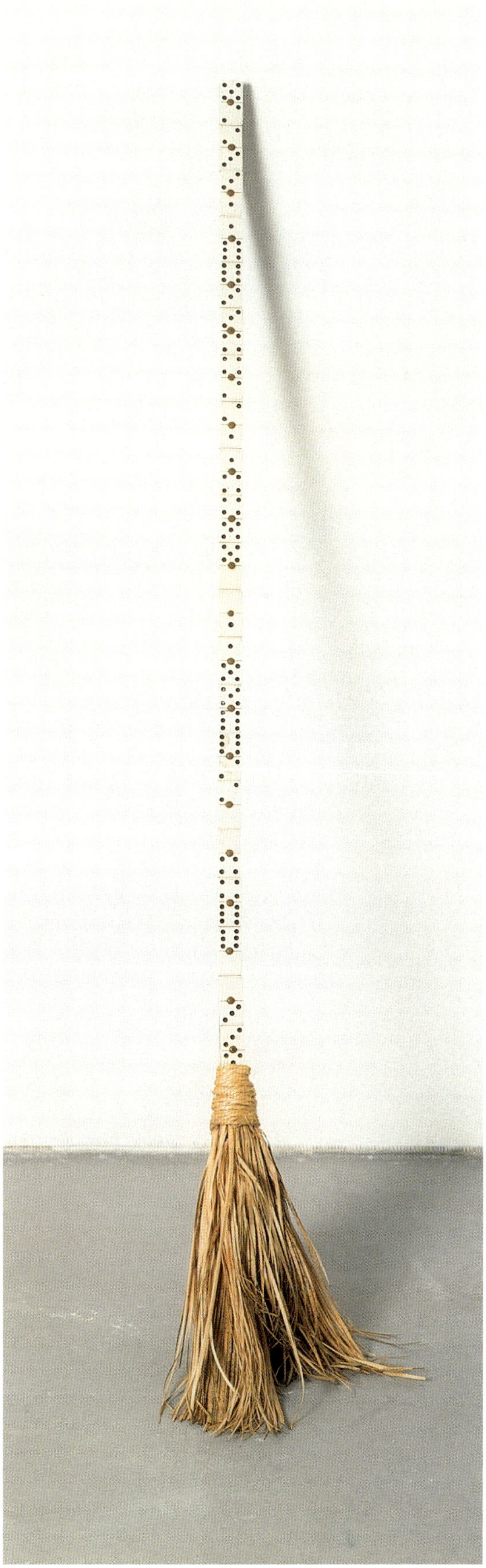

Joan Brossa, *Poema objecte*, 1956

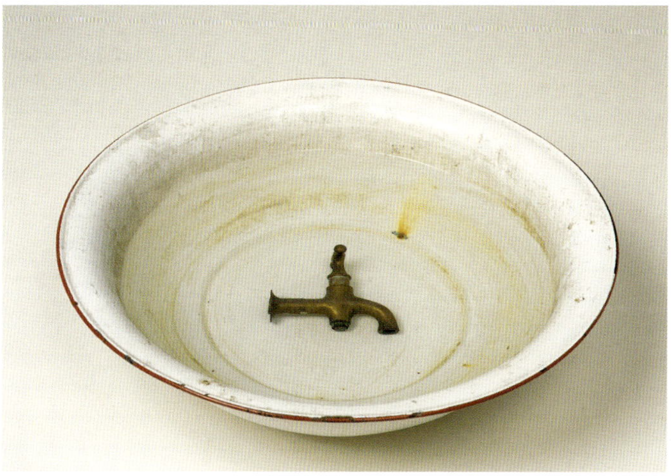

Joan Brossa, *Poema objecte*, 1986

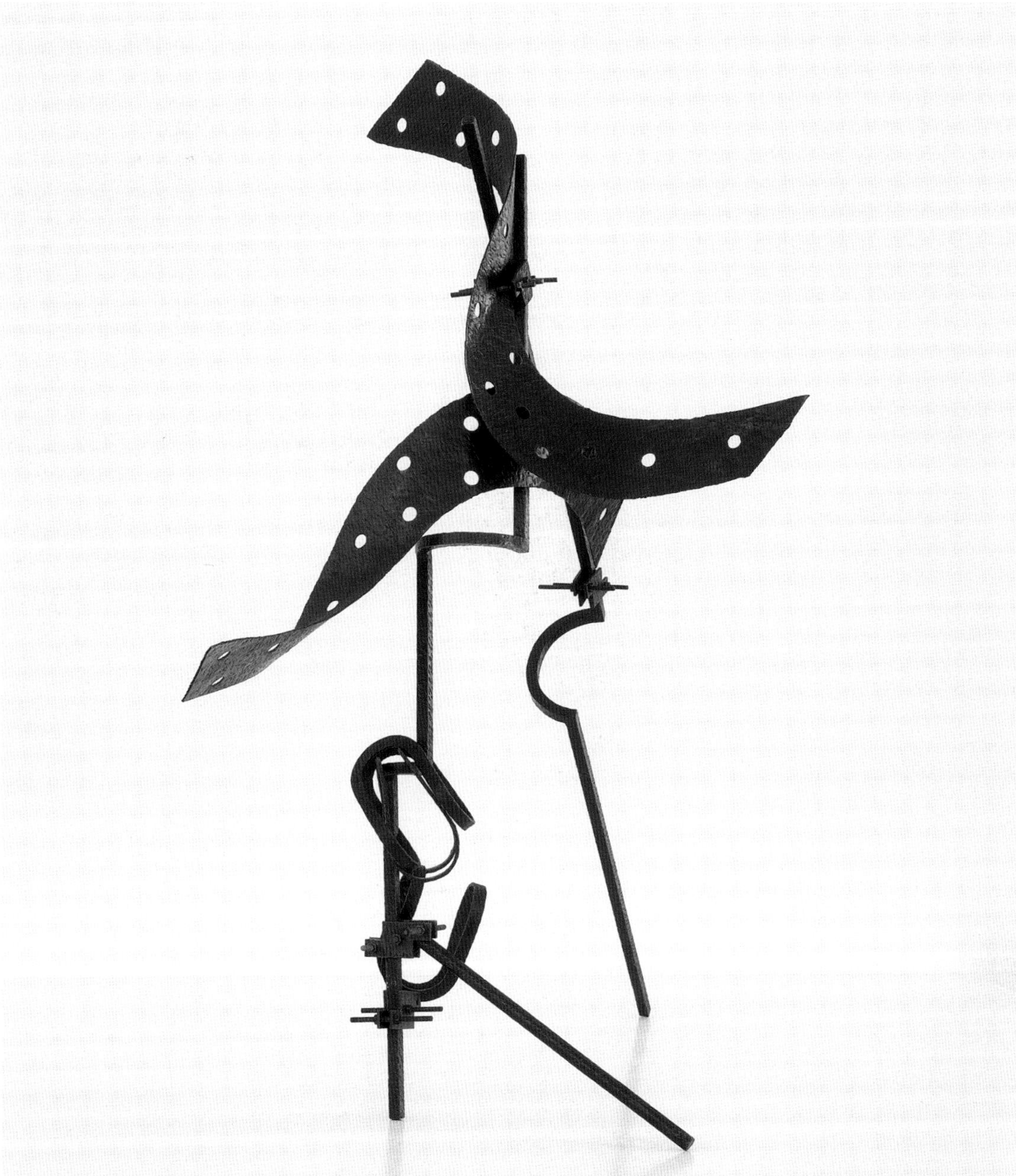

Ángel Ferrant, *Serie Venecia 19*, 1960

Josep Guinovart, proper al grup Dau al Set a principi de la dècada dels cinquanta, va pintar aquesta obra poc temps després que l'artista, juntament amb Modest Cuixart, Jordi Mercadé, Jaume Muxart, Joan Josep Tharrats i Antoni Tàpies, formés part de l'efímer col·lectiu Tahull. Fou precisament en aquest context on Guinovart s'inicià en el camp de l'abstracció matèrica, intensificant la utilització del collage i de l'assemblatge, i utilitzant materials humils com ara finestres, fustes i plats, procedents del seu àmbit personal.

A *L'arbre* s'anuncia, si bé de forma encara incipient, la tendència de Guinovart a unir formes abstractes i elements naturals. Aquesta obra, que incorpora objectes al llenç que denoten la influència de Robert Rauschenberg, segons reconeix el mateix Guinovart, posa també de manifest certa proximitat a l'escultura d'Alberto, així com a l'obra de Joan Miró i de Benjamín Palencia.

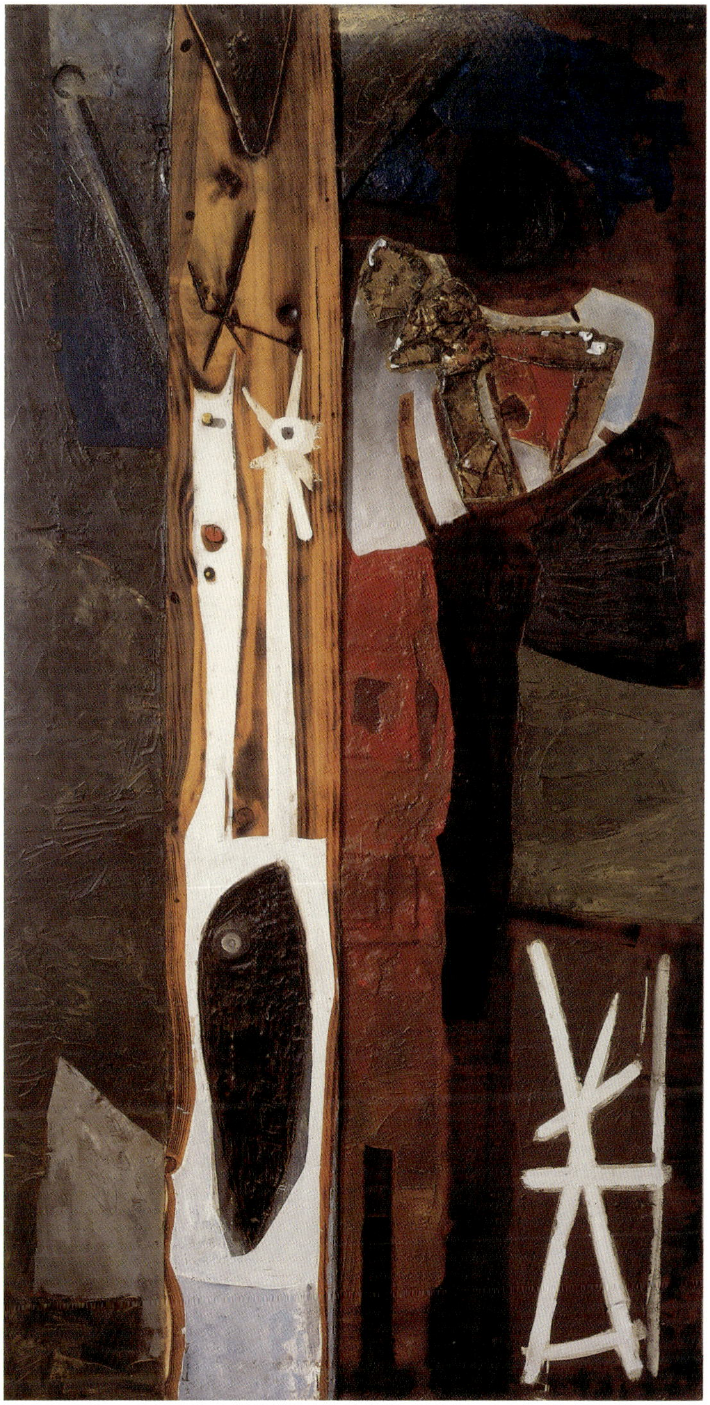

Josep Guinovart, *L'arbre*, 1958

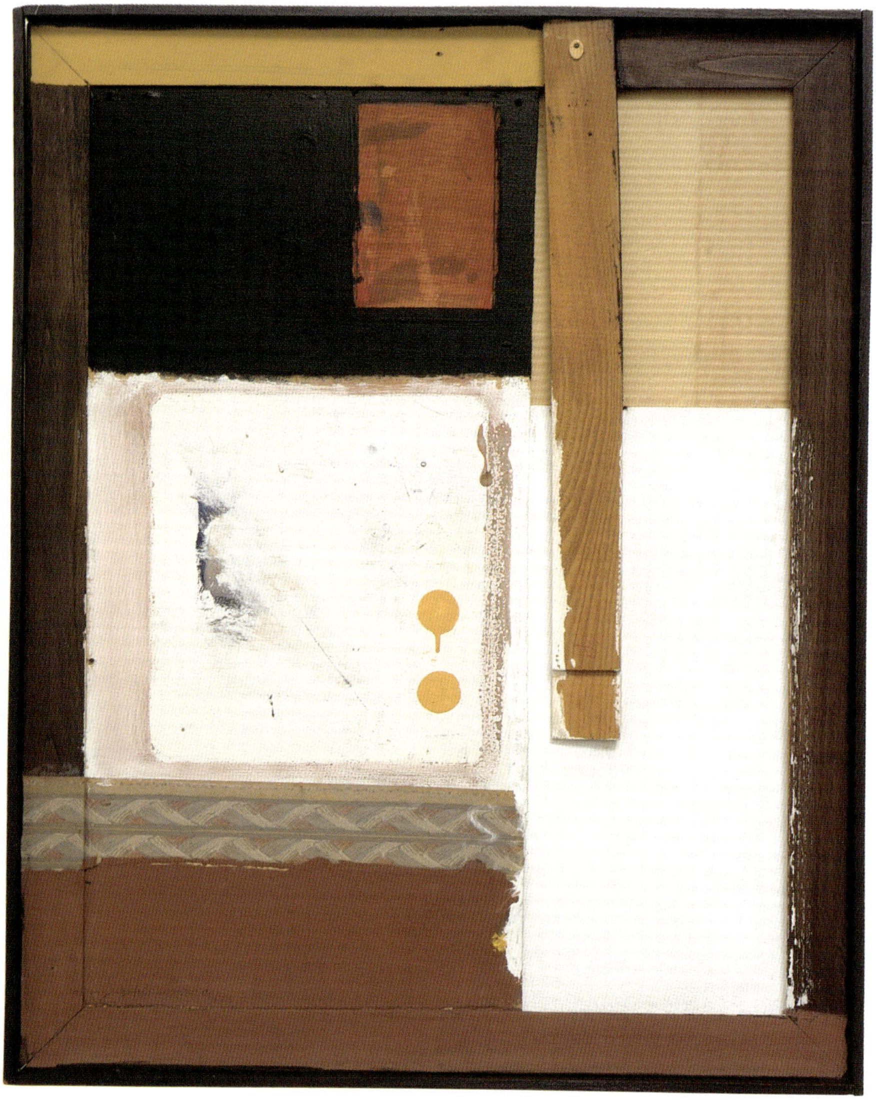

Albert Ràfols-Casamada, *Construcció*, 1966

Després d'una etapa de formació clàssica, a finals de la dècada del cinquanta l'obra d'Albert Ràfols-Casamada va evolucionar cap a una abstracció caracteritzada pel joc del color i una certa estructura geomètrica. A principis dels seixanta comença a predominar en la seva obra el color blanc i sorgeixen els primers collages, en els quals s'entreveia la influència rellevant que l'obra de Piet Mondrian i Kurt Schwitters havien exercit en la seva formació. En aquests treballs, de caire més constructiu, s'evidencia progressivament la relació amb actituds que es van desenvolupar en aquests anys, com la representada per l'art de l'americà Robert Rauschenberg, o el seu interès per l'arquitectura com una forma d'incorporar la realitat a l'obra. La seva preocupació per l'espai el va impulsar a investigar sobre la materialitat de la tela i a experimentar amb els seus formats. Ràfols-Casamada va anar incorporant també nous suports, com la fusta i el paper; i va començar a juxtaposar diverses superfícies i a explorar els plans geomètrics que es generen sobre la superfície de la pintura.

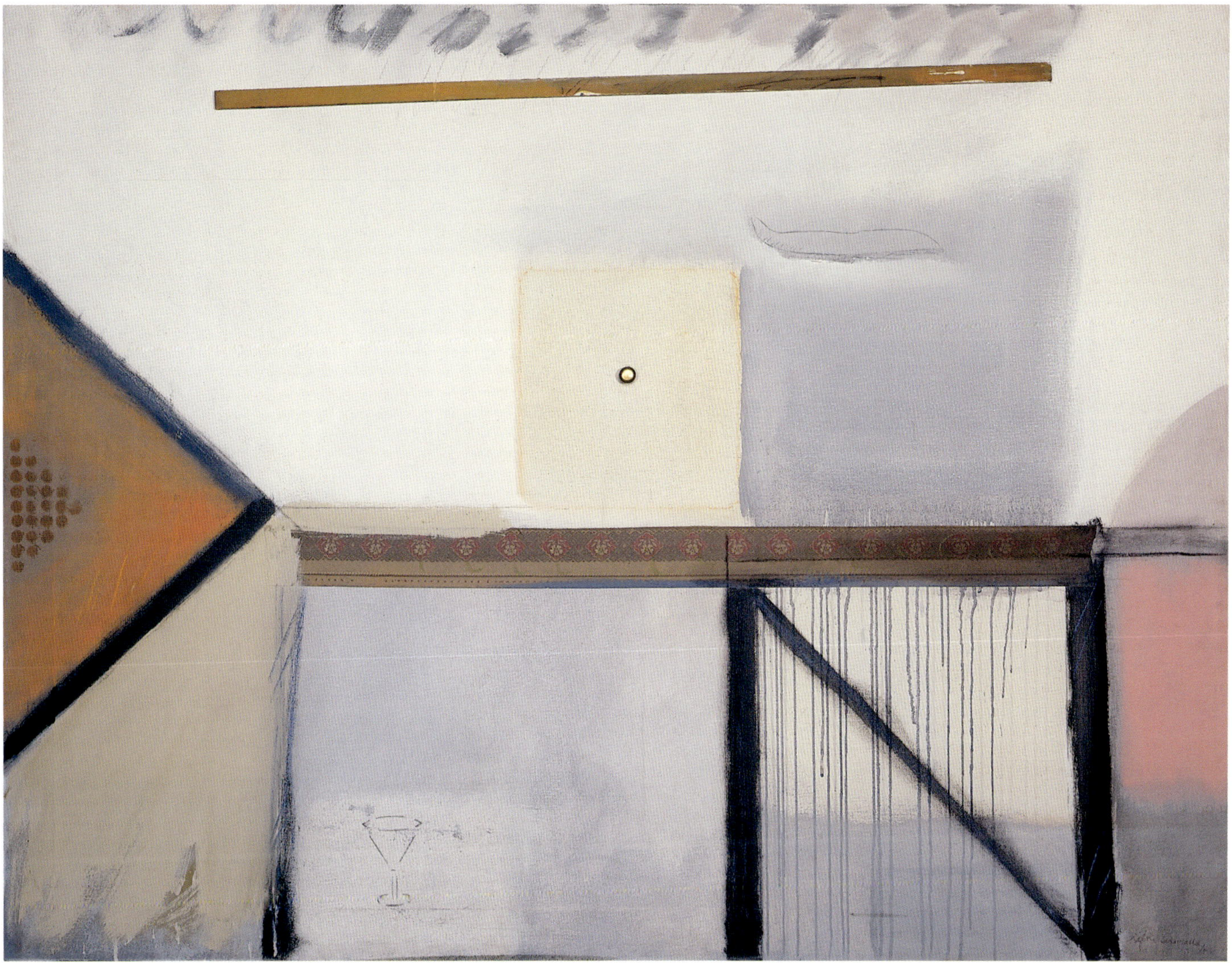

Albert Ràfols-Casamada, *Pintura núm. 2: homenatge a Miró*, 1971

Algunes de les idees sobre la meva pintura que vaig exposar ahir a la conferència: expressar l'harmonia subjacent en les coses tal com la sento, crec que podria ser l'enunciat general de la meva pintura. Expliquem-ho: d'una banda hi ha una subjectivitat (món de la percepció, de la sensibilitat) que descobreix en les coses (món exterior, objectiu) una harmonia, millor dit, la possibilitat d'un harmonia (unes relacions per damunt de les mateixes coses que equival a un possible equilibri, o fusió, entre coses aparentment contraposades: matèria i esperit, imatge i idea, objectivitat i imaginació, forma i concepte, espai i temps, etc.). Per expressar aquesta harmonia potencial i, per tant, fer-la *real* i comunicable, cal trobar un mitjà que no ens traeixi, és a dir, que no desviï l'atenció cap a altres aspectes o possibilitats, que poden ser també interessants, però que no convé que s'interfereixin en la línia de discurs escollida. Cal que aquest llenguatge sigui propi i, en tractar-se de pintura, ha de mantenir-se visual. Amb això intentem crear uns objectes, unes superfícies que objectivin aquesta captació de la realitat. No de tota la realitat, la qual cosa és impossible (seria la realitat mateixa), sinó de les lleis internes que intueixo que es troben en l'ordre i el ritme de totes les coses. En cada pintura hi ha una gran part d'un mateix, però també una gran part de fora i del mateix llenguatge, punt de confluència dels dos móns.

ALBERT RÀFOLS-CASAMADA, 1975

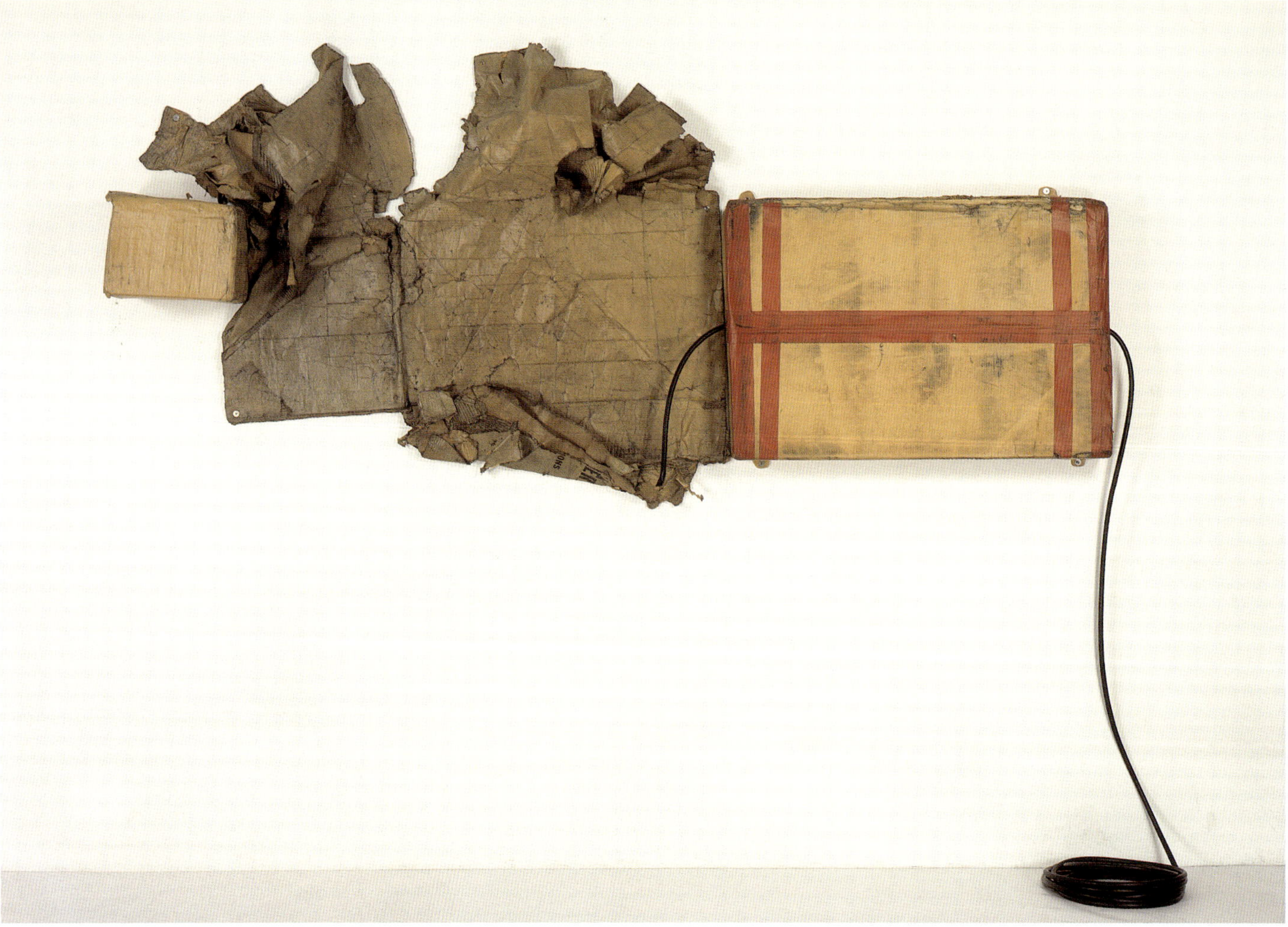

Robert Rauschenberg, *Sense títol*, 1972

Entre el 1954 i el 1961 Robert Rauschenberg es va mantenir molt proper a Jasper Johns; tots dos van abandonar definitivament la pintura a causa del seu rebuig cap al «despreniment psicològic» que aquesta representava, al mateix temps que Rauschenberg s'interessava gradualment pels procediments mecànics de reproducció, i per les possibilitats que li oferia l'ús d'objectes reals en les seves obres.

Sense títol pertany al període en què Rauschenberg, instal·lat a Captive Island, Florida, es va dedicar a experimentar amb nous materials: cartrons d'embalatge, teixits, *transfers* i collages sobre tela, sobre cartró i contraplacat, i va crear nous subgèneres d'assemblatges. Aquesta peça té un aspecte deliberadament pobre, en què els elements utilitzats manquen de qualsevol tipus de retòrica formalista. En aquest assemblatge, hereu dels mecanismes inversemblants de Marcel Duchamp, es qüestiona el valor generalment atorgat a la funcionalitat, investigant els paral·lelismes existents entre tecnologia industrial i art. Al mateix temps, a més de permetre un diàleg entre diversos materials i objectes, el procediment de l'assemblatge representa una reivindicació visual dels objectes, instruments o eines que s'hi utilitzen, i aquesta estètica del residu constitueix una crítica aguda del capitalisme i del seu sistema de producció-consum-rebuig.

Qualsevol incentiu per pintar és bo. No hi ha temes poc interessants.

La pintura sempre és especialment intensa quan, malgrat la composició, el color, etc., apareix com un fet, o com un esdeveniment inevitable, i no com un *souvenir* o una disposició.

La pintura està relacionada tant amb l'art com amb la vida. Cap de les dues coses es pot fabricar. (Jo intento actuar en l'espai buit que resta entre l'un i l'altra.)

Un parell de mitjons no és menys indicat per fer-hi un quadre que la fusta, els claus, la turpentina, l'oli i la tela.

Un llenç mai no està buit.

Robert Rauschenberg, 1959

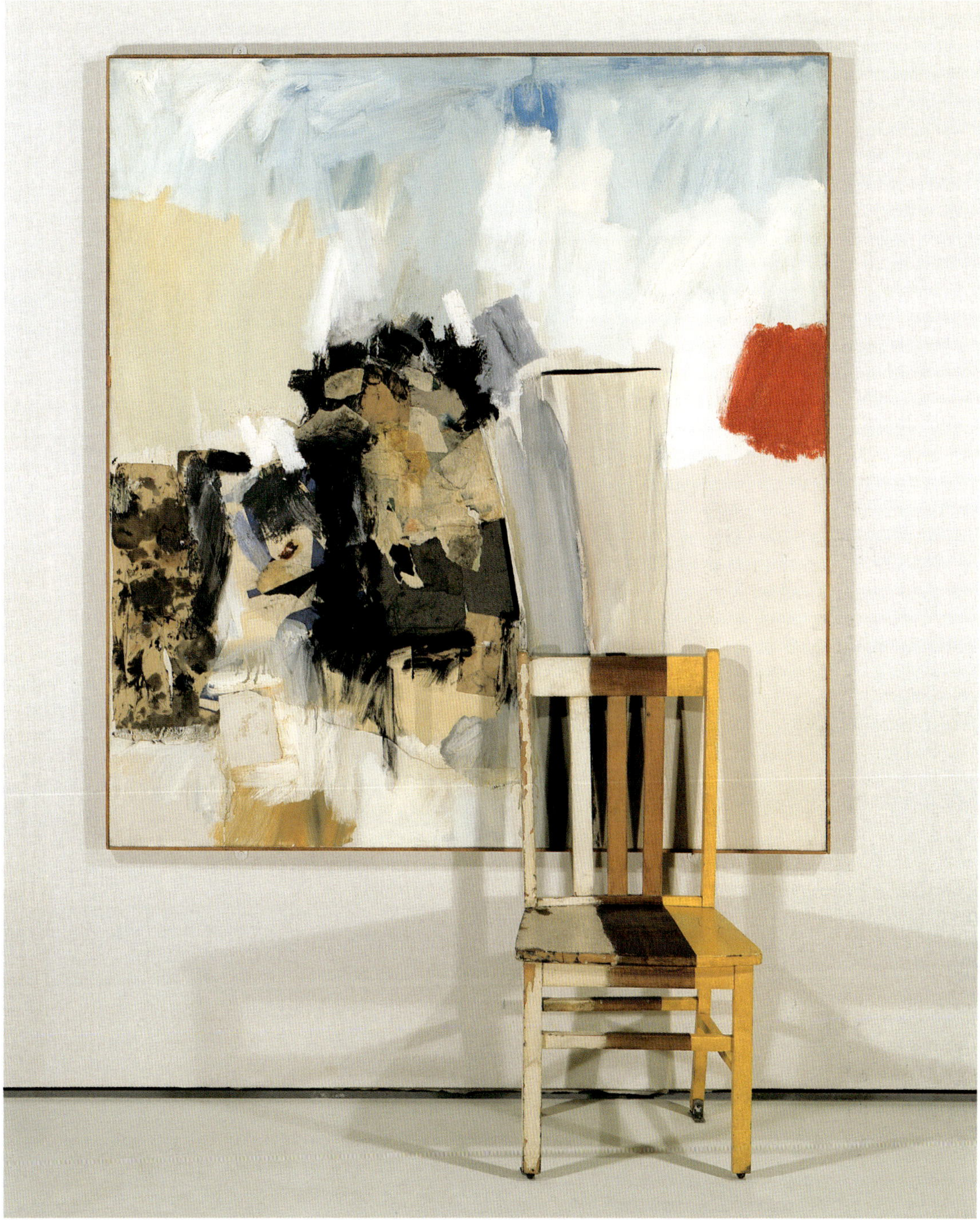

Robert Rauschenberg, *Pilgrim*, 1960

No vull que la meva pintura sigui l'expressió de la meva personalitat. Crec que ha de ser millor que això. I m'oposo completament a la teoria segons la qual s'ha de tenir una idea per a una obra abans de dur-la a terme. Sempre he pensat que, utilitzés el que utilitzés i fes el que fes, el mètode estava sempre més proper a una col·laboració amb els materials que a qualsevol espècie de manipulació i control conscient… De fet, m'agrada pensar que, a l'obra, l'artista no és res més que un material d'un altre tipus, que coopera amb la resta dels materials. No obstant això, sé, per descomptat, que això no és possible.

ROBERT RAUSCHENBERG, 1968

L'ANÀLISI DE LA CULTURA

Raymond Williams, 1961

Hi ha tres categories generals en la definició de cultura. En primer lloc, hi ha la «ideal», segons la qual la cultura és un estat o procés de perfecció humana amb referència a uns determinats valors absoluts o universals. Si acceptem aquesta definició, l'anàlisi de la cultura és essencialment el descobriment i la descripció, en unes vides i obres, d'aquells valors que podem considerar components d'un ordre etern o permanentment relacionats amb la condició humana universal. En segon lloc, hi ha la definició «documental», segons la qual la cultura és el corpus d'obres intel·lectuals i de la imaginació en què es recullen, des de punts de vista diferents i d'una manera detallada, l'experiència i el pensament humans. Segons aquesta definició, l'anàlisi de la cultura és l'activitat pròpia de la crítica, mitjançant la qual es descriuen i valoren la naturalesa del pensament i l'experiència, i les característiques del llenguatge, la forma i les convencions a través dels quals aquests s'expressen. Aquesta crítica pot abastar des d'un procés molt similar a l'anàlisi «ideal» –el descobriment d'«el millor que s'ha pensat o escrit al món»–, a través d'un procés que, tot i interessar-se per la tradició, dóna prioritat sobretot a l'obra concreta estudiada (l'explicació i valoració de la qual és el principal objectiu proposat), fins a un tipus de crítica històrica que, després d'analitzar unes obres concretes, mira de relacionar-les amb les tradicions i societats específiques on van aparèixer. Finalment, en tercer lloc, hi ha la definició «social» de la cultura, segons la qual la cultura és una descripció d'una manera concreta de viure que expressa uns determinats significats i valors no tan sols en l'art i el saber, sinó també en les institucions i el comportament quotidià. Segons aquesta definició, l'anàlisi de la cultura és l'esclariment dels significats i valors implícits i explícits en una manera concreta de viure, en una cultura concreta. Aquesta anàlisi inclourà la crítica històrica ja esmentada, en què les obres intel·lectuals i de la imaginació s'analitzen amb referència a unes tradicions i societats concretes, però també inclourà l'anàlisi d'uns elements del sistema de vida que els seguidors de les altres definicions no consideren en absolut «cultura»: l'organització de la producció, l'estructura de la família, l'estructura de les institucions que expressen o regeixen les relacions socials, els sistemes de comunicació característics dels membres de la societat. En aquest cas també, aquesta anàlisi abasta des d'un enfocament «ideal», el descobriment d'uns determinats significats i valors absoluts o universals –o, si més no, més elevats o inferiors–, passant per l'enfocament «documental», en el qual l'esclariment d'una manera concreta de viure és el principal objectiu proposat, fins a un enfocament que, a partir de l'estudi de determinats significats i valors, pretén no tant comparar-los per establir una escala, sinó descobrir, mitjançant l'estudi de les seves pautes de canvi, unes certes «lleis» o «tendències» generals que permeten entendre millor el desenvolupament social i cultural com un tot. [...]

Les diferències de significat i referent en l'ús del terme cultura no s'han de veure [...] només com un inconvenient que impedeix qualsevol mena de definició clara i exclusiva, sinó com una complexitat genuïna que respon a elements reals de l'experiència. En cadascun dels tres principals tipus de definició hi ha un referent significatiu, i, si és així, les relacions entre tots tres és el que hauria de reclamar la nostra atenció. Em sembla que qualsevol teoria vàlida de la cultura ha d'incloure les tres àrees empíriques apuntades per les definicions i, a la inversa, crec que serà inadequada tota definició, en qualsevol de les categories, que exclogui la referència a les altres. Així, em sembla inacceptable una definició «ideal» que intenti abstreure el procés que descriu de la manera com unes societats concretes l'han materialitzat i configurat, considerant el desenvolupament ideal de l'home com una cosa separada de –i fins tot oposada a– la seva «naturalesa animal» o la satisfacció de les necessitats materials. Una definició «documental» que només trobi un valor en els documents escrits i pintats, i que separi aquesta àrea de la resta de la vida de l'home en societat, també és igual d'inacceptable. Al seu torn, una definició «social» que consideri el procés general o el conjunt de l'art i el saber com un simple producte secundari, un reflex passiu dels interessos reals de la societat, també em sembla equivocada. Per molt difícil que ens resulti en la pràctica, hem d'intentar veure el procés com un tot, i relacionar els nostres estudis concrets –si no explícitament, si més no com a referència en última instància– amb l'organització real i complexa.

[...] Si estudiem relacions reals, en qualsevol anàlisi que duguem a terme, arribem a un punt en què ens adonem que estem estudiant una organització general en un exemple concret, i en aquesta organització general no hi ha cap element que puguem abstreure i separar de la resta. Evidentment, era un error suposar que els valors o les obres d'art es podien estudiar prou bé sense fer referència a la societat concreta en què s'expressaven, però també és un error suposar que l'explicació social és determinant, i que els valors i les obres són només productes secundaris. Des que ens vam adonar de la profunda influència que exerceix en les obres i els valors la situació en què aquests s'expressen, hem adquirit el costum de formular-nos sempre la mateixa pregunta: «¿quina és la relació d'aquest art amb aquesta societat?» Però «societat», en aquest pregunta, és un tot enganyós. Si l'art és part de la societat, no existeix aquest tot compacte, exterior a l'art, al qual, amb la formulació de la nostra pregunta, concedim prioritat. L'art en forma part com una activitat, juntament amb la producció, el comerç, la política, l'educació dels fills. Per analitzar com cal les relacions, les hem d'estudiar des d'un punt de vista dinàmic, considerant totes les activitats com a manifestacions concretes i contemporànies de l'energia humana. Si ens fixem en qualsevol d'aquestes activitats, veiem com s'hi reflecteixen moltes altres, de maneres diferents segons les característiques de tota l'organització.
És probable també que el mateix fet que puguem distingir una activitat concreta, al servei d'uns objectius específics, ens indiqui

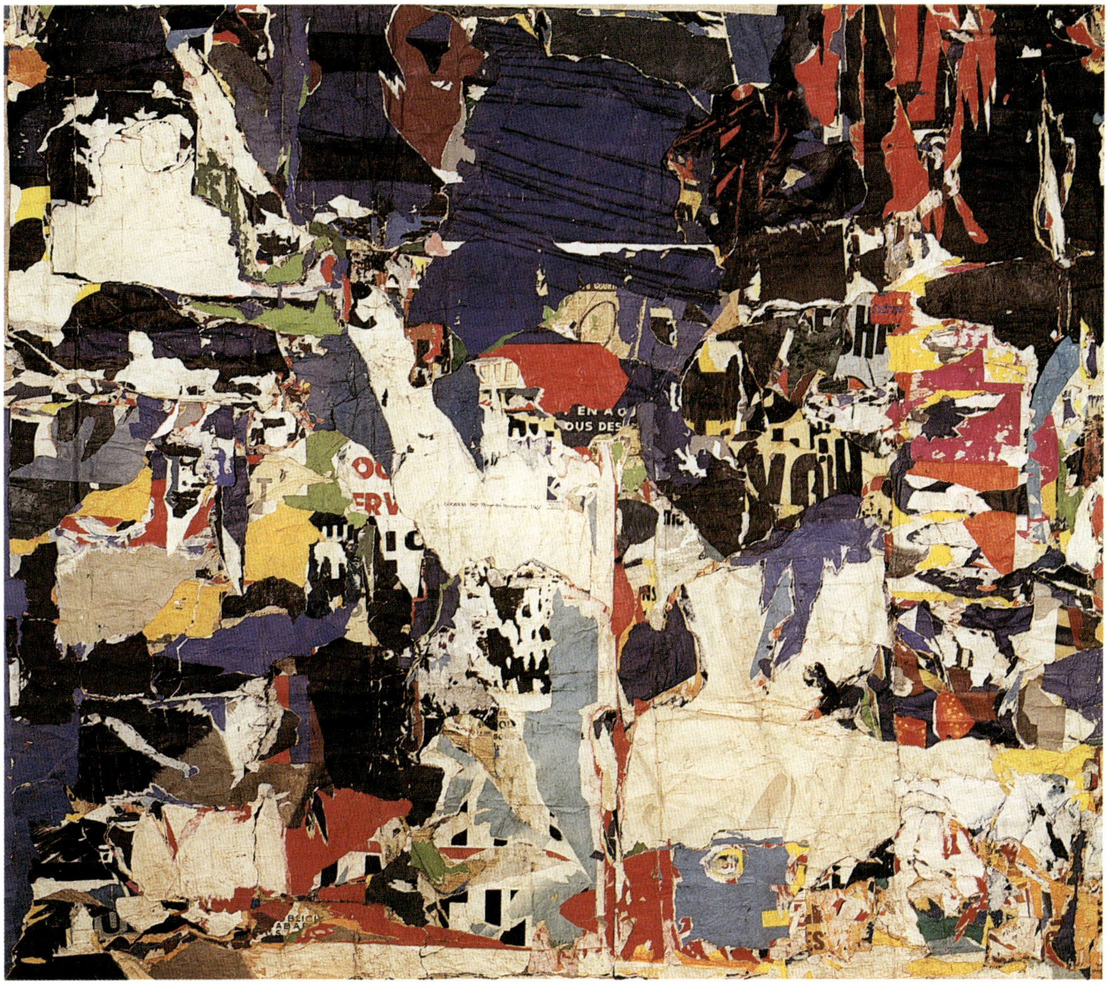

Jacques Villeglé, *Boulevard St. Martin*, 1959

que, sense aquesta activitat, el conjunt d'aquella organització humana no hauria estat una realitat en aquell lloc i en aquella època. Així, podem considerar que l'art, tot i estar clarament relacionat amb les altres activitats, expressa certs elements de l'organització que, ateses les condicions d'aquesta última, només es podien expressar d'aquesta manera. Per tant, no es tracta de relacionar l'art amb la societat, sinó d'estudiar totes les activitats i les seves interrelacions, sense fer concessions ni prioritzar-ne cap que ens sembli oportú abstreure. Si descobrim, com sol passar, que una activitat concreta va transformar radicalment tota l'organització, encara no estem en condicions d'afirmar que és amb aquesta activitat que cal relacionar totes les altres; l'únic que podem fer és estudiar les diferents maneres com, dins de l'organització en transformació, van resultar afectades les activitats concretes i les seves interrelacions. A més, com que les activitats concretes es proposen objectius diferents i a vegades oposats, la mena de canvi que hem de buscar en poques ocasions serà senzill: normalment, en les activitats concretes i en el conjunt de l'organització hi haurà elements de continuïtat, ajustament, assimilació inconscient, resistència activa i esforços alternatius.

L'anàlisi de la cultura, en el sentit documental, es de gran importància, perquè pot aportar testimonis específics sobre el conjunt de l'organització en què es va expressar. No podem afirmar que coneixem una manifestació o un període concret d'una societat i que després veurem com s'hi relacionen l'art i la teoria, perquè fins que no coneguem aquest art i aquesta teoria no podrem afirmar en propietat que coneixem aquesta societat. Es tracta d'un problema de mètode, i l'esmentem aquí perquè, de fet, una bona part de la història s'ha escrit partint del supòsit que les bases de la societat, les seves disposicions polítiques, econòmiques i «socials», conformen el nucli central dels fets, als quals es poden adduir després l'art i la teoria a efectes d'il·lustració marginal o «correlació». S'ha produït una clara inversió d'aquest procediment en la història de la literatura, l'art, la ciència i la filosofia, quan es descriuen com unes activitats que es desenvolupen segons les seves pròpies lleis, per després esbossar una cosa anomenada «context» (que en la història general era el nucli central). Per descomptat, en una argumentació cal seleccionar unes activitats i donar-hi prioritat, i és del tot raonable analitzar unes línies concretes de desenvolupament aïllades temporalment. Però la història d'una cultura, lentament acumulada a partir d'aquesta mena de treball, només es pot escriure quan s'han restablert les relacions actives i quan les activitats es veuen en una autèntica paritat. La història de la cultura ha de ser alguna cosa més que la suma d'històries concretes, perquè del que tracta sobretot és de les relacions entre aquestes històries, les manifestacions concretes del conjunt de l'organització. Així doncs, jo definiria la teoria de la cultura com l'estudi de les relacions entre els elements de tot un sistema de vida. L'anàlisi de la cultura és la temptativa de descobrir la naturalesa de l'organització constituïda pel conjunt d'aquestes relacions. En aquest context, l'anàlisi d'obres o institucions concretes és l'anàlisi del seu tipus fonamental d'organització, les relacions que les obres i les institucions encarnen com a parts del conjunt de l'organització. En aquesta mena d'anàlisi, la paraula clau és *pauta*: amb el descobriment d'unes pautes característiques és com comença qualsevol anàlisi cultural útil, i allò que interessa a l'anàlisi cultural general són les relacions entre aquestes pautes, que a vegades revelen identitats inesperades i correspondències entre activitats abans considerades com una cosa separada, i a vegades també revelen discontinuïtats imprevistes.

Només en la nostra pròpia època i ubicació geogràfica estem en condicions de conèixer, d'una manera significativa, l'organització general. Podem aprendre moltes coses sobre la vida en altres llocs i èpoques, però certs elements –crec– sempre seran irrecuperables. Fins i tot els que es poden recuperar seran recuperables només en sentit abstracte, i això té una importància crucial. Coneixem cada element com un precipitat, però en l'experiència viscuda en aquella època cada element estava dissolt, era una part inseparable d'un tot complex. En estudiar qualsevol període passat, el més difícil de captar és aquesta sensació viscuda de l'estil de vida en una època i lloc concrets: la percepció de les maneres com es combinaven les activitats concretes per donar lloc a un sistema de vida i pensament. [...] Gairebé totes les descripcions formals serien massa rudimentàries per descriure aquesta sensació, malgrat tot força nítida, d'un estil particular i autòcton. I si això s'esdevé en un sistema de vida que coneixem íntimament, és evident que passarà el mateix quan ens trobem en la posició del visitant, l'estudiós, l'invitat d'una generació diferent: en definitiva, la posició en què tots ens trobem quan estudiem qualsevol període passat. Tot i que se'n pugui fer una interpretació trivial, aquesta característica no és trivial ni marginal; ens fa l'efecte que és fonamental.

El terme que suggeriria per descriure-la és *estructura de sentiment*: és tan sòlid i definit com suggereix la paraula *estructura*, però es mou en les parts més delicades i menys tangibles de la nostra activitat. En un cert sentit, aquesta estructura de sentiment és la cultura d'un període: és el resultat viu i concret de tots els elements de l'organització general. I és en aquest sentit que les arts d'un període, considerant que inclouen les perspectives i matisos característics del debat, tenen una importància primordial. Perquè en l'art, més que enlloc, és probable que s'expressi aquesta característica; tot i que sovint no es faci d'una manera conscient, aquí, en els únics exemples que tenim d'una comunicació documentada que sobreviu als seus portadors, es recorre d'una manera natural a la sensació real viscuda, a la comunitat profunda que fa possible la comunicació. No vull pas dir que tots els individus d'una comunitat posseeixin en la mateixa mesura l'estructura de sentiment, de la mateixa manera que tampoc no posseeixen el mateix caràcter social. Però crec que és una possessió molt arrelada i molt estesa, en totes les comunitats de fet, perquè la comunicació depèn precisament d'aquesta possessió. I el que resulta especialment interessant és que, pel que sembla, l'estructura de sentiment no és fruit d'un aprenentatge en sentit formal. Una generació pot formar la següent, amb uns resultats força bons, pel que fa al caràcter social o al model cultural general, però la nova generació tindrà la seva pròpia estructura de sentiment, que aparentment no haurà sorgit «de» cap lloc concret. Perquè aquí, d'una manera molt clara, l'organització en transformació està representada en l'organisme: la nova generació respon a la seva pròpia manera al món únic que hereta, adoptant moltes continuïtats, que es poden rastrejar, i reproduint molts aspectes de l'organització, que es poden descriure per separat, però tanmateix percep el conjunt de la seva vida d'una manera diferent en certs aspectes, i configura la seva resposta creativa en forma d'una nova estructura de sentiment. Quan els portadors d'aquesta estructura moren, el mitjà pel qual ens podem aproximar més a aquest element vital és la cultura documental, des dels poemes fins als edificis i la moda, i aquesta relació és el que dóna sentit a la definició de la cultura des de la perspectiva documental. Això no vol pas dir que els documents siguin autònoms. Senzillament vol dir que, com s'ha argumentat abans, el significat d'una activitat s'ha de buscar en el conjunt de l'organització, que és alguna cosa més que la suma dels seus components separables. El que volem trobar, sempre, és la vida real que el conjunt de l'organització expressa. La rellevància de la cultura documental consisteix en el fet que expressa, amb major claredat que qualsevol altra cosa, aquesta vida en termes directes, quan els testimonis vius són muts. Alhora, si reflexionem sobre la naturalesa d'una estructura de sentiment i ens adonem que fins i tot els vius que hi estan estretament en contacte poden no entendre-la del tot, malgrat disposar d'abundants materials a la seva disposició –incloent-hi les arts contemporànies–, veiem que l'únic que podem esperar és aproximar-nos-hi, fer-nos-en una idea, sigui quin sigui el canal que fem servir.

Hem de distingir tres nivells de cultura, fins i tot en la seva definició més general. Hi ha la cultura viva d'una època i un lloc concrets, que només és accessible del tot per als qui viuen en aquella època i aquell lloc. Hi ha la cultura reflectida en

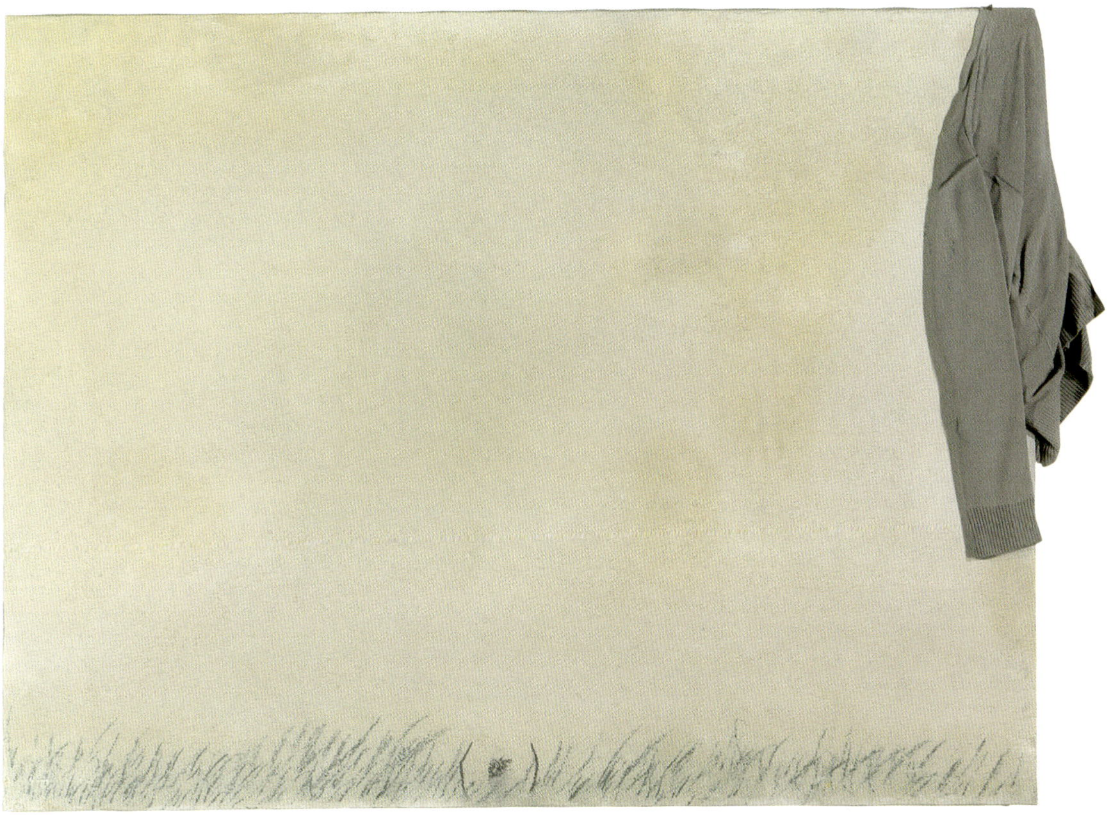

Antoni Tàpies, *Sorra blanca i jersei*, 1970

documents de tota mena, des de l'art fins als fets més quotidians: la cultura d'un període. També hi ha, com a factor que relaciona la cultura viscuda i les cultures d'uns períodes, la cultura de la tradició selectiva. [...]

És molt important mirar d'entendre el funcionament d'una tradició selectiva. [...] En una societat vista com un tot, i en totes les seves activitats concretes, la tradició cultural es pot considerar com una contínua selecció i reselecció d'avantpassats. Es traçaran unes línies concretes, que sovint duraran tot un segle, i de sobte, en un nou estadi de creixement, aquestes línies s'eliminaran o s'afebliran, i se'n traçaran unes altres de noves. En l'anàlisi de la cultura contemporània, és de vital importància l'estat actual de la tradició selectiva, perquè sol ser veritat que un canvi en aquesta tradició –establint noves línies amb el passat, trencant o remodelant les línies existents– és un tipus radical de canvi *contemporani*. Tendim a subestimar fins a quin punt la tradició cultural no és tan sols una selecció, sinó també una interpretació. Veiem la majoria de les obres del passat a través de la nostra experiència, sense ni tan sols fer l'esforç de veure-les en condicions semblants a les originals. El que l'anàlisi pot fer no és tant invertir això, retornant una obra a la seva època, sinó aconseguir que la interpretació sigui conscient, mostrant alternatives històriques; relacionar la interpretació amb els valors contemporanis concrets en què es basa; i, explorant les pautes reals de l'obra, acarar-nos amb la naturalesa real de les opcions que adoptem. En alguns casos, descobrirem que mantenim l'obra viva perquè és una contribució genuïna al creixement cultural. En d'altres, descobrirem que utilitzem l'obra d'una manera concreta per uns motius que són exclusivament nostres, i això és millor saber-ho que no pas rendir-nos al misticisme del «gran taxador, el Temps». Atribuir al Temps, l'abstracció, la responsabilitat de les nostres opcions actives equival a eliminar una part fonamental de la nostra experiència. Com més activament es pugui relacionar tota obra cultural, sigui amb tota l'organització en què s'ha expressat o amb l'organització contemporània en què s'aplica, amb més claredat percebrem els seu veritables valors. Així, l'anàlisi «documental» ens portarà a l'anàlisi «social», sigui en una cultura viscuda, un període del passat, o en la tradició selectiva, que és en si una organització social. I el descobriment de contribucions permanents ens portarà al mateix tipus d'anàlisi general, si acceptem el procés a aquest nivell, no com a perfecció humana (un moviment cap a uns valors determinats), sinó com a part de l'evolució general de l'home, a la qual contribueixen moltes persones i grups. Qualsevol element que analitzem serà actiu en el sentit que el veurem en determinades relacions reals, a molts nivells diferents. En descriure aquestes relacions, sortirà a la llum el procés cultural real.

Jo no era a París quan Hains va trobar el primer cartell. Corren diferents versions, però crec que el primer cartell el va agafar a París, al carrer Montparnasse, entre el bulevard Montparnasse i la cruïlla Edgar-Quinet. De seguida el va molestar la policia, perquè cada vegada que Hains agafa un cartell, la policia va rere seu. Quan va agafar el primer cartell esquinçat, els polis el van arreplegar i se'l van endur a la comissaria, on va haver d'explicar tota la seva història... Ell no estaria d'acord amb mi, però estic segur que va anar així. L'altre dia em va dir que potser havia recuperat el seu primer cartell. Era un cartell on apareixia el signe de Garry Davis i dels «Ciutadans del Món», és a dir, un cercle amb la silueta d'un home a dintre. I com que sortia més o menys aquest ideograma, es pot dir que *La France déchirée* es va començar a gestar en aquell moment; perquè no és un cartell escollit només pels colors, per l'aspecte de «pintura radiant». Imitant les expressions «ciutat radiant», «casa radiant», a Hains se li va acudir la possibilitat de concebre una «pintura radiant»...

Jacques Villeglé, 1976

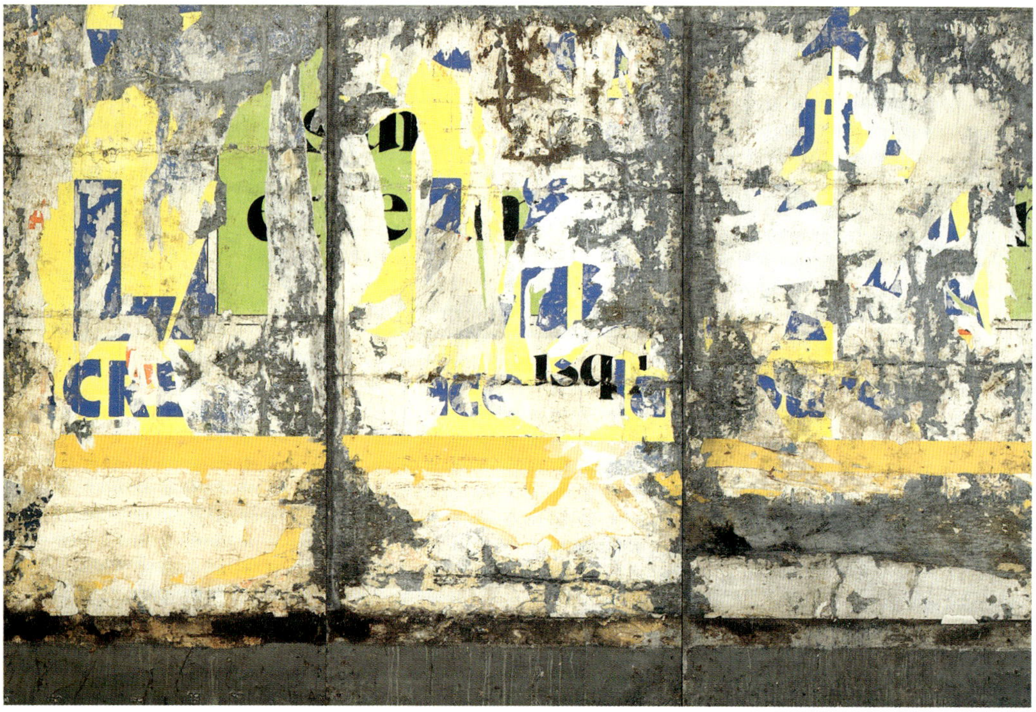

Raymond Hains, *Le Grand Panneau d'affichage*, 1964

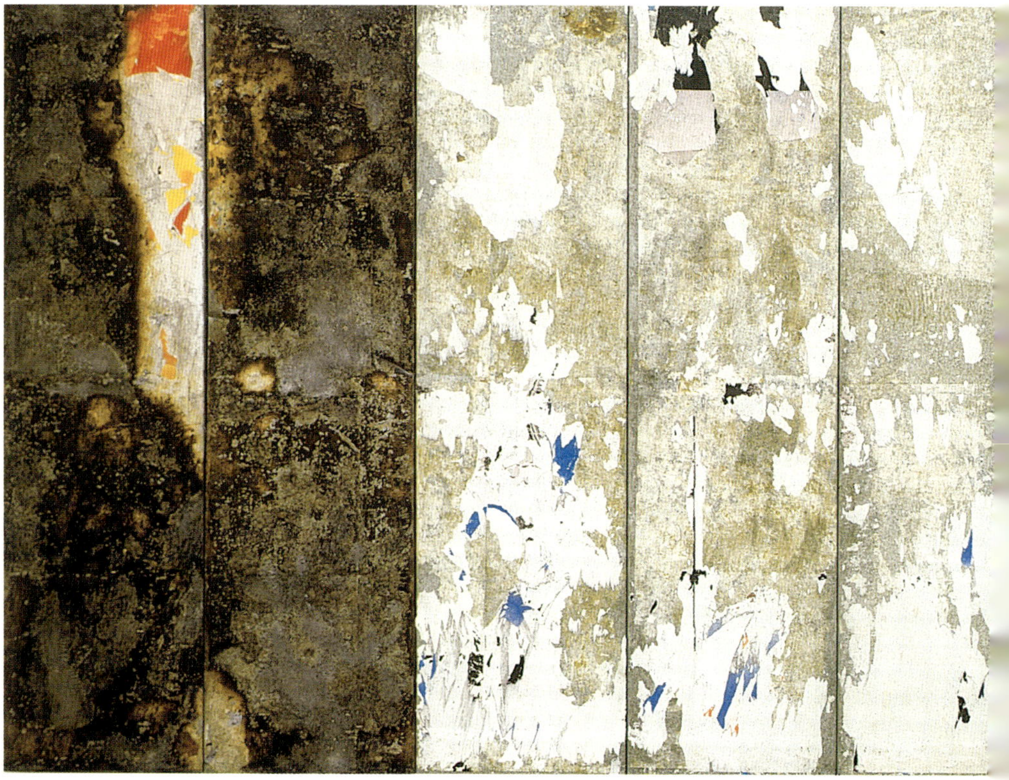

Raymond Hains, *Sense títol*, 1998

Inventar és anar a trobar les meves obres. Les meves obres existien abans que jo, però ningú no les veia perquè saltaven a la vista.

Faig art combinatori en lloc de fer *combine painting*.

Rauschenberg fa *combine painting*, Ramon Llull art combinatori, i l'art combinatori de Raymond Hains utilitza l'engany per fer quadres-parany; el neodadà és un parany.

Toulouse Lautrec, per exemple, era un cartellista, i jo sóc un recol·lector, un rapinyaire de cartells estripats. I en contra del que sovint es pensa, no sóc un esquinçador, agafo els cartells estripats pels vianants. En canvi, per a les tanques faig servir espàtules (va ser Gérard Deschamps qui un dia em va regalar espàtules) i quan veig que hi ha massa paper, el trec.

El nou realisme no és un grup d'artistes sinó una mena de confraria. Un conjunt de petits cèsars que es reparteixen el món com qui reparteix un pastís. Yves Klein agafa el blau, César les compressions de cotxes, Arman els cubells de les escombraries, Villéglé, Rotella i jo els cartells esquinçats i Christo els embalatges. Amb els nous realistes passem del món de la pintura a un món de la veritat. Els artistes deixen de fabricar art per convertir-se en abstraccions personificades.

RAYMOND HAINS, s/d

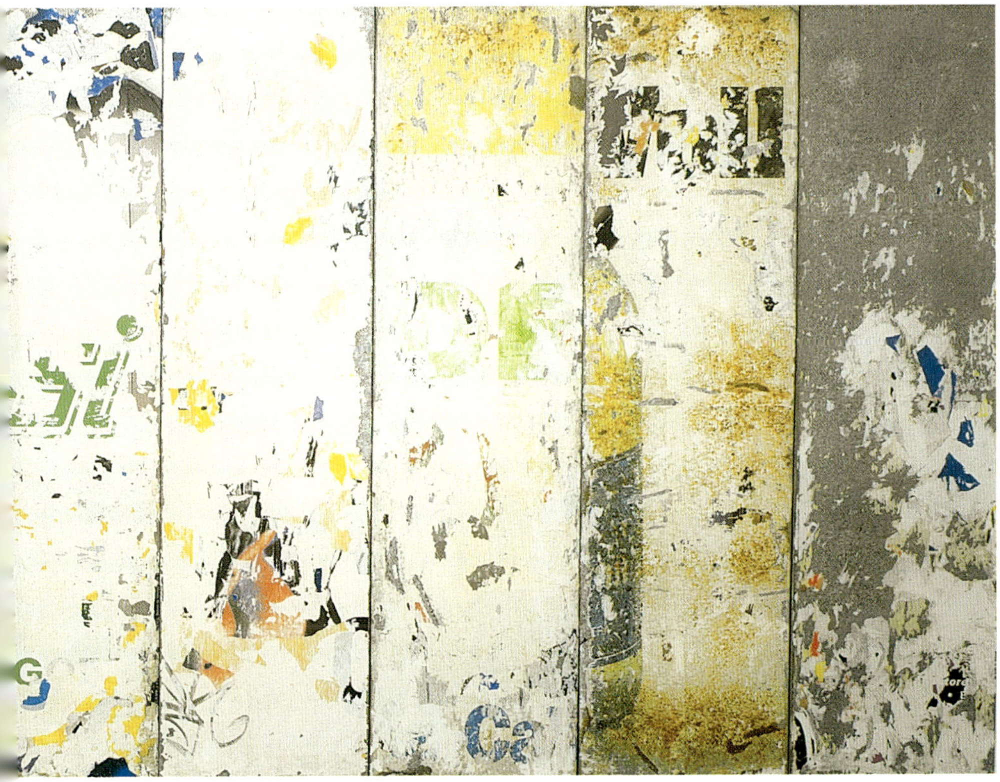

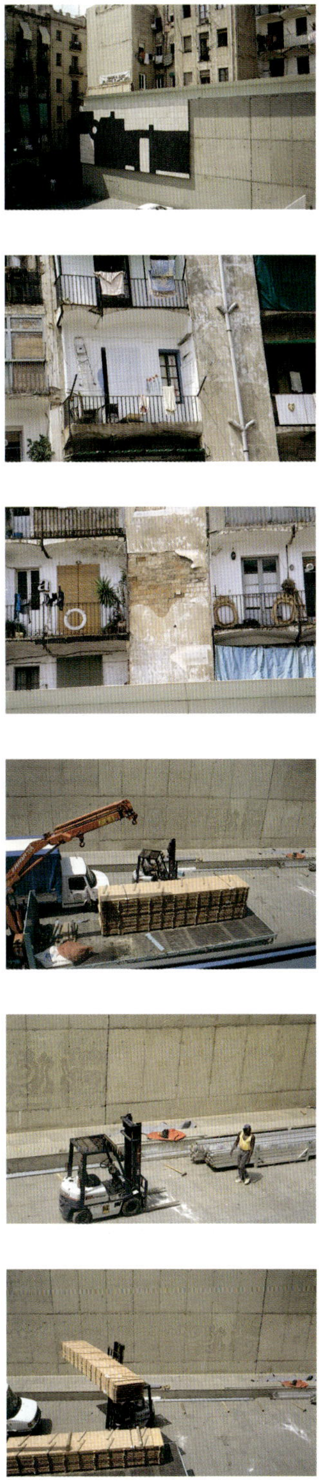

Raymond Hains, *Série photographique MACBA*, 1999 (6 d'11 fotografies)

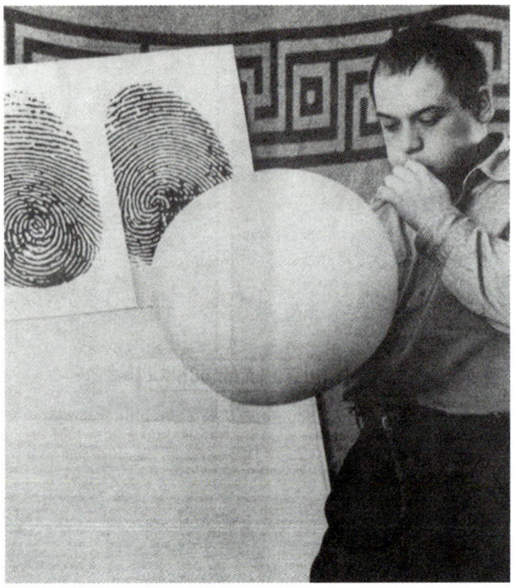

Manzoni inflant un *Corpo d'aria* al seu estudi de Milà el 1960

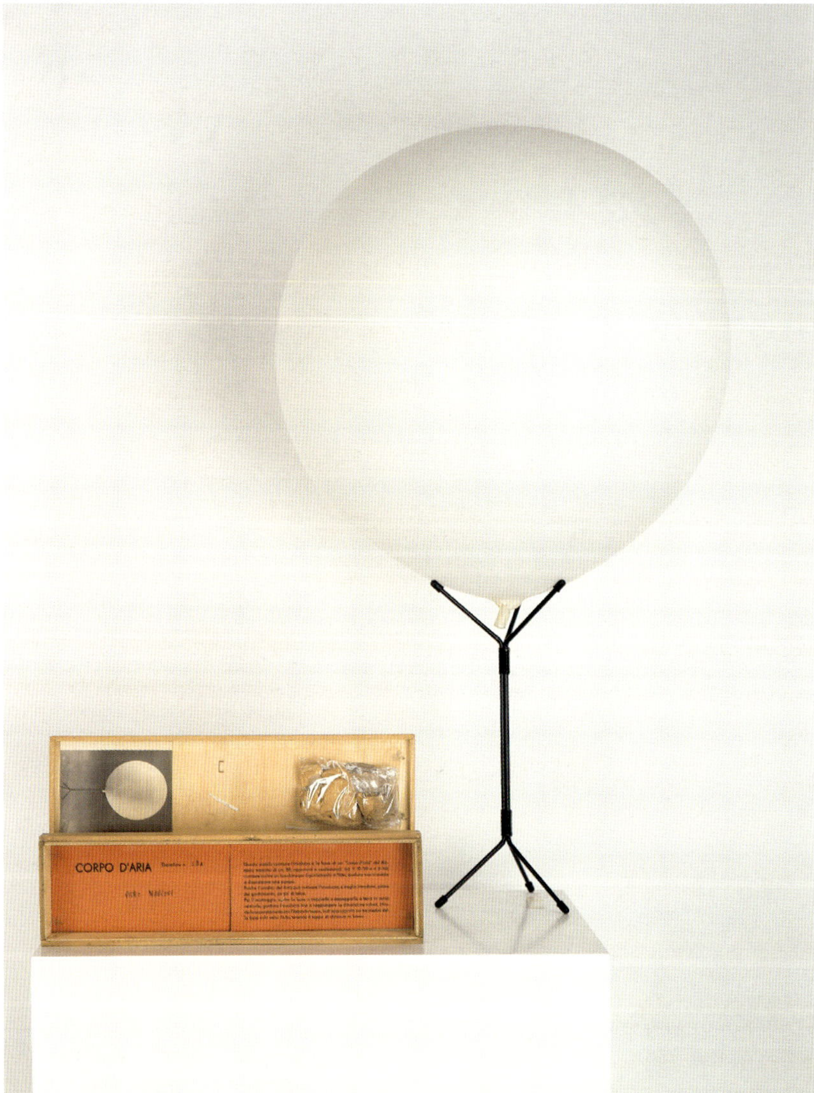

Piero Manzoni, *Corpo d'aria*, 1959-1960

Corpo d'aria pertany a una sèrie de quaranta-cinc escultures pneumàtiques que Piero Manzoni va iniciar el 1959. La producció de Manzoni, que havia tingut com a primera influència els talls de Lucio Fontana, que el van dur a realitzar els *Achromes* –pintures blanques realitzades en diferents materials, com ara cotó, feltre, caolí o pell pintada de blanc–, va posar ben aviat de manifest el compromís creixent de Manzoni amb la realitat conceptual, més que no pas amb la realitat visual.

Cada cop que Manzoni venia una de les seves escultures pneumàtiques, que anomenava *corpi d'aria*, el comprador adquiria, per trenta mil lires, un globus, una caixa i una descripció, acompanyats d'un certificat d'autenticitat. A més a més, cada comprador podia decidir també si volia preservar o no l'alè de Manzoni que hi havia dins del globus. En aquest últim cas, l'obra esdevenia *Fiato d'artista*, i a través d'aquesta transformació l'artista creava un joc dialèctic entre la desaparició de la seva pròpia figura i el valor arbitrari que s'atribueix al geni artístic. Entre l'humor i la blasfèmia, els *corpi d'aria* són una paròdia de l'acte d'inspiració divina –el *neuma*– mitjançant el qual la matèria inert rep una ànima que la converteix en matèria viva, cosa que constitueix un acte de provocació enfront al sentit de pertinença i al valor atorgat a la signatura d'un artista, i també una crítica punyent al mercantilisme que començava a desenvolupar-se en l'àmbit de l'art.

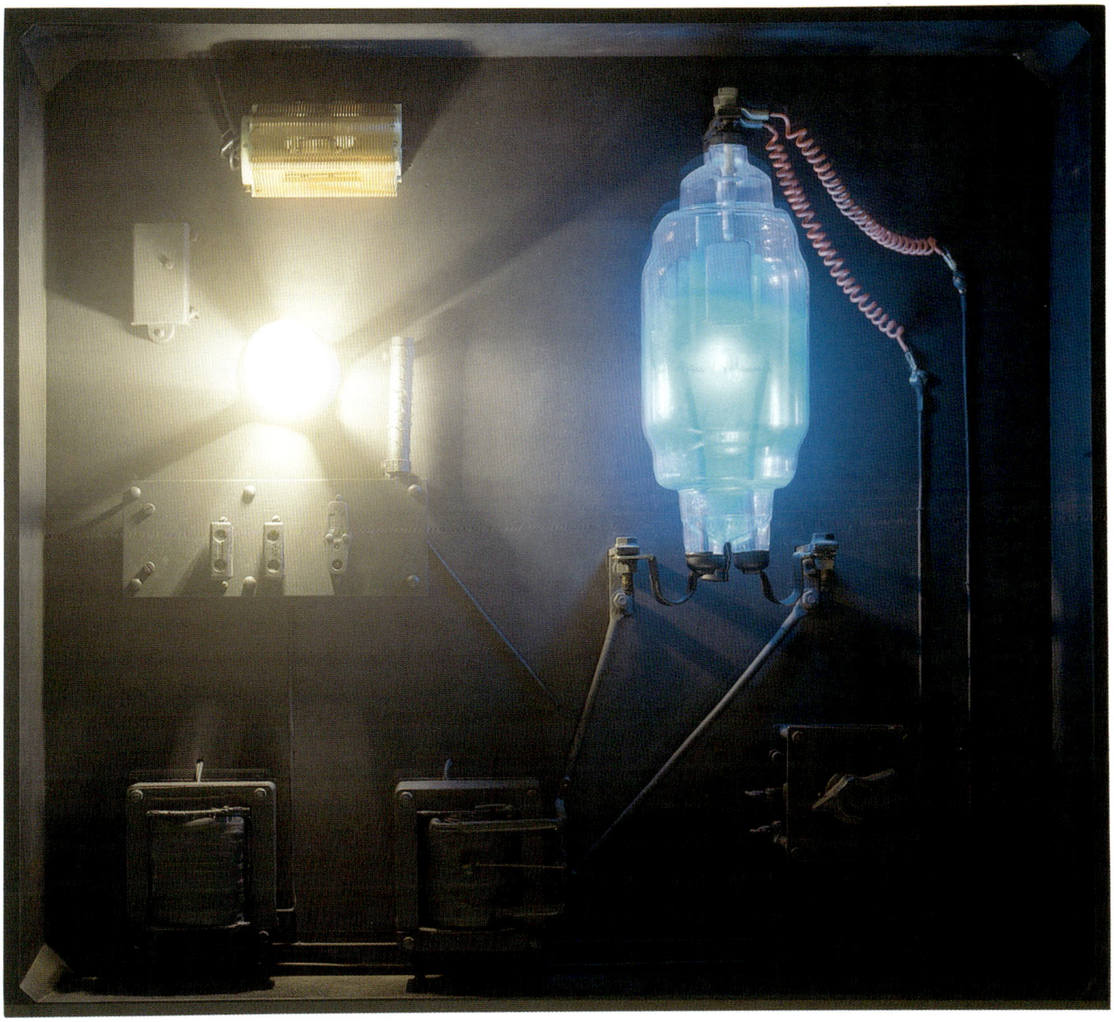

Takis, *Télélumière Relief n° 5*, 1963-1965

Télélumière, l'obra més important de Takis, té com a objectiu mostrar l'acció d'un electroimant. Format per un llum de vapor de mercuri, produeix la llum mitjançant el xoc dels electrons positius i negatius produïts pels elèctrodes. La llum, no obstant això, està alterada per l'electroimant fixat a la base del llum.

La llum només és igual i contínua quan els electrons negatius i positius es troben en equilibri numèric a l'interior del llum, o quan el camp magnètic de l'imant, negatiu o positiu per si mateix, exerceix una atracció sobre els electrons de signe contrari, desequilibrant la seva proporció. Aquest desequilibri es tradueix en una vibració lluminosa a l'interior del llum, i fins i tot en el mercuri escalfat per l'elèctrode que a vegades fa de conductor.

D'aquesta manera, en provocar la vibració lumínica, l'electroimant fa visible la conseqüència d'una batalla invisible d'electrons. L'«espectacle» que en resulta ens remet directament a les lleis de la matèria, i ens convida a qüestionar-nos-les.

Tot succeeix com si *Télélumière* reduís l'obra d'art a una última temptativa de comunicació per vibració. Allò que ens comunica, allò que arriba fins als nostres sentits i al nostre esperit a través de l'obra d'art, no és res més que l'energia unida a la matèria.

Takis ens col·loca en el centre d'un edifici de fenòmens purs, enfrontats a aquest real absolut, que no és més diví que humà…

Télélumière ens fa «veure» la vida de l'energia en estat pur. En el buit d'aquest llum, tot allò que neix i tot allò que mor batega com el pols de l'univers. I aquell tic-tac que ressona en el centre de totes les coses.

Alain Jouffroy, 1964

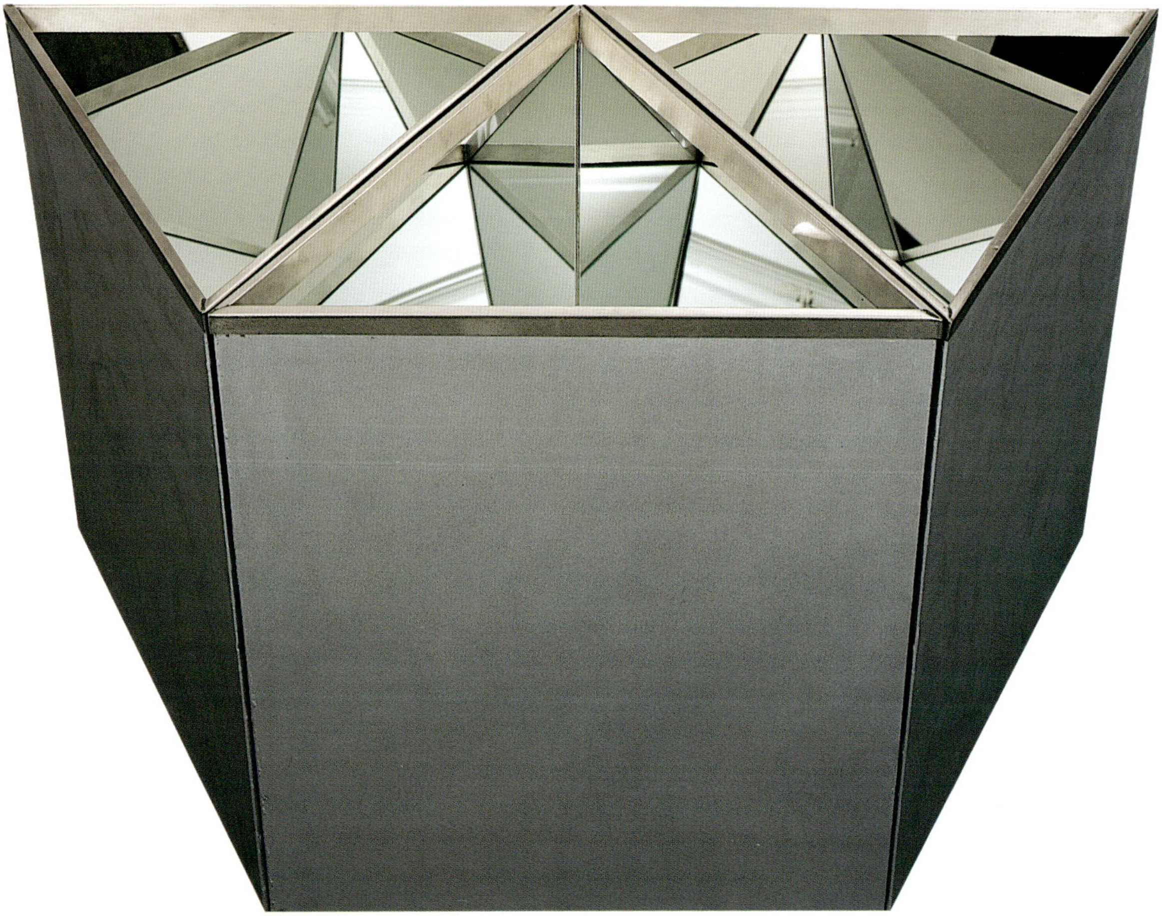

Robert Smithson, *Mirror Vortex*, 1966

És impossible dir què penja de què o què aguanta què. El que puja baixa i el que baixa puja. Una rara materialitat inherent a la superfície s'empassa l'estructura bàsica. Tant la superfície com l'estructura existeixen simultàniament en una condició suspesa. El que hi ha a l'exterior s'esvaeix per trobar-se amb l'interior, mentre que el que hi ha a l'interior s'esvaeix per trobar-se amb l'exterior. El concepte d'«antimatèria» es desborda fins a omplir-ho tot, i col·loca aquests treballs tan definits al límit de la noció de desaparició. El fenomen que importa és sempre la falta bàsica de substància en el nucli dels «fets». Com més intentem atrapar l'estructura superficial, més desconcertant esdevé. L'obra no sembla tenir un equivalent natural en cap cosa física, però només fa pensar en una cosa física.

ROBERT SMITHSON, 1965

He omplert parcialment amb aigua contenidors de plexiglàs d'una forma estereomètrica simple, i després els he segellat. La intrusió de la llum escalfa l'interior de les caixes. Com que la temperatura interior és sempre superior a la del seu entorn, l'aigua continguda es condensa: un vel delicat de gotes comença a desenvolupar-se en l'interior de les parets. Al principi, són tan petites que només poden distingir-se les unes de les altres des de molt a prop.
Les gotes creixen –hora a hora– i les més petites es barregen amb altres de més grans. La velocitat de creixement depèn de la intensitat i de l'angle d'entrada de la llum. El dia següent, s'ha desenvolupat una densa capa de gotes clarament definides que reflecteixen la llum. A causa de la condensació contínua, algunes gotes arriben a tenir tal dimensió que el seu pes supera la força d'adhesió i llisquen per les parets deixant un rastre. Aquest rastre comença a créixer novament. Setmanes més tard s'han desenvolupat múltiples rastres que baixen paral·lelament. Segons els seu temps de vida, hi ha gotes de mides diferents. El procés de condensació és interminable. L'aspecte de la caixa canvia lentament però constant, sense repetir-se mai.
Les condicions són comparables a un organisme viu que reacciona a l'entorn de manera flexible. La imatge de la condensació no es pot predir amb precisió. Canvia lliurement, limitada només per l'estadística. M'agrada aquesta llibertat.

Hans Haacke, 1965

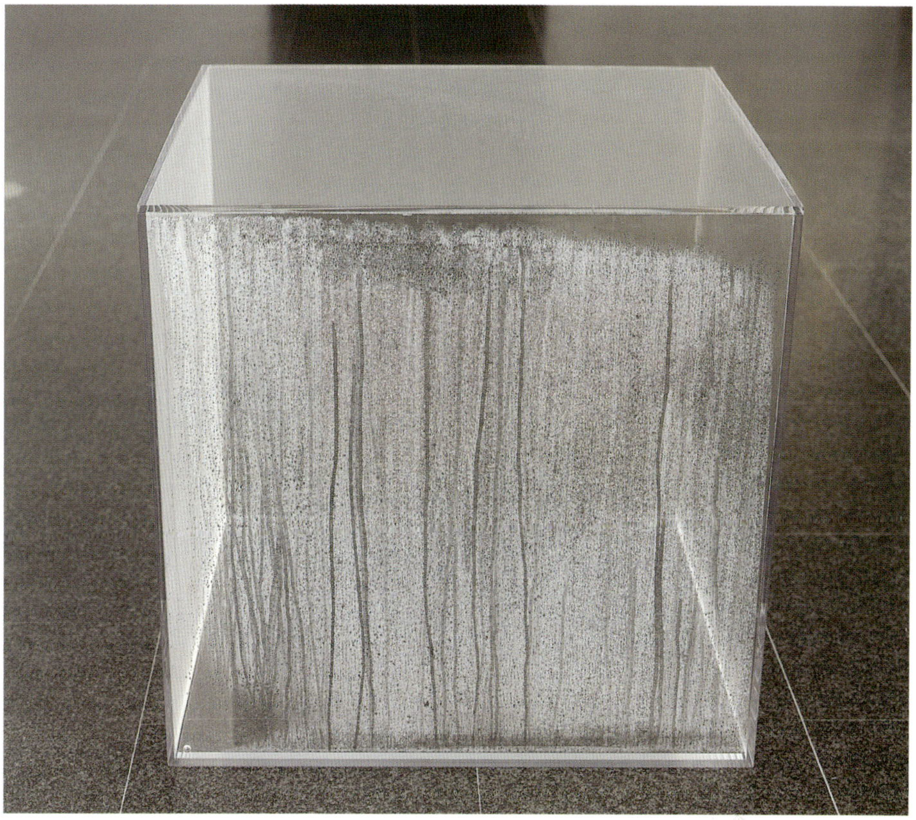

Hans Haacke, *Condensation Cube*, 1963-1965

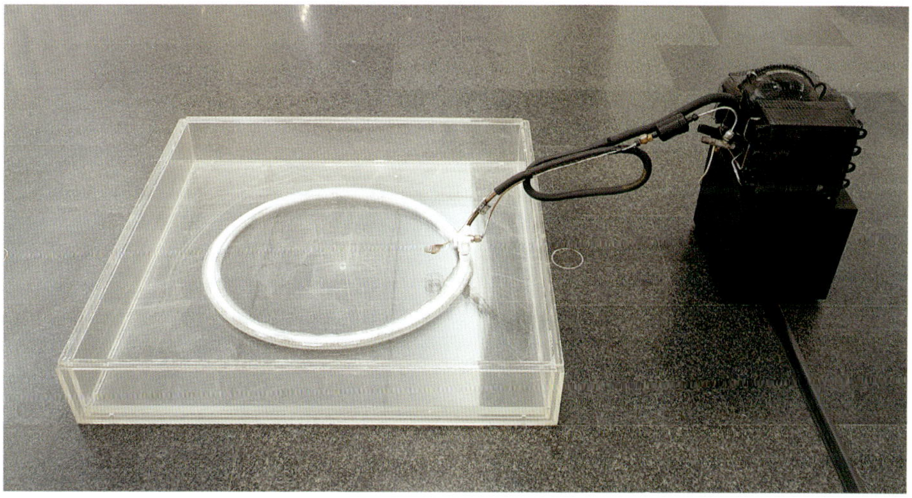

Hans Haacke, *Eisbildung*, 1970

Una variació sobre aquest principi: un recipient d'aigua en el qual se submergeix un serpentí refrigerador, en aquest cas un anell. Normalment, el serpentí està al fons del recipient. Quan s'hi forma gel comença a surar, atès que el gel és més lleuger que l'aigua. El gel, envoltat d'aigua, és clar i transparent. Quan el serpentí emergeix de l'aigua amb el gel que s'hi ha format i atrau la humitat, aquesta es congela i queda d'un color blanc com la neu. I, igual que en les altres obres, la temperatura ambient ocupa un paper determinant.

Hans Haacke, 1973

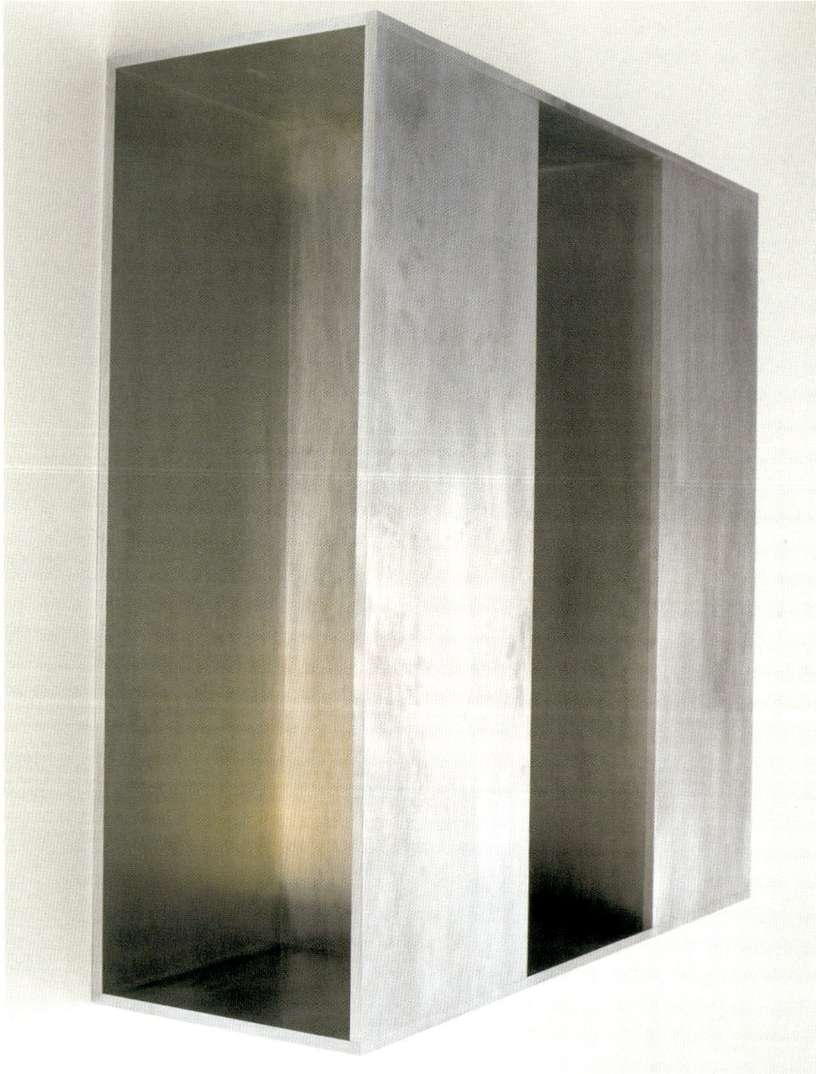

Donald Judd, *Sense títol*, 1984

Donald Judd va establir el concepte d'«objecte específic», mitjançant el qual relativitzava el valor atorgat a les categories d'escultura i pintura. La seva obra, formada per sèries d'elements que tenen entre elles una relació matemàtica, és el resultat d'una recerca d'objectivitat absoluta. Aquest «objecte específic» és concebut, per tant, com una unitat fonamental de superfície, de forma i de color, a través de la qual es pretenen estimular les facultats perceptives. Segons aquest artista, la nuesa plàstica no només s'oposa a «l'estructura emocional que sustenta els valors tradicionals de la cultura europea», sinó que constitueix el punt de trobada entre el llenguatge científic i la vocació purament abstracta de l'art contemporani.

Malgrat la seva simplicitat aparent, *Sense títol* es presenta com un model formal, un arquetipus on el rigor geomètric es comunica per mitjà de la indagació en les mateixes condicions perceptives de l'individu. El llenguatge utilitzat apareix, per tant, desproveït de tot dramatisme i fins i tot de qualsevol referència autobiogràfica. Influït per Anthony Caro, Mark Rothko, Barnett Newman i Frank Stella, Judd converteix aquesta caixa, situada entre l'escultura, la pintura i l'objecte, en una cosa completa en si mateixa, mancada d'altres tipus de referències que n'ampliïn el significat. No obstant això, i que ni tan sols el material utilitzat té qualitats distintives, s'adverteix en l'obra una certa depuració lingüística, una recerca disciplinada i precisa d'aquells principis estàtics en els quals Judd sosté la seva concepció de l'art.

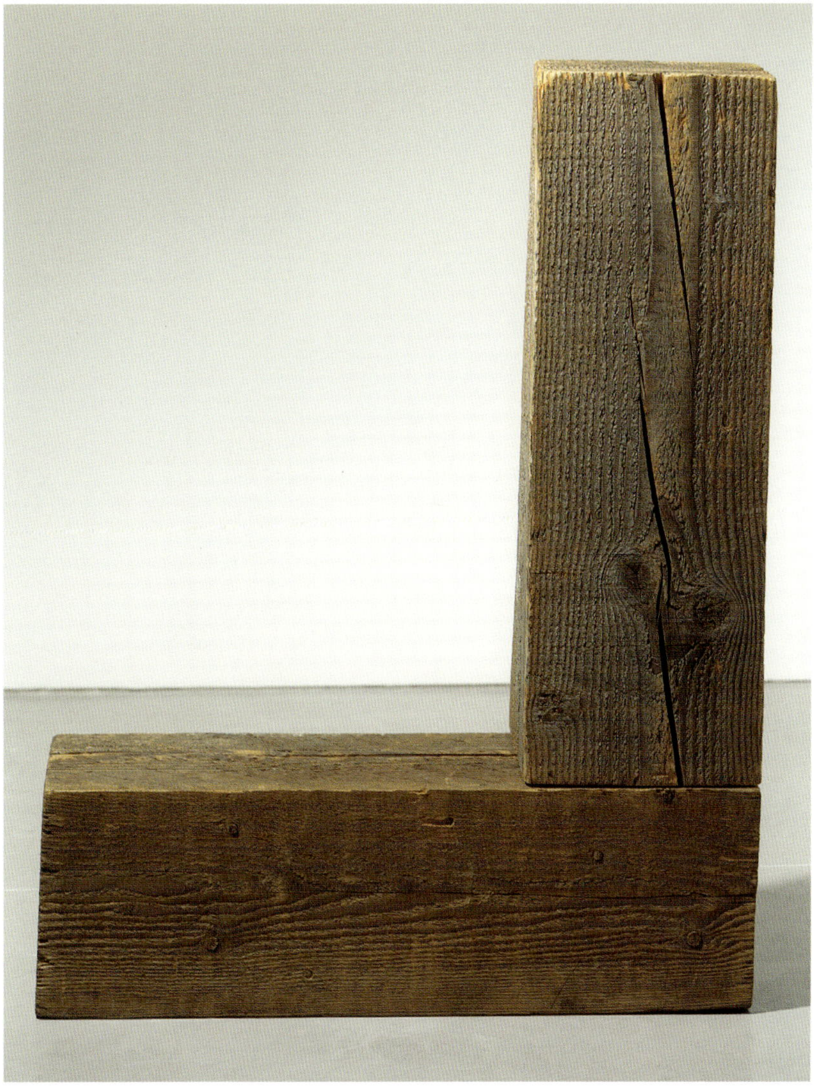

Carl Andre, *Angle (Element Series), Two Element Timber Piece*, 1960-1971

Tinc la sensació que la manera que tinc de disposar les meves peces és, essencialment, la més senzilla que puc aconseguir, partint d'un material i un espai donats; és la menys conspícua a la qual puc arribar. Sobretot seguia l'exemple de Frank Stella i els seus primers quadres; les pintures negres i fins i tot altres pintures de ratlles encara anteriors, per intentar arribar a una solució pictòrica compositiva que no depengués del tipus de drama que impliquen les ubicacions i el fet de centrar un element o no, i coses així. Així vaig arribar, segurament a través de l'exemple i els ensenyaments de Frank Stella, a una cosa que anomeno «simetria *anaxial,* sense eix». Es tracta d'un tipus de simetria en què qualsevol part en pot substituir qualsevol altra. Es pot dir que és el tipus de simetria del cel, on, de fet, no hi ha una simetria aparent excepte pel fet que es podria substituir qualsevol estrella per qualsevol altra sense canviar l'efecte general. (Resulta una analogia bastant falsa. Potser és millor comparar-ho, posem per cas, amb les molècules que hi ha en un got d'aigua, que d'alguna manera es poden considerar simètriques. Es pot agafar qualsevol àtom de l'aigua i substituir-lo per un altre. No té res a veure amb la dreta o l'esquerra, a dalt o a baix. És central, *anaxial,* sense eix.)

CARL ANDRE, 1970

ANTIFORMA

ROBERT MORRIS, 1968

En el recent art objectual, de la invenció de noves formes ni se'n parla. Una morfologia de formes geomètriques, predominantment rectangulars, s'ha acceptat com a premissa. El mecanisme de l'obra se centra en la particularització d'aquestes formes generals mitjançant diferents escales, materials, proporcions i col·locacions. I gràcies a la flexibilitat i la naturalesa passiva i discreta de la forma objectual, aquesta és un mitjà útil. L'ús de les formes rectangulars té una llarga història. L'angle recte s'ha emprat des de les primeres construccions fetes amb pilars i llindes. La seva eficàcia és incomparable per construir amb materials rígids, estendre una lona, etc. Aquesta utilitat generalitzada ha dut el rectangle a l'arquitectura, la pintura, l'escultura i els objectes. Però només en el cas de l'art objectual la forma cúbica i rectangular ha anat tan enllà en la definició final de l'obra. És a dir, es constitueix en una forma total autosuficient, més que en un element de relació. Aconseguir una forma cúbica o rectangular és construir de la manera més senzilla i més raonable, però també és construir bé.

Aquest imperatiu de la cosa ben feta va resoldre alguns problemes. Per començar, va eliminar la col·locació i la composició asimètriques. La solució també va prescindir de tots els materials no rígids. Però això no ho diu tot sobre l'art anomenat minimalista o objectual. Evidentment, no explica l'ús d'esquemes purament decoratius d'ordenacions repetitives i progressives de múltiples obres unitàries. Però la gran racionalitat d'aquests esquemes està relacionada amb el caràcter raonable de les coses ben fetes. L'únic aspecte d'aquests esquemes que continua sent problemàtic és que qualsevol ordre per a múltiples unitats és un ordre imposat, que no té cap relació inherent amb la fisicalitat de les unitats existents. Les organitzacions permutades, progressives i simètriques tenen un caràcter dual en relació amb el tema que distribueixen. Això no implica que aquestes simples ordenacions no funcionin. Senzillament se separen, més o menys, d'allò que és físic, i fan de les pròpies relacions un altre ordre de fets. Les relacions que estableixen aquesta mena d'esquemes no són fonamentals, punt per punt, com en l'art europeu. La dualitat l'estableix el fet que un ordre, qualsevol ordre, funciona més enllà dels objectes físics. Probablement no hi ha cap art que pugui resoldre completament aquesta qüestió. Encara que algun art, com ara el de Pollock, s'hi acosta.

El procés de «fer-se a si mateix» gairebé no s'ha analitzat. Només se li ha dedicat una certa atenció en termes d'una mena de polaritat mítica i idealitzada: l'anomenada acció dels expressionistes abstractes i les anomenades conceptualitzacions dels minimalistes. Això no estableix les diferències entre els dos tipus d'obres. L'obra real particularitza hipòtesis generals sobre les formes en tots dos casos. Hi ha, però, algunes excepcions. Les dues maneres de treballar continuen la tradició europea d'estetitzar les formes generals que s'ha perllongat durant mig segle. Des del cubisme, l'art europeu ha estat una història d'intercanvi de relacions al voltant de la premissa general que las relacions han de conservar el seu caràcter fonamental. L'art americà ha evolucionat desvetllant successives premisses alternatives per fer-se a si mateix.

Dels expressionistes abstractes, només Pollock va ser capaç de recuperar el procés i mantenir-lo com a part de la forma final de l'obra. Aquesta recuperació del procés per part de Pollock implicava una profunda reconsideració del paper tant dels materials com de les eines en l'elaboració. El bastonet que degota pintura és una eina que coneix la naturalesa de la fluïdesa de la pintura. Com qualsevol altra eina, també controla i transforma la matèria. Però, a diferència del pinzell, s'identifica molt més amb la matèria, perquè en coneix les tendències i propietats inherents. En certa manera, Louis encara s'apropa més a la matèria quan el que fa servir per aplicar la pintura és el pot.

Pensar que la pintura té una mena de naturalesa òptica intrínseca és ridícul. I igual d'absurd és definir la seva «materialitat» com a actes d'una lògica que reconeix els extrems del suport. Hi ha tant l'òptica com la física. Tant Pollock con Louis n'eren conscients. Tots dos feien servir directament les propietats físiques, fluides, de la pintura. Les seves formes «òptiques» eren el resultat de treballar amb les propietats de fluïdesa i les condicions d'una base més o menys absorbent. Les formes i l'ordre del seu treball no corresponien, a priori, al mitjans.

En l'art, el procés va esdevenir visible quan en ple Renaixement es van començar a conservar els esbossos i les obres inacabades. Al segle XIX, tant Rodin com Rosso van deixar traces de la seva empremta en les obres acabades. Igual que posteriorment els expressionistes abstractes, van enregistrar la plasticitat del material en termes autobiogràfics. Faltava que Pollock i Louis anessin més enllà del personalisme de la mà, fins a una revelació més directa de la matèria. La manera en què Pollock va trencar el domini de la forma cubista està vinculada amb la seva investigació dels mitjans: eines, maneres de fer i naturalesa dels materials. Els mitjans no perpetuen la forma sinó la preservació d'uns fins idealitzats i diferenciables. Es tracta d'una empresa antientròpica i conservadora. Això explica que l'arquitectura grega passés de la fusta al marbre i continués tenint el mateix aspecte, o la imatge dels bronzes cubistes, amb els seus plans fragmentats i tallats en facetes. La perpetuació de la forma és idealisme en funcionament.

En l'art objectual, el procés no és visible. Però sovint els materials sí que ho són. I quan ho són, el seu caràcter raonable acostuma a ser evident. Els materials industrials rígids es poden unir formant angles rectes molt fàcilment. Però és la valoració *a priori* de la cosa ben feta allò que dicta els materials. La forma ben construïda dels objectes precedeix qualsevol consideració dels mitjans. I fins i tot els materials s'han limitat a aquells amb què es pot aconseguir més eficaçment la forma general de l'objecte.

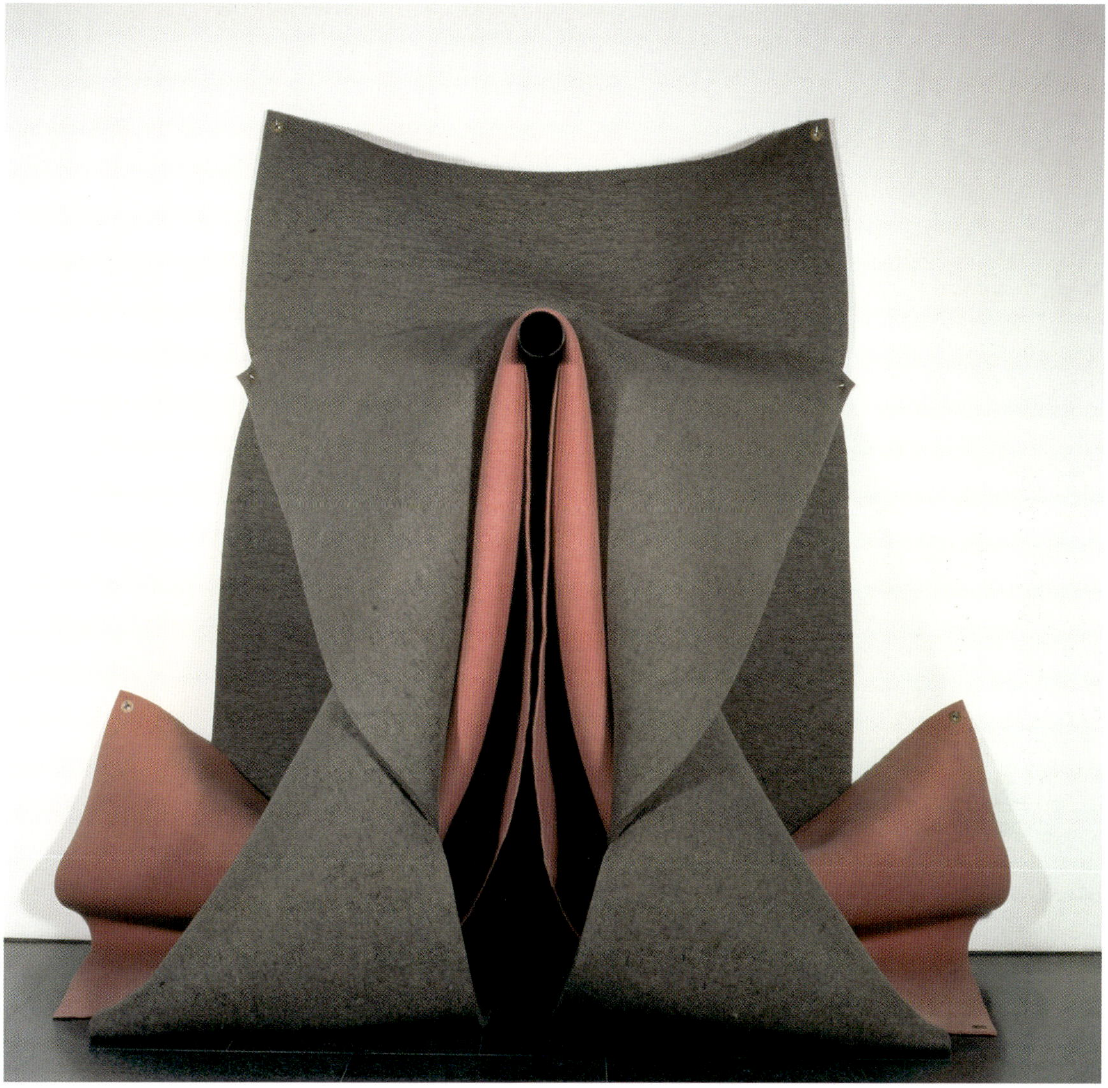

Robert Morris, *House of Vetti*, 1983

Recentment, s'han començat a veure altres materials a part dels industrials rígids. Oldenburg va ser un des primers que els va utilitzar. En aquests moments s'estan investigant directament les propietats d'aquests materials. Això implica una reconsideració de l'ús d'eines i la seva relació amb els materials. En alguns casos, aquestes investigacions passen de l'elaboració de les coses a l'elaboració dels materials. A vegades, es fa una manipulació directa d'un material determinat sense utilitzar cap eina. En aquests casos, considerar la gravetat és tan important com considerar l'espai. El fet de centrar-se en la matèria i la gravetat com a mitjans condueix a formes que no s'havien projectat prèviament. Les consideracions sobre l'ordenació són necessàriament fortuïtes, imprecises i sense rellevància. Apilar aleatòriament, amuntegar lliurement o penjar atorguen una forma efímera al material. S'accepta l'atzar i queda implícita la indeterminació, ja que la recol·locació donaria una altra configuració. Deslliurar-se de les formes i els ordres duradors i preconcebuts per a les coses és una reivindicació positiva, i forma part del rebuig de l'obra a continuar estetitzant la forma tractant-la com si fos un fi imposat.

Al principi de la seva carrera, Keith Sonnier desarticulava constantment les proporcions purament matemàtiques del minimalisme, i creava obres amb unitats internes dividides per «sensacions» més que no pas per les matemàtiques. Entre els materials que utilitza hi ha catifes, persianes, retalls de seda, escuma i làtex; amb aquest últim va crear una sèrie d'obres en què l'utilitzava com a llenç i el raió en pols com a pintura. En aquesta mateixa època Sonnier va començar a utilitzar també tubs de neó dissenyats per ell mateix, una espècie de «neó gestual» que refermava la qualitat pictòrica del seu treball, en contrast amb els materials industrials i els procediments desproveïts de gestualitat del minimalisme.

Neon with Cut Glass pertany a una sèrie que Sonnier va iniciar a final dels anys seixanta. Fent ús de les formes rígides de la producció industrial, va utilitzar grans planxes de vidre i les va emmarcar amb llums de neó, per tal d'emfasitzar les propietats reflectants del vidre i del neó, al mateix temps que creava una forma escultòrica en relació amb l'arquitectura, en recolzar el vidre sobre la paret.

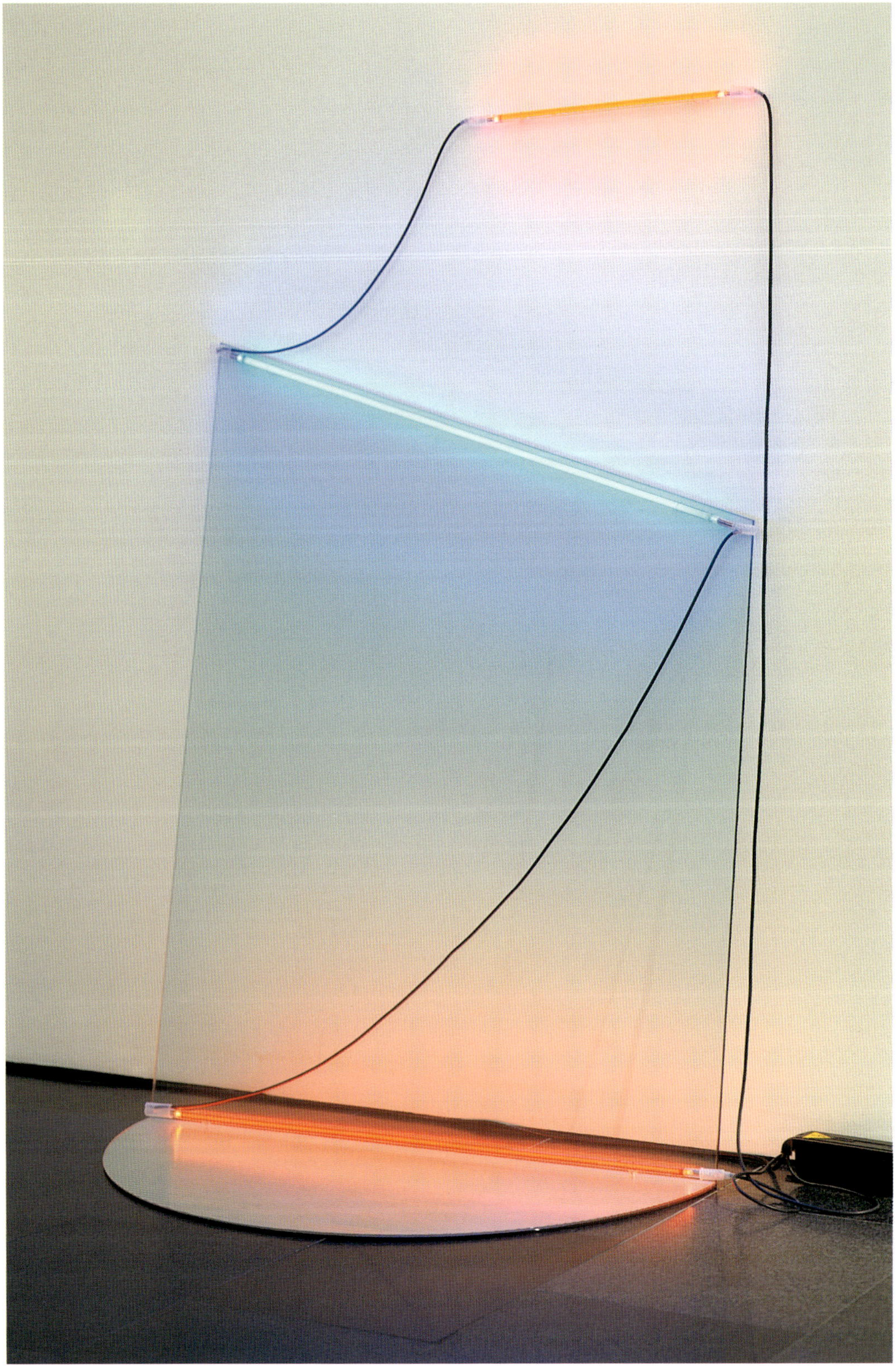

Keith Sonnier, *Neon with Cut Glass*, 1968 (1999)

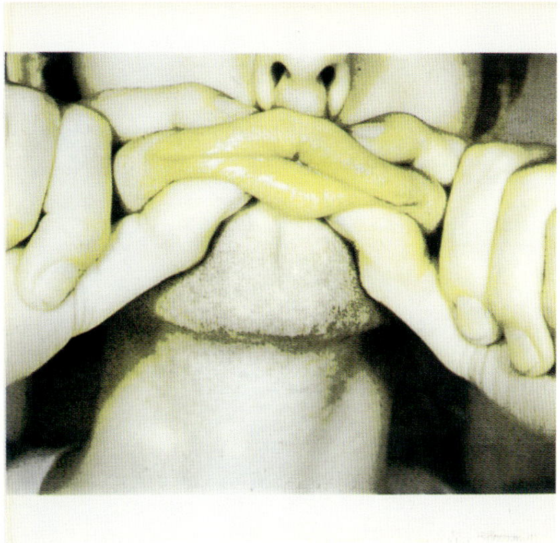

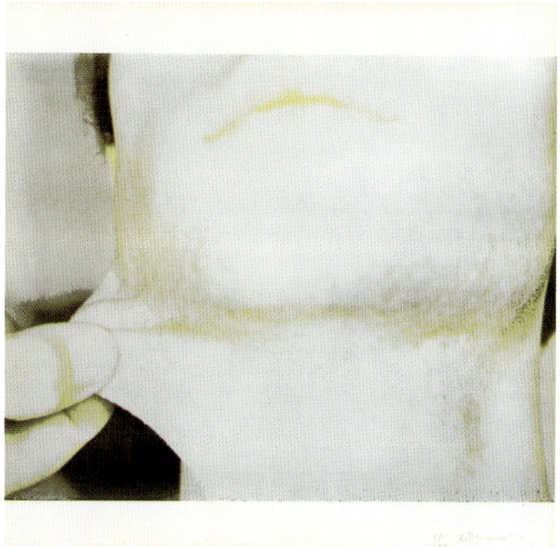

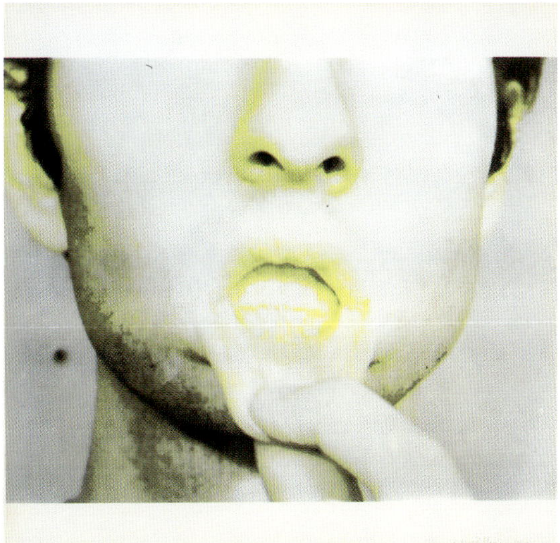

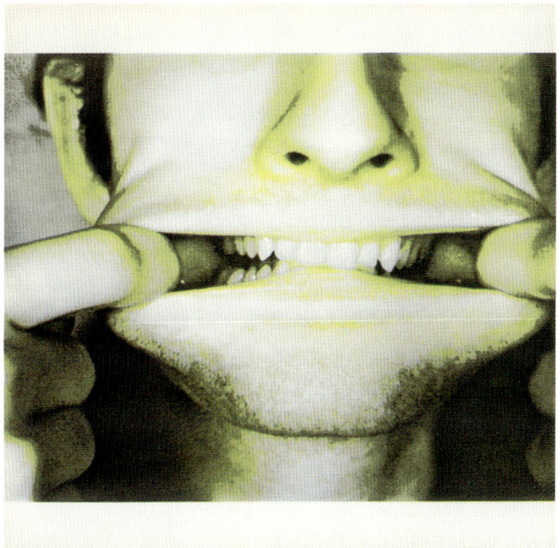

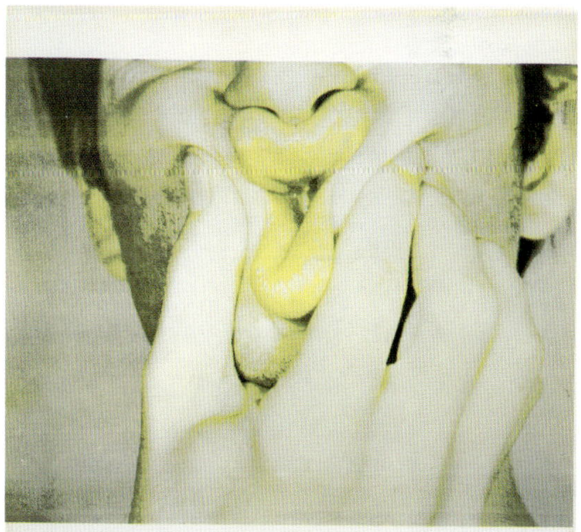

Bruce Nauman, *Studies for Holograms (a-e)*, 1970

Studies for Holograms (a-e) té un precedent en *First Hologram Series: Making Faces*, obra que Bruce Nauman havia realitzat dos anys abans, així com en la seva pel·lícula *Pulling Mouth*, realitzada l'any anterior. Aquestes obres formen part de les primeres investigacions artístiques que va dur a terme aquest artista, en les quals utilitzava el seu cos com a suport formal i material per a l'obra d'art. *First Hologram Series* va ser produïda utilitzant el mètode d'holografia sense lents per crear una imatge tridimensional de l'artista sobre un vidre, mentre que les cinc serigrafies que componen *Studies for Holograms (a-e)*, realitzades a partir de fotografies infraroges, configuren la «presència» de l'autor com a obra d'art.

Sense títol és una obra insòlita en la trajectòria de Mario Merz. El dibuix que traça la corda sobre el vidre, travessant unes petites peces de plom, conté el germen d'altres obres posteriors realitzades sobre les sèries aritmètiques de Fibonacci i la forma espiral; al mateix temps, el suport és el precedent de les grans instal·lacions constituïdes per taules amb elements naturals i fruites abundants.

La sèrie numèrica de Fibonacci, creada mitjançant la suma de dos números precedents *ad infinitum* (1, 1, 2, 3, 5, 8, 13, 21...), troba l'expressió material en la forma d'una espiral que suggereix expansió simultània en l'espai i el temps, i que representa formalment el creixement biològic dels elements naturals, i uneix d'aquesta manera dos dels interessos de l'artista: les matemàtiques i la natura.

El pensament no té imatges, la idea d'aquells números és un desig de la no-imatge, i tanmateix acaben esdevenint imatges, una imatge del pensament i no una imatge d'ella mateixa.

MARIO MERZ, 1983

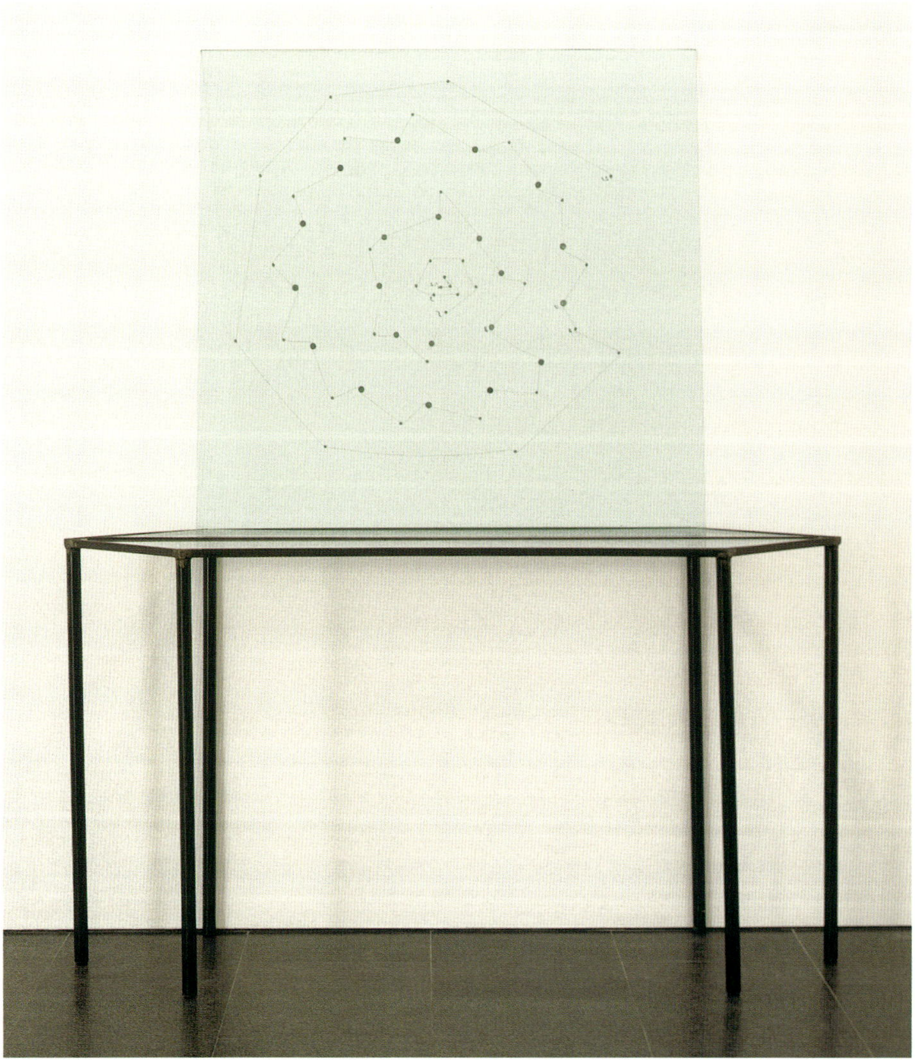

Mario Merz, *Sense títol*, 1972

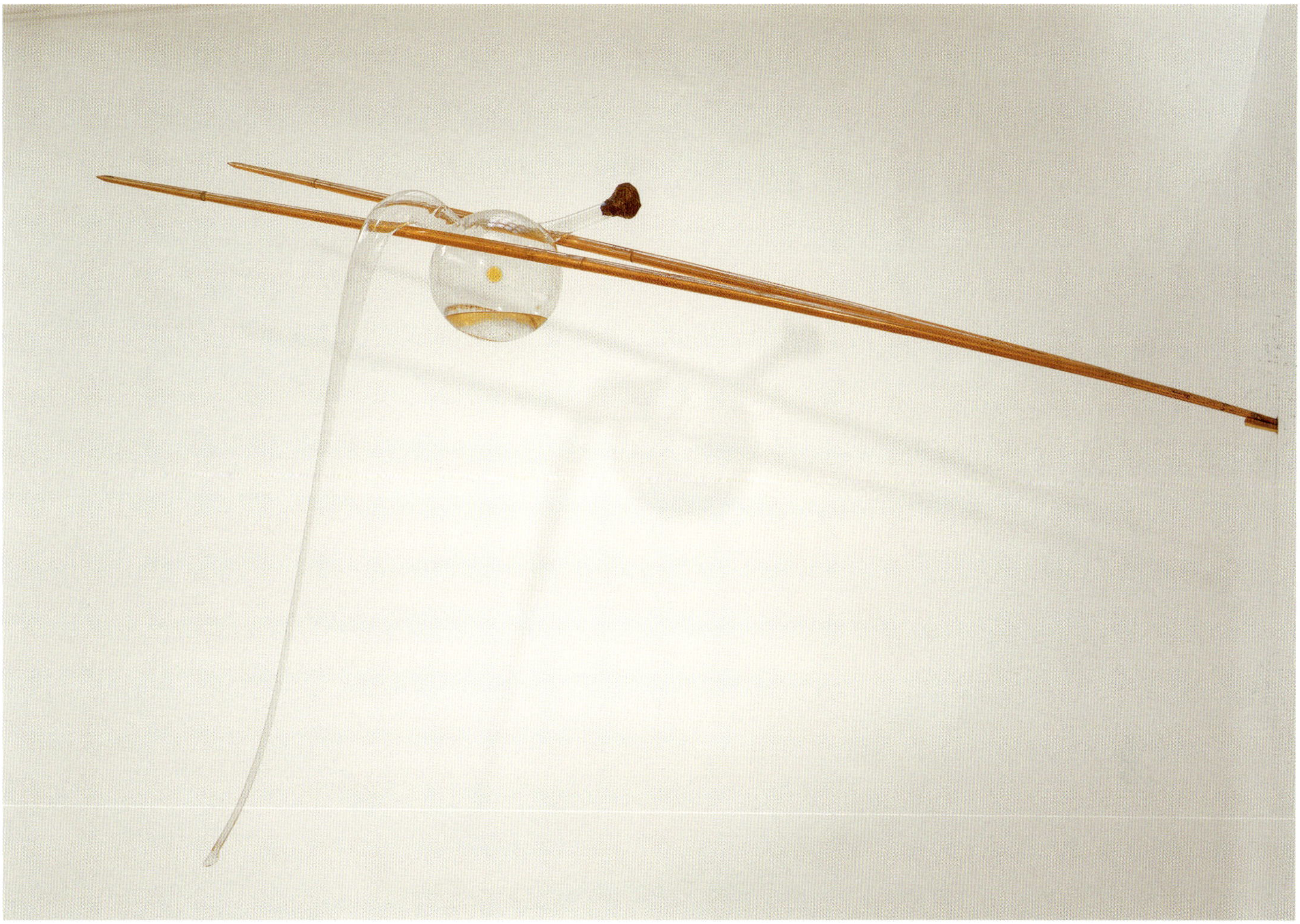

Gilberto Zorio, *Per purificare le parole*, 1984

Per purificare le parole forma part d'una sèrie d'escultures del mateix títol en què Gilberto Zorio deconstrueix la funcionalitat d'instruments preexistents, qüestionant les seves funcions originals i ampliant la seva capacitat de generar nous suggeriments, signes o altres imatges. Aquesta sèrie d'obres, que inicià el 1969, presenta objectes fràgils, com gresols i urnes de ceràmica o de vidre, sostinguts en un equilibri precari en la intersecció de perxes o javelines corbes. En aquestes obres hi ha una al·lusió a procediments alquímics, així com la visualització de processos de pensament on el fil conductor és l'energia tant mental com física.

Com les màquines de Duchamp, aquesta obra defuig el funcionament exclusivament simbòlic per enllaçar dispositius físics amb desigs mentals, en un intent de purificar allò corpori per mitjà de la recomposició de processos bàsics de la naturalesa; en aquest cas, l'aigua barrejada amb alcohol, que es va evaporant i passa, així, a l'aire.

M'agrada parlar de coses fluïdes i elàstiques, de coses sense perímetres laterals i formals. Un avió, per enlairar-se i per aterrar, necessita un aeroport, és a dir, necessita dues superfícies que actuïn com a intermediàries entre cel i terra; si un avió aterra en una arbreda, s'anomena aterratge d'emergència. Un ocell, en canvi, surt d'on vol i arriba on vol, el vol d'un ocell és, doncs, una invenció.

Una paraula absorbida per un micròfon i repetida per un altaveu perd el seu significat literal i esdevé un so incomprensible, tot i que perceptible mentalment i físicament.

Si diposito un foli, escrit amb tinta simpàtica, sobre una xapa de metall calent, obtinc, durant uns quants segons, la lectura de frases que podrien ser fins i tot condemnes a mort.

A vegades somio que sóc un lladre que amb el bufador obre una caixa forta, no per robar joies, sinó per robar una mica de l'interior. A vegades somio, o potser no és del tot cert, que viatjo fins al centre de la terra i veig els ocells que sobrevolen entre la lava, cobert d'amiant.

Gilberto Zorio, 1969

En una banda, la tela; a l'altra, el mirall; al mig, jo mateix. Un ull mirant cap a la tela i l'altre, cap al mirall. Si miro intensament els dos objectes, se sobreposen de mica en mica; la meva imatge en el mirall es transfereix a la tela, per bé que roman en el mirall, i la tela es transfereix al mirall i hi forma, conjuntament, una sola cosa.

MICHELANGELO PISTOLETTO, 1962

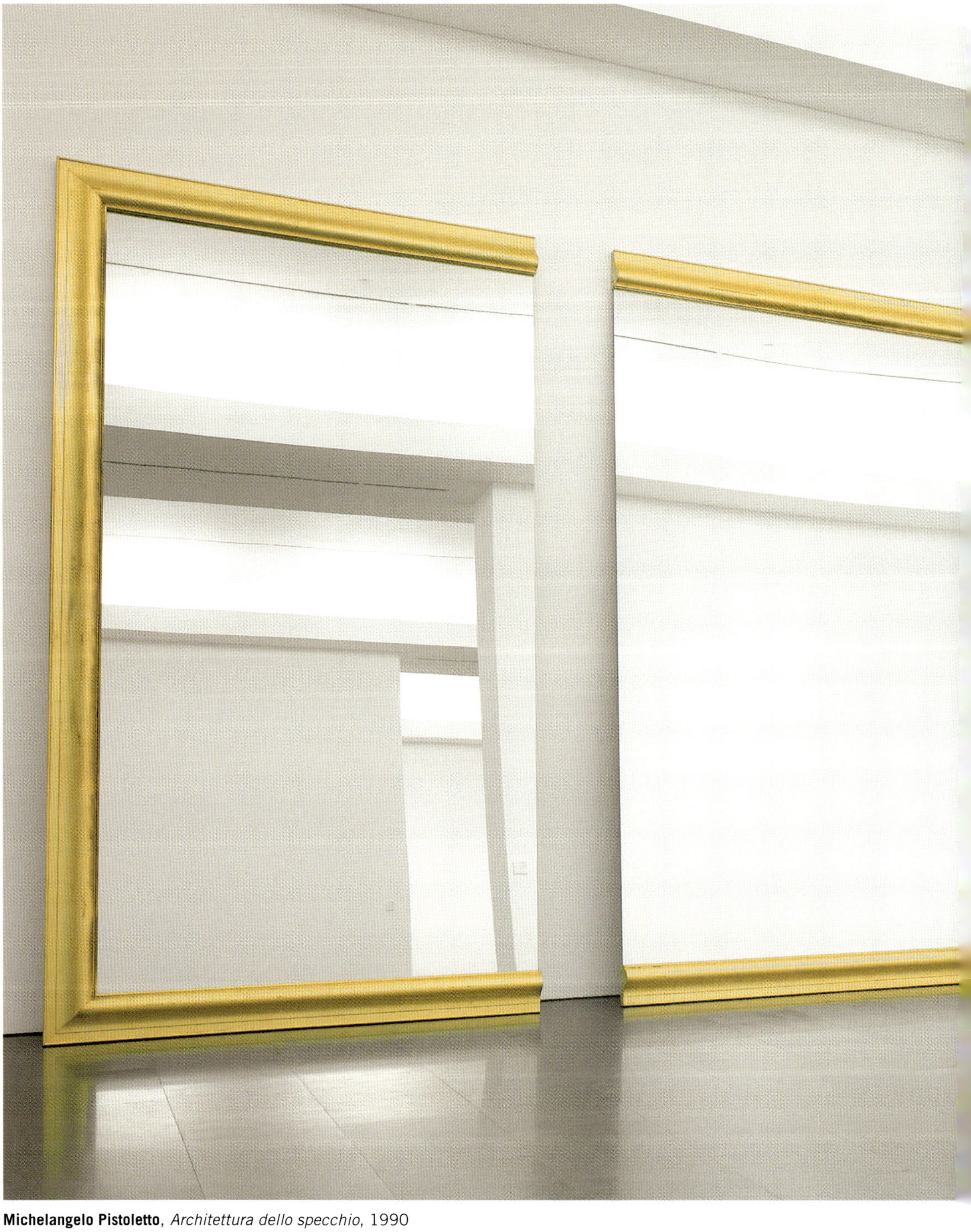

Michelangelo Pistoletto, *Architettura dello specchio*, 1990

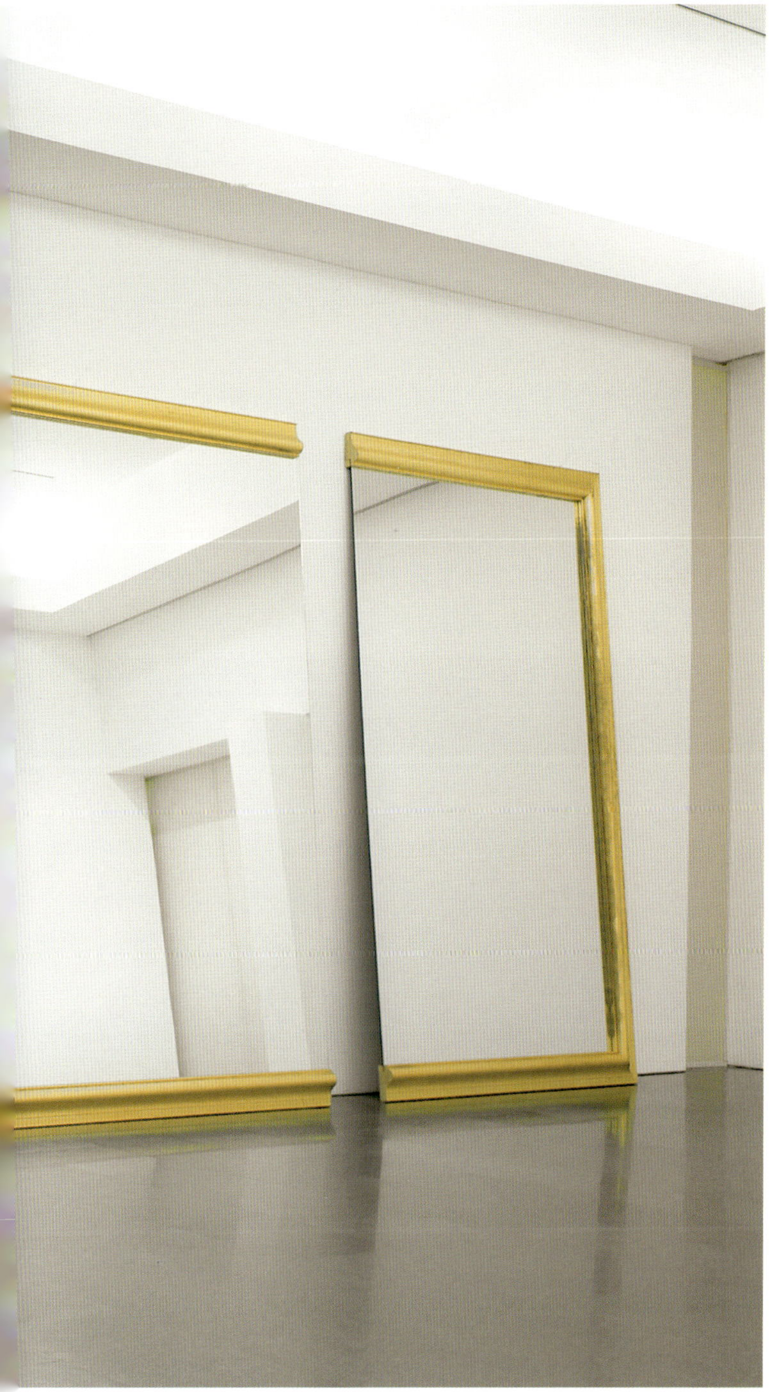

Dins del mirall hi sóc jo, hi som nosaltres. On? Quan?

Som dins del mirall quan som aquí i quan som allà.

Jo em veig, o potser no em veig, mentre tu em veus al mirall. Però ara no hi som només nosaltres i qui hi ha aquí davant; aquell que està lluny també és dins del mirall. Ben al contrari, nosaltres som dins del mirall també quan no és aquí, davant nostre. Res no pot fugir del mirall. El gran espai és en el mirall, el temps (sencer) ja és en el mirall i l'espai té la dimensió del temps.

El mirall és al fons del pou i el podem veure, però potser també és sota els mobles de casa, dins els arbres o darrere el nostre cap, on no el podem veure: ets tu, qui em mires des de darrere, també, sense que jo ho sàpiga?

Els ulls són miralls, la ment és el mirall dels ulls i les accions són el mirall de la ment.

Ara que el mirall ha sortit a la llum de l'Art, hi veiem, a dins, la història, la història brillant i resplendent en l'espessor del mirall, i la vida que l'Art reflecteix en aquesta espessor.
Els sumeris que han sortit del mirall han tornat amb els egipcis, els grecs, els àrabs i els romans dins del mirall, han estat posats sobre el fons d'or dels bizantins, esborrats pels iconoclastes i tornats a dibuixar per la perspectiva del progrés occidental, al final trencada pel cúmul de detritus del consumisme consumit.

En aquest mirall, l'ordre de la Venus travessa la mirada amb una perfecta harmonia, mentre que la usura del costum separa, desintegra i transforma totes les imatges. La consciència percep l'inexorable absolut en la relativitat existencial, moviment perpetu del mirall que torna, sense pausa, a la pròpia superfície.

Michelangelo Pistoletto, 1987

30 de maig de 1990
Al meu entendre, la invenció del *readymade* fou la invenció de la realitat; és a dir, el descobriment radical que la realitat, per contrast amb la visió de la imatge del món, és l'única cosa important. Des d'aleshores, la pintura ja no representa la realitat, sinó que és realitat per ella mateixa (feta per ella mateixa). I en un moment o altre es tornarà a plantejar la possibilitat de denegar el valor d'aquesta realitat per fer quadres d'un món millor (com abans).

24 d'octubre de 1990
No sembla útil que anem essent cada cop menys gent i que arribem al final quan hem après tant. Cada vegada, les generacions posteriors han d'esforçar-se durant dècades per tornar a aconseguir un nivell d'experiència al qual ja s'havia arribat molt de temps abans.

El «panorama artístic actual», tan menyspreat, resulta força inofensiu i amigable quan no el comparem amb falses pretensions: no té res a veure amb els valors tradicionals que subscrivim (o que ens eleven), no té virtualment res a veure amb l'art. Així doncs, el «panorama artístic» no és malvat, ni cínic, ni li manca esperit sinó que, com un panorama que floreix temporalment, que prolifera activament, només constitueix una variació d'un joc social perpetu que satisfà necessitats de comunicació, així com practicar un esport, col·leccionar segells o criar gats. L'art ocorre malgrat això, comptades vegades i sempre de forma inesperada, i mai perquè nosaltres fem que passi.

GERHARD RICHTER, 1990

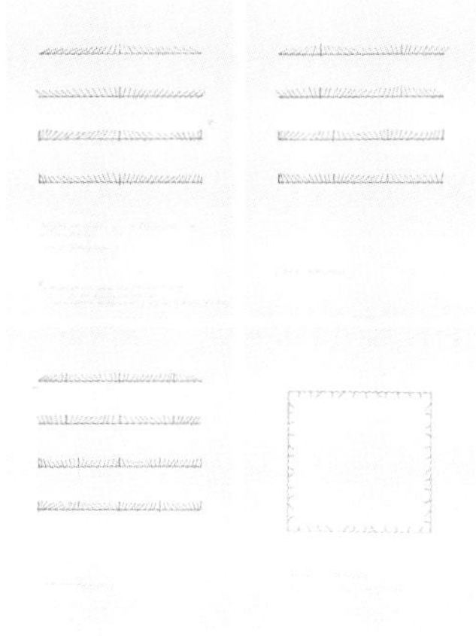

Gerhard Richter, *For an Installation*, 1972

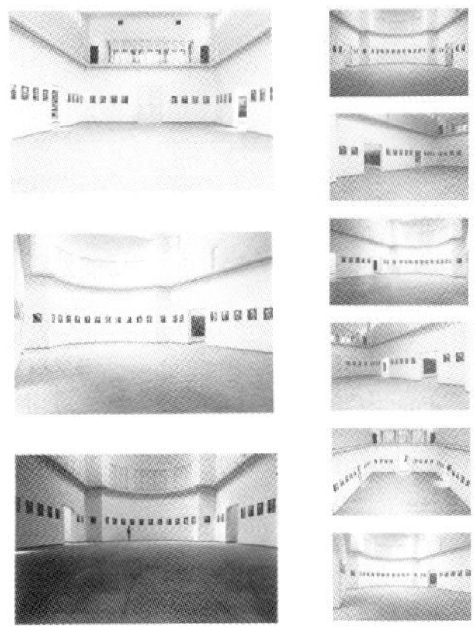

Gerhard Richter, *For an Installation*, 1972

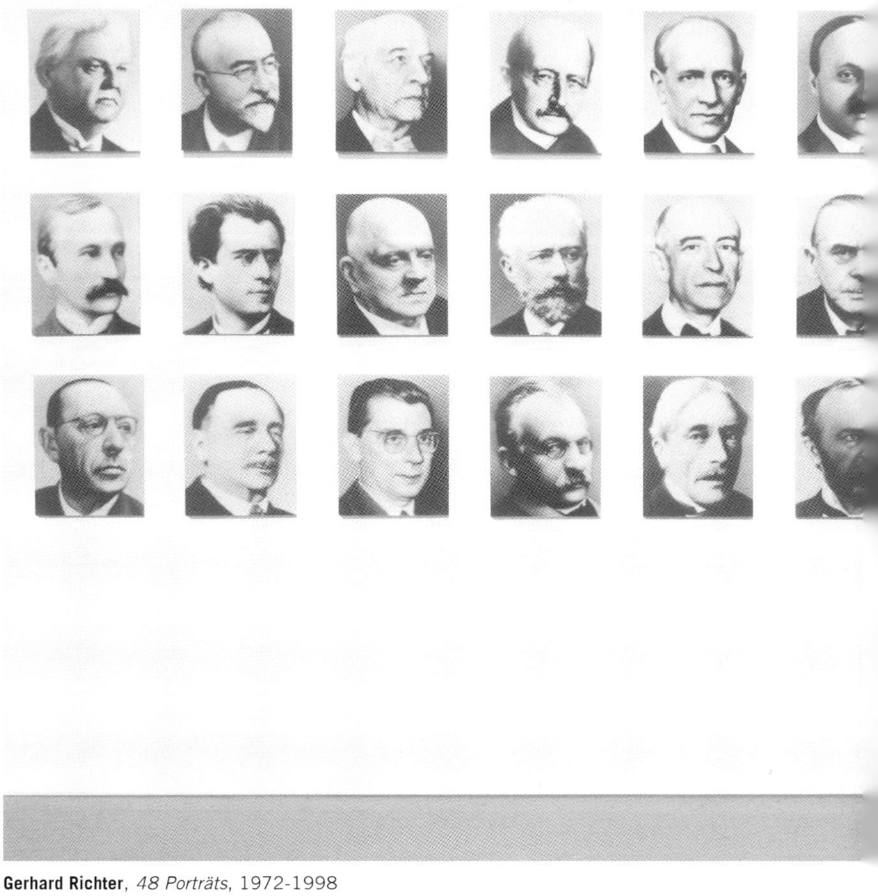

Gerhard Richter, *48 Porträts*, 1972-1998

48 Pörtrats és el facsímil fotogràfic d'una sèrie pictòrica de Gerhard Richter que es va exposar per primer cop al Pavelló Alemany de la Biennal de Venècia el 1972. Quan Richter va presentar per primera vegada aquests retrats, extrets d'il·lustracions enciclopèdiques i ordenats segons l'orientació de la mirada dels personatges, la instal·lació al pavelló evocava l'ambient d'un mausoleu. Per arribar a la selecció d'imatges de *48 Pörtrats*, Richter va excloure artistes, dones i polítics d'entre les 288 fotografies que anteriorment havia escollit per a una altra obra seva.

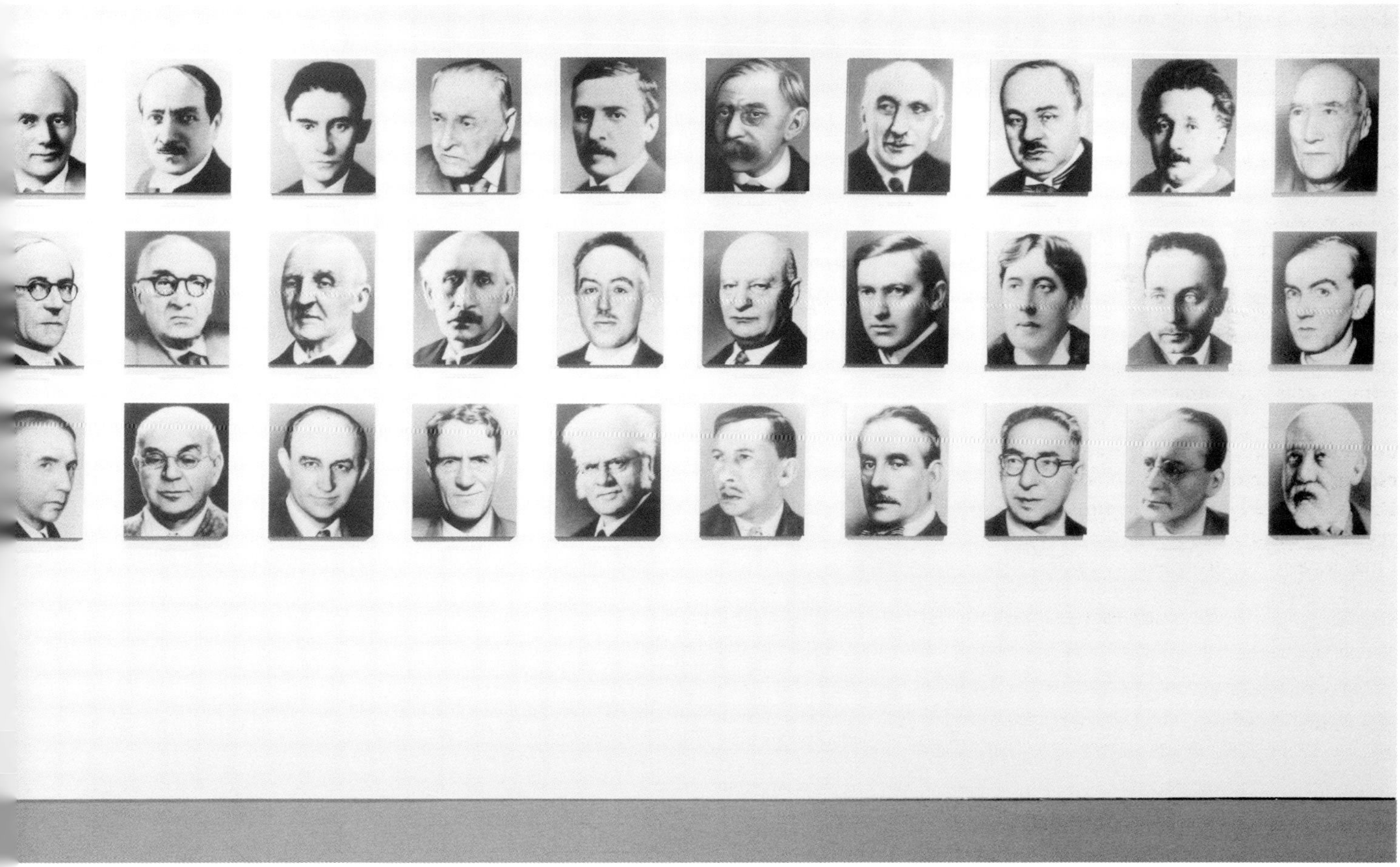

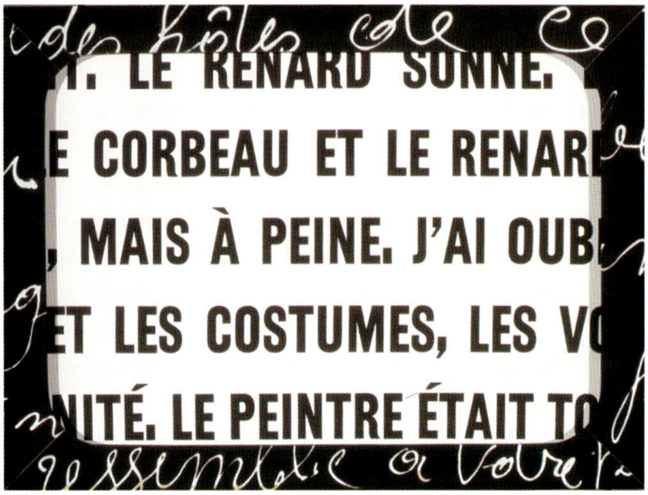

LE CORBEAU ET LE RENARD. LE CORBEAU SONNE. LE PEINTRE EST ABSENT. LE RENARD SONNE. L'ARCHITECTE EST ABSENT. MÊME JEU. LE CORBEAU ET LE RENARD SONT ABSENTS. JE ME SOUVIENS D'EUX, MAIS À PEINE. J'AI OUBLIÉ LES PATTES ET LES MAINS, LES JEUX ET LES COSTUMES, LES VOIX ET LES CRIS, LA FOURBERIE ET LA VANITÉ. LE PEINTRE ÉTAIT TOUT COULEURS. L'ARCHITECTE ÉTAIT EN PIERRE. LE CORBEAU ET LE RENARD ÉTAIENT DE CARACTÈRES IMPRIMÉS. LE SYSTÈME D. IL Y AVAIT DU CHIEN JUSQUE DANS LA FOULE. IL PLEUVAIT SUR L'AGORA. L'AGORA ÉTAIT BONDÉE. IL Y AVAIT UN CHIEN VERT, UN CHIEN ROUGE, UN CHIEN BLANC, UN CHIEN NOIR ET BLEU, DE CARACTÈRE IMPRIMÉ. JE ME SOUVIENS D'EUX, MAIS À PEINE. LE RENARD SONNE. LE CORBEAU SONNE.

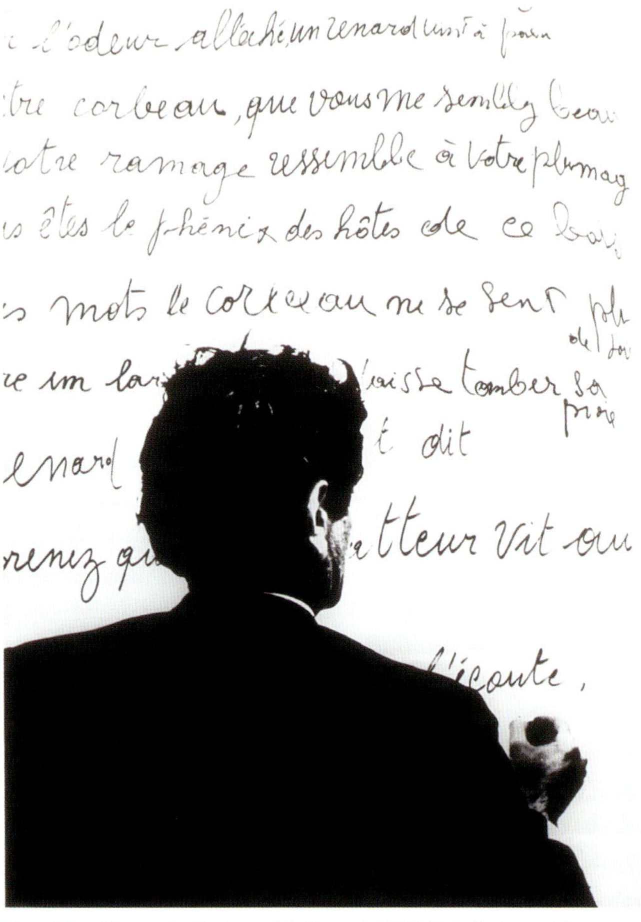

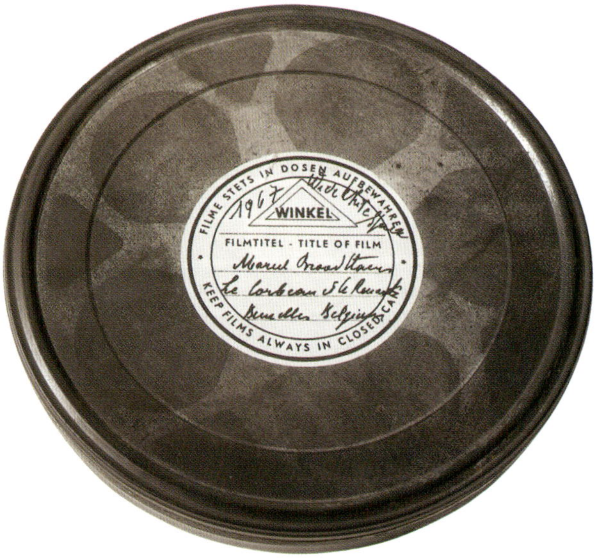

Marcel Broodthaers, *Le Corbeau et le Renard*, 1967 (4 de 9 elements)

LES EDICIONS DE MARCEL BROODTHAERS

MICHAEL COMPTON, 1991

Els altres principals tipus de múltiples de Broodthaers, és a dir, els seus llibres i gravats, difereixen enormement pel que fa al tractament del mitjà d'expressió i els procediments poètics. [...] Les seves obres gravades són edicions fetes expressament, i no pas simples gravats o empremtes. Foren editades en bona part per galeries les quals, segons sembla, les consideraren una forma d'art menys cara i, per tant, molt més fàcil de vendre. En aquell moment es predicava la producció de múltiples com una forma de democratitzar l'art. Així com van fer altres artistes, Broodthaers va adoptar un procediment que consistia a atorgar valor a tiratges limitats d'edicions tècnicament il·limitades, afegint-hi inscripcions fetes a mà. És a dir, va seguir el joc fins als límits, tal com va fer quan publicà els seus llibres. Hi ha una tautologia que il·lustra aquesta manera de fer: *La Signature*, editada pel mateix Broodthaers en el temps que dirigia el seu propi museu, consta de 153 signatures litografiades. Totes les proves estan signades amb llapis, tot i que el tiratge és il·limitat.

El seu primer gravat constitueix una tautologia i una contradicció alhora, al·ludint d'una forma més directa als vincles entre l'artista i la galeria. *La Faute d'orthographe* té el seu origen a la butlleta de subscripció que va fer imprimir una galeria per a una de les seves publicacions, en la qual el nom de Broodthaers estava escrit de manera incorrecta. El fet que es faci malbé constantment d'una manera o d'una altra l'ortografia del seu nom, tant abans d'arribar a ser conegut com després, és una cosa que Broodthaers sempre va trobar divertit. Aquest detall va afegir un punt de curiositat a les seves tautologies, i va servir de suport als seus temes recurrents: l'ensenyament i la correcció, la designació i els errors aparents de designació. En aquest gravat Broodthaers ratlla els noms correctament

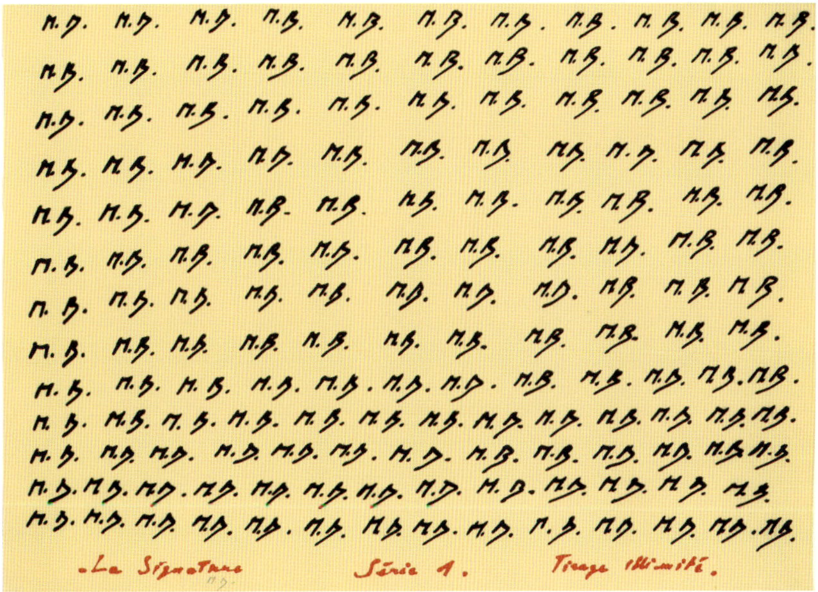

Marcel Broodthaers, *La Signature. Série 1. Tirage ilimité*, 1969

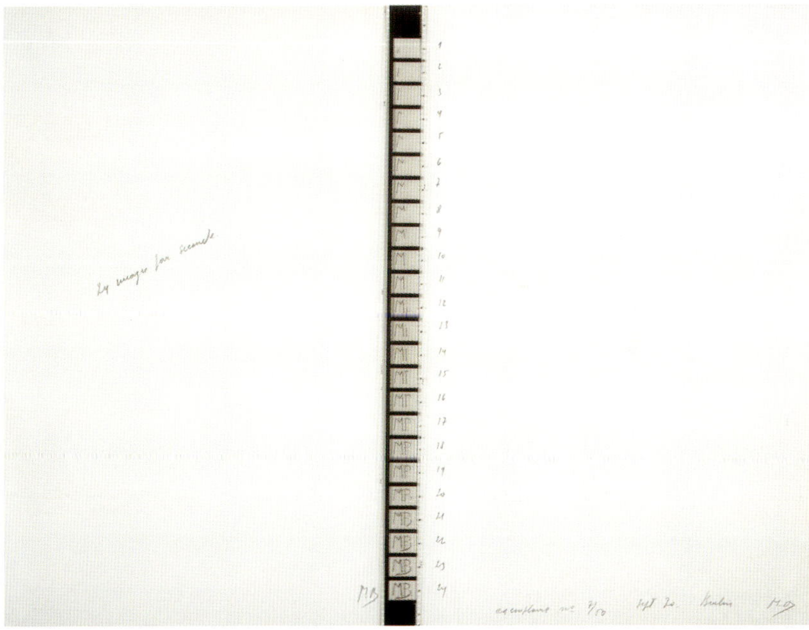

Marcel Broodthaers, *M.B. 24 images/seconde*, 1970

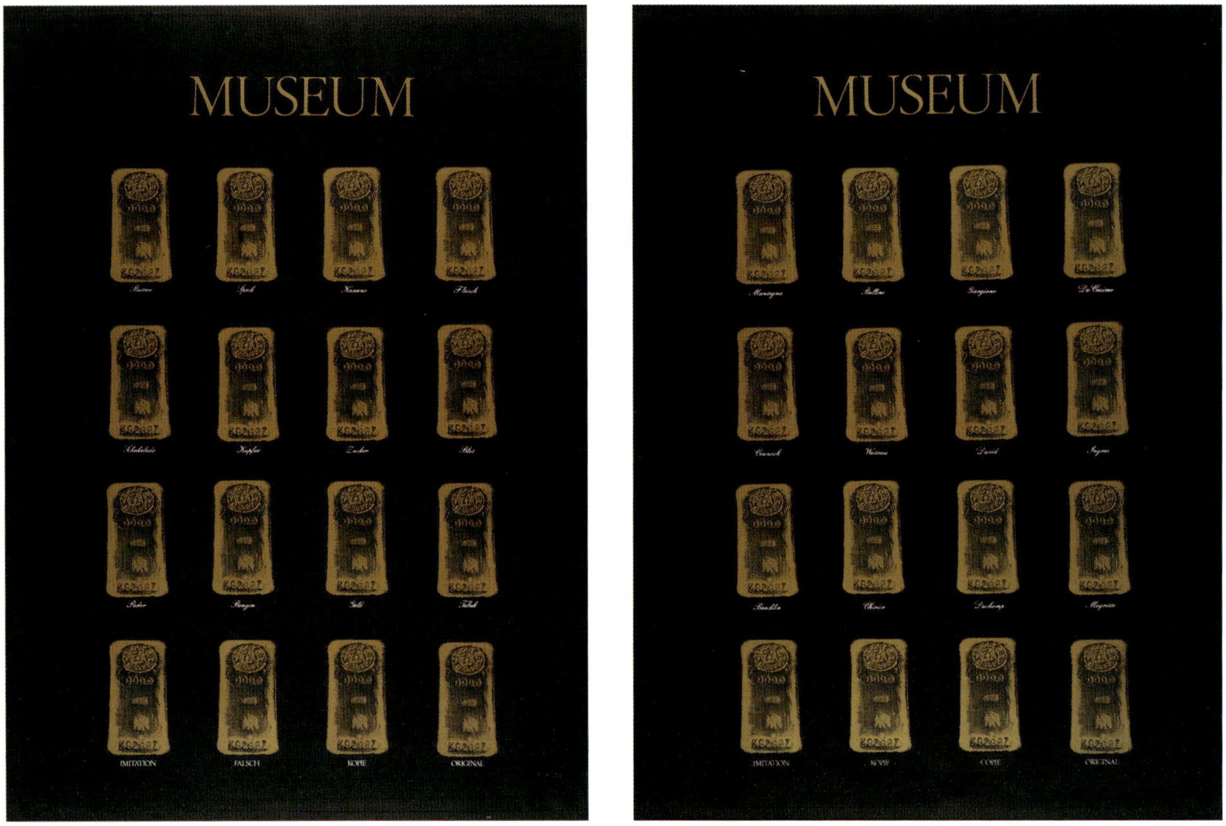

Marcel Broodthaers, *Museum-Museum*, 1972

escrits de tots els altres artistes, indica l'ortografia correcta del seu cognom, afegeix el seu nom, reforma la darrera lletra (que fou escrita inicialment de manera massa atapeïda), torna a escriure la «t» que hi falta, la troba massa gran, l'esmena i la fa una mica més petita. Les correccions, tant si afecten la prova original com les correccions de l'artista, perden el seu estatut convencional, és a dir, desapareixen després del seu ús, com tot metallenguatge, i esdevenen gravat.

Broodthaers explota sovint els errors intencionats, per tal de fer-los evidents, fins i tot quan no posseeixen cap voluntat de significat. Si es compara el plànol que apareix en el gravat que du per títol *Musée-Museum*, que mostra la planta baixa de l'edifici que va acollir el museu de Broodthaers a la Rue de la Pépinière, amb la seva reconstrucció parcial a la *Salle blanche*, es constata que el dibuix, malgrat ser plausible, és fals; Broodthaers, però, no el va corregir. El gravat que du per títol *Tractatus logico-catalogicus* tradueix l'abreviatura convencional «*rat*» [rata] per «*ratures*» [ratlles]. Cal veure-hi la solució de la llegenda que acompanya la silueta d'un gat en un altre gravat, el títol del qual és *La Souris écrit rat*? Potser el gat ha esborrat el ratolí? Tots els gravats de Broodthaers susciten aquesta mena de conjectures, però ell evita donar respostes. D'altra banda, es tracta d'una tasca que no incumbeix a l'artista, sinó a l'espectador. Jo sempre he associat aquest gravat amb una història mig oblidada que tracta dels orígens de la pintura, de la qual Vasari ens ofereix una versió incompleta. Devem a Plini el Vell la versió original d'aquest relat: la filla de Butadès de Sició va dibuixar l'ombra del seu amant quan era a punt de partir. Broodthaers, sens dubte, ha manllevat la imatge del gat d'un recull de jocs o passatemps. En la mateixa pàgina apareixen, a més d'un home cobert de sutge, altres figures que semblen provinents d'un manual (¿de fotografia o de cinema?) que contenen indicacions elementals sobre el tractament de les ombres i de la llum. En altres paraules, les figures posen de manifest la qüestió de la realitat i la il·lusió, tal com il·lustren la llum que es projecta damunt d'un objecte i l'ombra que aquest desprèn! Així doncs, la meva associació d'idees, tot i que probablement no ha estat deliberada per a l'artista, pot justificar-se en la mesura que perllonga el tema que tracta.

Algunes obres de Broodthaers proporcionen inequívocament a l'espectador tots els elements d'una interpretació. «Hôtel du Grand Miroir» és una inscripció vertical al bell mig d'un gravat intitulat *Comédie*, com si es tractés d'un títol en el llom d'un llibre. Una nota marcada amb un asterisc assenyala que Charles Baudelaire va allotjar-se en aquest hotel, a Brussel·les, l'any 1864 (l'edifici estava amenaçat de demolició l'any 1974, moment que fou imprès aquest gravat). Els mots apuntats a l'esquerra del gravat evoquen la son nocturna de Narcís, el qual va morir enamorat de la seva pròpia imatge. El poema en prosa de Baudelaire intitulat *Le Miroir*, publicat també l'any 1864, posa en escena a un home tan lleig que fins i tot no hauria de desitjar veure's reflectit en un mirall. Tanmateix,

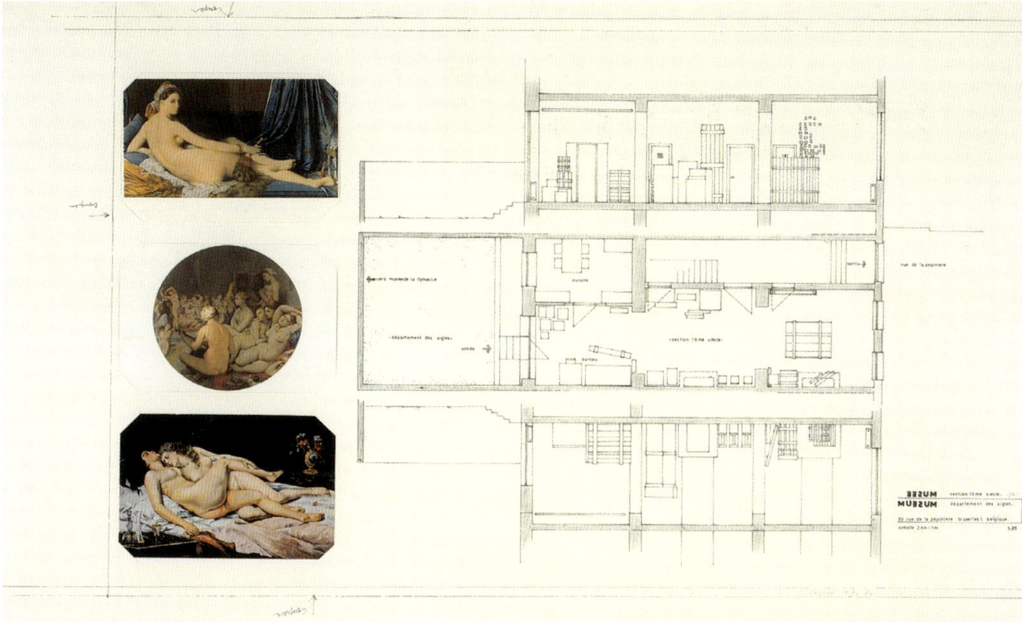

Marcel Broodthaers, *Musée-Museum*, 1972

considera que els grans principis de 1789 li han atorgat, com a tothom, el dret a mirar-se. En el gravat de Broodthaers les imatges s'ordenen per parelles, com si una reflectís l'altra sense invertir-la. Una particularitat que es retroba en una tela de Magritte que, de fet, Broodthaers reprodueix. El títol del quadre és digne de Broodthaers: *La Reproduction interdite*. Una altra de les imatges agermanades sembla representar un gravador treballant, mentre que una tercera reprodueix una obra de Broodthaers datada l'any 1974 (Basilea): un mirall etiquetat *Image*. En el magnífic doble gravat amb el títol de *Les Animaux de la ferme*, el fet que una marca de cotxe (Fiat, Citroën, etc.) serveixi de llegenda per a cada animal sembla donar èmfasi a la industrialització i la comercialització del ramat (o de l'alimentació). Però, ¿què cal pensar de l'atribució d'una marca de cotxe diferent per al mascle i la femella d'una mateixa espècie?

Broodthaers no utilitzava personalment l'aiguafort, el gravat o la pedra litogràfica per ell mateix, sinó que creava donant instruccions i correccions en forma de

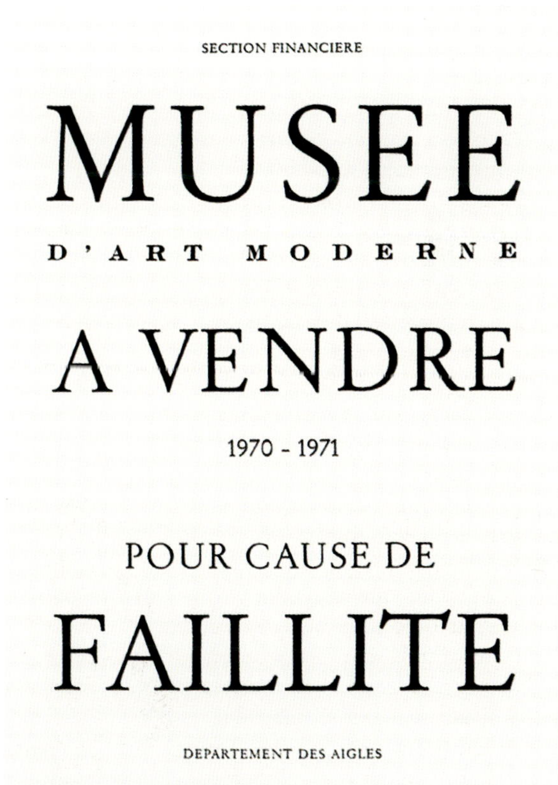

Marcel Broodthaers, *Musée d'art moderne à vendre 1970-1971 pour cause de faillite*, 1970-1971

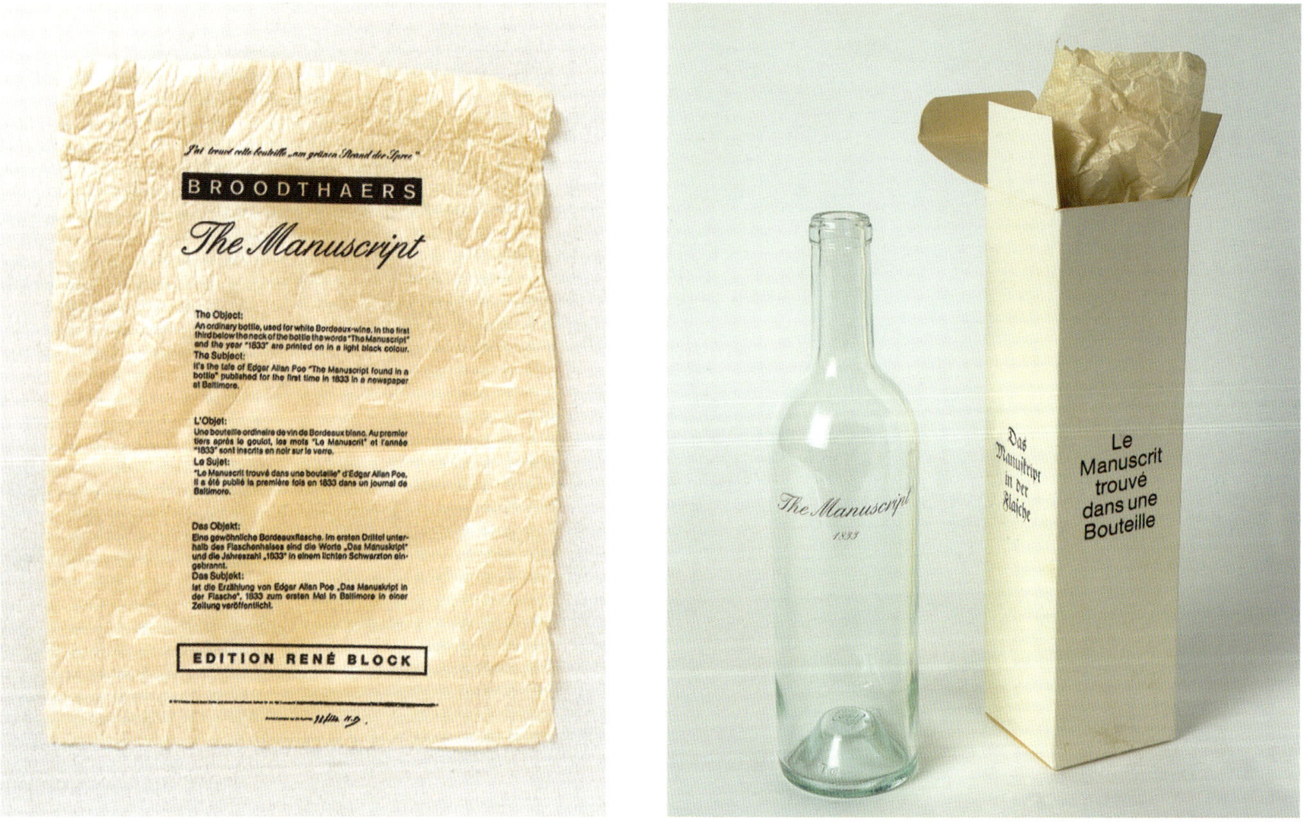

Marcel Broodthaers, *Le Manuscrit trouvé dans une bouteille*, 1974

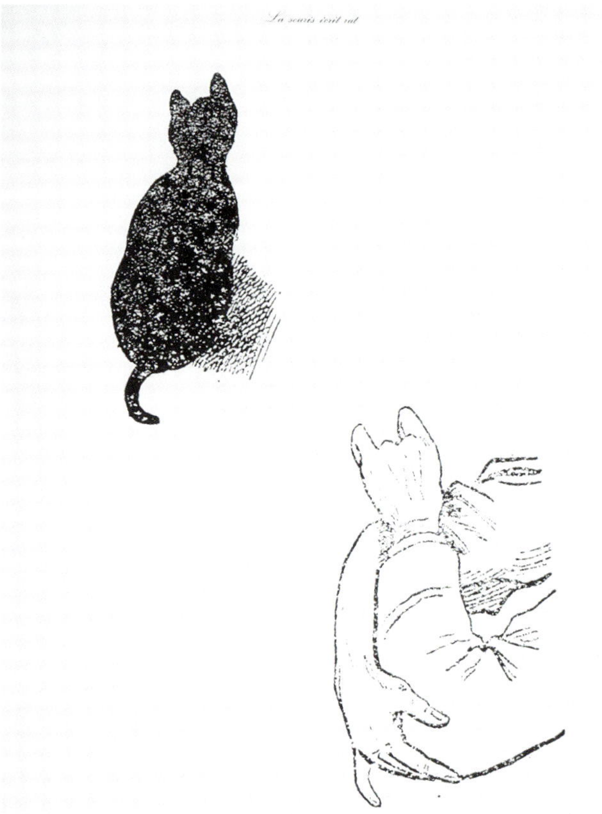

Marcel Broodthaers, *La Souris écrit rat (À compte d'auteur)*, 1974

dibuixos, per escrit o de viva veu, als executants. El gravat *Rébus* dóna una bona idea de la naturalesa de les seves instruccions. Gairebé tot passava a través de gravadors professionals, de la mateixa manera que un escriptor col·labora amb un tipògraf a l'hora de produir un llibre. Broodthaers, no obstant això, tenia pretensions de fer estampes tant o més belles que les de qualsevol artista de l'aiguafort. Pràcticament tots els seus gravats posseeixen les mateixes qualitats estètiques que els seus llibres; bona part d'aquests porten títols o inscripcions en caràcters elegants, i floritures realçades de colors que evoquen la bellesa dels llibres tradicionals. A més de la finesa de la seva impressió o la signatura i el número, posseeixen altres qualitats susceptibles de seduir els col·leccionistes. Algunes tenen afegitons, com les postals que reprodueixen obres d'art, en color o en blanc i negre, de *Musée-Museum*. La utilització d'aquesta astúcia comercial clarifica les tradicions de les belles arts. Broodthaers, com pertot, redefineix aquí el mitjà d'expressió, el tema, l'objecte i els seus conceptes. D'aquesta manera

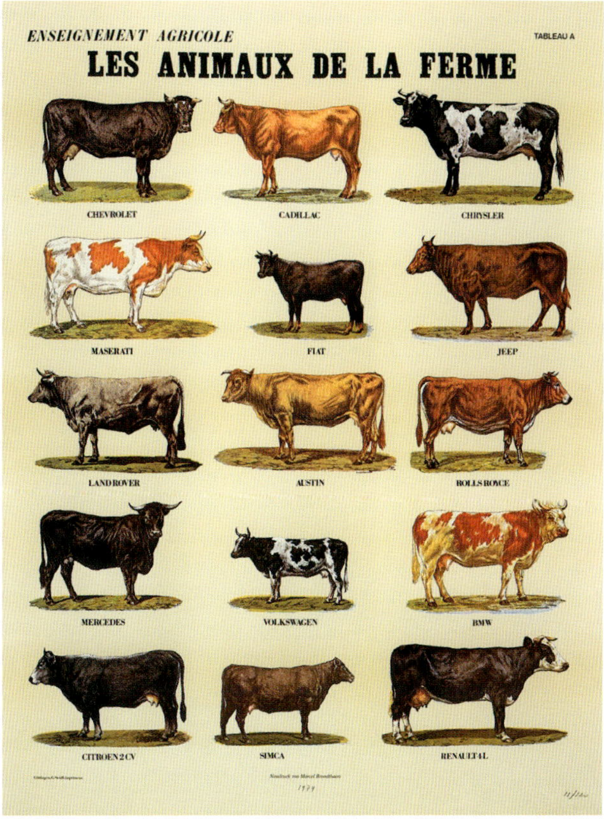

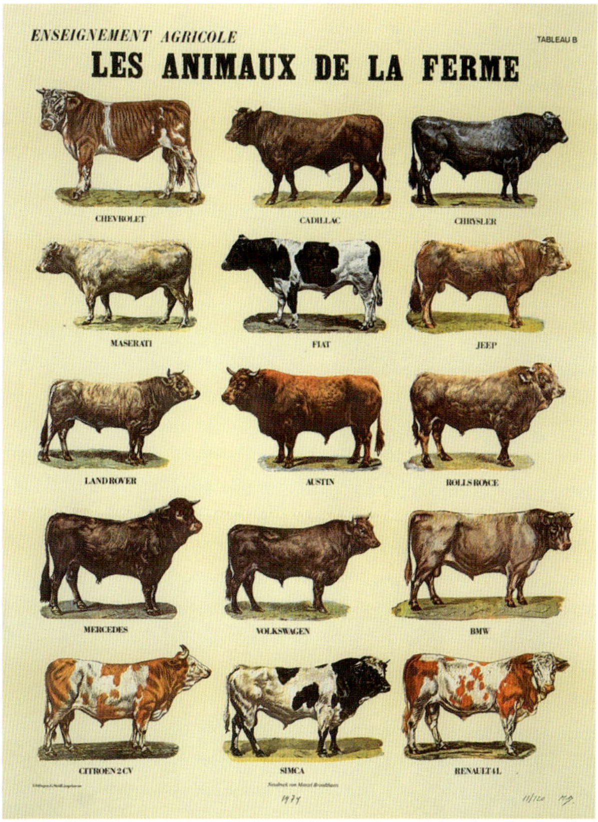

Marcel Broodthaers, *Les Animaux de la ferme*, 1974

afirma la seva independència personal i artística, i es lliura a una activitat condicionada generalment per les convencions i el mercat. Així doncs, els objectes i el plaer que produeixen es troben alliberats de les classificacions que se'ls imposa. En són prova les postals que Broodthaers inclou als seus gravats (dibuixats per un arquitecte) de *Musée-Museum*. Altres comporten una pel·lícula cinematogràfica: a *M.B., 24 images seconde* cada imatge està numerada a mà (no hi ha res imprès), mentre que *Ein Eisenbahnüberfall* conté un simulacre de film. Pel que fa a *Atlas* i *Tractatus logico-catalogicus*, presenten (el darrer en negatiu) les pàgines desplegades d'un llibre al qual atorga la categoria de gravat. *Le Corbeau et le Renard* (que inclou una caixa de pel·lícula i dues pantalles de projecció) és presentat com una «edició», però correspon a la versió abreujada d'un «llibre», exposat igualment. Ben al contrari, Broodthaers unifica totes les proves en un únic objecte, llevat d'una excepció, de *Paysage d'automne*, així com havia aplegat els seus poemes a *Pense-Bête* l'any 1964, i l'edició completa d'un catàleg raonat l'any 1971.

Potser sembli que Broodthaers imita, tot transformant-lo, l'estil d'altres artistes. El reguitzell de signatures de *Gedicht-poem-poème / Change-exchange-Wechsel* de lluny s'assembla als signes obsessius que es troben a l'obra d'Hanna Darboven, així com les rengleres de lingots emmagatzemats a *Musée-Museum* evoquen les obres del minimalisme, però Broodthaers carrega de sentit les seves repeticions. És evident que aquests dos gravats al·ludeixen parcialment a la industrialització i la comercialització de l'art. En el primer, tanmateix, els càlculs de *Poème* en realitat són clars i exactes, mentre que els de *Change-exchange-Wechsel* són falsos o estan mal fets, llevat que es basin en algun principi que no hagi estat divulgat. D'aquesta forma Broodthaers ens deixa entendre que l'art fa referència a la realitat.

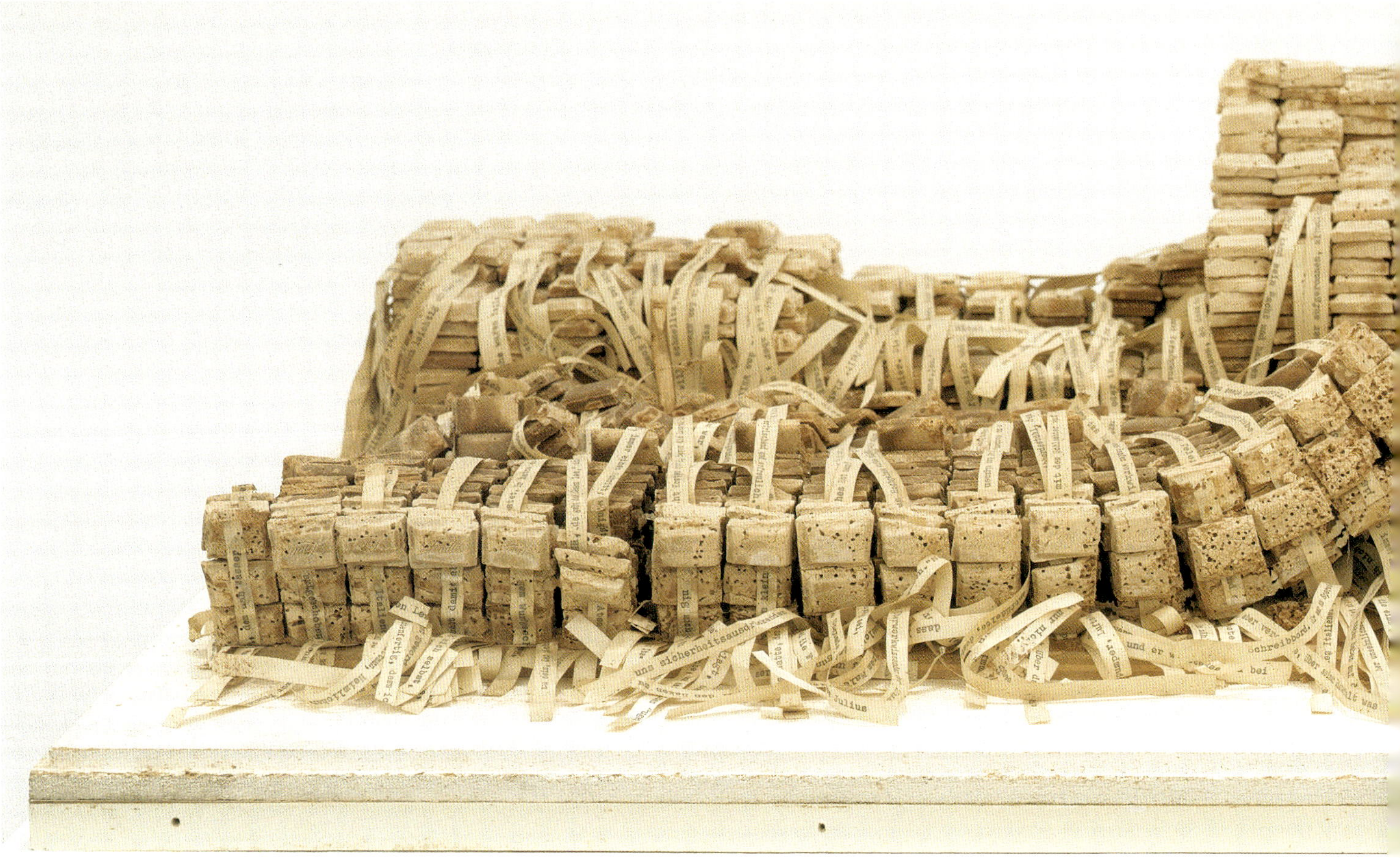

Dieter Roth, *Schokoladenmeer*, 1970

Potser algú vindrà i preguntarà per què es van fer totes aquestes coses. Llavors jo no podré dir res, excepte: a mi no se'm pot preguntar, perquè només tinc unes quantes paraules a dir, alguna cosa com: «¡No ho sé!»

DIETER ROTH, s/d

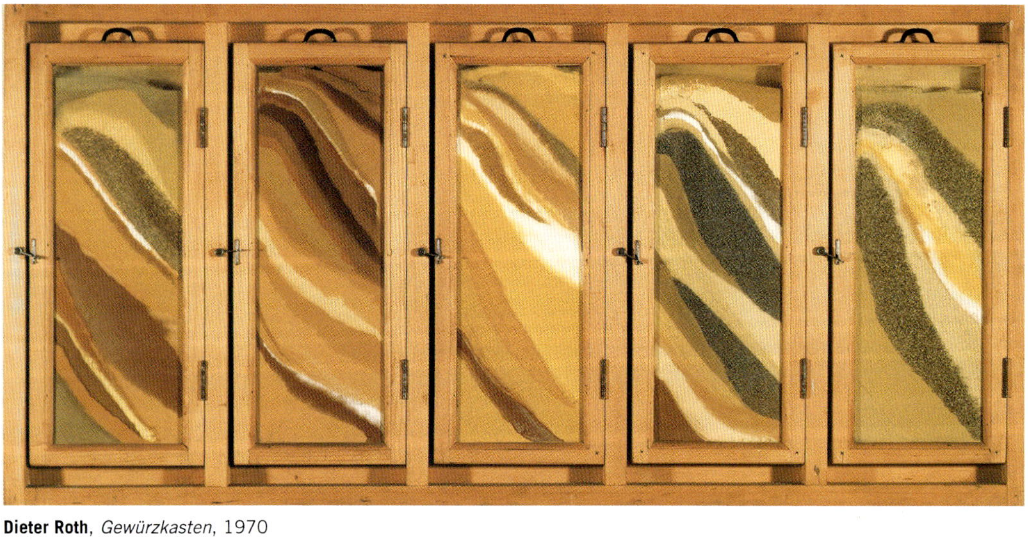

Dieter Roth, *Gewürzkasten*, 1970

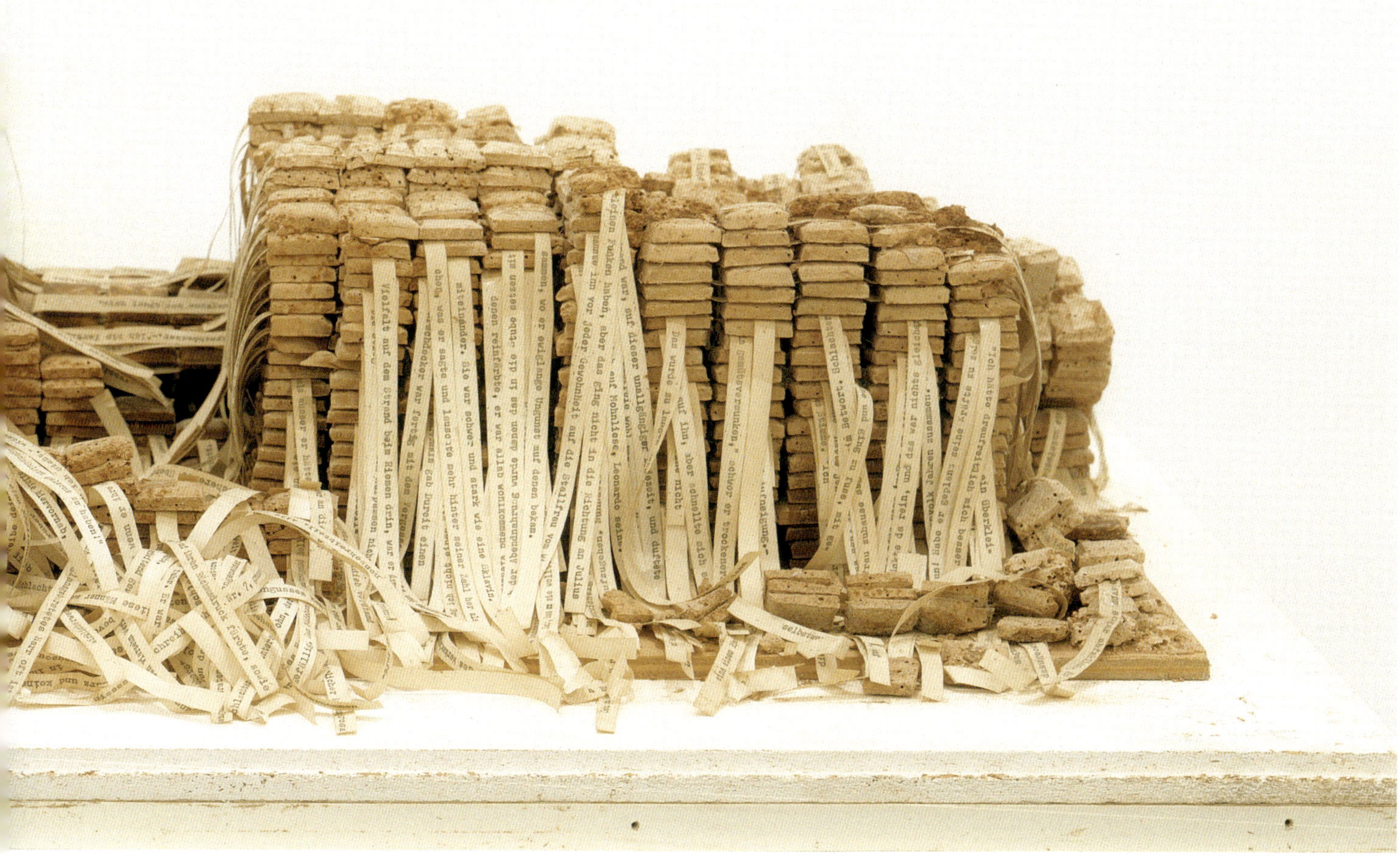

Fou llavors quan ho vaig descobrir: vessa àcid al damunt, corroeix la pedra i esborralla-ho tot! L'estat d'empastifament tornava, era el mateix que durant la meva infantesa. Així fou com em va envair la primera onada d'empastifament. La segona onada va arribar cap allà el 1960 a Islàndia. Inspirat per Bellmer havia començat a fer dibuixos pornogràfics. En comptes d'àcid, vaig vessar llet agra. Vaig notar que funcionava, que hi havia quelcom i que començaria a florir-se. Empastifar i destruir són el resultat del meu fracàs a l'hora d'aconseguir allò que vull. Per això es van convertir en el meu mètode de treball durant anys. Passa el mateix amb l'escriptura, vaig intentar destruir els primers *Scheisse Gedichte* [Poemes de merda]. La sensació de no poder-ho fer em va portar a fer que els estudiants a Amèrica destruïssin fins i tot el treball tipogràfic. De sobte em vaig adonar que potser fins i tot el quadrat negre de Malevic era el resultat d'una sensació de fracàs. Sempre s'arriba a quelcom que no es pot pintar. En qualsevol cas, sempre vaig tornar a l'activitat naturalista de la descripció de la vida quotidiana o de les meves alegries i pors. No cal tenir talent per fer-ho. N'hi ha prou amb el discurs i una mica de dibuix. Resulta cada cop més senzill. Evito allò difícil. El meu treball ha seguit el curs de la descripció del quotidià i d'allò que hi ha al darrere.

[...] Cada canvi a la meva feina, crec, s'acostava cada cop més a una explicació dels fets, inicialment més inconscient però es tornava cada cop més conscient. No he d'inventar, ni tan sols crec que ho vulgui, quelcom que contribueixi a l'entreteniment, que simplement estigui penjat d'una paret. Fins que vaig complir cinquanta anys em vaig orientar gairebé exclusivament cap a allò que observo en la literatura i en l'art. Volia formar part d'allò per triomfar. La mala sort, la beguda en excés i el divorci me'n van allunyar gradualment. Vaig deixar de formar part de la producció de quadres i el meu material temàtic ve del meu dipòsit d'experiència. El meu magatzem d'imatges consisteix en les Polaroid, fotografio tot el que hi ha allà fora i escric sobre tot allò que passa. Així és com aconsegueixo la literatura que m'agrada per produir i trobar les imatges que puc fer servir. Això em permet improvisar mentre faig els quadres, emprant només imatges que m'interessen, aquelles que encara no s'han exaltat. Així es guanya distància respecte a tots aquests museus, tots aquests encants i totes aquestes obres mestres. Hom sempre es tira enrere i es veu forçat a realitzar obres mestres per tal que entrin els diners.

DIETER ROTH, 1998

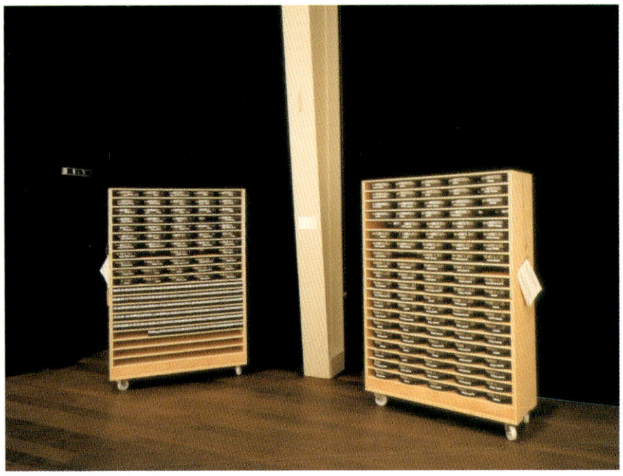

Dieter Roth, *Reykjavik Slides*, 1973-1975, 1990-1993

El 1957, jo (D.R.) vaig venir a Islàndia des de Copenhaguen, on havia viscut durant gairebé dos anys, i vaig conèixer Sigrídhur Björnsdóttir. La vaig seguir fins a Reykjavik i ens vam casar. Va ser difícil (per a mi) aconseguir feina i diners, i vaig haver d'esperar dos anys abans no vaig poder continuar fent pel·lícules de 16 mm, que és el que havia estat fent –a Suïssa i a Dinamarca– abans d'anar a (Islàndia) Reykjavik. Vaig conèixer Andrés Kolbeinsson, que tocava l'oboè a l'Orquestra Simfònica d'Islàndia, i que tenia un projector de pel·lícules de 16 mm. Em va deixar que mirés les meves pel·lícules a casa seva.

Andrés em va presentar un islandès que feia pel·lícules, Oskar Clausen. O. Cl. vivia (?) i tenia el negoci en un barri de Reykjavik anomenat Múlakampur («el campament de Múla»). En un edifici vell, una de les casernes que els anglesos havien aixecat quan van ocupar Islàndia durant la Segona Guerra Mundial, Oskar Clausen hi havia instal·lat un estudi cinematogràfic i sales de revelatge de pel·lícules. Em van convidar a fer-hi processar la meva pel·lícula de 16 mm. Vaig veure les cases al voltant d'aquell estudi, per començar, cobertes de neu i generalment a les fosques; però en algun moment de l'any 1958 o 1959, vaig veure aquestes cases de Múlakampur sota una llum més favorable, era primavera i la neu s'havia fos. En aquell moment va començar el meu enamorament amb aquesta mena de construccions. Vaig trobar que eren molt impressionants. Em vaig imaginar a mi mateix com un col·leccionista de fotografies que ensenyava a d'altres amants de l'arquitectura aquelles cases meravelloses.

Però en aquell moment no em podia permetre una col·lecció com aquella, i quan finalment vaig tenir els mitjans per començar a fer fotografies i crear la col·lecció, el 1967 (?), el campament havia desaparegut. La Corporació Municipal de Reykjavik (o com se'n digui) l'havia enderrocat.

Al llarg dels anys següents, vaig passar per un procés d'aprenentatge; vaig aprendre a veure que Reykjavik no era diferent de la seva part Múlakampur. En les meves passejades vaig arribar a desitjar, o a somiar, una altra col·lecció de fotos: una col·lecció de Fotos de Cases de Reykjavik. Tot i que les millors de totes havien estat eliminades del miracle arquitectònic, el que quedava (la meva imatge de la ciutat de Reykjavik) continuava estant per sobre, en la meva escala arquitectònica, del que jo havia vist als països on havia viscut. L'any 1970, els meus fills Karl i Björn i jo vam començar a fer fotografies de les cases de Reykjavik. L'any següent Páll Magnússon ens va venir a ajudar. Estava estudiant a París, i aquesta feina el va tenir ocupat les vacances d'estiu durant dos anys. El 1973 teníem fotografies de totes les cases que hi havia aleshores a Reykjavik, unes catorze-mil diapositives.

Em vaig endur aquesta col·lecció a Suïssa, i des d'allà vaig començar a ensenyar-la com a part d'algunes exposicions que havia de fer en diferents indrets d'Europa. Amb el temps, ens vam adonar que només hi havia fotografies de l'estiu, i que en la majoria feia bon temps; Páll només treballava durant les vacances d'estiu. Em van venir ganes de mostrar millor la ciutat: amb bon temps i amb mal temps, i en diferents èpoques de l'any.

Havia conegut Eggert Einarsson cap a l'any 1980, quan vaig fer classes durant una temporada a l'Escola d'Arts i Oficis de Reykjavik.

El 1990-1991 (aquest cop a l'hivern), Eggert va començar a fer fotografies de les cases de Reykjavik. Les fotografies haurien de ser d'altres èpoques de l'any (no només de l'estiu) i amb unes altres condicions climàtiques (no només en dies clars).

L'estiu del 1990, Birta Jóhannesdóttir va donar un cop de mà a Eggert en aquesta feina.

Avui –20 de juny de 1995– Eggert vindrà a Seydhisfjördhur i em portarà algunes de les diapositives de Reykjavik que pertanyen al segon lot de fotos i mostren diferents estacions, etc. Vull ensenyar aquests exemples de la segona part de la col·lecció, que estem completant aquests dies.

Vaig venir per primera vegada a Seydhisfjördhur quan jo (D.R.) anava amb alguns amics a Lodhmundarfjördhur.

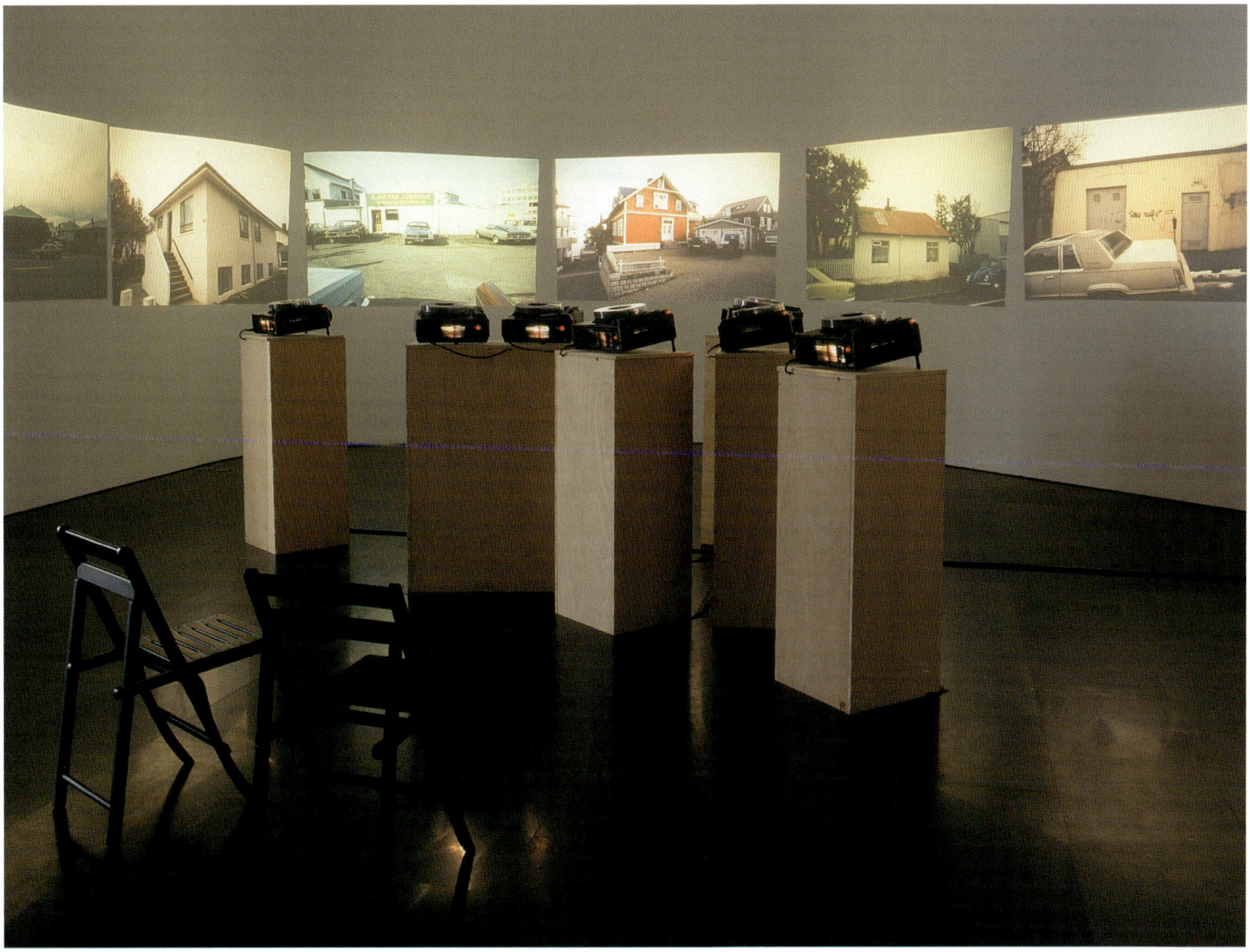

Dieter Roth, *Reykjavik Slides*, 1973-1975, 1990-1993

Des d'aleshores, nosaltres (sobretot el meu fill Björn i els seus amics Bernd Koberling i Smári Magnusson) hi hem vingut sovint. El meu entusiasme per les cases d'aquí em recordava el meu entusiasme per Múlakampur i per alguns barris de Reykjavik. Vaig demanar a Björn i a Eggert, que volien anar amb cotxe a Seydhisfjördhur el desembre del 1988, que fessin fotografies de totes les cases. Era el pic més fosc de l'hivern i van haver de fer servir una pel·lícula extremament sensible, però se'n van sortir.

Pel camí, van fer, per a una altra de les meves col·leccions, fotografies (diapositives) de benzineres i cafeteries.

D'aquesta manera teníem fotografies d'hivern de totes les cases de Seydhisfjördhur i de totes les benzineres i cafeteries que hi ha a la carretera que va de Reykjavik a Seydhisfjördhur.

Les fotografies de totes dues col·leccions es van fer al desembre, l'època més fosca de l'any, i vam pensar que també havíem de fer fotos dels mateixos objectes a l'estiu, per mostrar-les al costat de les imatges d'hivern.

Aquests dies, Eggert està fent les fotografies d'estiu, o de dies clars, de les cases de Seydhisfjördhur (tot i que ara fa fred i plou gairebé sempre) i esperem poder mostrar algunes de les diapositives aquests dies, aquí a Seydhisfjördhur.

Ara falta mostrar les benzineres, no només a l'hivern i a la carretera de Reykjavik a Seydhisfjördhur, sinó també a l'estiu i a la carretera que va de Seydhisfjördhur –passant pel nord– a Reykjavik. Aquest és el viatge que Eggert i Björn volen fer aquest estiu. Alguns d'aquests llocs ja es poden veure a les fotografies.

Les fotografies han estat realitzades per:
Karl Roth ([nascut] a Ginebra)
Björn Roth (Mosfellsbaer)
Páll Magnússon (Reykjavik)
Birta Jóhannesdóttir (Mosfellsbaer)
Eggert Einarsson (Mosfellsbaer)

DIETER ROTH, 1995

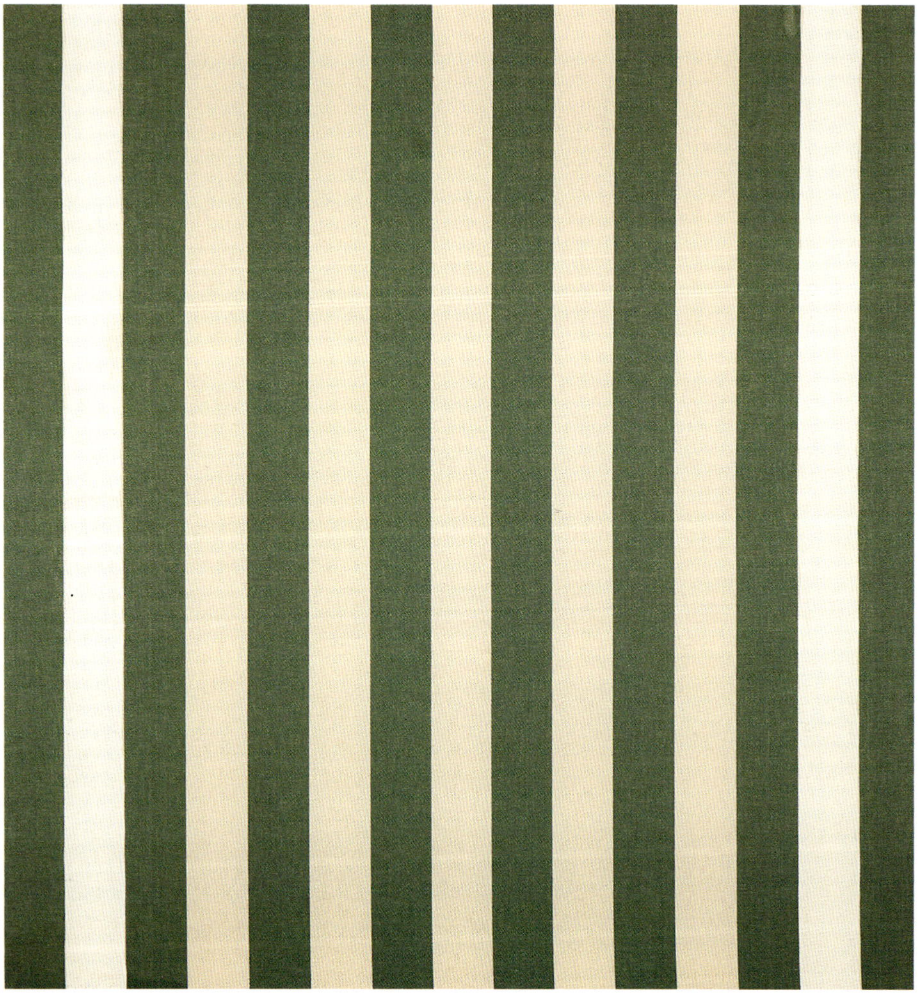
Daniel Buren, *Tissu rayé vert et blanc*, 1970

Creiem que la nostra obra és essencialment crítica. Crítica en relació amb la seva pròpia creació, en el fet que revela les seves pròpies contradiccions [...]. Qui afirma que sap com defugir els límits que se li han imposat no fa altra cosa que reafirmar la ideologia dominant, segons la qual l'única cosa que s'espera de l'artista és que produeixi canvis. L'art no és lliure, i l'artista no s'expressa lliurement. L'art no ens ofereix cap vaticini sobre una societat lliure. La llibertat en l'art és el privilegi i el luxe d'una societat repressiva. L'art, independentment de la manera en què es produeixi, és únicament polític. Esdevé, doncs, imperativa l'anàlisi dels seus límits formals i culturals [...], en els quals es desenvolupen l'existència i la lluita artística.

DANIEL BUREN, 1970

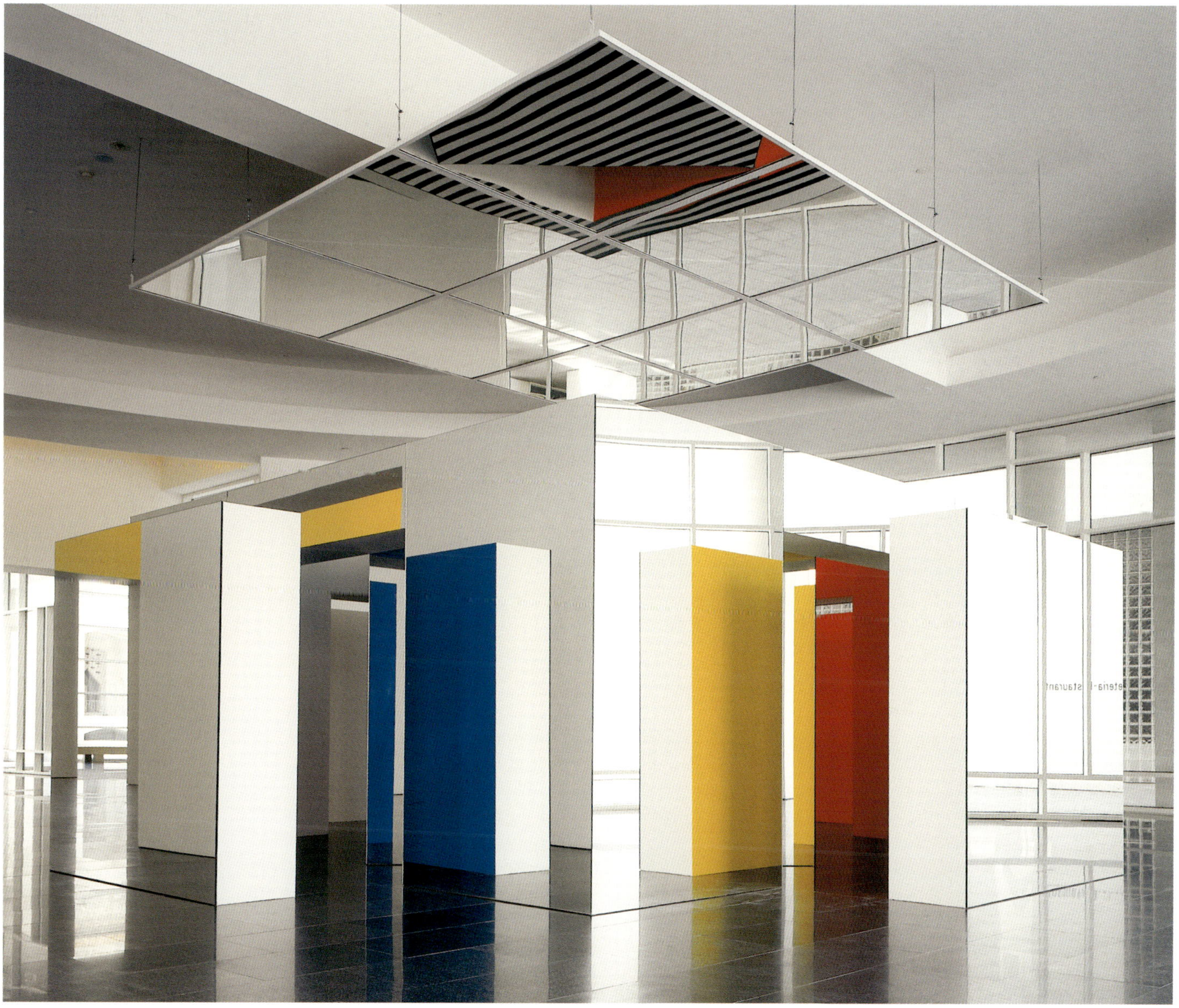

Daniel Buren, *Cabane éclatée*, 1996

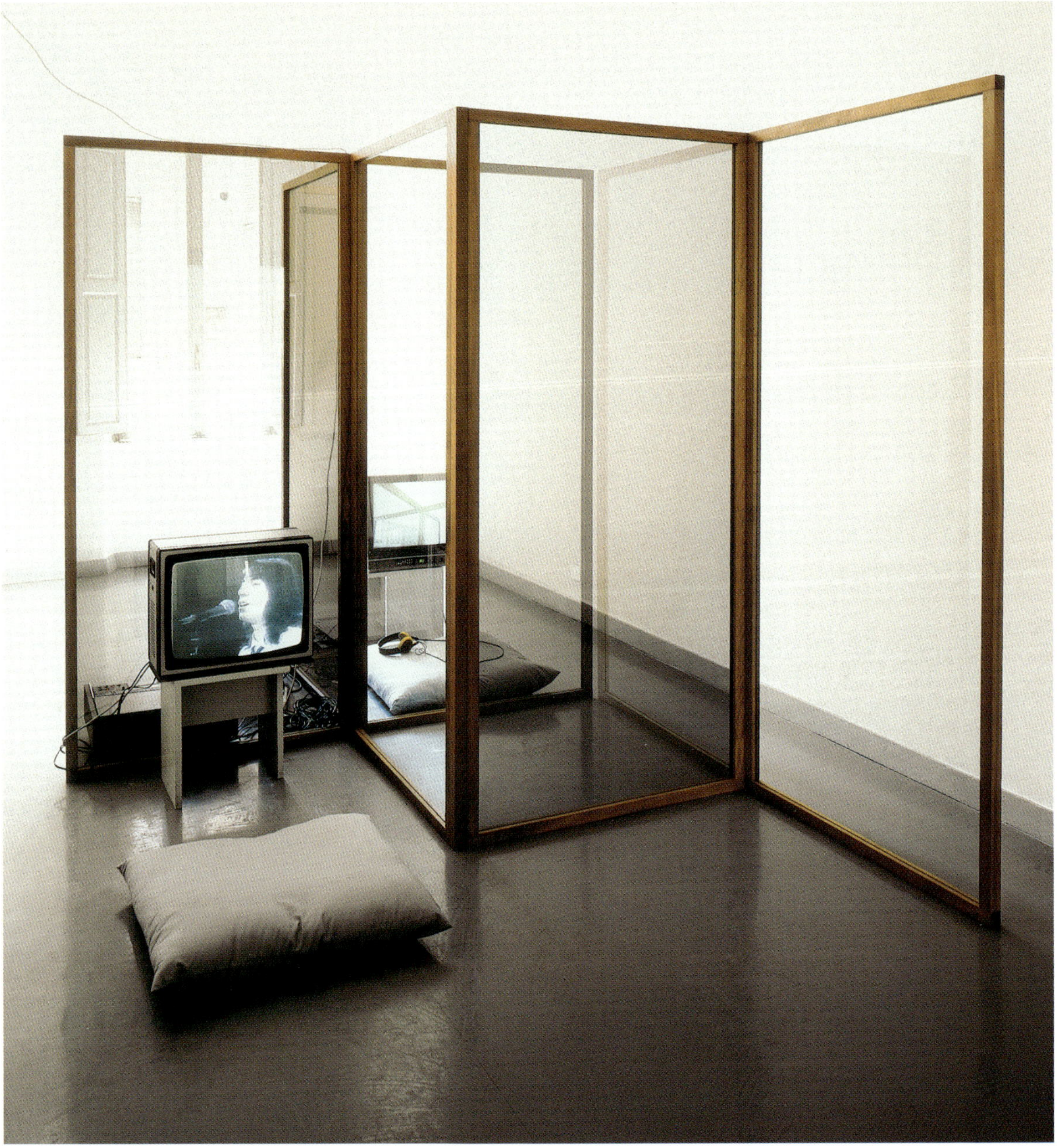

Dan Graham, *Three Linked Cubes / Interior Design for Space Showing Videos*, 1986

Three Linked Cubes –una sèrie de recintes rectangulars amb una cara oberta i amb plafons als costats que alternen la lluna d'efecte mirall o el vidre transparent– té una identitat dual. Col·locat a l'exterior, és un pavelló obert il·luminat pel sol; col·locat a l'interior, es transforma en un *Interior Design for Space Showing Videos.* En aquest cas, es col·loquen diversos monitors de vídeo i altaveus que permeten l'emissió de tres programes per a espectadors subdividits en sis grups. Els efectes de la il·luminació canviant de les imatges de vídeo reflectides en els plafons de vidre influeixen sobre els «fantasmes» de miralls dels espectadors que es veuen en altres recintes tancats en el separador. L'obra és un disseny expositiu funcional i alhora una obra d'art òptica, i exhibeix tant les imatges de vídeo com la reacció del públic davant del procés de contemplació del vídeo en el context social d'una exhibició audiovisual.

DAN GRAHAM, 1986

ROCK MY RELIGION

DAN GRAHAM, 1982-1984

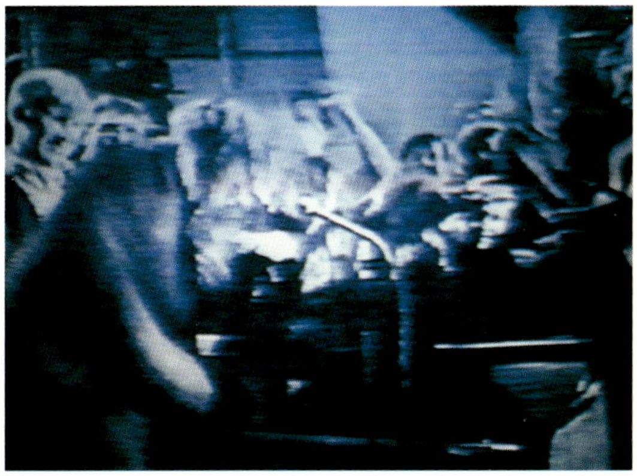

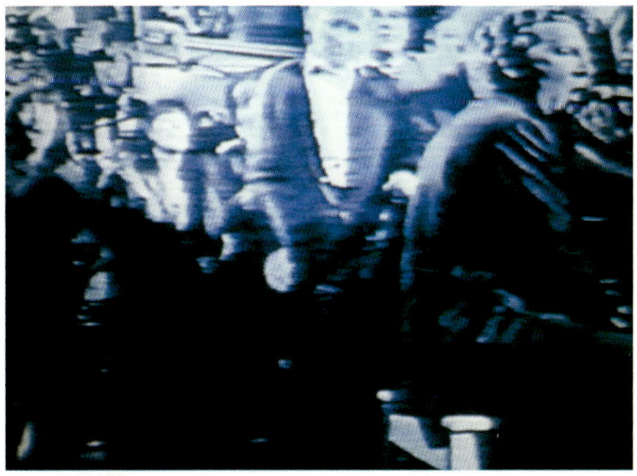

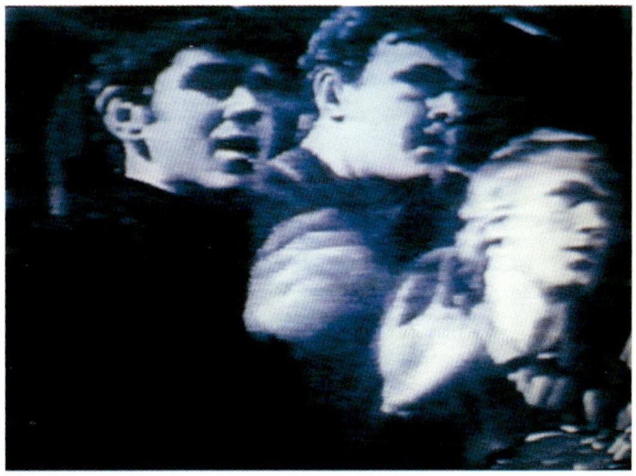

Ann Lee, una obrera analfabeta del Manchester industrial de mitjan segle XVIII, va fundar la religió *shaker*.

Hi va veure una resposta als problemes de la classe obrera. Els casaments heterosexuals produïen una multitud de nens famolencs que els amos de les fàbriques explotaven com a mà d'obra barata. La Bíblia presentava el casament heterosexual com el resultat no natural del pecat d'Adam al jardí de l'Edèn. En un principi, Adam havia estat creat bisexual i independent. Déu va castigar l'home i la dona obligant-los a assumir una feina alienant i a patir les tortures del part. Ann Lee creia que ella era l'encarnació femenina de Déu mentre Jesús havia estat la seva encarnació masculina. Volia crear una comunitat utòpica basada en la contingència sexual, l'estricta igualtat entre homes i dones i una economia totalment basada en els oficis on els béns pertanyessin a tots els membres en comú.

La primera comunitat *shaker* es va formar a Amèrica l'any 1774.

Els *shakers* es dedicaven a treballar de forma sòbria i senzilla; van ser coneguts per les innovacions en el disseny de mobles i per la seva arquitectura austerament funcional. Qualsevol tipus d'ornament era eliminat perquè representava una mostra del pecat i la falsedat. Les seves sales de reunió reflectien la simetria bilateral de l'organització sociosexual *shaker*. Dos grups que es donaven la cara, dues sortides separades i dues escales que es comunicaven amb les residències dels membres masculí i femení de major edat.

Els *shakers* practicaven una dansa de trànsit extàtica, el propòsit de la qual era guarir l'ànima i fer sortir el dimoni del seu amagatall. Rodolaven per terra o bordaven com gossos per alliberar-se del fals orgull. Per a molts, el sentit comunitari dels *shakers* va ser un antídot a l'individualisme purità. El purità es trobava sol amb la seva consciència i la seva culpabilitat. Només podia evitar condemnar-se si l'esperit vencia el cos a la recerca d'una feina remunerada. Com a reacció a aquesta postura i al deisme oficial de la República, l'any 1800 va iniciar-se al Sud el «gran ressorgiment religiós» i es va estendre arreu d'Amèrica. A les reunions celebrades en tendes de campanya molts es van veure impel·lits a penedir-se i van començar a «parlar en llengües»; es van introduir les guitarres en els serveis amb gent «giravoltant i sacsejant-se» mentre recitaven frases bíbliques en el desig col·lectiu de renéixer a través del sofriment de Jesús.

Durant els anys cinquanta del segle XX apareix una nova classe: l'adolescent. La seva religió és el *rock-and-roll*. Aquesta classe ha estat deslliurada del treball per no engruixir la llista d'aturats de la postguerra; el destí de l'adolescent és ser un consumidor. Malgrat estar alliberat de la idea paternalista del treball, el fet de tenir només temps lliure genera avorriment i revolta.

El *rock* sembla enfotre's de la religió tradicional, dessublimitzant la sexualitat reprimida de la doctrina puritana necessària per justificar el treball com a salvació. Les formes del rock incorporen el «parlar en llengües» del ressorgiment de la tenda i el ball bellugadís dels *shakers*. Tanmateix, el *rock* ara exigeix sexe, lliure dels lligams de la vella família i la reproducció. Glorifica el pecador no penedit, però també expressa l'anhel d'una nova estructura familiar no edípica en el concepte de la banda de *rock*.

Es postula un nou «cel adolescent». Els *teenagers* són «teenangels» i s'assemblen als àngels en la manera que les seves veus oscil·len entre el barítor «varonil» i el falset «efeminat»; i en la manera com els seus cossos estan mig formats, amb la cara angèlica. Mentre l'antiga cultura adulta veia els nens com

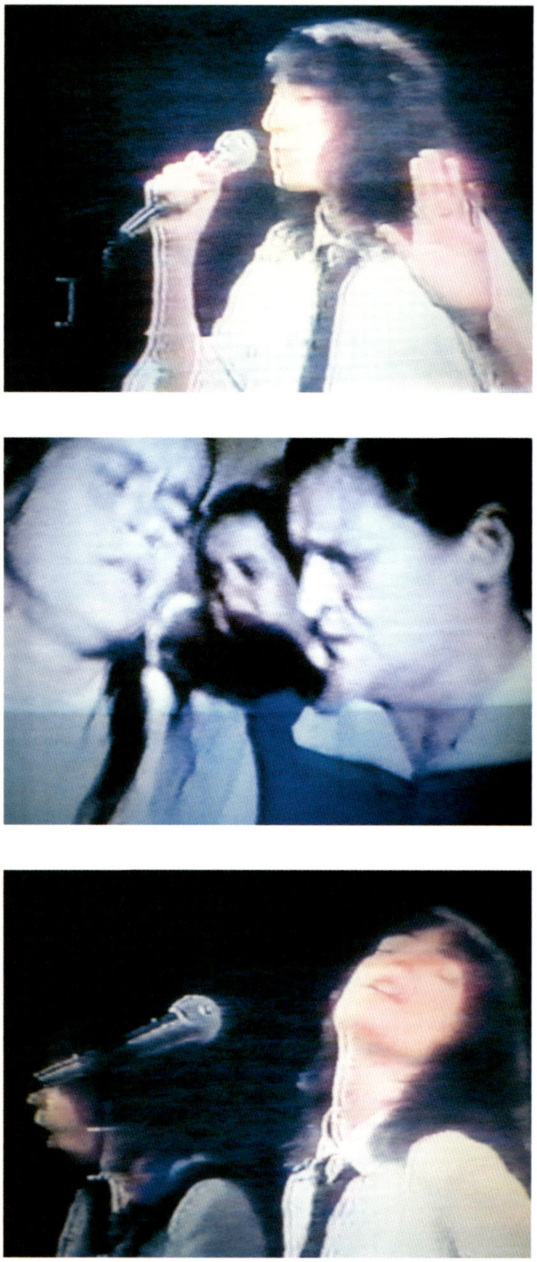

Dan Graham, *Rock My Religion*, 1982-1984

«àngels» innocents, els adolescents entenien l'aspecte angèlic relacionat amb l'èxtasi dels primers sentiments sexuals virginals. El sexe es veia alliberat de la reproducció, la família i la responsabilitat social.

La teologia del rock de la «diversió» es basa en un canvi, després de la Segona Guerra Mundial, en la concepció de l'Apocalipsi. Per als religiosos del segle XVIII, l'Apocalipsi representava un anhel de culminació de la història que faria realitat les seves visions utòpiques en el qual ells, els Elegits, serien salvats. A mesura que la creença religiosa anava disminuint al llarg del segle XIX, el progrés científic va reemplaçar la creença en Harmaguedon per la creença que la solució a les malalties socials s'aconseguiria mitjançant el desenvolupament de la tecnologia. De cop i volta, amb el rerefons de la bomba atòmica, aquest optimisme va ser negat: la tecnologia de l'home tenia el potencial d'arrasar el món en un sense sentit final, l'Harmaguedon negatiu.

La ideologia del *rock* neix de la futilitat del plaer ajornat, si el món és a punt d'acabar, i del rebuig del règim de treball i de la tecnologia que va fer possible la bomba.

El club de *rock* i els concerts són com una església, santuaris contra el món adult. Els instruments elèctrics desencadenen energies anàrquiques per a les masses. L'estrella de *rock* sacrifica el seu cos i viu en oposició al règim de treball; viu la seva vida cercant els límits, transcendeix els valors del treball de cada dia. La seva transcendència s'aconsegueix al preu de sacrificar la seva habilitat per convertir-se en adult. Ha de morir o caure del pòdium.

A finals dels anys seixanta els grups de *rock* vivien com famílies nombroses en grans cases urbanes, viatjant als concerts en autobusos condicionats per a la vida col·lectiva. En els concerts a l'aire lliure, els seguidors vivien plegats en tendes de campanya.

En un principi, el *rock* expressava la sexualitat masculina adolescent. La guitarra elèctrica, la veu projectada pel micròfon i el cos de qui actuava es van convertir en símbols fàl·lics. En un concert a Miami, la policia va arrestar Jim Morrison. Segons diuen, havia ensenyat les seves parts. Havia arribat a creure que el *rock*, havent-se convertit en un gran negoci, havia mort. Per al públic, el fet d'ensenyar el penis va ser un gest patètic; per a Morrison significava la mort del seu valor com a estrella del *rock*. Ensenyant el seu penis (patètic), en comptes de transformar el seu cos i la seva actuació en una expressió fàl·lica, va voler qüestionar la mística del *rock* com a espectacle. Les actuacions anteriors de Morrison havien pres la forma del ritual. Amb aquest ritual de la «mort del *rock*» volia tornar a promulgar el complex de castració. Mitjançant la pròpia pèrdua de la masculinitat expressava el desig de veure que el *rock* propiciava la destrucció de l'ordre edípic.

Patti Smith va emparar-se en el «viatge negatiu» de Morrison i va intentar fer d'ell –i del *rock*– un producte social positiu. És la primera que va fer evident la veritat que el *rock* és una religió. Patti creia que el paper de la sacerdotessa egípcia prepatriarcal es podia combinar amb el «parlar en llengües del ressorgiment de la tenda de campanya» per crear un nou llenguatge, el del *rock*, que no seria ni masculí ni femení.

La religió dels adolescents dels anys cinquanta i la contracultura dels anys seixanta és adoptada per artistes pop que proposen el final de la religió de «l'art per l'art». Patti va una mica més enllà i postula el *rock* com a forma d'art que finalment abraça la poesia, la pintura i l'escultura. Si l'art és només un negoci, com suggereix Warhol, aleshores la música expressa l'emoció més comuna i transcendental que ara l'art rebutja.

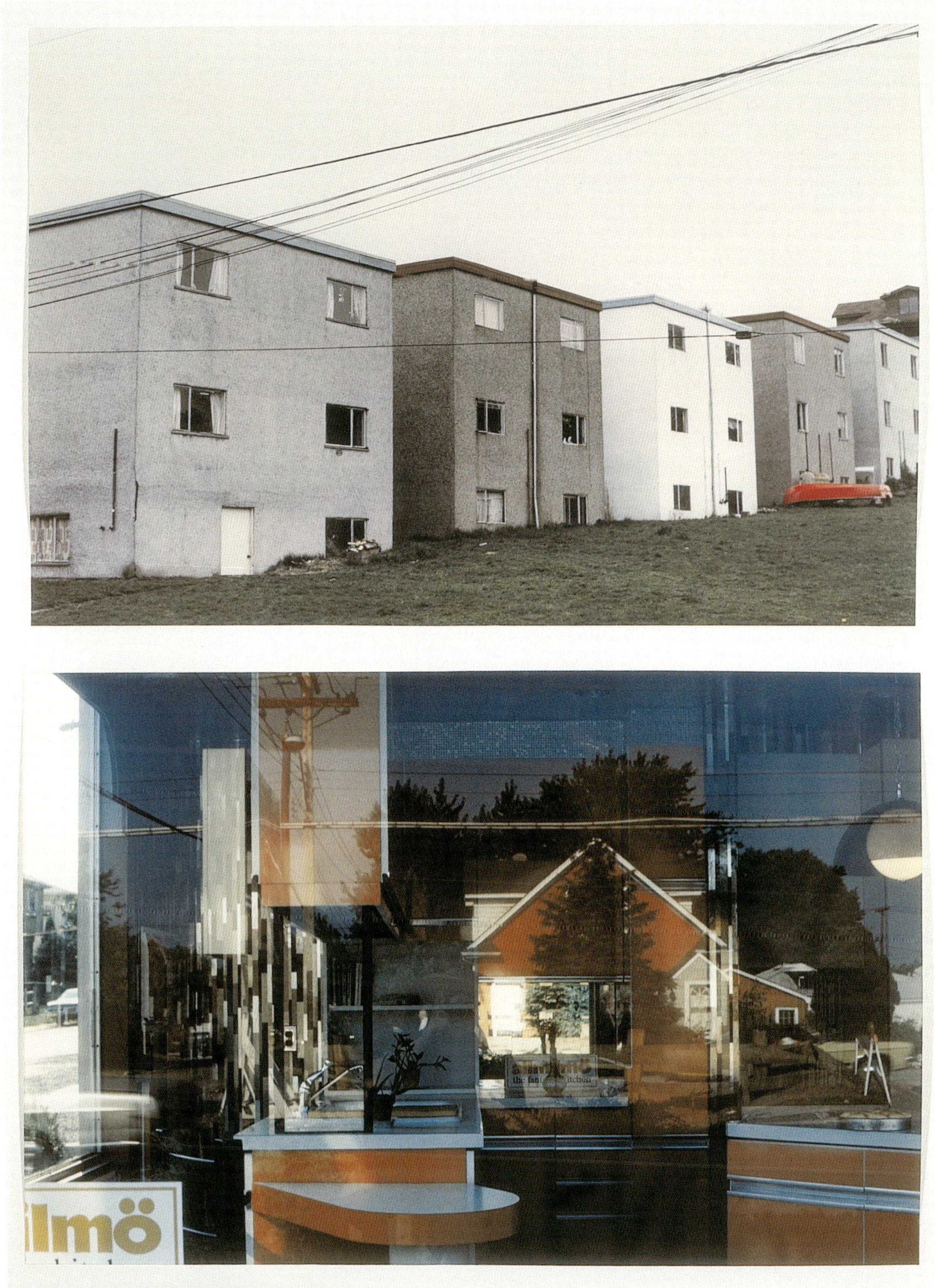

Dan Graham, *World War II Housing Project, Vancouver, Canada; Show Window of Store Selling Kitchen Goods, Bayonne, New Jersey, 1969*, 1974

A l'espai de l'exposició hi ha set «emissores», escampades per tota la sala. Cadascuna consisteix en una caixa blanca amb un tamboret blanc al seu costat. Dins de cada caixa hi ha un bucle d'àudio, la caixa és una emissora de ràdio. El so salta d'una caixa a l'altra, movent-se per tot l'espai.

Cada «programa de ràdio» és la meva veu que es dirigeix als visitants: els explico històries: està nevant, sou a les muntanyes, sou en un moll desert, les onades rompen contra la riba, a tu t'estic duent lluny d'aquí per poder estar tot sol amb ella...

En un dels costats de l'espai d'exposició hi ha un llum vermell que fa pampallugues, col·locat sobre una porta que s'obre a una petita habitació. Al mig de l'espai de l'exposició hi ha un monitor de televisió col·locat sobre la vora d'un envà provisional. Tres vegades al dia em fico a la petita habitació per a una «sessió d'enregistrament». Els visitants de la galeria poden veure'm i sentir-me des de fora, a través del monitor de televisió.

Em poso davant del mirall: no precisament per veure'm a mi mateix, sinó per veure'm a mi mateix «de la manera com *vosaltres* m'heu vist»; vosaltres, amb qui he viscut durant quatre anys, fins fa molt poc... Recreo incidents de la nostra vida comuna, vull veure com sóc de lleig amb vosaltres...

Necessito que els espectadors estiguin allà fora. Els necessito per veure com he estat amb vosaltres. Una vegada que ells ho hagin vist, no podré negar-ho; hauré d'acceptar-ho, hauré d'adonar-me que amb vosaltres sóc així, i que no puc fer res per evitar-ho. L'única manera de canviar seria abandonar-vos per sempre.

VITO ACCONCI, 1973

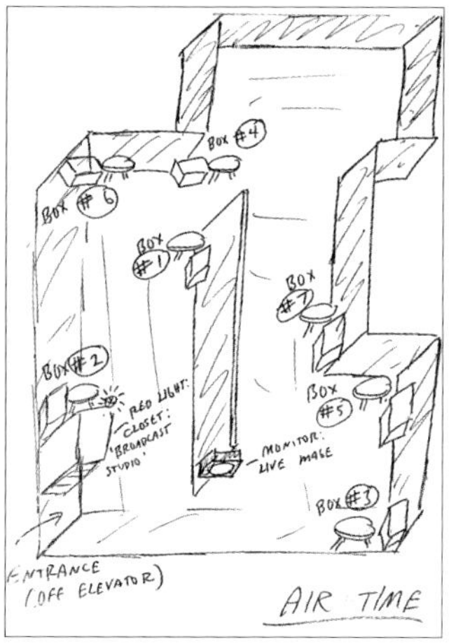

Vito Acconci, *Air Time*, 1973
(diagrama de la instal·lació)

Box 1
Programa: aquí mateix, a l'aire, en l'aire: en una cinta: embolcallant el lloc...

Canvi d'escena: predicció: en l'aire... les muntanyes... fred... neu... la neu és profunda... vent... el so del vent... el cel és blanc, amenaçador... et cal avançar lentament aquí... el vent et fueteja la cara... la neu et bloqueja les cames, és com si fos un altre cos, sembla un fantasma que et frega les cames... la necessitat de pujar... no pots parar... l'aire és gèlid... els flocs de neu et van cobrint la cara... per res del món pots aturar-te, la neu continua caient, no pots caure enrere, muntanya avall... continuar pujant, com si volguessis sortir d'aquest espai...

No has de ser aquí, en aquesta habitació: et puc enviar a un altre lloc, transportar-te, i així poder estar aquí amb tu, a soles... no t'interposaràs en el nostre camí, l'aire és transparent...

Box 2
Acumulació... es repeteix... retorna sempre, sempre aquí... puc venir aquí per escoltar-ho, abans d'entrar dins l'habitació tancada... revisar el meu guió... un estudi sobre l'audiència... has de tenir-ho en compte... vull guardar-los aquí... hi ha algú aquí, a tot hora, en aquest espai...

Situació: els trets generals: cossos: hi ha un braç que resulta que es mou... puc imaginar que m'estan empenyent... resulta que s'ajupen... estic convençut que un em vol deixar de banda... s'interposa en el meu camí... s'interposa entre jo i ella... m'atrapa mentre jo intento arribar a ella.

Ni parlar amb ells no em cal: no estic informant, no estic persuadint, els estic deixant tal com són...

Box 3
Avís... anunci... però abans que res refrescar la memòria... notícies... informe...

Evoca aquella ocasió a Central Park: les pastilles... tu corrents per treure-li el pot de la mà... però és un record diferent... tornaré amb ella ara... recordo aquell cop al cotxe, de tornada de Queens: se n'hi havia anat per escapar de nosaltres dos... sí, és això, hi vaig anar perquè tornés amb mi... estava conduint, va intentar saltar del cotxe en marxa... la vaig haver d'agafar, impedir que sortís, mentre intentava servir-me del seu cos per controlar el cotxe, per fer que el cotxe s'aturés...

D'acord... ara ho puc fer servir com un anunci... propers espectacles... els ho puc transmetre mentre es passegen per aquesta habitació... intentaré arribar a la manera com estava amb ella aquell cop a Central Park: l'expressió de la meva cara quan vaig veure les pastilles... no podré amagar-ho, tot i que em podria atemorir: quan corria a batzegades per treure-li el pot de la mà... però ella no és la de debò, és un reclam...

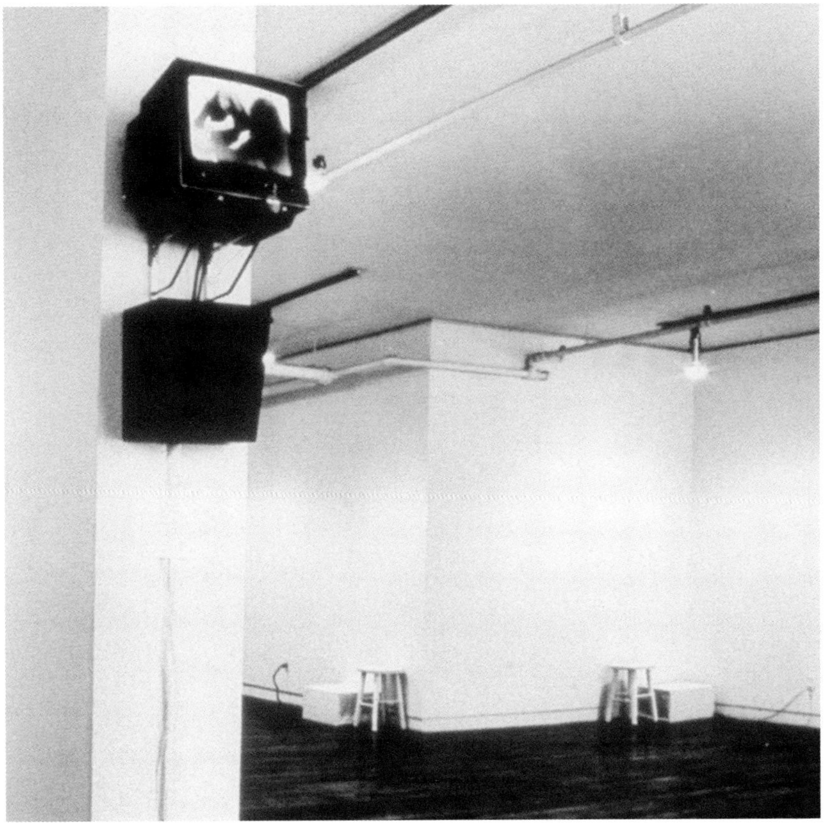

Vito Acconci, *Air Time*, 1973

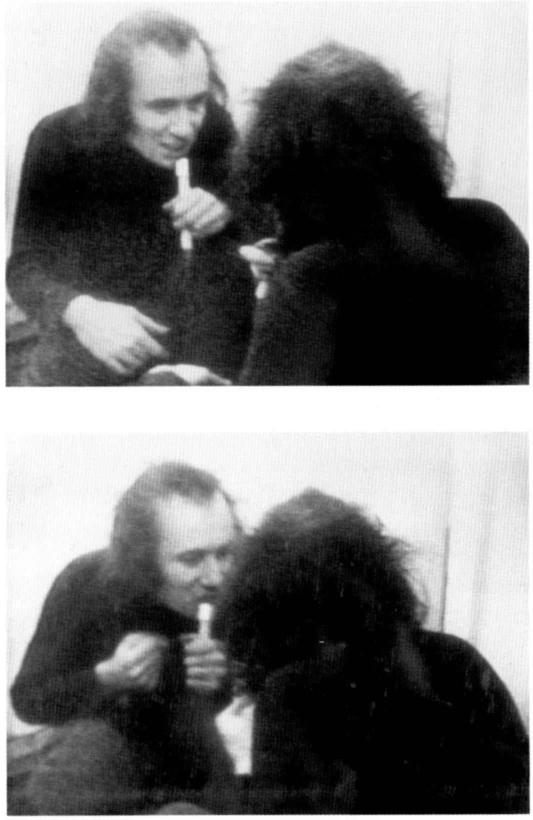

Vito Acconci, *Air Time*, 1973

Box 4
Cadena... sintonitzar... sintonitzar-te... concentrar-me en tu... podria haver estat aquí, viure-hi... podria haver estat aquí, aquí mateix, i trobar-me amb tu, parlar amb tu, sense pensar...

Pregunta 1: em fas mal, em desil·lusiones, et preocupes per mi? Pregunta 2: et faig mal, et desil·lusiono, em preocupo per tu? Pregunta 3: et fas mal a tu mateixa, et desil·lusiones de tu mateixa, et preocupes per tu mateixa? Pregunta 4: em faig mal a mi mateix, em desil·lusiono de mi mateix, em preocupo per mi mateix?...

No sé del cert com respondria a aquestes preguntes... no sé del cert com m'imagino quina seria la teva resposta... no sé del cert com t'imagines quina seria la meva resposta...

Però, si hagués estat aquí amb tu, podria haver estat diferent de la manera com sóc amb ella...

Box 5
Advertència... senyal... els puc fer fora, així no s'interposaran en el meu camí cap a ella... aixecar la veu... canviar el to... els puc insultar, mentre travessen aquesta habitació.

Fot el camp –merda a la teva cara– vull clavar-te la meva polla dura entre les teves cames humides i calentes... empassa't els meus pets...

No, no, no et vull fer fora; et necessito aquí, d'aquesta manera puc fer que la meva veu retorni des de tu, que retorni de tu i vagi envers ella: pots quedar-te asseguda, com si estiguessis ressentida amb mi, tal com ella ho podria haver estat, com si em posessis entrebancs, exigint-me coses contradictòries, com ella ho podria haver fet...

Box 6
Substitut... suplència... recanvi... és la meva veu, és com si fos aquí, arraulit al teu costat, inclinant-me sobre teu mentre tu t'inclines sobre meu... és com si ella fos aquí, asseguda on ets tu, estàs dempeus sobre la teva forma, sé que ella és allà perquè sé que tu ets aquí...

No, això és confondre les coses: t'he hagut de separar d'aquí –allunyar-te'n– ja he parlat amb tu –no em caldrà parlar amb tu ara– parla amb tu mateixa...

Box 7
Box: la veu dins d'un box: la meva veu dirigida dins d'un box– ben segur, però, que hi haurà oients –hi ha d'haver gent pels voltants– no puc perdre la por, perdre la vergonya, només si algú d'ells és ella, davant del qual puc desfer-me'n, davant del qual puc assumir-ho, assumir-la, assumir-me a mi mateix –però no goso adreçar-me a ells– admetre que hi són em faria tenir por de nou, tenir vergonya de nou...

Així doncs, puc parlar amb mi mateix: trobar el meu lloc... un dic desert... tranquil... després de la mitjanit... has vingut a fer-hi una passejada tranquil·la, per relaxar-te, tot sol, a l'extrem d'un dic desert... les onades són suaus, completes, pausades, regulars, pots sentir com es cargolen contra els pilons, el dic tremola... estàs reposant, gronxant-te al compàs del vaivé del dic...

Transcripció d'un enregistrament

A *Semiotics of the Kitchen*, Martha Rosler comença la seva demostració d'utensilis de cuina per ordre alfabètic (des d'*apron* [davantal] fins a *tenderizer* [estovador]) com si fos un programa de televenda aparentment convencional. Després l'obra esdevé una representació, el vessant crític de la qual neix no únicament de la comprensió precisa, analítica i emfàtica de la qüestió per part de l'artista, sinó també de l'estructura formal de la seva actuació. A la seva subtil presentació anàrquica i còmica dels utensilis, Rosler plasma l'agressivitat inherent a «la dona a la cuina», tant des de fora com des de dins. Apunyala l'aire amb una forquilla (en direcció a l'espectador) i llença el contingut virtual del cullerot a l'espai que hi ha al seu costat. Tot demostrant la posició instrumentalitzada de la dona, Rosler –sempre dins de la lògica del seu ordre alfabètic– finalment es converteix ella mateixa en eina, però no personifica un altre utensili sinó la inicial: U, V, W, X, Y, Z, cosa que al mateix temps significa que el seu cos queda escrit per aquestes lletres.

Amb la seva subjecció (fingida) a la «insistència de la lletra», Martha Rosler mostra clarament que no es tracta només del paper al qual els seus «personatges» estan subjectes, un paper social que es podria i s'hauria de canviar. També demostra que les estructures de poder, dominació i submissió, així com les seves ramificacions ideològiques, s'han de detectar i analitzar no sols en l'àmbit econòmic, social i polític, sinó també en el sistema de llenguatge i signes que forma l'ordre del que és simbòlic.

Per tant, l'obra artística i teòrica de Rosler, així com la interrelació entre les seves estratègies estètiques i la seva crítica política, va molt més enllà d'un programa «socialista»: les seves colpidores anàlisis de les condicions socials i econòmiques, així com dels seus efectes i conseqüències sobre les classes i els gèneres, inclouen sempre el text de l'inconscient que emergeix en el símptoma.

Al fil de la recerca sobre temes concrets, sobre la manera com el sistema d'una cultura masculina, blanca i dominada pel capitalisme, impregna la vida quotidiana, tant dels seus escrits teòrics com en les seves obres visuals i textuals, les performances i els vídeos, Rosler ha seguit un principi com a estratègia artística: «per introduir un coneixement conscient i concret a la teva obra... és millor que t'hi situïs personalment d'una manera molt concreta.»

Silvia Eiblmayr, 1998

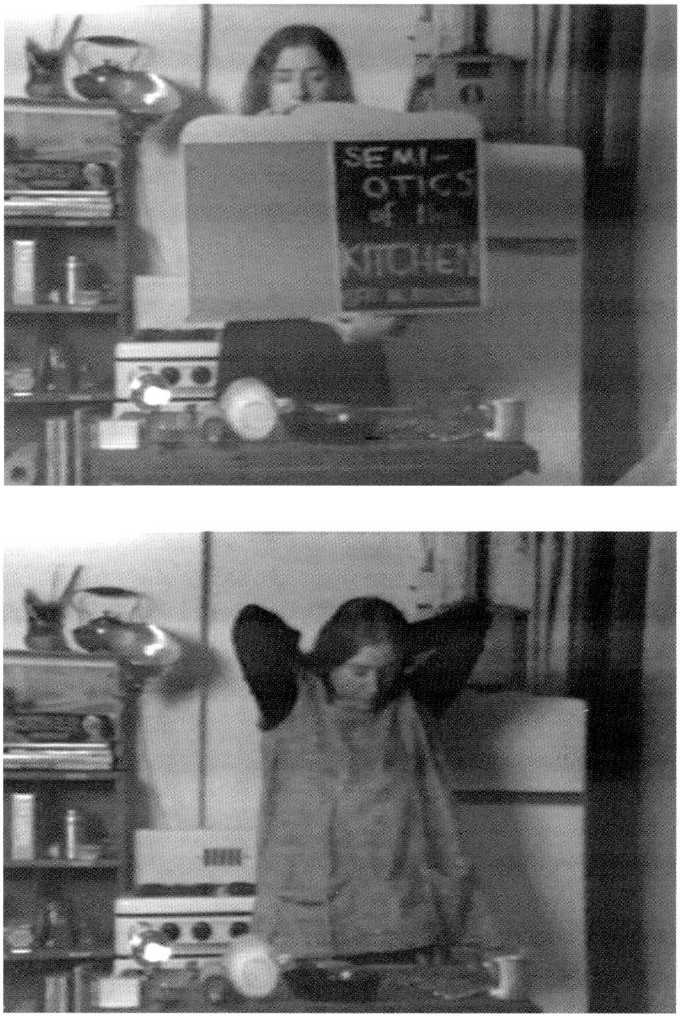

Martha Rosler, *Semiotics of the Kitchen*, 1975

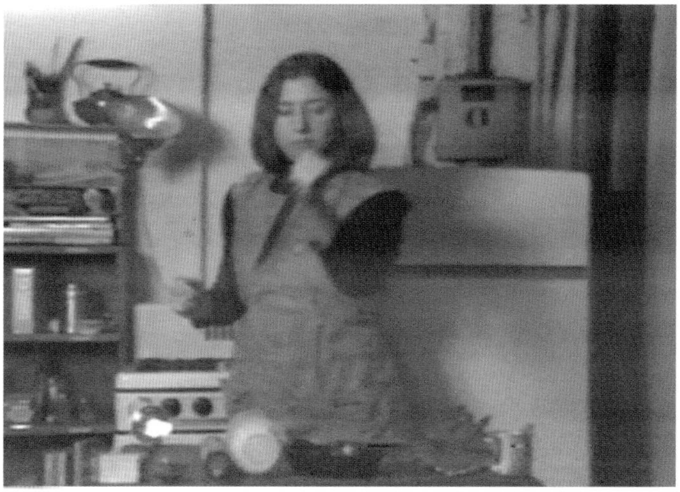

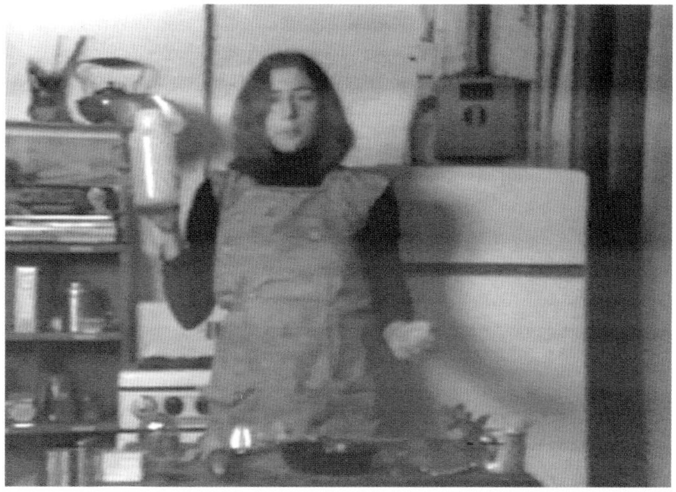

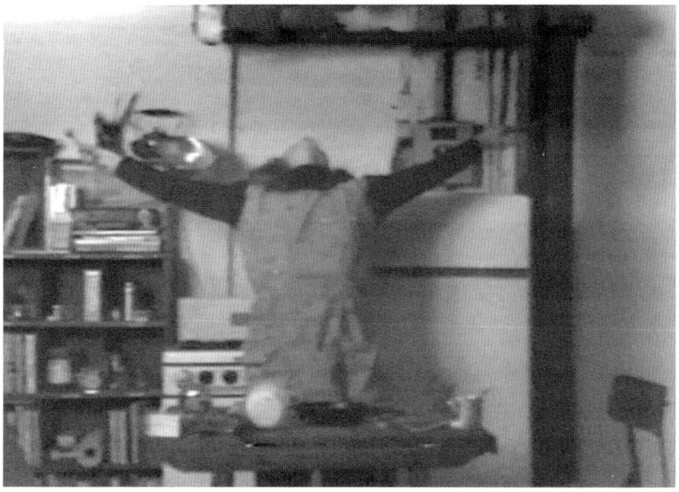

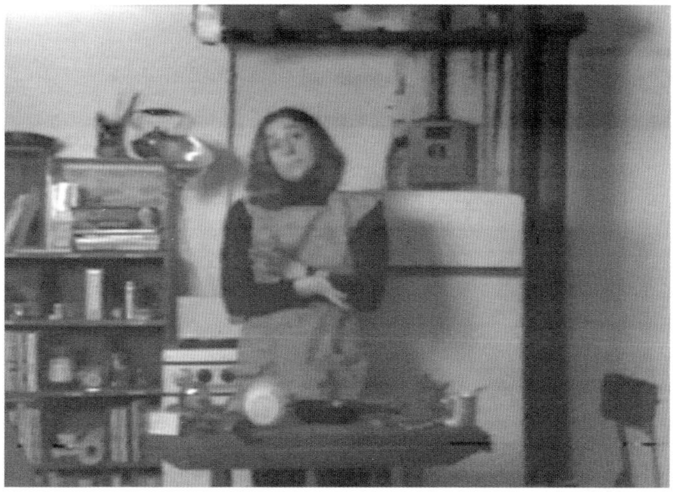

Byars és reducció en la forma
essència en l'esperit Byars és
litúrgies i escriptures de fe sense
religió Byars és llibres sagrats
de filosofies pures i insondables
Byars és naixement a la vida
al coneixement a Eros al miracle
a la mort Byars és els cels i el
cosmos Byars és colors purs Byars
és vestidura i esfera de pedra

JAMES ELLIOT, 1994

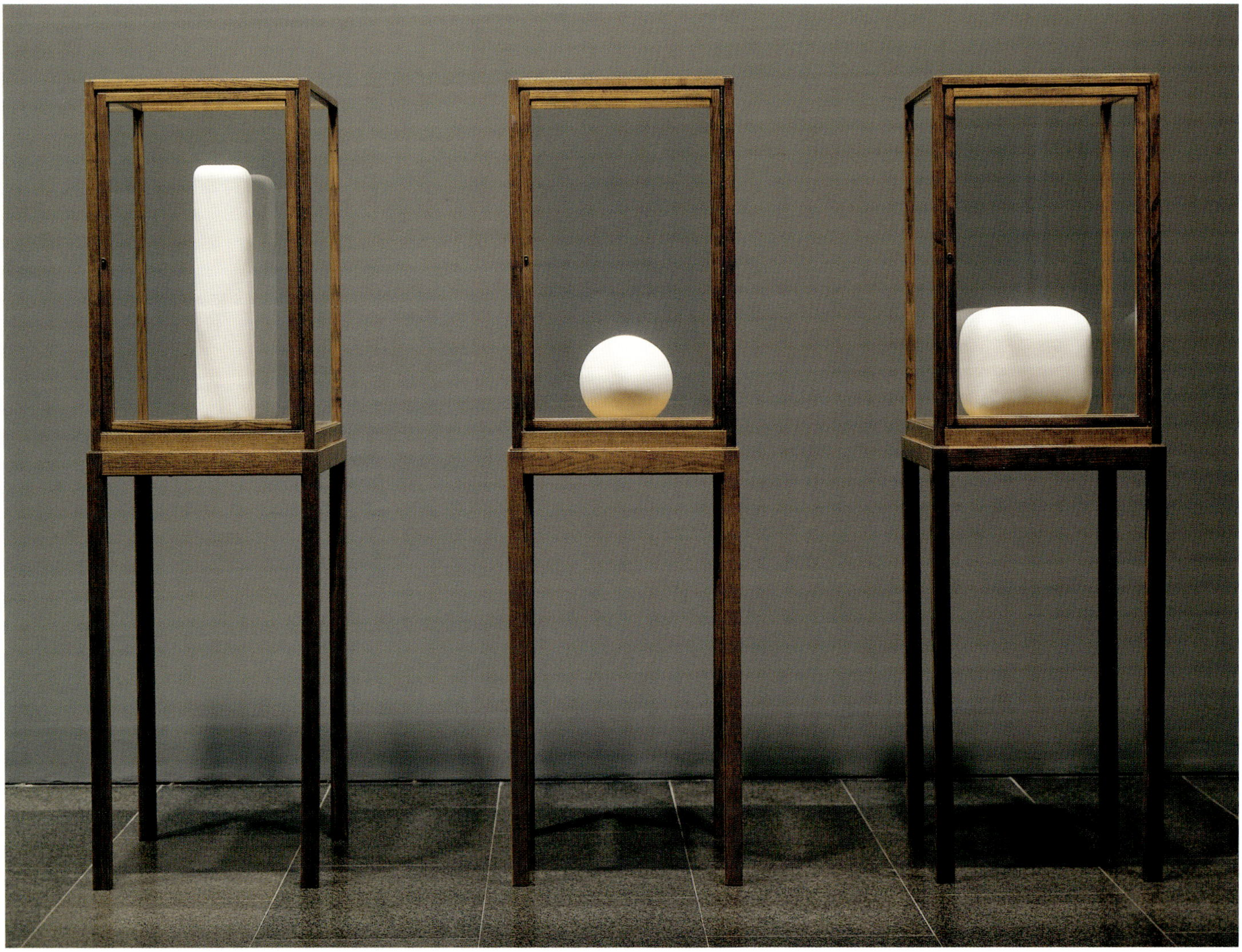

James Lee Byars, *The Figure of Question*, 1989; *Spherical Book*, 1989; *The Soft Cube*, 1986

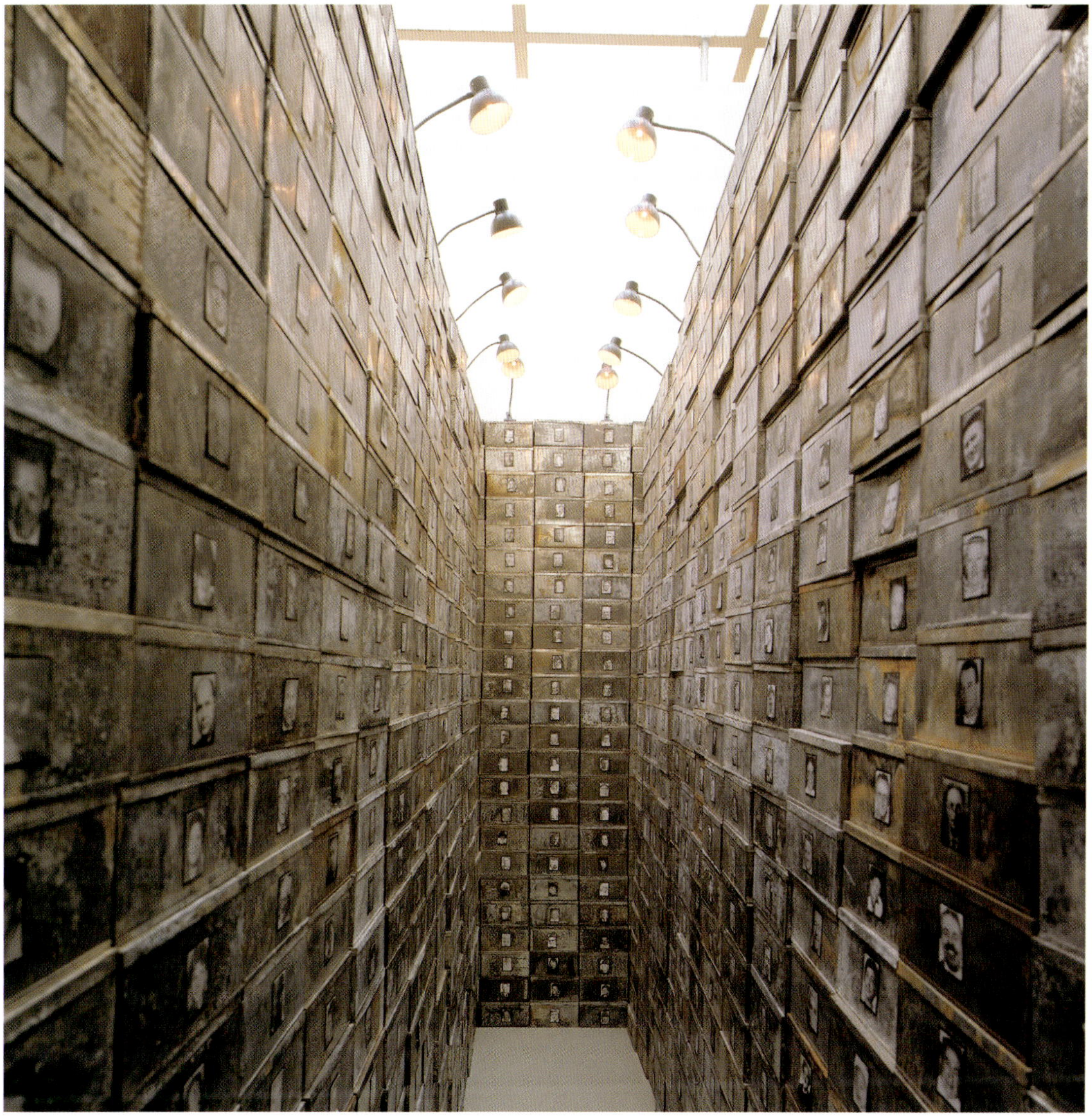

Christian Boltanski, *Réserve des suisses morts*, 1991

La mort, evidentment, sempre ha estat una de les grans qüestions humanes i un tema de reflexió per als artistes. És estrany morir, sobretot si la persona, com és el meu cas, no té una fe religiosa. A les societats tradicionals, la mort era una mica menys emblemàtica perquè la idea de progrés no tenia el mateix pes, i la supervivència de la família o del grup era més important. El que m'interessa i el que he intentat tractar és el que jo anomeno *small memory* [petita memòria]. És allò que ens diferencia d'algú altre. La *great memory* [gran memòria] la trobem als llibres d'història, però els bocins d'informació que cadascú de nosaltres ha anat acumulant són el que ens fa ser allò que som. Sé que estic immers en una lluita. Algú va dir: «avui en dia morim dues vegades: primer a l'hora de morir i després quan ningú ja no ens reconeix en una fotografia». Sovint faig llistes de noms (*Suisses morts, ouvriers d'une usine du nord de l'Angleterre au XIXème siècle, artistes ayant participé à la Biennale de Venise*…, etc.) perquè tinc la impressió que escriure o pronunciar el nom d'una persona li dóna vida per uns instants. Si algú els anomena, es reconeix la seva existència individual.

CHRISTIAN BOLTANSKI, 1996

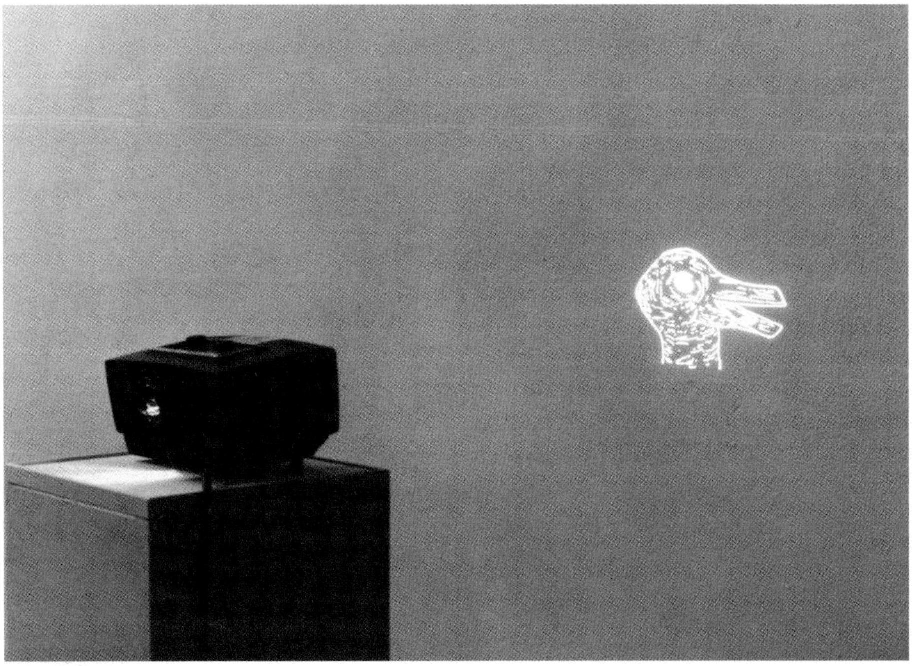

James Coleman, *Duck-Rabbit*, 1973

Al llarg de la seva trajectòria creativa, James Coleman ha abordat qüestions referides a la realitat, la percepció, la representació i l'elaboració de la imatge i la identitat. L'artista s'aproxima a aquests temes mitjançant una utilització tangencial de vídeo, pel·lícula, imatges projectades, teatre i performance. Les seves instal·lacions es presenten com a escenificacions, on l'espectador-observador es veu atrapat en una xarxa de tensions i d'impactes. Ja no són projeccions, no són empremtes o traces; són realitats, existències que es produeixen en el temps, entre la memòria i l'oblit.

Coleman combina el misteri de la ficció amb elements materials i històrics de la vida quotidiana. Així, les seves obres barregen al·lusions a situacions reals, gèneres literaris com el teatre i el folklore irlandès i pastitxos extrets de la cultura popular. Tots aquests elements es combinen amb imatges que es remeten indirectament a la pintura tradicional, a la fotografia de moda i a la cultura musical. El que en resulta és una creació complexa i compromesa que suggereix un missatge codificat.

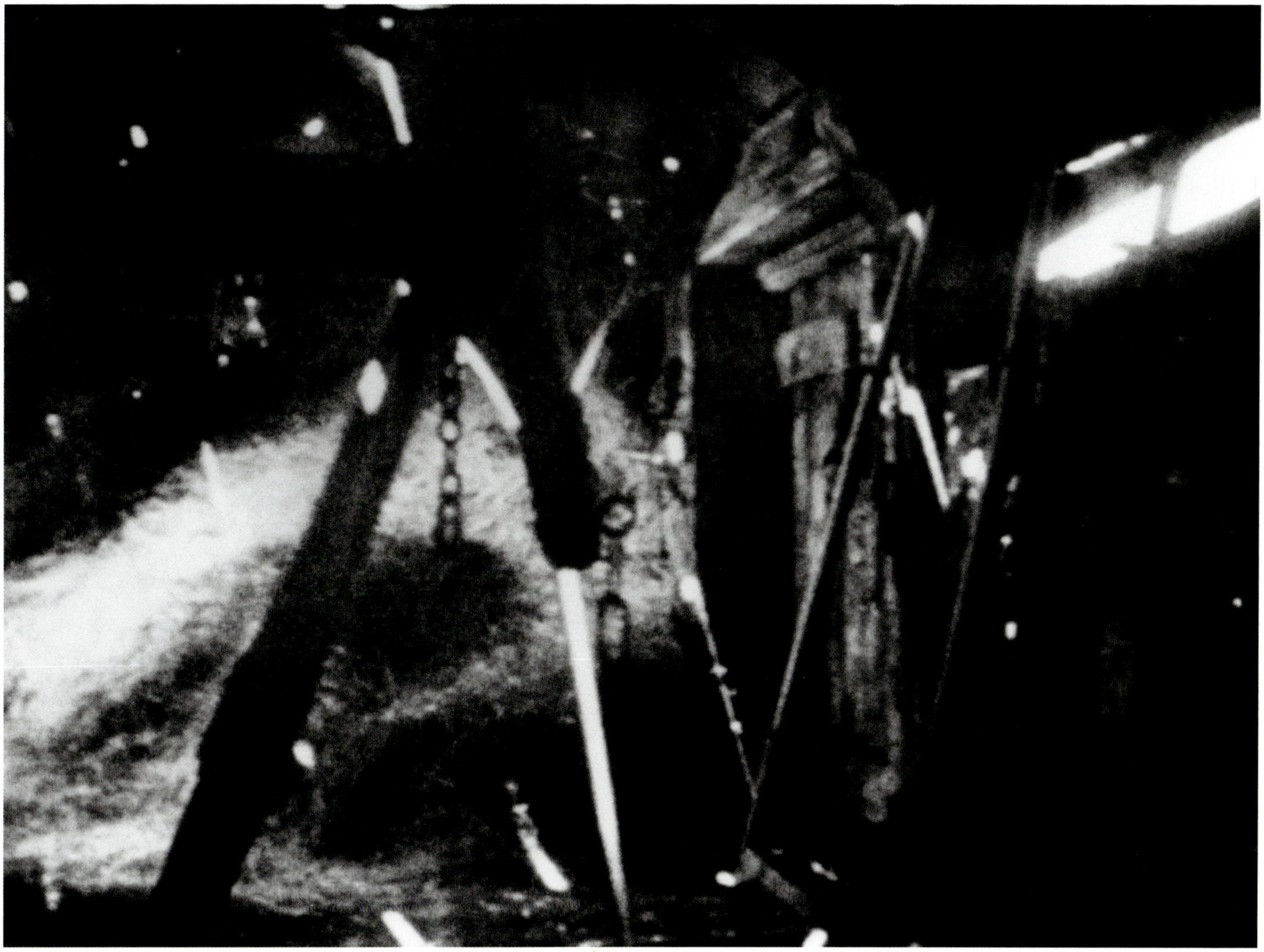

James Coleman, *La Tache aveugle*, 1978-1990

Arran de la incorporació al grup Zaj i de la seva primera performance, el 1967, la pràctica efímera es va convertir en el fil conductor de l'obra d'Esther Ferrer. Tant pel paper que espera de l'espectador com per la concepció de la performance, l'actitud de Ferrer s'aproxima al teatre de Bertold Brecht, en què l'absència de ficció sobre l'escenari i el distanciament aspiren a provocar en l'espectador una reflexió crítica. Per Ferrer, el performer no és un actor sinó un element que executa l'acció, i el que succeeix en una performance és real, evidencia una materialitat i s'allunya de qualsevol joc il·lusionista. Així mateix, l'artista intenta transmetre la consciència del pas del temps; el temps, l'espai (que inclou l'espai mental) i la presència (seva i dels altres) són elements que manipula en les seves accions, en què acostuma a treballar amb objectes ordinaris i quotidians: martells, rellotges, taules, cadires, marcs, fils, cordes, sabates, etc.

Les cadires han protagonitzat diverses accions significatives d'aquesta artista. *Silla Zaj* planteja una proposició impossible, que concentra la ironia i el sentit de l'absurd de Zaj.

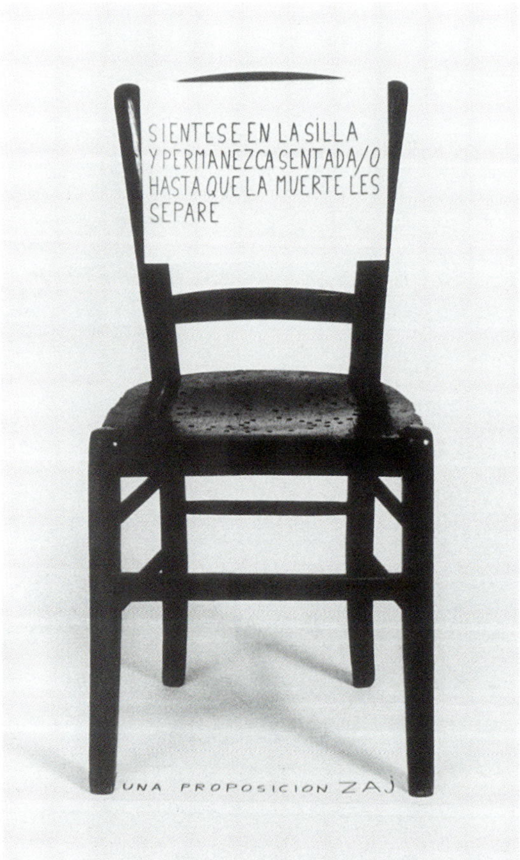

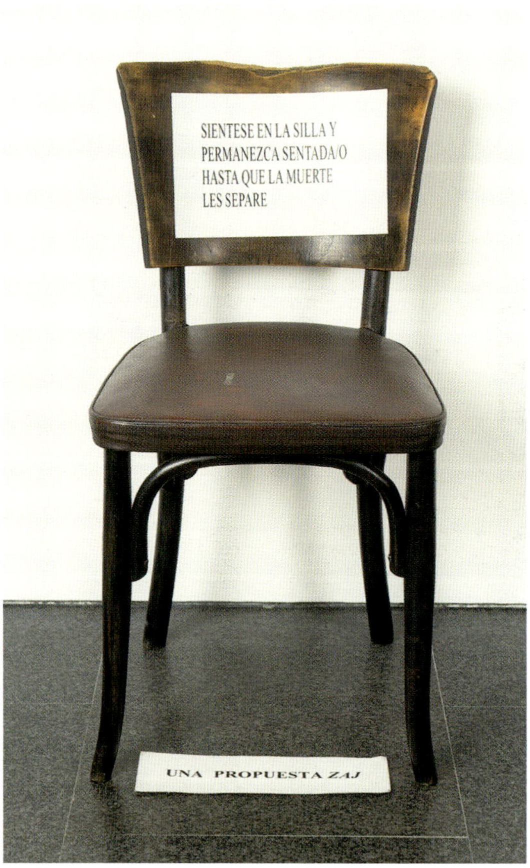

Esther Ferrer, *Silla Zaj*, 1973-1974

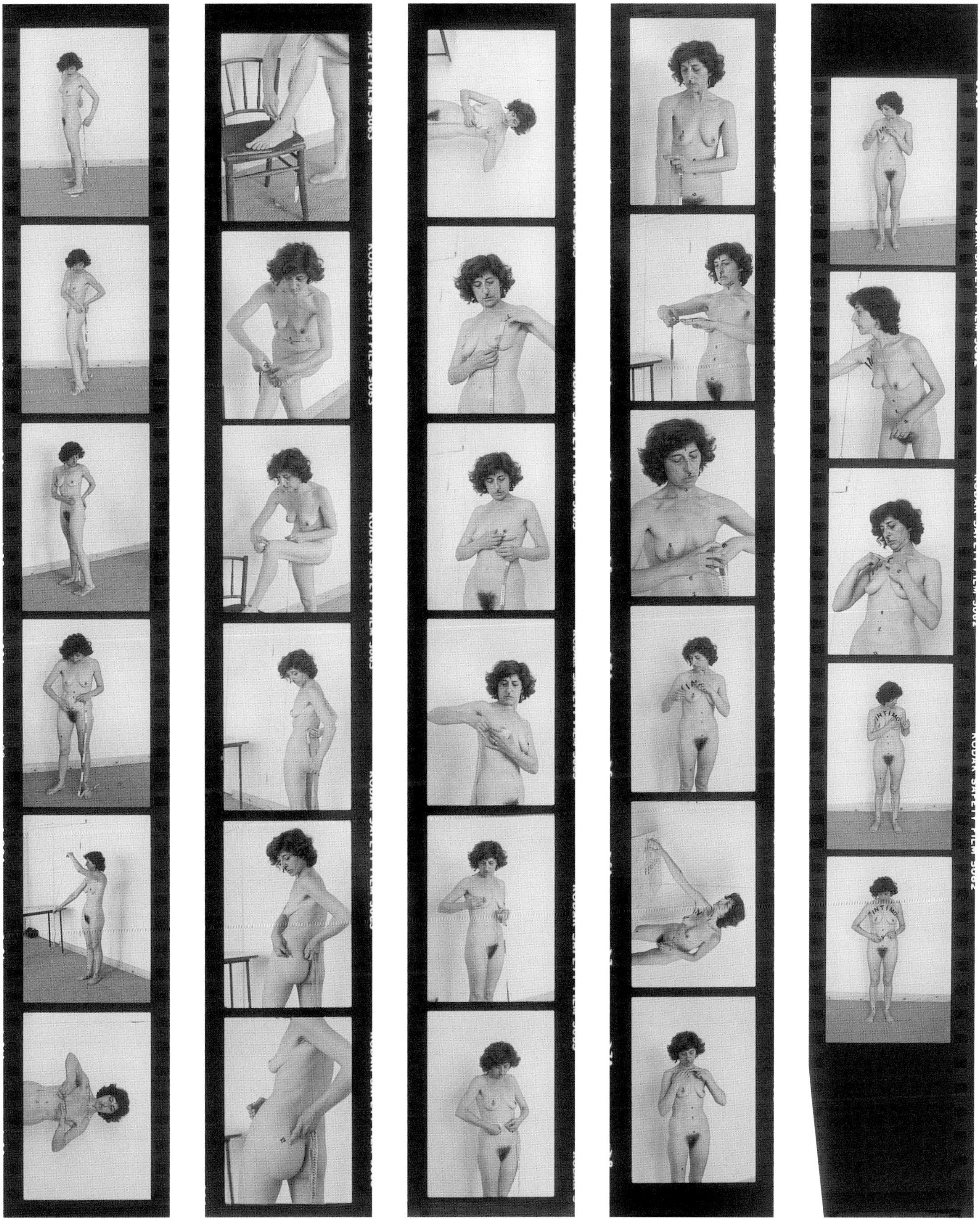

Esther Ferrer, *Íntimo y personal*, 1971 (fragment)

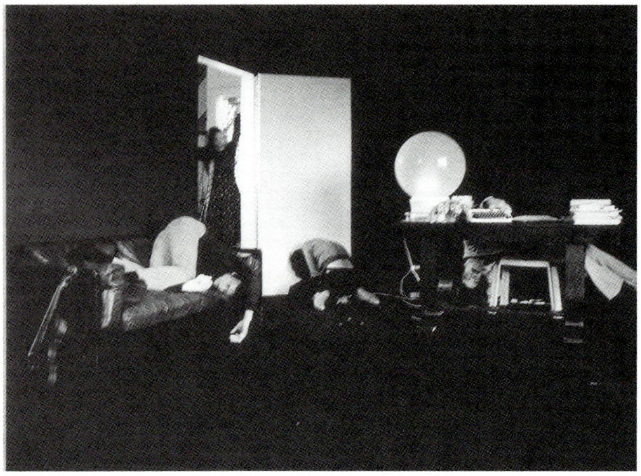
Antoni LLena, **Jordi Galí** i **Àngel Jové**, *Primera mort*, 1970

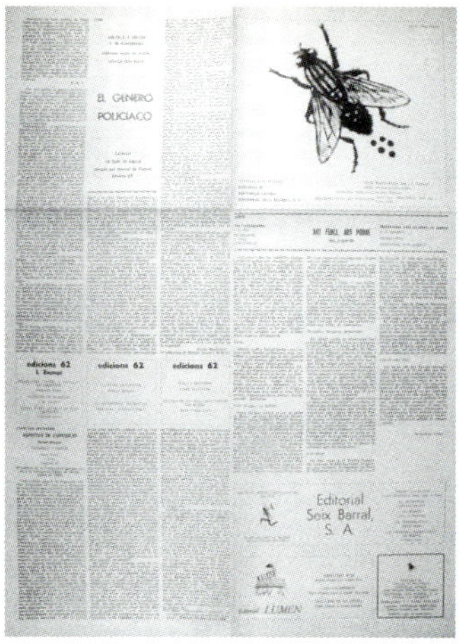
EL GENERO POLICIACO

edicions 62

edicions 62

edicions 62

Editorial Seix Barral, S. A.

La mosca, pàgina de revista, Barcelona, 1968

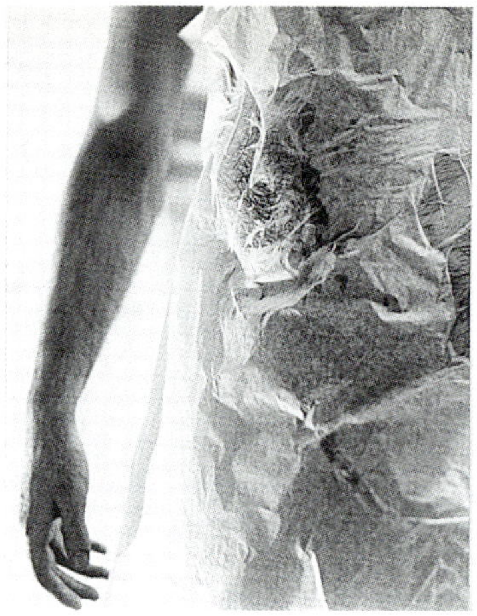
Antoni LLena, *Pintura feta de suor i semen*, 1967-1968

L'any 1968 [...] feia petites escultures que eren trossos de paper descolorit, tallat o esqueixat i enganxat, de vegades plegat fent escaletes. En tenia tres que no passaven de tres o quatre centímetres de dimensió màxima. Deia que volia fer un art pobre, efímer, perquè la pobresa era allò que havia après a la vida real. I la feblesa. Aquestes estatuetes eren monuments de paper, febles, per als grans homes. El bronze i la pedra són materials inhumans que costen esforç i diners, i que aixafen. Un monument de paper pot ésser posat a la vora de la gespa d'un parc. És millor que la pluja o el vent se l'emportin. És més humà.

Volia ésser útil. Volia fer estatuetes de paper dibuixades, perquè la gent les retallés. També dibuixava vestits retallables, vestidets, perquè la gent pogués vestir-les o despullar-les. Deia que li interessava la feblesa. Que trobava que l'art industrial, com el cinema, és fort, i que, en contrast, la plàstica pura només pot ésser l'experiment personal, feble. [...]

S'interessà molt en les relíquies, a dissecar coses, com a forma de refús de la sensibilitat i de les qualitats. La dissecció indica que una cosa ja no serveix. Va contra l'afany de posseir. Quan això és fet amb una bombolla [de sabó], ja de per si efímera, la dissecció posa molt neguitós l'home acostumat que les coses que posseeix siguin sòlides [...].

De vegades posa una obra en un lloc públic. Ningú no se n'adona.

ALEXANDRE CIRICI, 1970

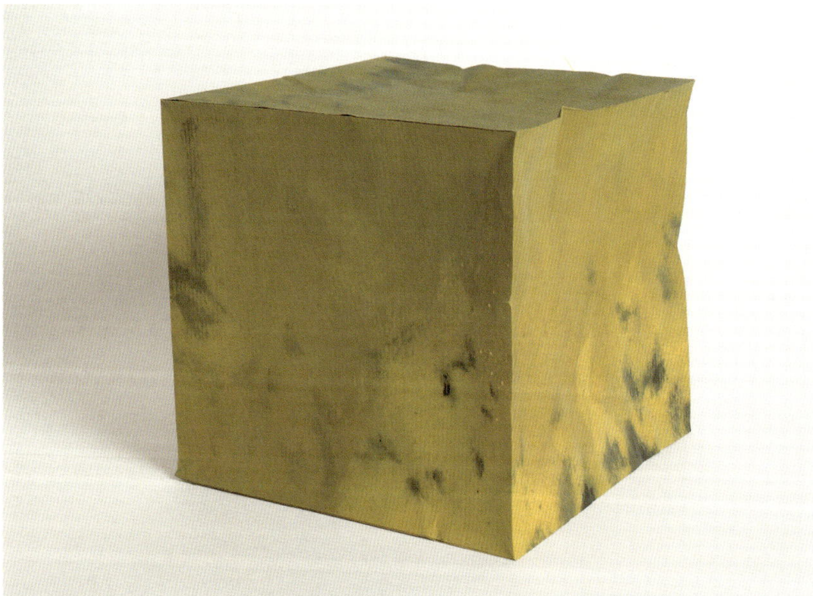
Antoni Llena i **Àngel Jové**, *Escultura doble*, 1968

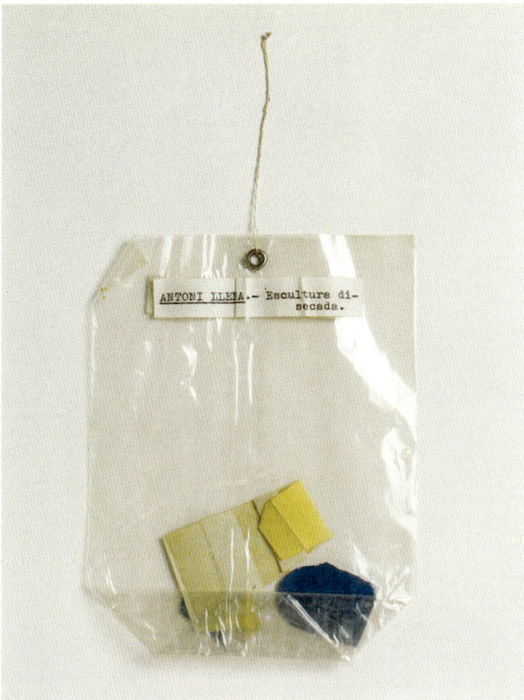

Antoni Llena, *Escultura dissecada*, 1967-1968

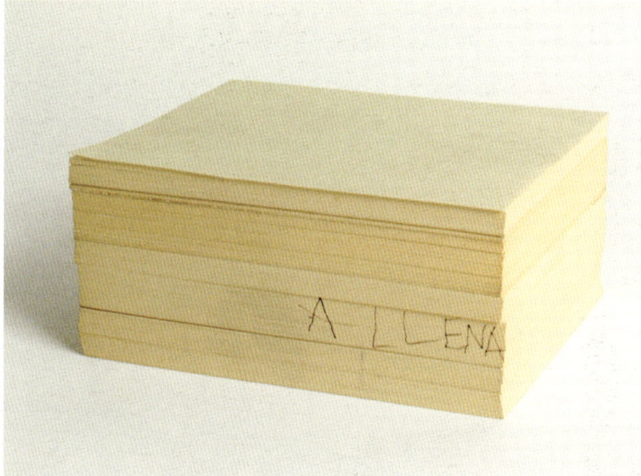

Antoni Llena, *Pila de papers signats al llom*, 1967-1968

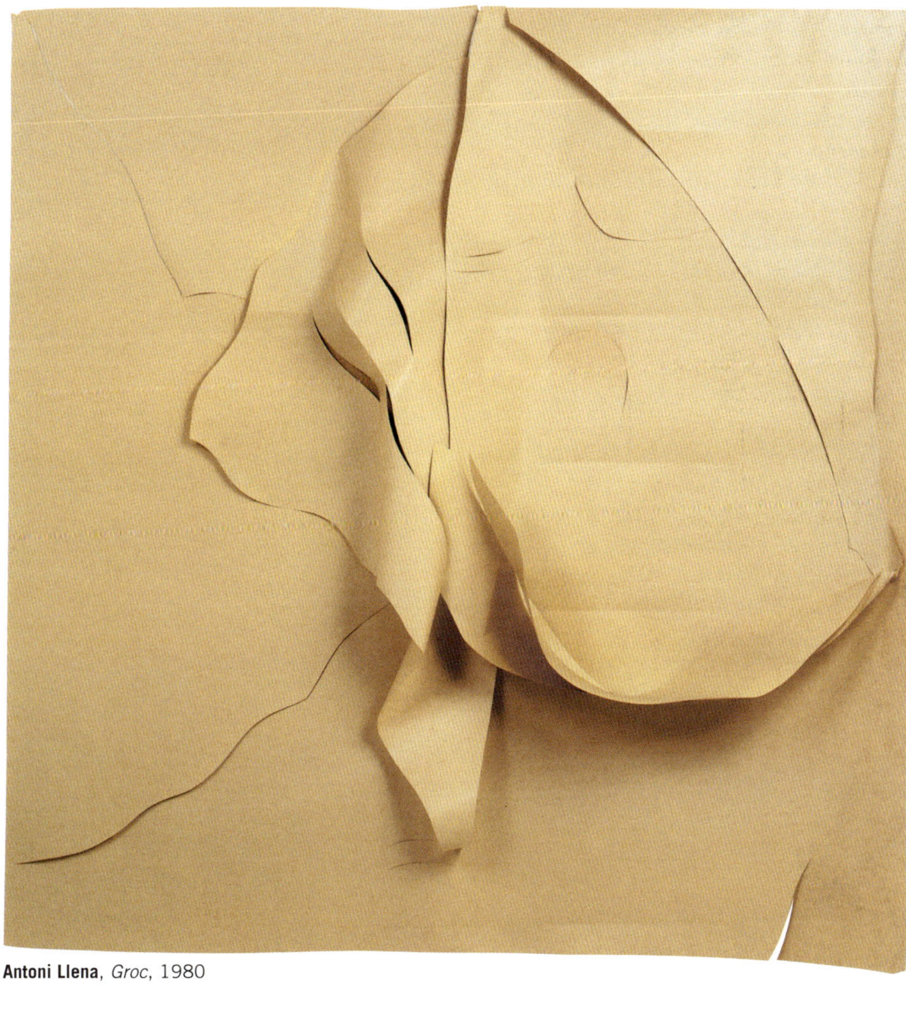

Antoni Llena, *Groc*, 1980

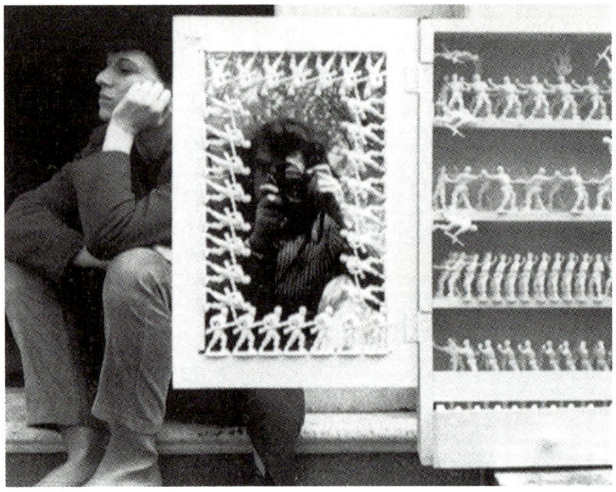

Antoni Miralda i **Benet Rossell**, *París. La cumparsita*, 1972

Miralda va començar a dibuixar els primers soldats durant el servei militar, entre 1962 i 1966. Els soldats blancs de plàstic, *Soldats-soldes*, van aparèixer als *Tableaux-tables* que va exposar i va vendre a la Galerie Zunini de París el 1967. Aquell mateix any Pierre Restany va organitzar l'exposició *Superlund*, en la qual Miralda va presentar unes taules amb els calaixos mig oberts, cobertes de soldats i, per primera vegada, també amb personatges civils. La seva peculiar visió del joc de la guerra es va anar escampant per mobles, aparadors i bancs públics. El 1968 va iniciar els *Essais d'amélioration* o «intents de millora»; així, les estàtues de les muses de la pintura, l'escultura i l'arquitectura del Palais Galliera de París van ésser «millorades» mitjançant robes de Jouy i petits soldats blancs. Va ser llavors quan Miralda es va dedicar a recórrer els carrers de París amb un immens soldat blanc carregat a l'esquena, acció que va ser filmada per Benet Rossell en la pel·lícula *París. La cumparsita*.

És en aquest context que hem de situar *La Cité du Loisir* i *Projecte de monument per a un jardí*, on Miralda redueix a l'absurditat la institució militar i el poder de l'Estat, i expressa una actitud crítica que sintonitzava amb els moviments de protesta generalitzats arreu d'Europa entorn del 1968. Aquestes peces s'inscriuen en una línia de treball que, en un primer moment, denota la influència del *nouveau réalisme* que Miralda havia descobert a París; més tard, l'artista va abandonar l'escultura per tal de centrar-se en l'orquestració de desfilades, festes i cerimonials amb menjars de colors, amb col·laboració amb Dorothée Selz, Jaume Xifra i Joan Rabascall.

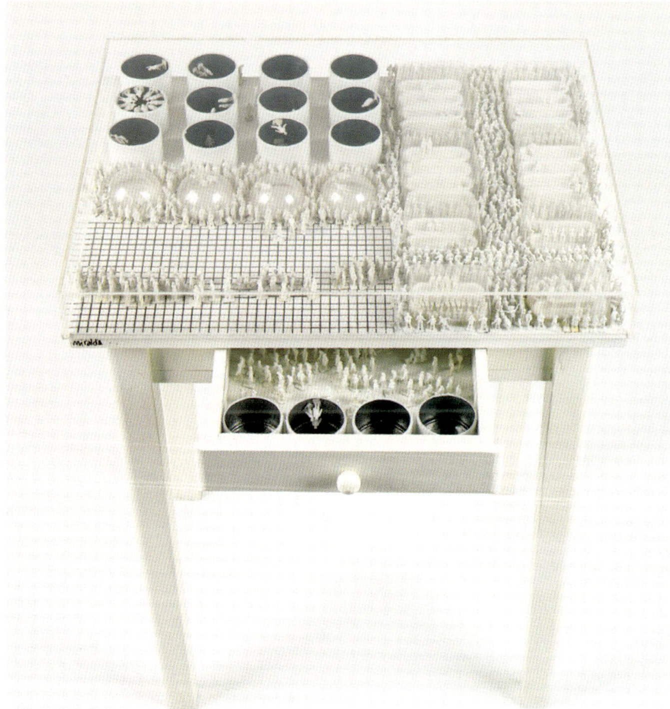

Antoni Miralda, *La Cité du Loisir*, 1967

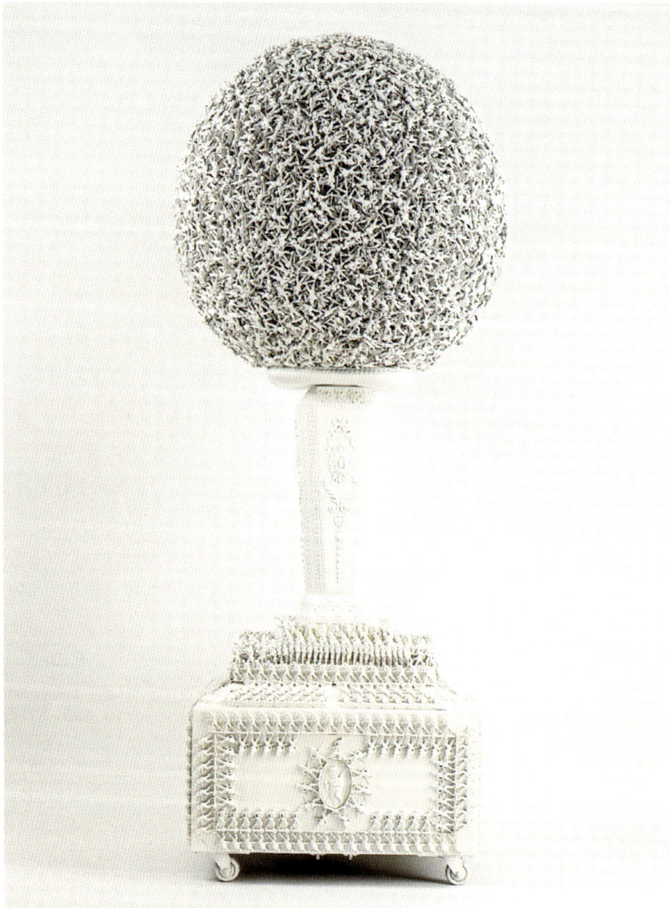

Antoni Miralda, *Projecte de monument per a un jardí*, 1969

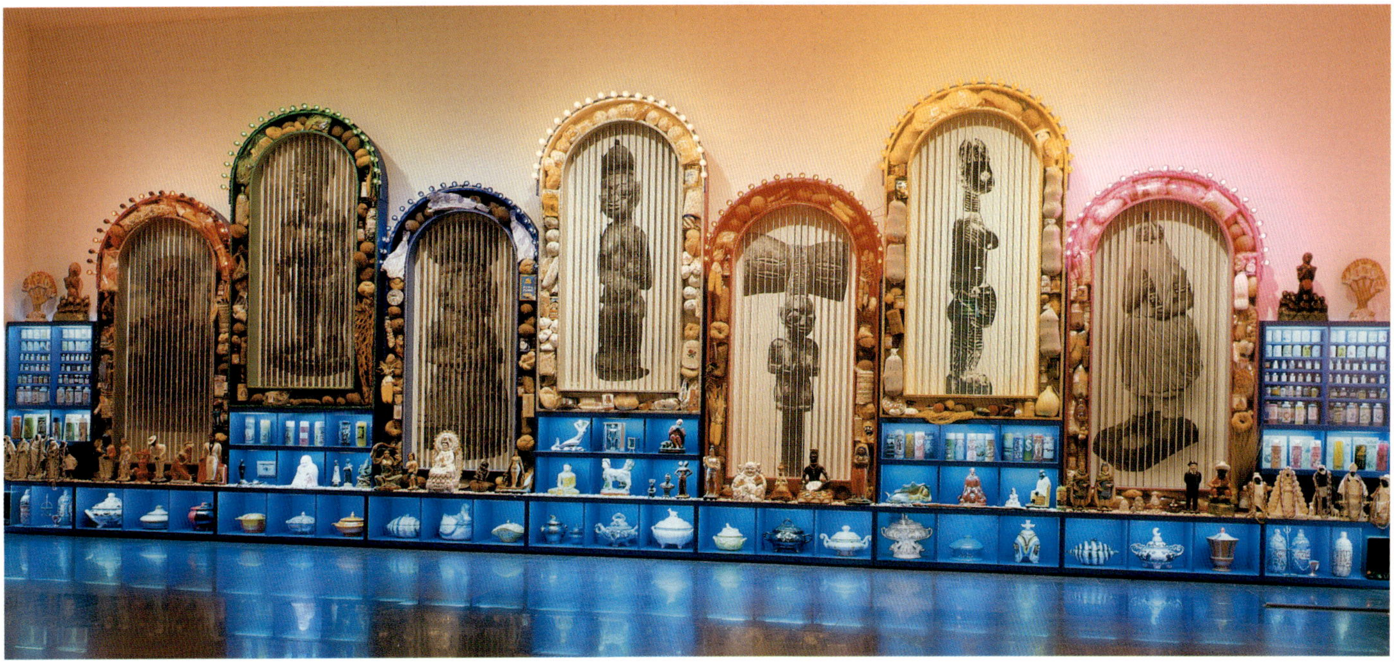

Antoni Miralda, *Santa Comida – Holy Food*, 1984-2002

Segons els antics ioruba, l'univers era una sèrie de cercles concèntrics de poder en estat de contínua expansió. Es pensa que el poder del Totpoderós Déu Olodumare manté aquests anells sagrats eternament a l'espai. Totes les coses troben la seva raó de ser en ell i a través d'ell. Hi ha un nombre infinit d'aquests anells de poder, i totes les coses que formen part de la creació poden ésser categoritzades en funció del seu cercle d'origen.

Cada un dels sants orisha que s'han considerat per a aquesta exposició ocupa un lloc determinat, en òrbita al voltant de Déu. Al costat de l'orisha que acostuma a dominar aquest espai, cada anell de valència està poblat amb la seva pròpia gent, els seus animals, arbres, fruites i vegetals, terres i mars. Els orisha són allò que mengen. El seu menjar ha capturat i conservat l'essència divina, que pot utilitzar l'home per obrar. Els antics alquimistes negres van aprendre fa molt de temps a dominar la força divina i còsmica del menjar i les plantes.

ANTONI MIRALDA, 1984

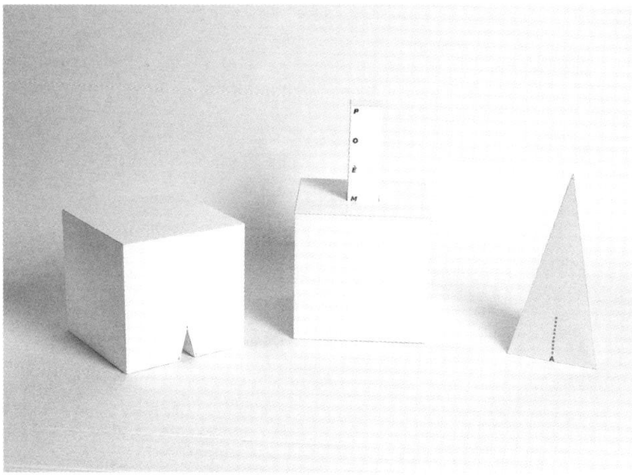

Francesc Torres, *Cubo perforado por un triángulo*, 1968-1969; *P...O...E...M...A*, 1968-1969; *Pirámide A*, 1968-1969

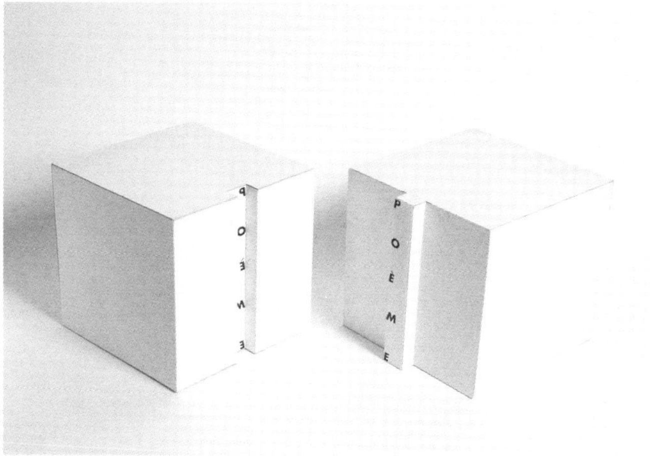

Francesc Torres, *Poème - eméoP*, 1968-1969

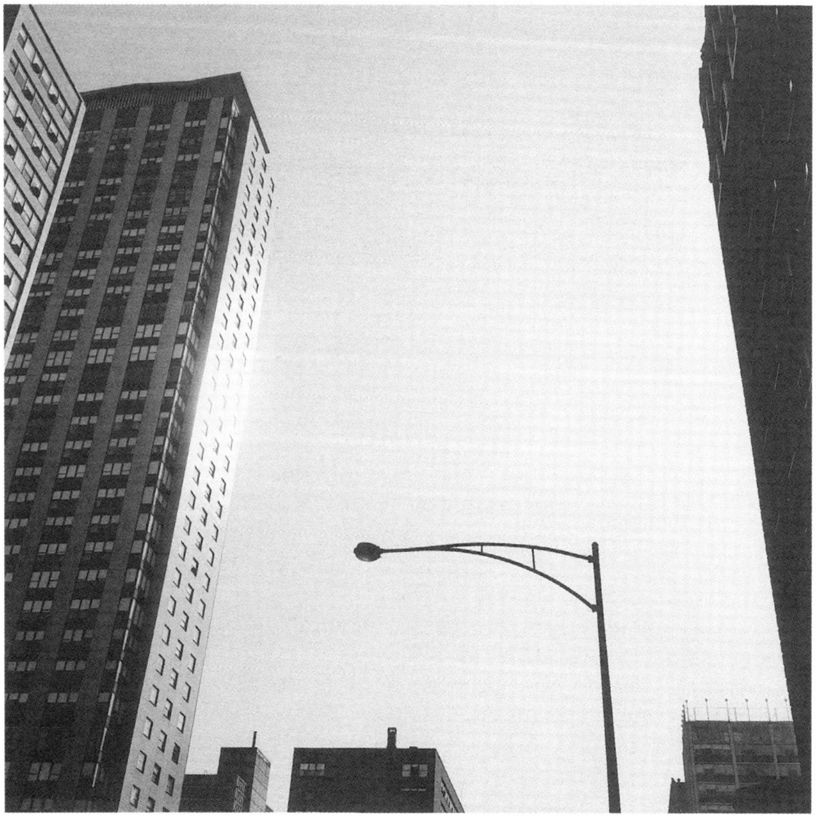

Francesc Torres, *Constatación de la luz del sol en el piso trece*, 1972

És igual que el comunisme llibertari sigui o no sigui viable; és igual que qualsevol altra utopia sigui o no sigui viable; és igual que les coses hagin canviat; és igual que visquem en un altre món; és igual que ens creguem més vius. Tot això és igual. El que importa és aturar el sistemàtic intent d'assassinat de la memòria, la negació ideològica de la generositat d'esperit i del coratge físic que converteixen en permanent l'absència, perquè els valents sempre moren abans d'hora. És per això que es parla poc d'uns quants homes de la història recent de Catalunya que es negaren a acceptar la desfeta, el principi de realitat que els deia que ho tenien tot en contra. No se'ls dedica ni un miserable record de pedra per por de donar la cara, per por a esquinçar-se la camisa, a deixar la poltrona, a posar en perill l'amable parcel·la de poder democràticament adquirit. És la venjança dels qui mai no han estat convençuts de ser valents.

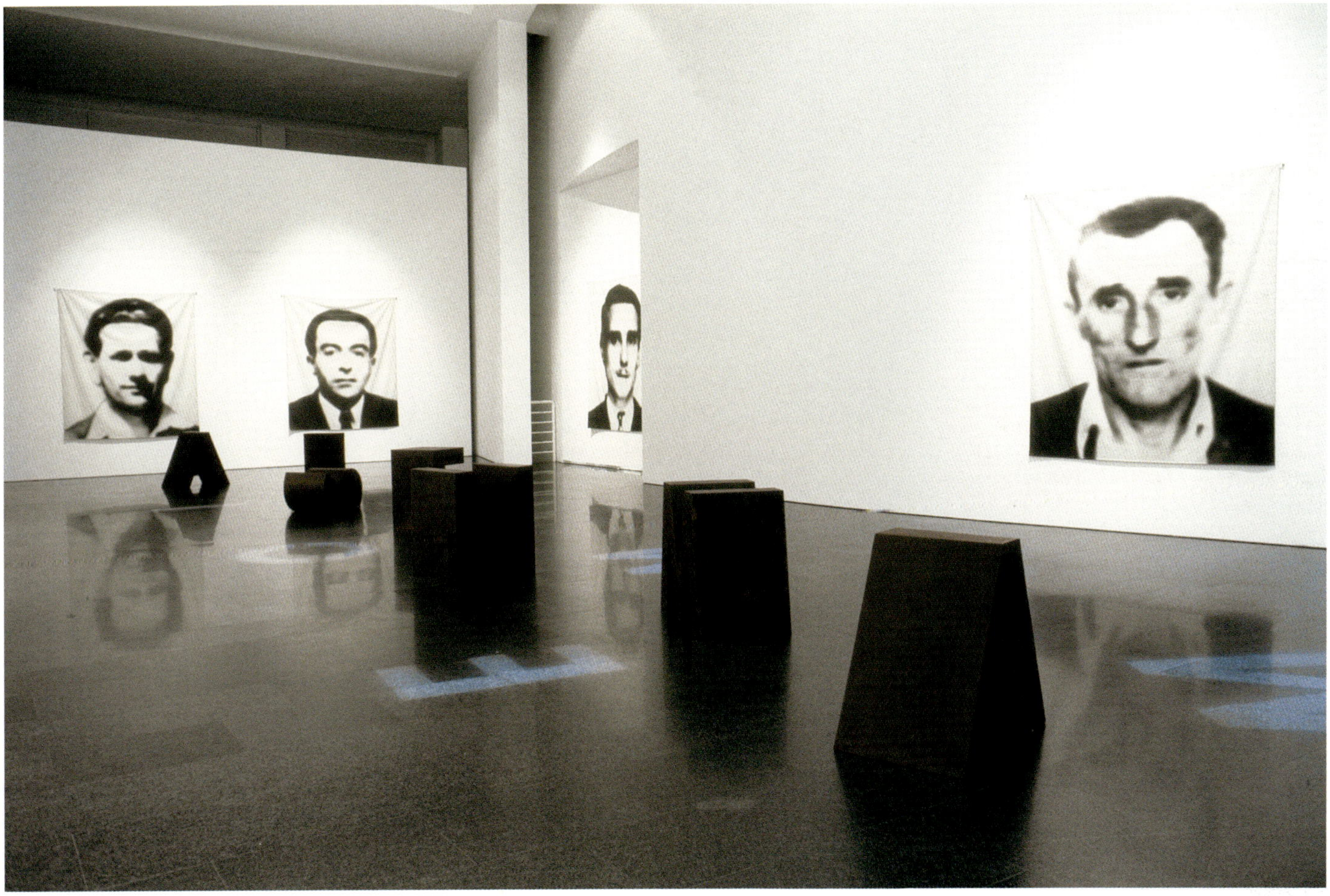

Francesc Torres, *Amnèsia-memòria*, 1991

En aquesta obra se segueix una estratègia ja utilitzada en altres instal·lacions, com *Plus Ultra* (Kunstforum, Nationalgalerie, Berlín, 1988), *Dromos Indiana* (Indiana State Museum, Indianàpolis, Indiana, 1989) i *Cincuenta lluvias* (Museo Nacional Centro de Arte Reina Sofía, Madrid, 1991), entre d'altres. És a dir, es tracta, idealment, de l'ús i/o presentació del sediment històric en estat pur perquè ell mateix es transformi en art o en component indissoluble de l'obra d'art. Així, s'aconsegueix una fixació iconogràfica d'un fragment d'història, i s'insisteix en el fet que no pot haver-hi consciència històrica divorciada d'imatges. La consciència històrica és fonamentalment visual.

La metodologia que s'ha utilitzat en aquesta obra es nodreix a parts iguals de dues referències dispars, però estretament relacionades; una d'aquestes és paradigmàtica de l'art del segle XX, i l'altra, una constant a-històrica subjacent en tot procés d'interacció entre l'ésser humà i el seu entorn al llarg del tots els temps. O, dit d'una altra manera, en primer lloc l'apropiació duchampiana d'objectes presents en l'entorn antropològic, i en segon lloc la reducció totèmica de la realitat al terreny d'allò simbòlic com a estratagema per fer-la psicològicament aprehensible i integrable, que ens proposa Lévi-Strauss. En tots dos casos parlem d'un procés de cognició i destil·lació que desemboca en l'objecte d'art o artefacte màgic. En l'àmbit arqueològic de la memòria camuflat com a instal·lació que constitueix *Amnèsia-memòria*, tot allò aprehensible i objectuat és un fragment de la història d'aquest país, un retall de realitat desapareguda, la qual, per raons polítiques i ideològiques (¿n'hi pot haver d'altres?) ha estat llençada al pou fosc de l'oblit.

FRANCESC TORRES, 1991

Les darreres tendències en les arts plàstiques han generat una sèrie de propostes que han anat apropant les experiències cap a una reflexió analítica del mateix fet artístic.

Això suposa un nou punt d'observació referent al mecanisme de celebració plàstica, i el substitueix per un mecanisme de qüestionament de l'art dins de l'art.

Aquest nou punt d'observació no proposa ni un nou estil ni una tècnica nova, sinó un apropament analític a la natura i, en funció del llenguatge artístic, una nova actitud.

És important la diferència entre estil i actitud. Un nou estil suposa un nou llenguatge i uns nous significants. L'actitud, en aquest cas, suposa una anàlisi sobre l'origen d'aquest llenguatge en l'artista mateix, convertint-se ell mateix en el material de la seva pròpia experiència.

Per aprofundir i analitzar la pròpia natura de la proposta artística, ha hagut de recórrer a metodologies que pertanyen a unes altres disciplines, cosa que comporta que se li demani una pràctica molt diferent a la utilitzada fins ara en el camp de l'art.

La valoració –que no vol dir sublimació– de fets reals en funció de llur capacitat representativa d'un context intel·lectualment llegible, és una característica d'aquesta nova actitud que d'una manera general anomenem *conceptual-art.*

Aquesta valoració de fets com a vehicle d'una lectura analítica condueix a substituir l'objecte artístic per la idea com a proposta «mentalment interessant» que es desprèn d'aquesta nova actitud, que, en definitiva, és un procés reflexiu que pot donar una sortida als problemes que des de fa molt temps planteja la presència de l'artista en un context com el nostre, desmitificant el procés tradicional de creació utilitzat fins ara d'una manera intuïtiva i culturalista.

Les propostes dins del camp conceptual es produeixen de molt diverses maneres, fent ús de premisses matemàtiques, sociològiques, psicològiques, geològiques, etc., que tracten d'explicar i cercar els camins analítics que poden determinar el fenomen creatiu. La materialització de les obres conceptuals es produeix de moltes maneres: s'utilitzen el film, la fotografia, la pàgina dactilografiada, trameses postals, accions corporals, etc., servint-se de tot això com a suport o documentació d'una idea que proposa un procés de realització mental, que cal compartir amb l'espectador-lector d'uns resultats que no estan previstos o determinats en la proposta inicial.

En centrar l'atenció sobre el procés de creació més que sobre els resultats es produeix la desaparició de l'objecte d'art com a sublimació final, cosa que suposa un replantejament en la mercantilització de l'art i, per tant, unes conseqüències sociopolítiques que vénen directament implicades malgrat no ser l'objectiu directe dins dels plantejaments teòrics del *conceptual-art.*

El fet de no proposar directament en termes sociopolítics les premisses de l'art de concepte, no exclou la possibilitat d'una revisió crítica dels aspectes més contradictoris que es deriven de la pràctica artística com, per exemple, la «borsa artística» amb totes les conseqüències, a tots nivells, que un replantejament d'aquesta índole podria comportar.

Tot això pot arribar des d'una actitud crítica sobre el propi procés creatiu, integrant l'espectador-lector en aquesta dinàmica analítica i alliberant-lo de la contemplació mística i intuïtiva de l'objecte sublimat.

CARLES SANTOS, 1973

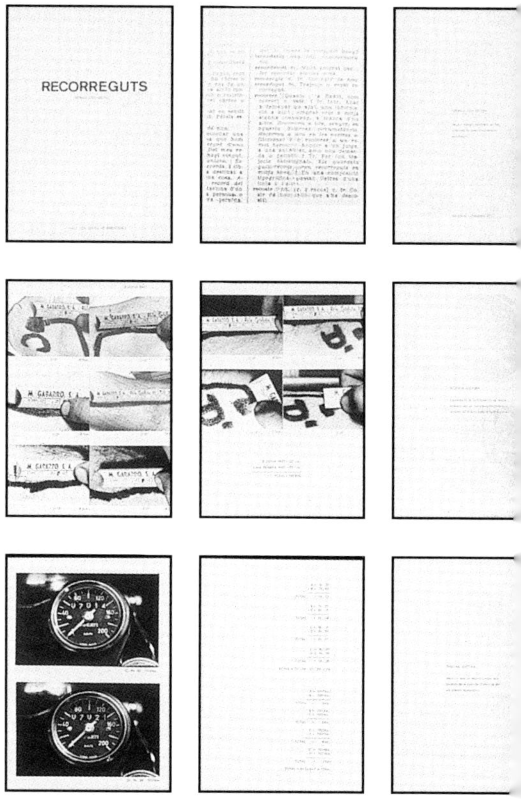

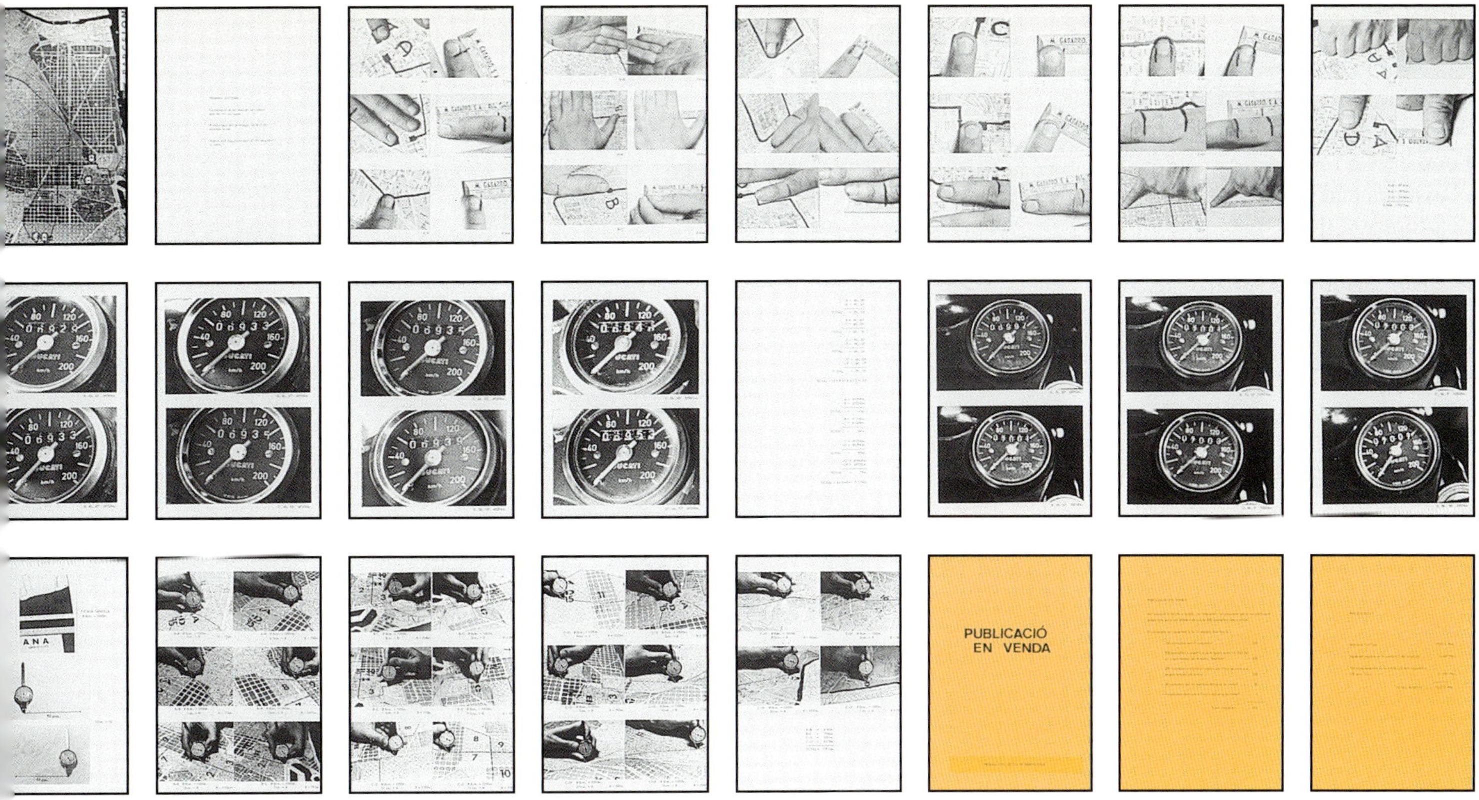

Grup de Treball, *Recorreguts. Treball col·lectiu de Barcelona,* 1973

Preparat amb motiu de la participació del Grup de Treball en la *Mostra d'art realitat* (desembre de 1973 – gener de 1974), aquest treball proposa tres lectures diferents d'un mateix recorregut efectuat per cent tretze persones entre els dies 28 i 31 d'octubre de 1973 a Barcelona.

La primera lectura és una comparació entre les mesures d'un plànol i les d'una mà i una cama. La segona és una constatació de la diferència en el temps que utilitza un vehicle de motor en recórrer el mateix espai en hores diferents. Finalment, la tercera lectura consisteix en un amidament del trajecte amb els sistemes que s'utilitzen habitualment per fer plànols topogràfics i corbes de nivell.

Es tracta, per tant, d'un treball en el qual la fragmentació substitueix, d'alguna manera, el concepte tradicional de l'obra perfectament delimitada. La idea de registre o de crònica encobreix un qüestionament tant del subjectivisme excessiu com de la precisió absoluta, i dóna lloc a una obra que recorda les experiències urbanes dels situacionistes.

En darrer lloc, convé destacar la referència sorneguera a la detenció policial dels cent tretze membres de l'Assemblea de Catalunya, els quals van fer el mateix itinerari de *Recorreguts*, des de l'església de Santa Maria Mitjancera fins a la comissaria de Via Laietana, i posteriorment fins a les presons corresponents d'homes i dones.

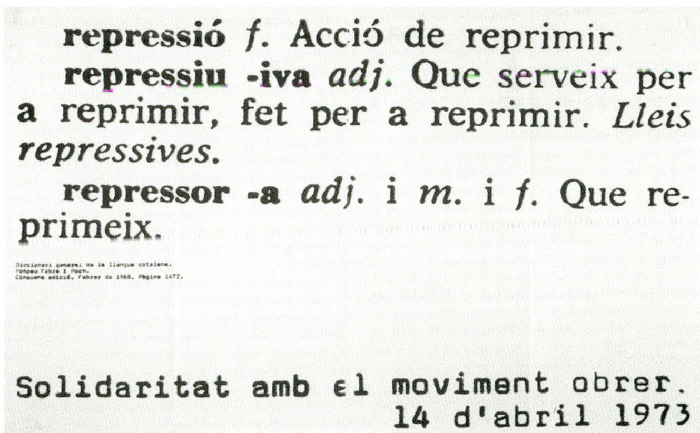

Grup de Treball, *Cartell del col·lectiu Solidaritat amb el moviment obrer,* 1973

Editat pel col·lectiu Solidaritat amb el Moviment Obrer per recaptar fons, aquest cartell va ser distribuït clandestinament amb motiu de l'aniversari de la Primera República Espanyola. Aquesta proposta, que recull les entrades «repressió», «repressiu-iva» i «repressor-a» extretes del Diccionari General de la Llengua Catalana de Pompeu Fabra, rememora els treballs que reflexionen al voltant de la relació entre llenguatge i art.

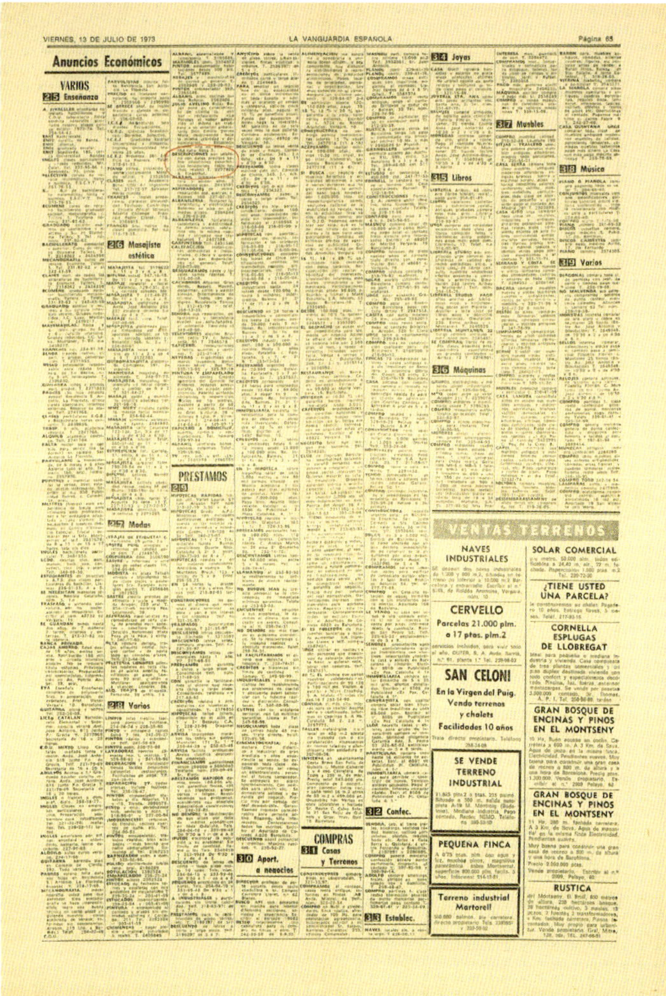

VIERNES, 13 DE JULIO DE 1973 LA VANGUARDIA ESPAÑOLA

Anuncios Económicos

VARIOS

Enseñanza

Masajista estética

Varios

PRESTAMOS

Modas

Joyas

Muebles

Libros

Música

Varios

Máquinas

COMPRAS

Casas y Terrenos

VENTAS TERRENOS

NAVES INDUSTRIALES

SOLAR COMERCIAL

¿TIENE USTED UNA PARCELA?

CERVELLO

CORNELLA ESPLUGAS DE LLOBREGAT

SAN CELONI

En la Virgen del Puig. Vendo terrenos y chalets

Facilidades 10 años

GRAN BOSQUE DE ENCINAS Y PINOS EN EL MONTSENY

SE VENDE TERRENO INDUSTRIAL

GRAN BOSQUE DE ENCINAS Y PINOS EN EL MONTSENY

PEQUEÑA FINCA

Terreno industrial Martorell

RUSTICA

Grup de Treball, *Anunciamos,* 1973

Anunciamos és un conjunt de disset anuncis publicats al diari *La Vanguardia Española* entre els mesos de juny i juliol de 1973. Utilitzant el patró narratiu d'un anunci d'ocasions, o fins i tot de contactes entre persones, es planteja, d'una banda, una interferència en l'àmbit de la premsa, i de l'altra, una mena de paròdia irònica dels signes visuals característics de la censura.

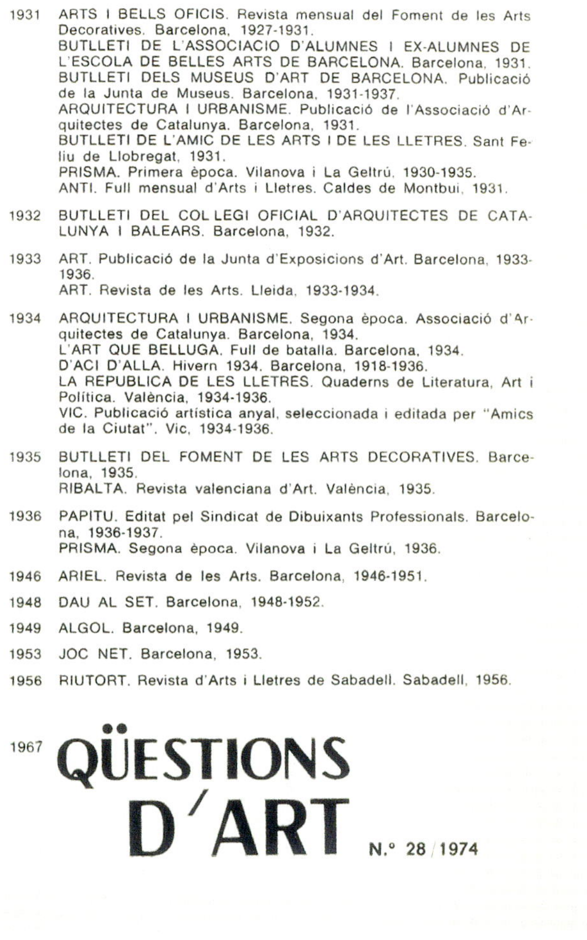

1931 ARTS I BELLS OFICIS. Revista mensual del Foment de les Arts Decoratives. Barcelona, 1927-1931.
BUTLLETI DE L'ASSOCIACIO D'ALUMNES I EX-ALUMNES DE L'ESCOLA DE BELLES ARTS DE BARCELONA. Barcelona, 1931.
BUTLLETI DELS MUSEUS D'ART DE BARCELONA. Publicació de la Junta de Museus. Barcelona, 1931-1937.
ARQUITECTURA I URBANISME. Publicació de l'Associació d'Arquitectes de Catalunya. Barcelona, 1931.
BUTLLETI DE L'AMIC DE LES ARTS I DE LES LLETRES. Sant Feliu de Llobregat, 1931.
PRISMA. Primera època. Vilanova i La Geltrú, 1930-1935.
ANTI. Full mensual d'Arts i Lletres. Caldes de Montbui, 1931.

1932 BUTLLETI DEL COL·LEGI OFICIAL D'ARQUITECTES DE CATALUNYA I BALEARS. Barcelona, 1932.

1933 ART. Publicació de la Junta d'Exposicions d'Art. Barcelona, 1933-1936.
ART. Revista de les Arts. Lleida, 1933-1934.

1934 ARQUITECTURA I URBANISME. Segona època. Associació d'Arquitectes de Catalunya. Barcelona, 1934.
L'ART QUE BELLUGA. Full de batalla. Barcelona, 1934.
D'ACI D'ALLA. Hivern 1934. Barcelona, 1918-1936.
LA REPUBLICA DE LES LLETRES. Quaderns de Literatura, Art i Política. València, 1934-1936.
VIC. Publicació artística anyal, seleccionada i editada per "Amics de la Ciutat". Vic, 1934-1936.

1935 BUTLLETI DEL FOMENT DE LES ARTS DECORATIVES. Barcelona, 1935.
RIBALTA. Revista valenciana d'Art. València, 1935.

1936 PAPITU. Editat pel Sindicat de Dibuixants Professionals. Barcelona, 1936-1937.
PRISMA. Segona època. Vilanova i La Geltrú, 1936.

1946 ARIEL. Revista de les Arts. Barcelona, 1946-1951.

1948 DAU AL SET. Barcelona, 1948-1952.

1949 ALGOL. Barcelona, 1949.

1953 JOC NET. Barcelona, 1953.

1956 RIUTORT. Revista d'Arts i Lletres de Sabadell. Sabadell, 1956.

1967 QÜESTIONS D'ART N.º 28 / 1974

Grup de Treball, *Revista Qüestions d'Art nº 28,* 1974

A partir d'un encàrrec de la mateixa revista, el Grup de Treball va elaborar un número especial d'hivern (1974) de *Qüestions d'Art.* El número reunia col·laboracions individuals, una antologia de textos i actuacions del grup (inclosa la portada), un text-manifest a la contracoberta i el projecte «Treball Col·lectiu: Proposta a la crítica», que consistia a enviar a diversos crítics un conjunt de textos del Grup de Treball perquè els comentessin, i després se'n van publicar les respostes rebudes.

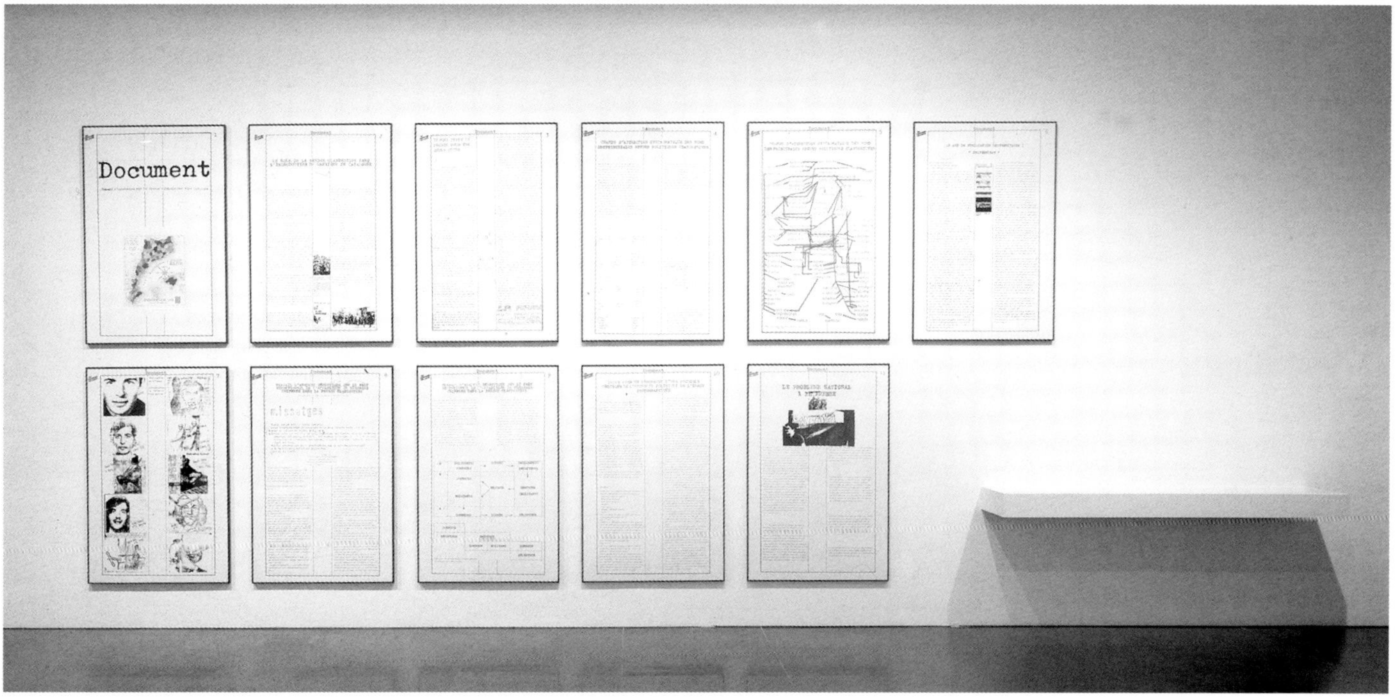

Grup de Treball, *Champ d'attraction. Document. Travail d'information sur la presse illégale des Pays Catalans,* 1975

Exposat per primer cop a la IX Biennal de París (1975) i, més endavant, a la Biennal de Venècia (1976) i a l'exposició *Biennal de Venècia. Avantguarda artística i realitat social a l'Estat espanyol 1936-1976* (1976-1977) aquest treball planteja una anàlisi de la situació de la premsa il·legal catalana per mitjà d'imatges, gràfics, textos i una àmplia selecció d'exemples de publicacions clandestines.

La promulgació de la llei antiterrorista de 1975 i la implantació de l'estat d'excepció van obligar a presentar la proposta sense signar, la qual cosa va desencadenar, un cop acabada la IX Biennal de París, el final de les activitats del Grup de Treball.

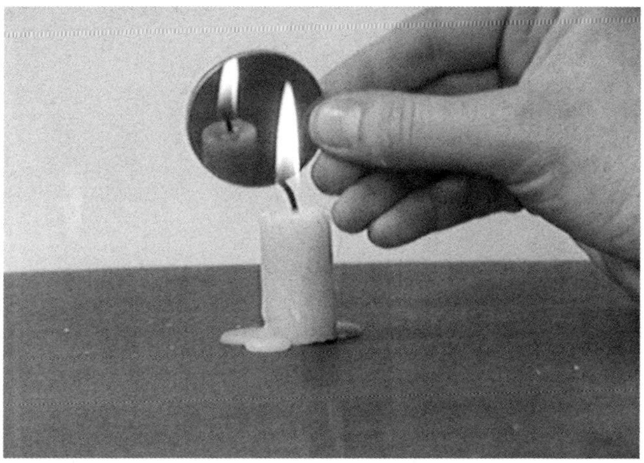

Grup de Treball, *Film col·lectiu,* 1974

Concebuda epistolarment, aquesta cinta reflecteix els procediments de treball del grup. Així, entre les diferents propostes dels seus membres per a aquesta obra l'única que es va arribar a realitzar fou la de Carles Santos, mentre que les aportacions de Francesc Abad, Dorothée Selz i Antoni Mercader són filmacions sense muntar. A tot això, caldria afegir els treballs de Jordi Benito i Muntadas, que formaven part d'aquest projecte de pel·lícula però que avui no se sap on són.

Finalment, convé destacar l'aparició intercalada d'unes manifestacions polítiques filmades pel Grup de Producció, que col·laborava habitualment amb el Grup de Treball i que, de manera fortuïta, han aparegut en aquesta cinta.

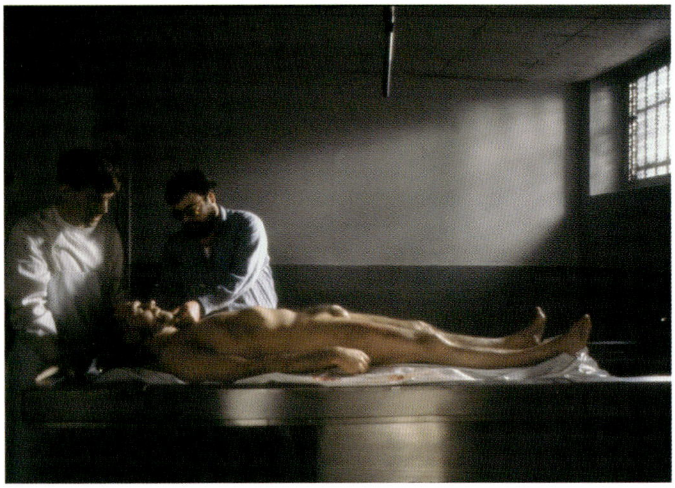

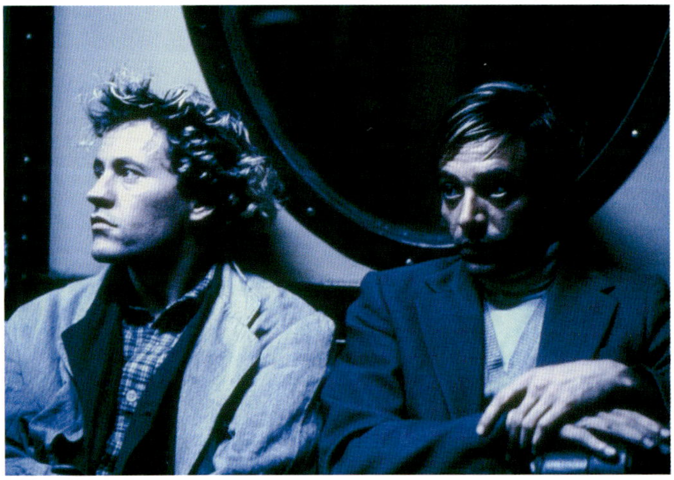

Pere Portabella, *Pont de Varsòvia*, 1989

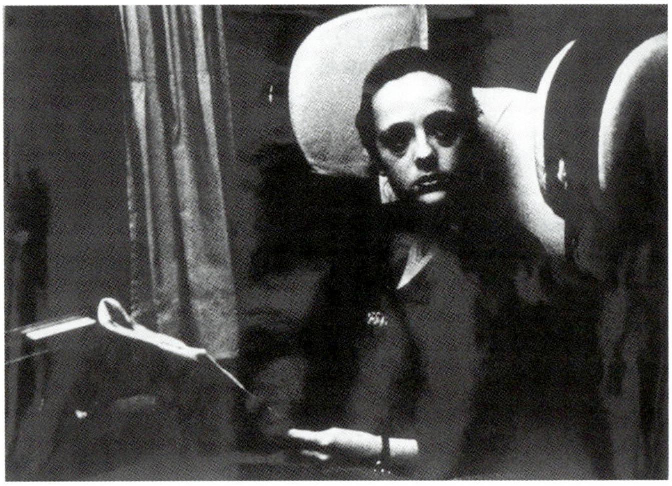

Pere Portabella, *Umbracle*, 1971-1972

No crec que el meu treball, vist en perspectiva, hagi estat pas una pràctica conjuntural, penso que ha estat una manera de plantejar-se el treball cinematogràfic des d'una òptica ideològica, i no únicament des del vessant d'un compromís polític, sinó intentant treballar prioritàriament els propis mitjans en un intent de crítica del llenguatge. En principi tal plantejament em sembla vàlid; però en aquests moments, tenint en compte tot allò que ja està fet, així com els diferents condicionaments polítics i culturals, el treball produiria uns resultats distints.

Dos camins

Em penso que hi ha dues possibles alternatives que modificarien d'alguna manera els meus plantejaments anteriors. De primer, crec que mentre els canals de difusió del cinema continuïn essent els tradicionals, és del tot necessari plantejar-se l'accés als mitjans normals d'exhibició. Això voldria dir: és totalment necessari que el cinema es faci per als cinemes. No es pot perdre de vista aquest fet, i cal tenir-lo en compte des del mateix moment de l'inici de la gestació d'un film. Aquesta voluntat d'establir un programa de normalització, que faria modificar la construcció aparent dels treballs però no el fons, es troba tanmateix amb alguns problemes greus: d'una banda, el control per part de les multinacionals de la distribució i de les sales d'exhibició, i de l'altra, les característiques del cinema mateix en tant que suport, el qual comença a presentar alguns problemes absolutament anacrònics: la química i la submanipulació artesanal.

Però hi ha un fet molt més important: la relació amb l'espectador; el vídeo, que ha fet una entrada imparable al món del cinema, inicia el que podríem anomenar la privatització del cinema. L'espectador ja no haurà de moure's per accedir a un film. Les propostes podran ésser llegides en la intimitat; un film ja no haurà d'estrenar-se necessàriament; hom podrà filmar un treball del qual es podran vendre un nombre indeterminat de còpies. És una mica com passar del món dels incunables al món de les edicions il·limitades de llibres. L'espectador podrà projectar els films privadament. Aquest és un esdeveniment essencial. Podrà fer ús de l'aparell de televisió amb molta més capacitat d'iniciativa que ara.

Si contemplem una mica el món del cinema en aquests moments, advertirem de seguida dues direccions: d'una banda, el cinema colossalista, que em sembla una mica com un retorn a la barraca de fira, sense ignorar tot un seguit de connotacions culturals que no es poden oblidar, i d'una altra, aquell cinema que amb un alt grau de clarividència ja fa propostes per ser projectades fora dels canals tradicionals (els cinemes). En tot aquest laberint existeixen encara d'altres factors; les multinacionals estan interessades, a la llarga, en el projecte vídeo i això, ara com ara, no ens deixa pràcticament cap opció de tria. Tot plegat fa que irreversiblement el plantejament del treball ara no pot ser el mateix que fa uns anys, no podem pensar en Ford, Welles o Sirk com a models, solament, en tot cas, com a referents i memòria.

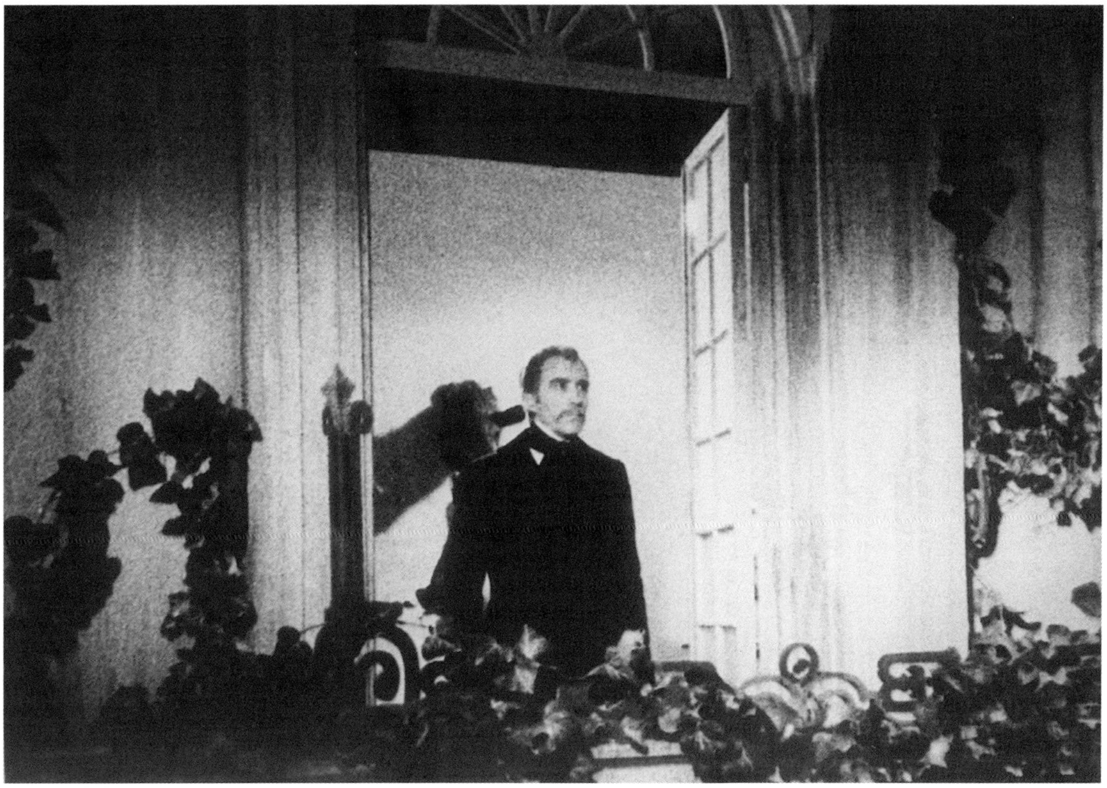

Pere Portabella, *Vampir-Cuadecuc*, 1970

Un problema

Al moment de plantejar-se la possibilitat d'aquest trànsit (de la projecció pública al consum privat i domèstic, del temps de projecció fixa a la interrupció i repetició) fa immediatament acte de presència un problema: el de l'especificitat de dos mitjans diferents, el cinema i el vídeo, dels quals els mitjans de comunicació, principalment la televisió, contínuament en fan un ús indiscriminat, cosa que produeix una gran confusió. En aquest traspàs de tècniques sempre hi ha qui proclama que, en tractar-se d'un nou mitjà, el treball serà d'una novetat total, una mica la «creu i ratlla». No opino que això sigui així. L'únic real és l'existència d'unes possibilitats diferenciades, objectivament parlant, la utilització de les quals permet, sempre dins del mateix fil discursiu, d'operar d'una manera diferent. El resultat pot variar, però el discurs sobre el llenguatge, la matriu ideològica, la concepció i l'especificitat de la qual es parteix i es transcendeix, és la mateixa. Crec, però, que no es pot pas elaborar un programa, una actitud, sense partir d'una determinada especificitat; sense convertir-la mai, tanmateix, en una ortodòxia, en una ortopèdia; precisament els millors treballs que s'estan produint en aquest moments al cinema són els d'aquells autors que han trencat aquesta limitació que el mateix cinema s'havia imposat, per exemple, la pel·lícula de Peter Handke *La mujer zurda* és el film d'un escriptor, no pas la d'un cineasta, i en canvi és una gran proposta. L'especificitat del mitjà no es pot pas oblidar: l'escultor en fusta ha de conèixer les característiques i comportaments de la fusta que treballa, sensible fins i tot a l'atzar. Ara bé, tot això té un límit; l'especificitat del cinema, com la del vídeo, està més enllà del que fins ara se'ns ha donat a entendre. Penso que un coneixement profund del que és específic d'un llenguatge és l'únic sistema que permet un veritable treball. Que permet la seva violació. Un poeta ha de tenir un coneixement profund de la llengua... Al cinema les millors pel·lícules són aquelles en les quals s'ha produït una violentació del cinema; Dreyer violenta el cinema, així com Artaud violenta l'escriptura. Això planteja una l'última pregunta: què vol dir dominar el que és específic d'un llenguatge, què vol dir conèixer un mitjà? Per mi conèixer un llenguatge és pensar i visualitzar imaginativament a partir del mitjà, escurçar al màxim la distància que hi ha entre els projectes a l'estadi de les idees i el camí que s'empra per fer-ho. El resultat d'aquesta dialèctica ha d'ésser que l'objecte creat s'acosti al màxim possible als projectes del principi, sotmesos, però, a tots els «traumes» i alteracions del mateix procés de creació fins a la materialització final. Per tal que això es produeixi és indubtable que hi ha una part objectiva que cal conèixer i dominar.

Pere Portabella, 1980

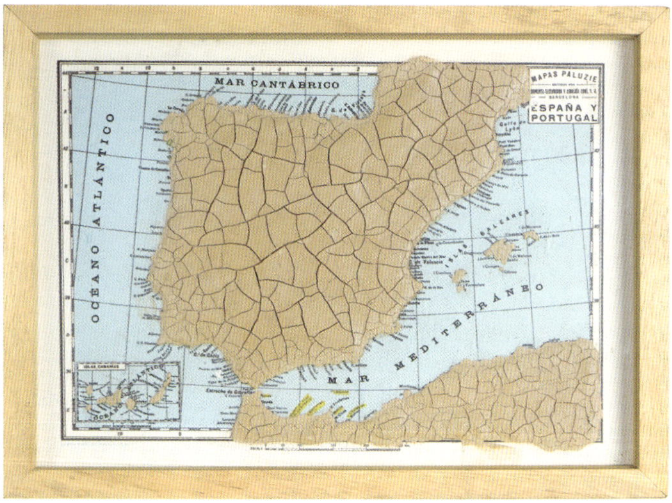

Pere Noguera, *Mapa d'Espanya*, 1979

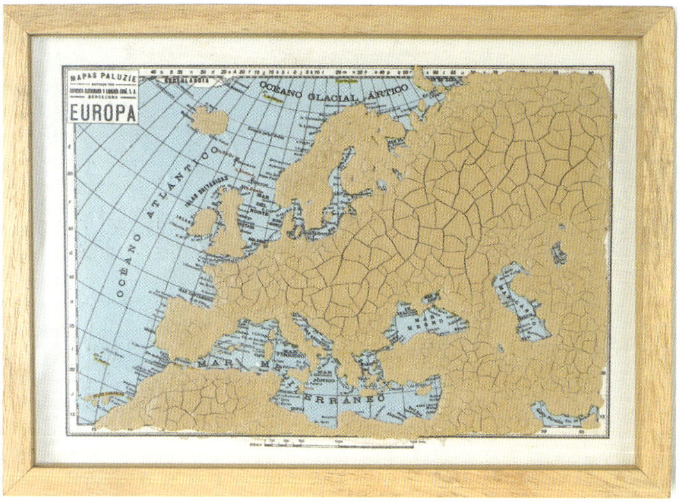

Pere Noguera, *Mapa d'Europa*, 1979

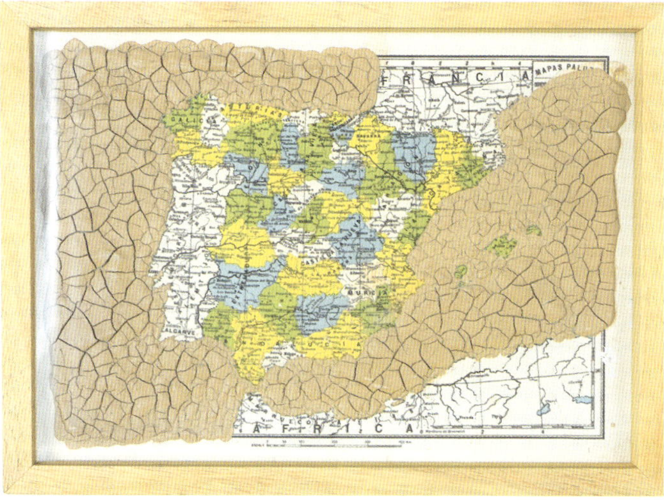

Pere Noguera, *Mapa d'Espanya*, 1979

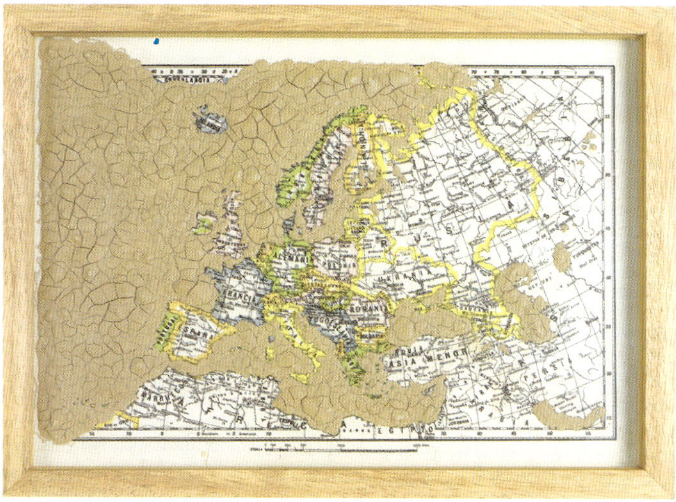

Pere Noguera, *Mapa d'Europa*, 1979

Aquest és un treball sobre el paisatge i la idea de territori. En els mapes d'Espanya, l'artista cobreix de fang el territori espanyol i anul·la la distribució d'Espanya per províncies. S'invalida la geografia política i s'entra en una nova distribució de la geografia física, a partir del craquelatge del fang. I, a l'inrevés, cobrint de terra el mar, tot és terra i es dibuixa una geografia de sequedat total. En els mapes d'Europa. És, alhora, una forma singular de referir-se al relleu escultòric, mitjançant l'espai ple i l'espai buit. Pel que fa als mapes d'Europa, es desenvolupa la mateixa idea aplicada a la distribució dels estats europeus. Són els territoris i els paisatges propers a l'artista. L'ús del mapa ha estat freqüent en l'obra de Noguera, com ho ha estat en altres artistes de l'*arte povera* italià. Es poden relacionar, doncs, amb altres peces d'imatges cobertes de fang del moment, com *Saló interior amb bola del món* (1979), amb el mapa de la instal·lació *Alfabet C* (1980) o amb el mapa del Brasil de la instal·lació *Preservaçao de viagem. 5 estrellas radio taxi* (1992).

Pilar Parcerisas, 2001

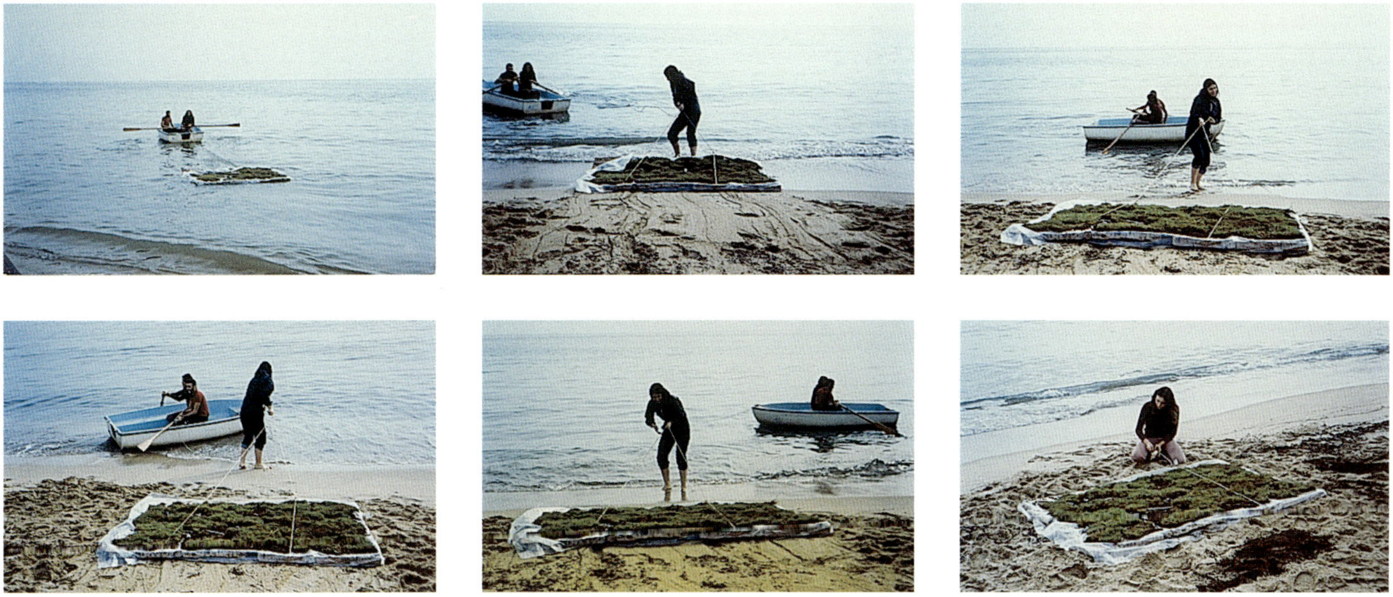

Fina Miralles, *Translacions*, 1973

Un tema, molt important, és el que es deriva de la presa de consciència que cada element posseeix un espai, per tant, un context.

Les experiències anomenades *Translacions* consisteixen a operar en aquest camp. Per mostrar la importància del context i fer-ne capir el sentit, l'artista s'ha dedicat a treure les coses de llur context originari: portar-les d'un context natural a un altre (la gespa al damunt del mar, la platja al damunt dels sembrats, les cames de la dona al món subterrani), d'un de natural a un d'artificial (les patateres i el camp llaurat a una sala d'exposicions, l'arbre al llit, les pedres a l'armari) o d'un d'artificial a un de natural (el peix artificial a la galleda amb aigua, la gallina dissecada al galliner, la pintura sobre la closca dels cargols).

Els resultats posaven en evidència que desposseir un objecte natural o artificial de la seva funcionalitat equival a treure'l del context, i viceversa.

Aquesta relació entre context i funció evidenciava que qualsevol objecte és condicionat pels altres que el volten, no solament perquè constitueixen el lloc on l'objecte se situa, sinó perquè les altres coses el determinen tal com és, en un grau molt elevat.

Quan un objecte natural és posat al món artificial, o viceversa, aquestes relacions són trencades i es produeix un dels fets estètics més formidables. L'objecte, que ja no depèn del seu entorn, apareix per primera vegada com a quelcom autònom, sobirà. L'objecte natural en el món artificial no tan sols pren personalitat de la seva condició d'aïllat, sinó que, com diu Josefina Miralles, passa a ésser, en el nou àmbit, l'element dominant. Igualment diríem de l'artificial, com tan bé intuí el Douanier quan plantava, a Yadwigha, un sofà al mig de la selva tropical.

ALEXANDRE CIRICI, 1974

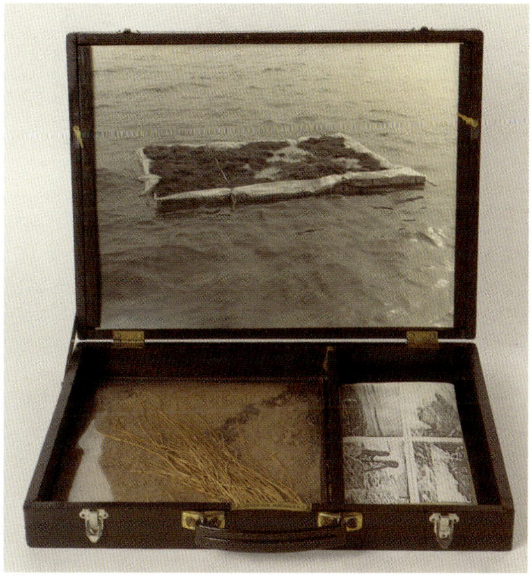

Fina Miralles, *Mar de hierba*, 1973

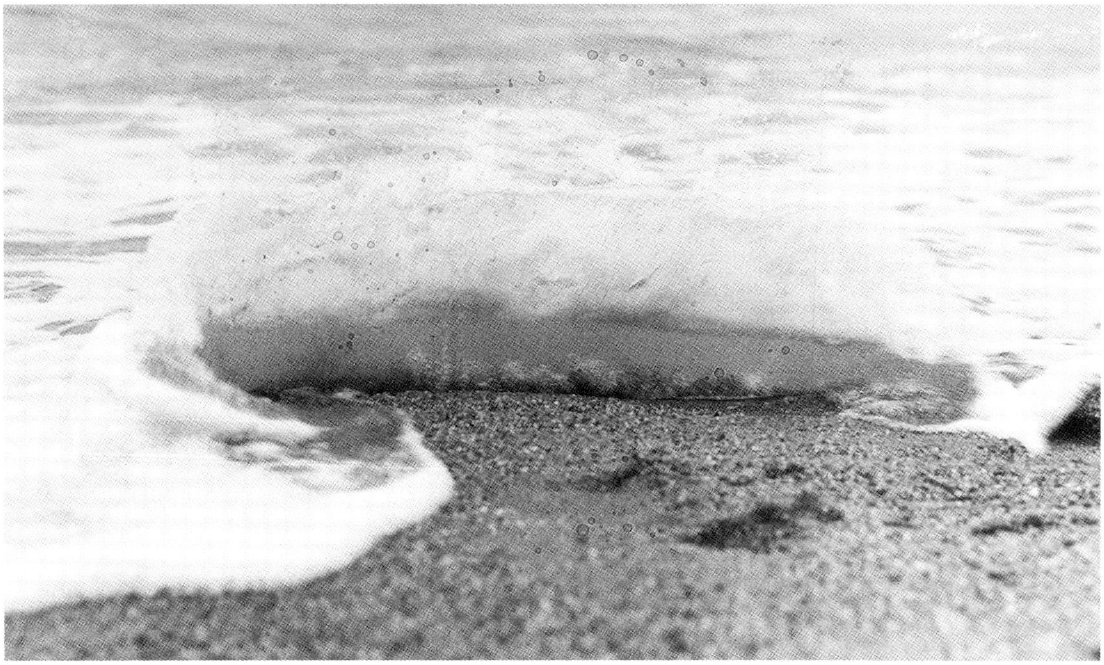

Crec que, d'alguna manera, estem reproduint gestos que fa molts anys tenien una aplicació concreta. Avui, un artista pot agafar un ganivet i tallar l'aigua d'un llac. Tal vegada, fa molt temps, un curandero fes exactament el mateix gest, o el mateix ritual, amb la intenció pràctica d'aconseguir que plogués. Una «idea artística» només pot comunicar-se mitjançant una «peça artística». I justament aquest «element artístic i la seva comunicació subconscient» és el que més m'interessa.

ÀNGELS RIBÉ, 1976

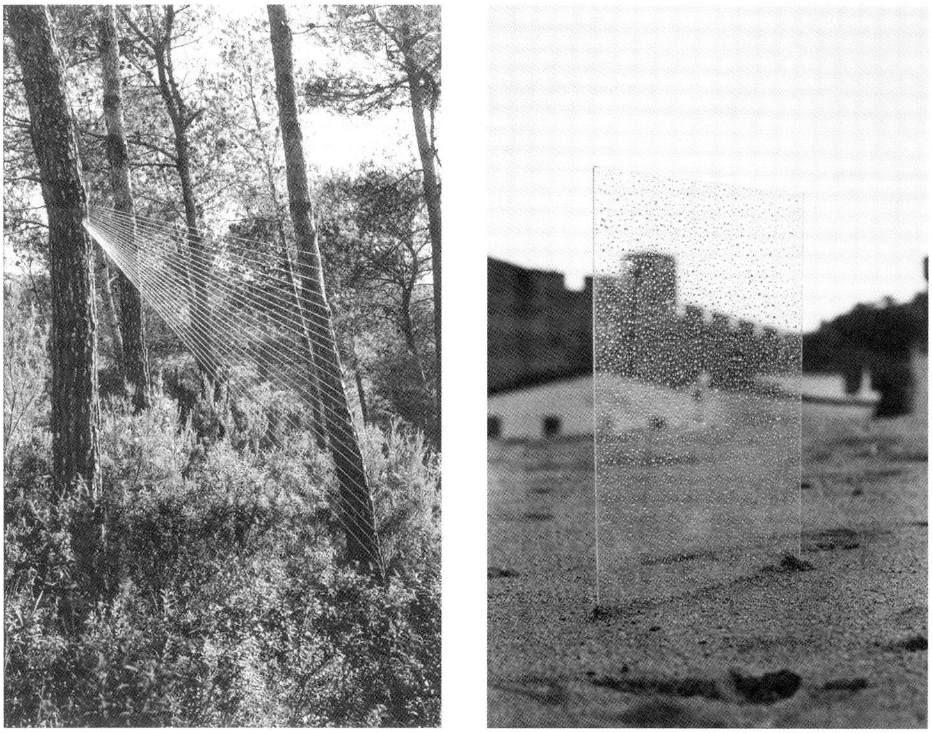

Àngels Ribé, *Intersecció de llum, d'aigua i d'onada*, 1969

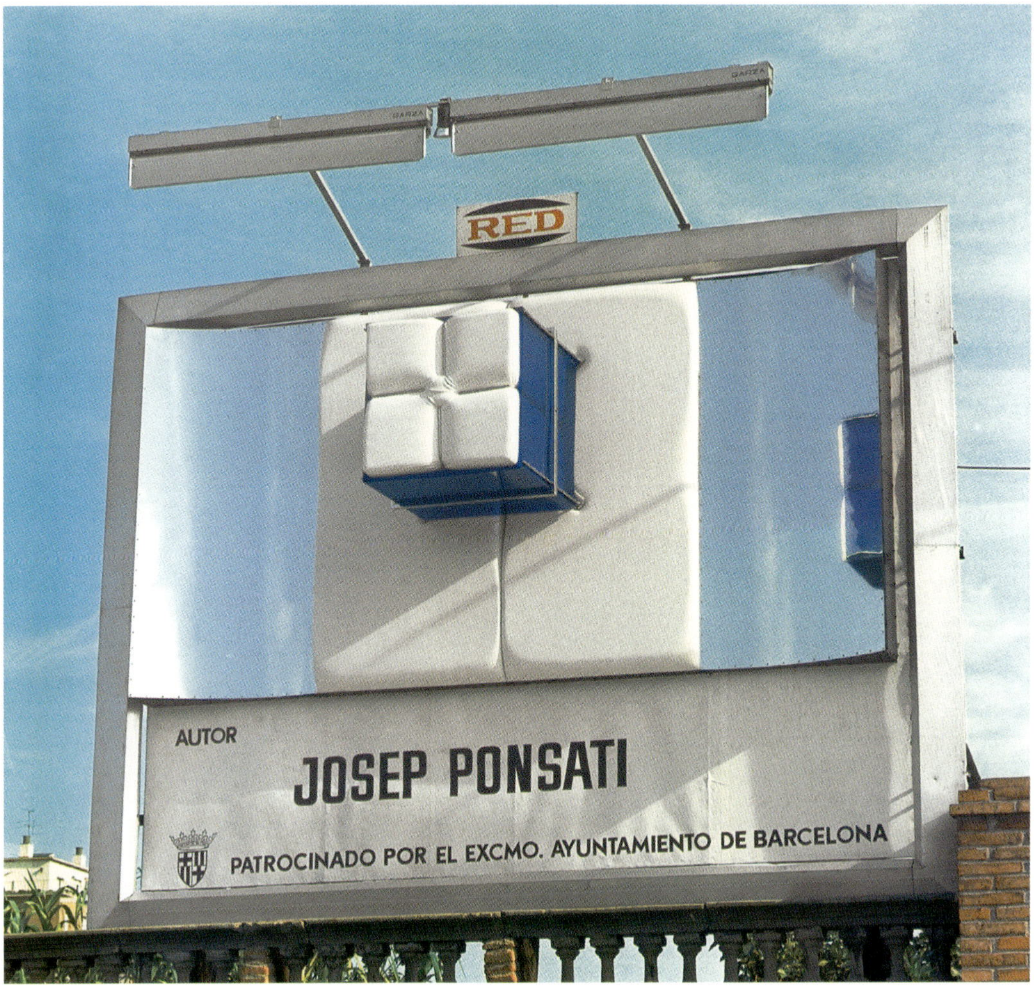

Josep Ponsatí, *Escultura per a pictorama*, 1969 (reconstrucció 1991)

Aquesta obra no sorgí d'una manera esporàdica sinó que fou fruit dels criteris que ja havia desenvolupat en obres anteriors, on una aparent rigidesa formal queda substancialment modificada pel tractament dels materials. En aquesta obra la utilització de materials tous juntament amb materials rígids evoquen un contingut de gran ductilitat, el qual es reforça mitjançant unes peces d'acer polides-mirall, que confereixen a l'obra una dimensió de mobilitat segons el punt de vista de l'espectador [...]. De l'acte de destruir-la amb el foc, se n'ha de fer una lectura en dos nivells: d'una banda, s'ha d'interpretar com un acte de rebel·lia; hi havia però, també, unes raons més profundes derivades del fet que per mi l'important sempre ha estat el contingut de l'obra i que aquesta sigui capaç de projectar-se amb força al marge d'aspectes temporals, en el sentit de durabilitat; *Escultura per a pictorama* ho va fer.

JOSEP PONSATÍ, 1992

Carles Pujol, amb les seves accions a la platja de Vilassar, ha dirigit les experiències vers una problemàtica en la qual ens sembla poder detectar la posada en joc dels conceptes següents:

Concepte efímer de l'obra d'art, que refusa, per tant, de col·laborar a la pol·lució del món afegint, als objectes que ara l'emplenen, nous objectes destinats a atapeir-lo.

Concepte, implícit en l'anterior, de l'obra efímera: el de l'obra no comerciable ni especulable. L'anul·lació de la definició de l'artista com a fabricant per fer negoci. Una assimilació al paper desinteressat del poeta.

Concepte, també implícit en el primer, d'un art que, en no voler fer-se durador, gravita al voltant dels conceptes immobilistes d'eternitat, que corresponien al sistema de valors d'una cultura de tresoreria, d'una societat que encara no s'havia adonat que la rendibilitat és superior a l'acumulació de capital. Que la vida és més que totes les momificacions.

Concepte *minimal* de la posició que rebutja la complicació, l'ornament, tots aquells caràcters dels signes que no siguin, rigorosament, «trets pertinents».

Concepte de l'ocupació de l'espai, completament oposat al concepte tradicional possessiu, de l'arquitectura o l'estructura, que desplaçaven tota cosa i que feien d'un bocí d'espai el propi espai, exclusivament.

L'experiència d'utilització d'elements aleatoris, obra oberta, integrada a la naturalesa, del gran ritme de cintes negres, separades de setanta centímetres, elaborat en la més rígida tensió, però abandonat a la lenta acció de les onades, que van anar destensant de mica en mica els elements, en un creixent triomf de l'entropia.

ALEXANDRE CIRICI, 1976

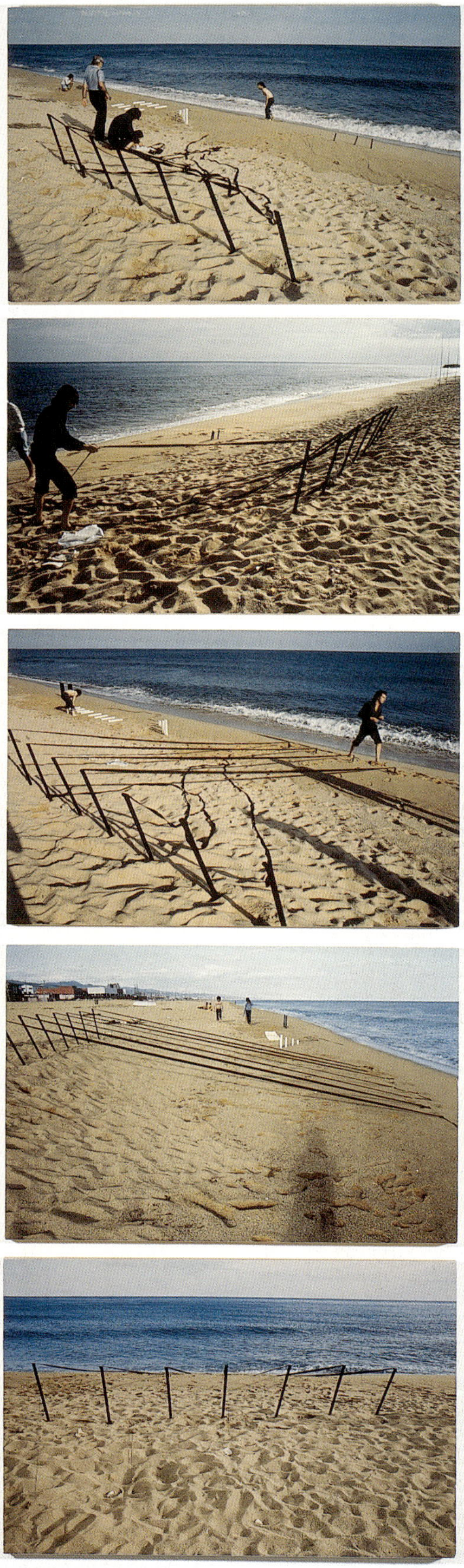

Carles Pujol, *Platja 30.9.75*, 1976

Extremadament metòdic i pulcre en la seva tasca, la seva obra constitueix un encavalcament continuat de relectures sobre el fet pictòric, amb tota la seva càrrega iconogràfica i convencional, de vegades des d'una perspectiva irònica, crítica o de constatació, deixant sempre algun punt sense resposta per posar a prova l'agudesa de l'espectador. […] Tot l'esforç de Cerdà s'encamina a elevar a la categoria de signe allò que és real. […] A la major part d'aquestes *suites* és una constant la presència del quadre dins el quadre, cosa que produeix a vegades un efecte de redundància, com en el cas dels afusellaments del 2 de maig o la *Maja desnuda* de Goya, mentre que en d'altres destaca més la situació de «fora de context» i contraposició de realitats, com la urbana i la rural en el cas de l'*Angelus* de Millet.

Pilar Parcerisas, 1986

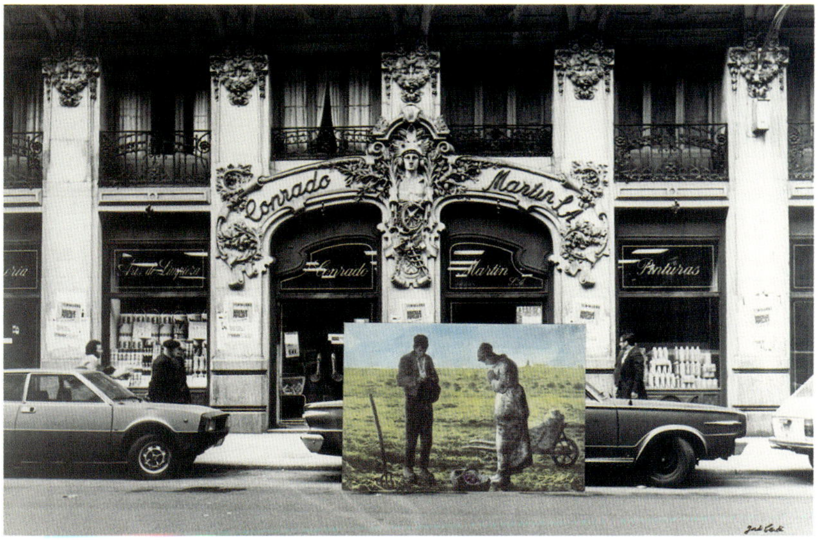

Jordi Cerdà, *Suite pintura I (Conrado Martín Pinturas)*, 1979

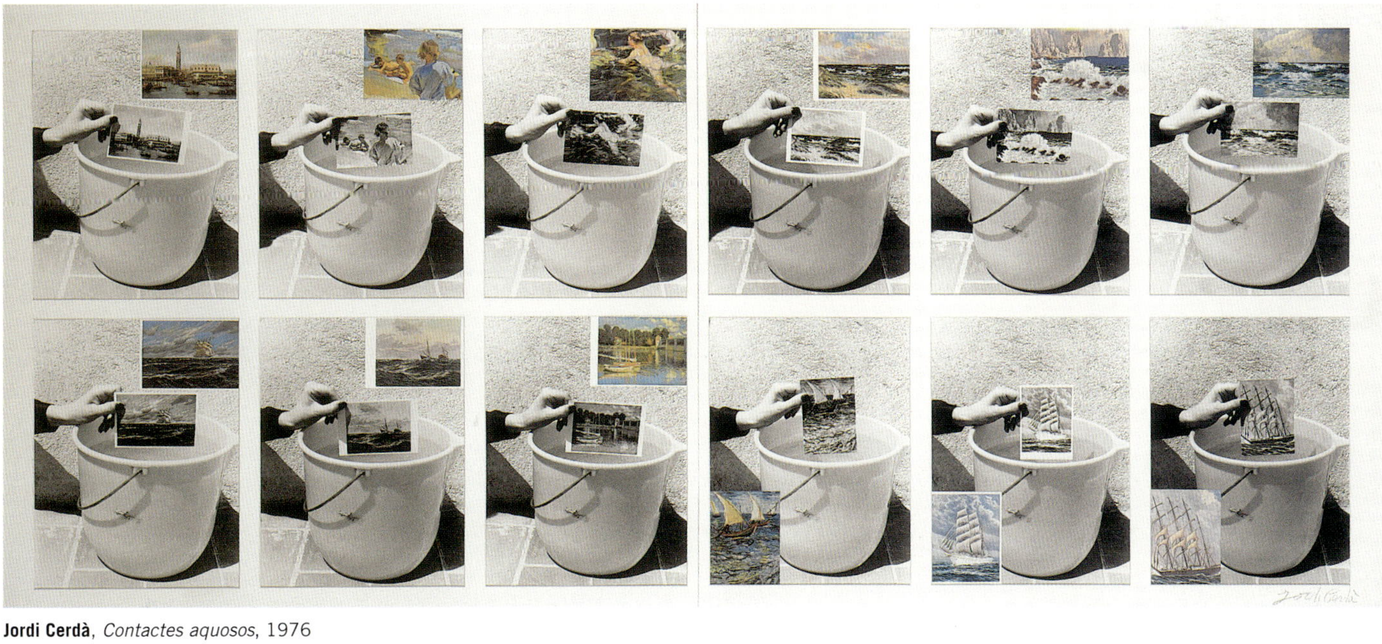

Jordi Cerdà, *Contactes aquosos*, 1976

Francesc Abad, sèrie *L'esperit de la utopia*, 1988

A l'escena catalana dels anys setanta, dins del marc de l'art conceptual, coexistia una barreja de tendències que s'havien desenvolupat en l'àmbit internacional, com ara el *body art*, el *land art*, etc. Per això, per Francesc Abad va ser molt fàcil passar de les experiències de *land art* al *body art*. El cos com a part implicada en la natura va ser objecte d'accions, com ara *Comptar i numerar les pigues d'una part del braç per part dels assistents*, realitzada l'1 de desembre de 1973 a l'exposició *Terrassa. Informació d'Art*. El títol de la peça descriu l'acció que van portar a terme els participants, i la fotografia hi apareix com un mitjà totalment integrat i implícit en la concepció i l'execució de l'acció. La concepció pragmàtica i empírica de l'obra es reflecteix en la definició del seu mètode de treball: «Per mi, la realització de l'art es fonamenta en una successió esglaonada, progressista, que s'inicia en una proposta, s'estructura en un projecte i va a la recerca d'una documentació que em proporciona un coneixement, del qual desprenc una reflexió/intenció, manifestada en un pensament a través de la imatge, que vol ésser reflex de la realitat.»

L'obra de Francesc Abad s'anà independitzant i continuà un procés de radicalització que s'allargà pràcticament fins al 1978, any a partir del qual Abad va iniciar un nou tipus de reflexió, més filosòfica, sobre la condició humana.

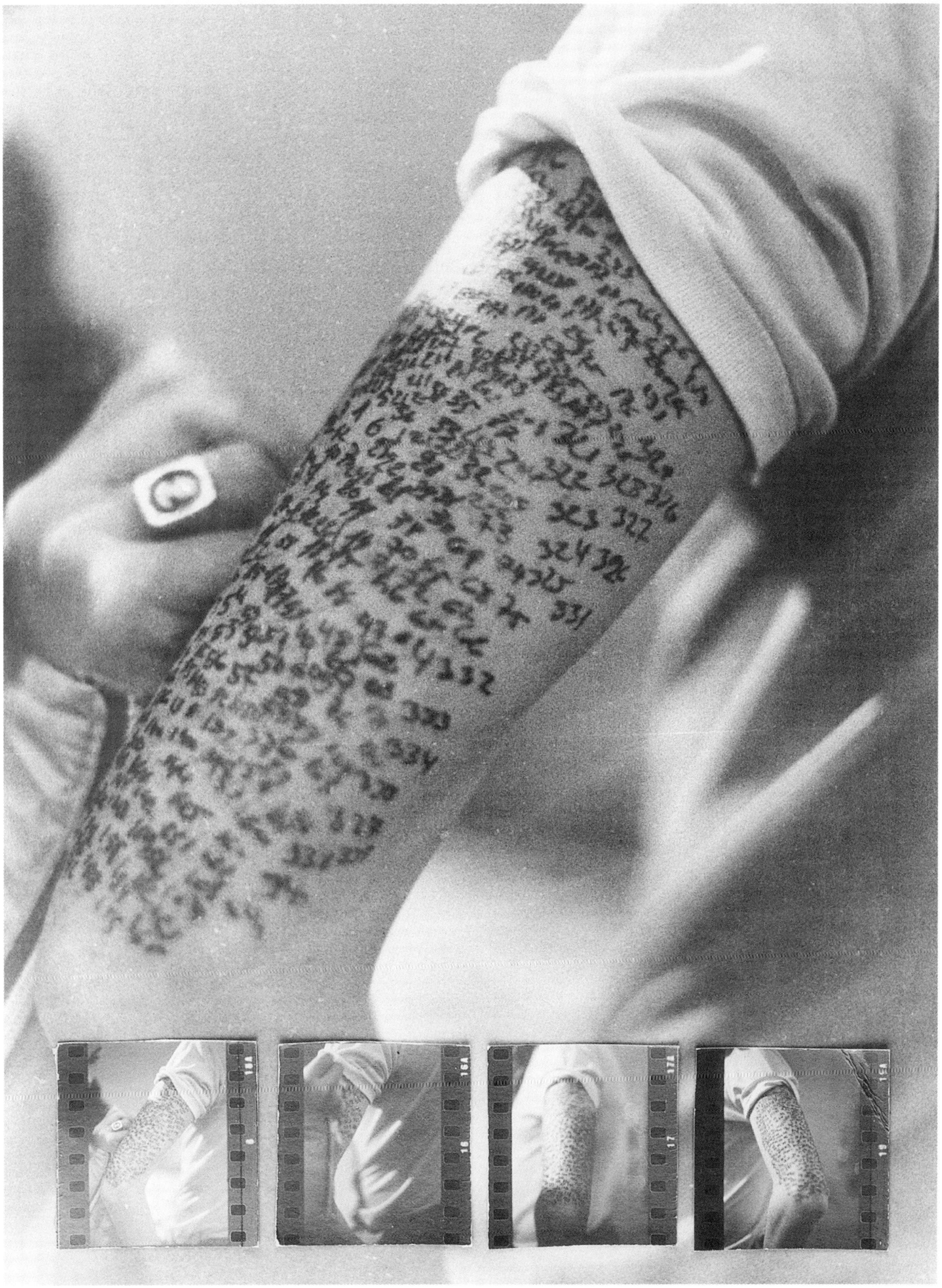

Francesc Abad, *Comptar i numerar les pigues d'una part del braç per part dels assistents*, 1973

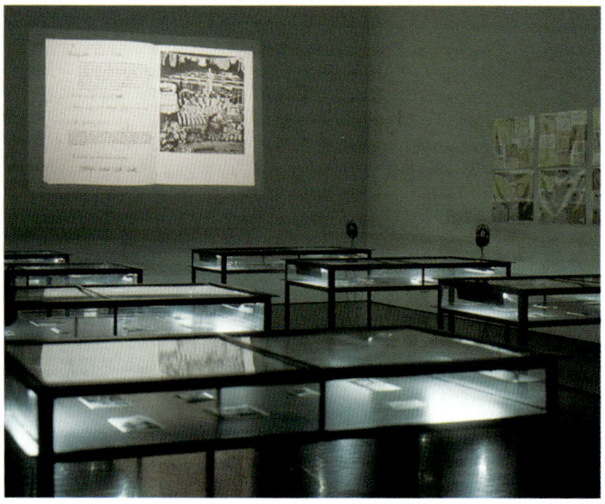
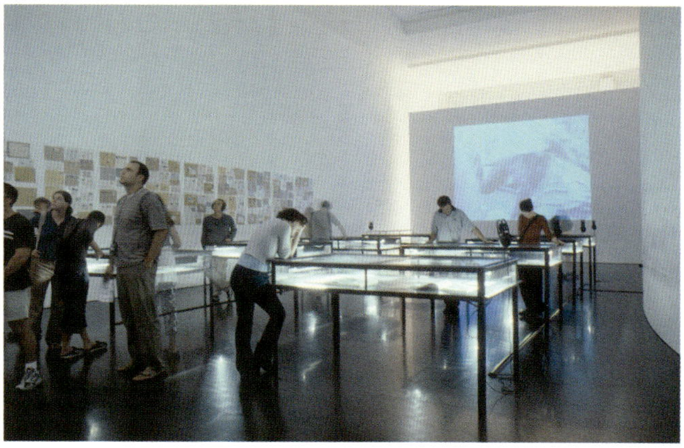

Muntadas, *On Subjectivity*, 1978

A l'obra *On Subjectivity*, Muntadas utilitza imatges descontextualitzades procedents dels mitjans de comunicació, i proposa a l'espectador una reconsideració de la informació exposada. Es tracta d'una obra formada per dues parts independents i complementàries alhora: el llibre *On Subjectivity* i el vídeo *On Subjectivity (About TV)*. El llibre recull una selecció de cinquanta fotografies extretes del volum *The Best of Life*, antologia fotogràfica de la revista americana *Life*, barreja de fotoperiodisme i art fotogràfic. Muntadas va presentar cada fotografia seleccionada a cinc persones diferents, a la recerca de la «subjectivitat» de cadascuna d'elles, i els va demanar que enviessin per escrit una breu impressió sobre cada imatge. Aquests textos, en els idiomes originals, es van recollir posteriorment en el llibre *On Subjectivity*, al costat de les fotografies corresponents, el peu de foto original i el nom de l'autor. El vídeo *On Subjectivity (About TV)* s'estructura com un collage, que alterna imatges d'un aparell de televisió vist des de diferents punts de vista i imatges de programes de diferents tipus i persones que opinen sobre ells mateixos.

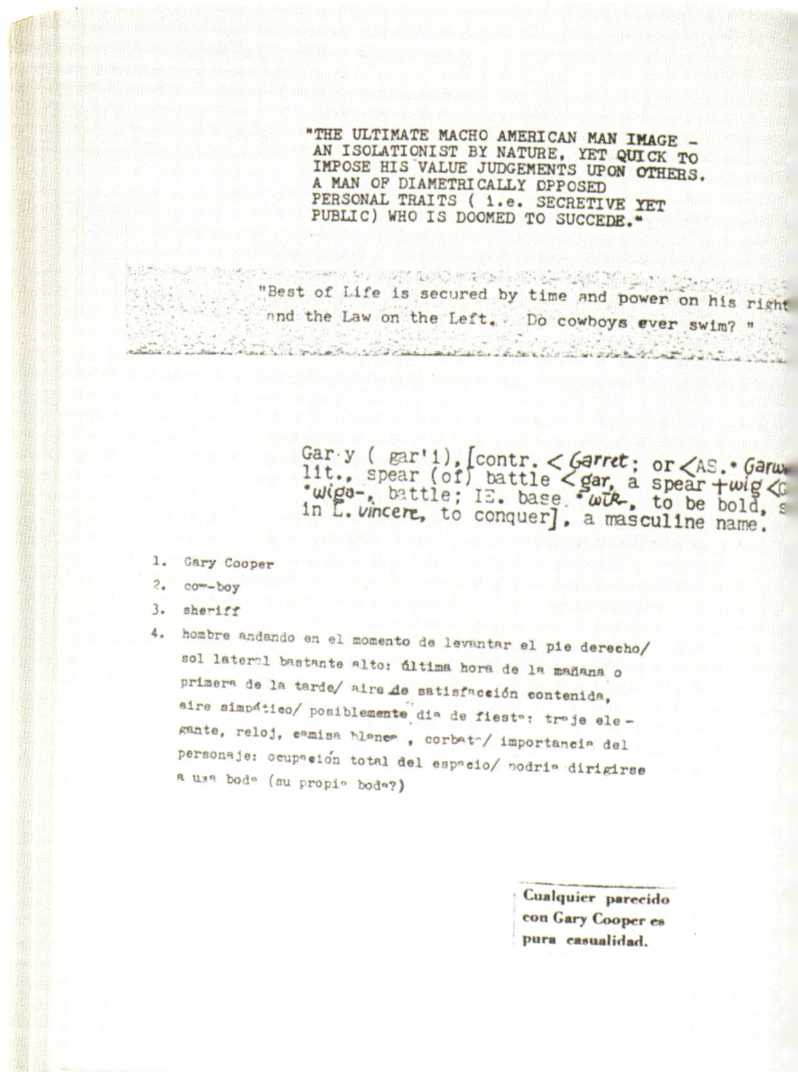

"THE ULTIMATE MACHO AMERICAN MAN IMAGE - AN ISOLATIONIST BY NATURE, YET QUICK TO IMPOSE HIS VALUE JUDGEMENTS UPON OTHERS. A MAN OF DIAMETRICALLY OPPOSED PERSONAL TRAITS (i.e. SECRETIVE YET PUBLIC) WHO IS DOOMED TO SUCCEDE."

"Best of Life is secured by time and power on his right and the Law on the Left. Do cowboys ever swim? "

Gar·y (gar'i), [contr. < *Garret*; or <AS.* *Garw*
lit., spear (of) battle < *gar*, a spear + *wig* <G
**wigo-*, battle; IE. base **wik-*, to be bold, s
in L. *vincere*, to conquer], a masculine name.

1. Gary Cooper
2. cowboy
3. sheriff
4. hombre andando en el momento de levantar el pie derecho/ sol lateral bastante alto: última hora de la mañana o primera de la tarde/ aire de satisfacción contenida, aire simpático/ posiblemente día de fiesta: traje elegante, reloj, camisa blanca , corbata/ importancia del personaje: ocupación total del espacio/ podría dirigirse a una boda (su propia boda?)

Cualquier parecido con Gary Cooper es pura casualidad.

Muntadas, *On Subjectivity*, 1978

1. Sobre la subjectivitat: cinquanta fotografies de *The Best of Life* (una publicació)

Cada imatge té una lectura diferent per cada persona i totes les imatges tenen un nombre infinit d'interpretacions. El significat atribuït a una imatge és el resultat del compendi d'influències, el coneixement i la personalitat de cada individu.

S'han seleccionat cinquanta fotografies de *The Best of Life*, un llibre que conté centenars de fotografies publicades originalment a la revista *Life*. Es va seleccionar aquest llibre perquè les fotografies són importants per dues raons:

valor – realització fotogràfica / estètica – comunicació
i
valor – informatiu «des del lloc dels fets» – registre d'esdeveniments/documentació – comunicació.

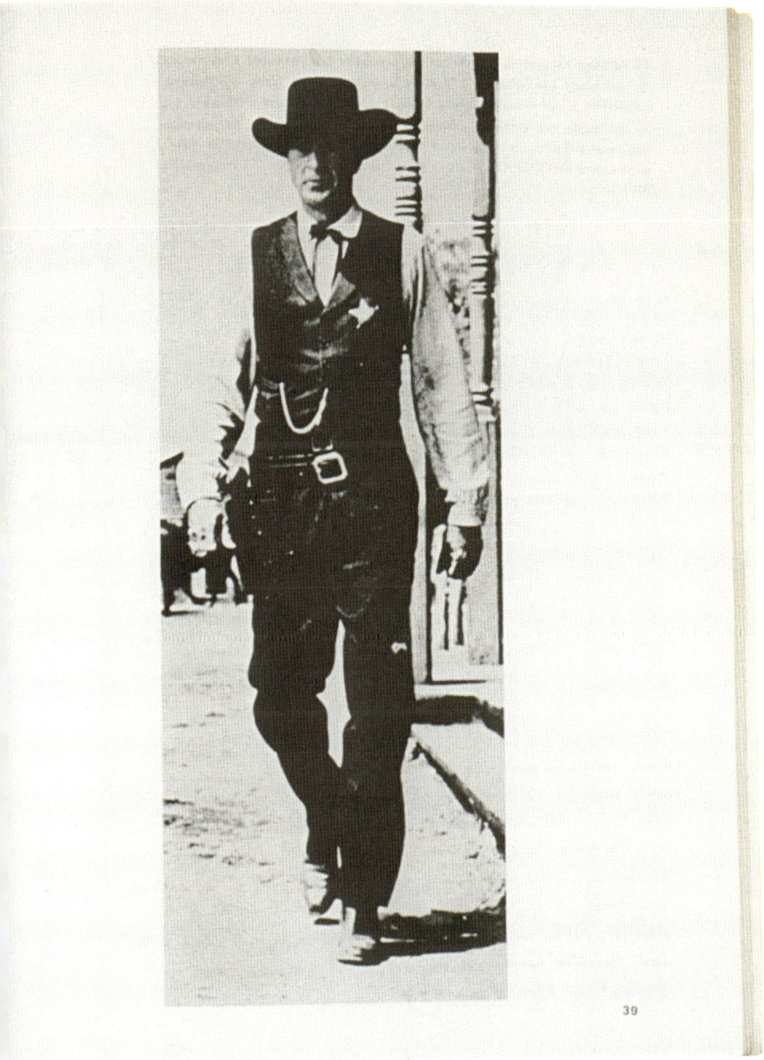

Es van fer cinc còpies de cada fotografia seleccionada i es van distribuir a cinc persones, sense peu de foto. En aquest projecte, s'inclou un total de 250 aportacions. El resultat és una publicació de cinquanta fotografies i diferents aportacions/peus de foto.

2. Sobre la subjectivitat: la televisió (una cinta de vídeo)

Aquesta cinta és de televisió, tracta sobre la televisió i gira entorn d'aquesta. Qüestiona com es distribueix la informació; com es llegeixen, es filtren i s'interpreten les imatges; com funcionen els mecanismes i com articulen la informació. D'una banda, són fragments de programes diaris de televisió i les reaccions que susciten: opinions d'algunes persones que miren la televisió; d'una altra, és una reflexió sobre la televisió com a mitjà. Com ens afecta allò que les emissores opten per oferir-nos, i com decidim interpretar el que veiem? La cinta ofereix diverses interpretacions a causa de les diferències culturals, els nivells de percepció i la manipulació del missatge. La cinta ens convida a interrogar-nos sobre el potencial de la televisió i la seva influència intencionada i no intencionada en la nostra vida diària.

Aquests dos projectes estableixen principalment les correspondències següents:

l'existència de diferents nivells de percepció i comprensió

la dependència d'una percepció clara de qualsevol transmissió en la participació activa de l'espectador

la combinació de motivació i reflexió en l'espectador

els fets i els usos de la imatge seductora

la distinció entre discurs i estil

la relació entre mitjà i missatge.

MUNTADAS, 1978

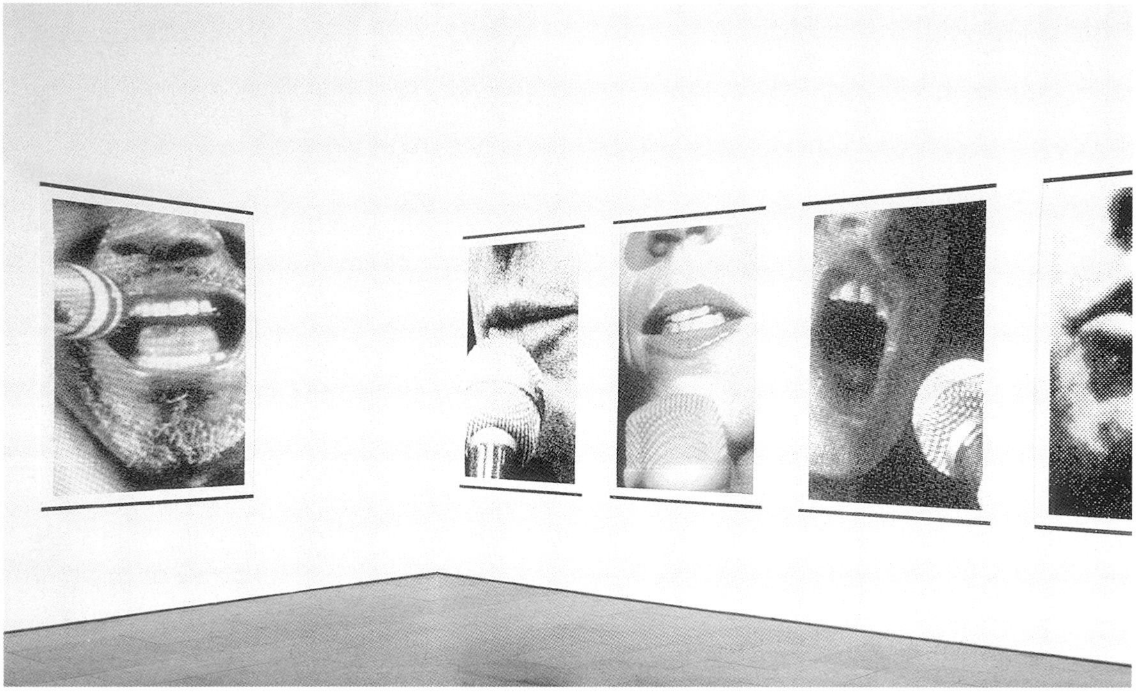

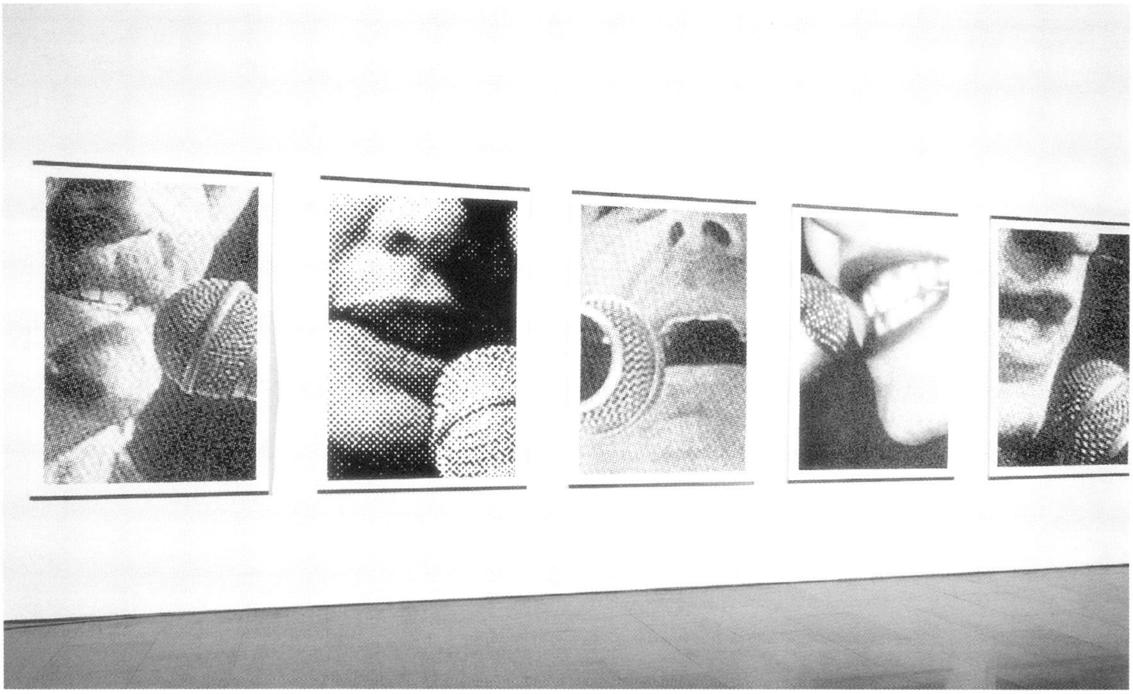

Muntadas, *Portraits*, 1995

L'anàlisi del gest com a símbol de poder articula indistintament tant *Portraits* com *Portrait*. Mitjançant la sèrie d'onze fotoserigrafies que composen la primera proposta, Muntadas indaga entorn del discurs davant la càmera, una de les imatges més recurrents en el panorama mediàtic. L'acció apareix aïllada en l'espai i el temps, mentre que la identitat dels personatges es presenta voluntàriament sostreta, en un intent de descobrir aquells aspectes que configuren les seves respectives imatges públiques. D'aquesta manera, el micròfon, veritable estendard de la contemporaneïtat, no sols adquireix un singular protagonisme, sinó que es converteix en pròtesi o potser en doble d'aquell qui l'utilitza.

A *Portrait* Muntadas recorre al moviment per investigar sobre el valor i la finalitat dels estereotips gestuals. Com si es tractés d'una cadenciosa coreografia, van desfilant per aquesta videoprojecció mans desproveïdes de qualsevol rostre, en la varietat de la qual s'endevina un discurs idèntic i fins i tot monòton. La lentitud amb què es presenten aquests gestos anònims posa en evidència els matisos més inesperats, i permet així reconstruir el conjunt d'intencions que animen la seva hipnòtica retòrica.

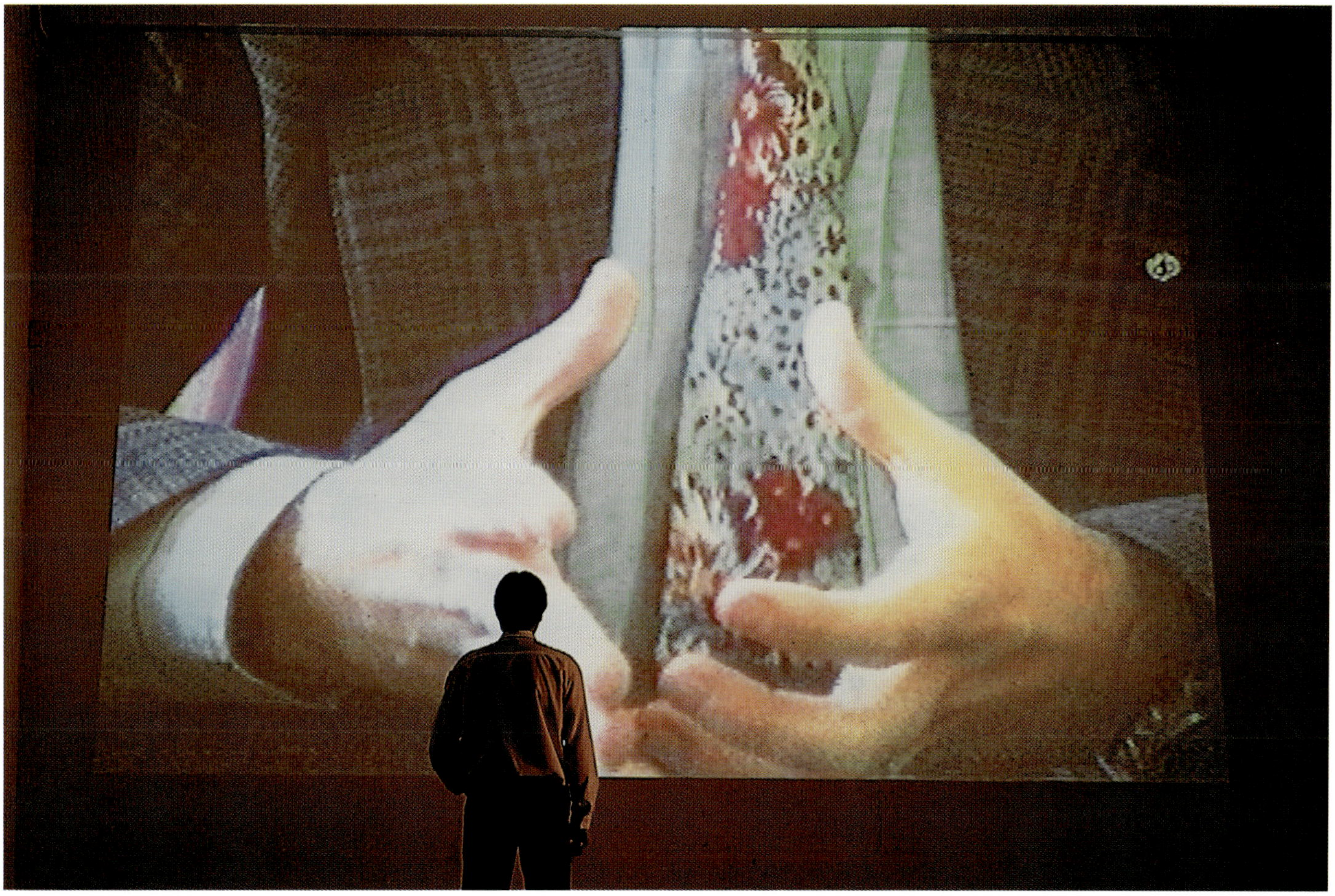

Muntadas, *Portrait*, 1994

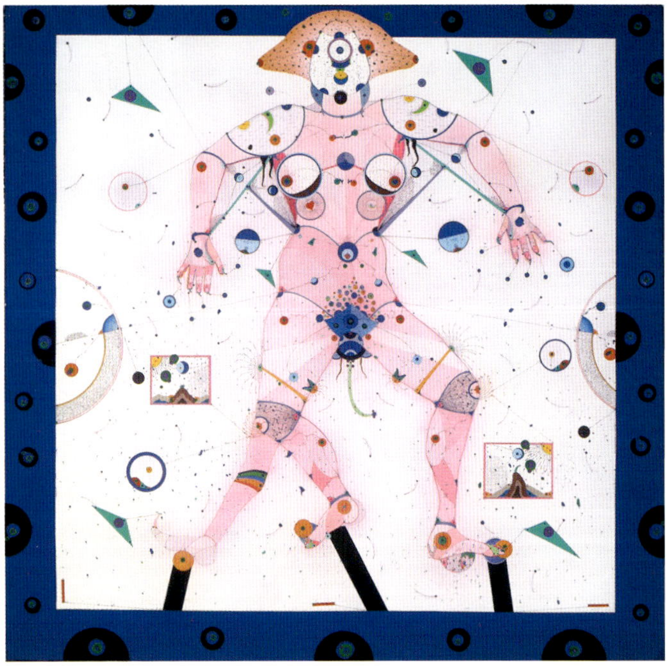

Zush, *Kaenia II*, 1972

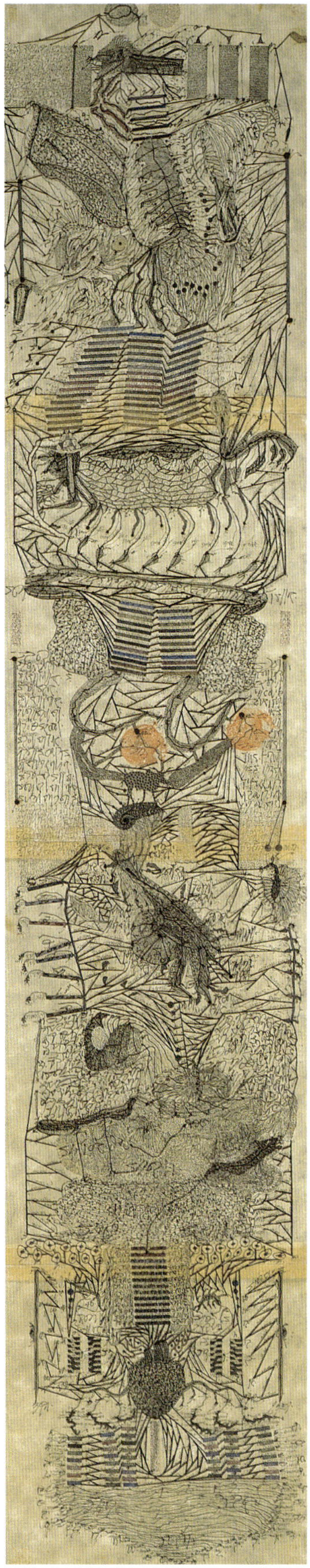

Zush, *Trusne*, 1980

L'obra de Zush es caracteritza per la construcció d'una mitologia personal de naturalesa autobiogràfica. Aquesta cartografia pròpia es nodreix de l'acumulació d'imatges que fan referència a les nocions de cos –i totes les seves extensions: ment, sexe i temps–, i de la creació d'una escriptura, un codi personal –*asura*– que pretén expressar tot allò que no és possible explicar d'una manera racional. Aquests elements organitzen múltiples universos paral·lels que mantenen un delicat equilibri entre el que és aparentment caòtic i monstruós i la composició racional. La voluntat de dessacralitzar la figura de l'artista i la seva diversitat d'interessos han dut Zush a fer servir un extens espectre de mitjans que el fan difícil de catalogar: de la pintura, el dibuix i el grafisme als *assemblages*, la fotografia i el collage, el llibre, l'enregistrament sonor...

Zush ha manifestat sovint la seva confiança en el potencial creatiu de totes les persones, i també en el caràcter terapèutic de l'art. Segons ell, qualsevol persona conté potencialment un artista, un científic i un místic. Com en l'obra d'artistes com Henri Michaux, Odilon Redon, Max Ernst, Antonin Artaud o molts més que han treballat en els límits entre la raó i la bogeria, l'obra de Zush expressa les múltiples personalitats que poblen la nostra consciència, altres realitats que la raó no és capaç d'expressar i que troben en la creació artística un territori alliberador que atorga a l'art un paper catàrtic i, d'alguna manera, terapèutic.

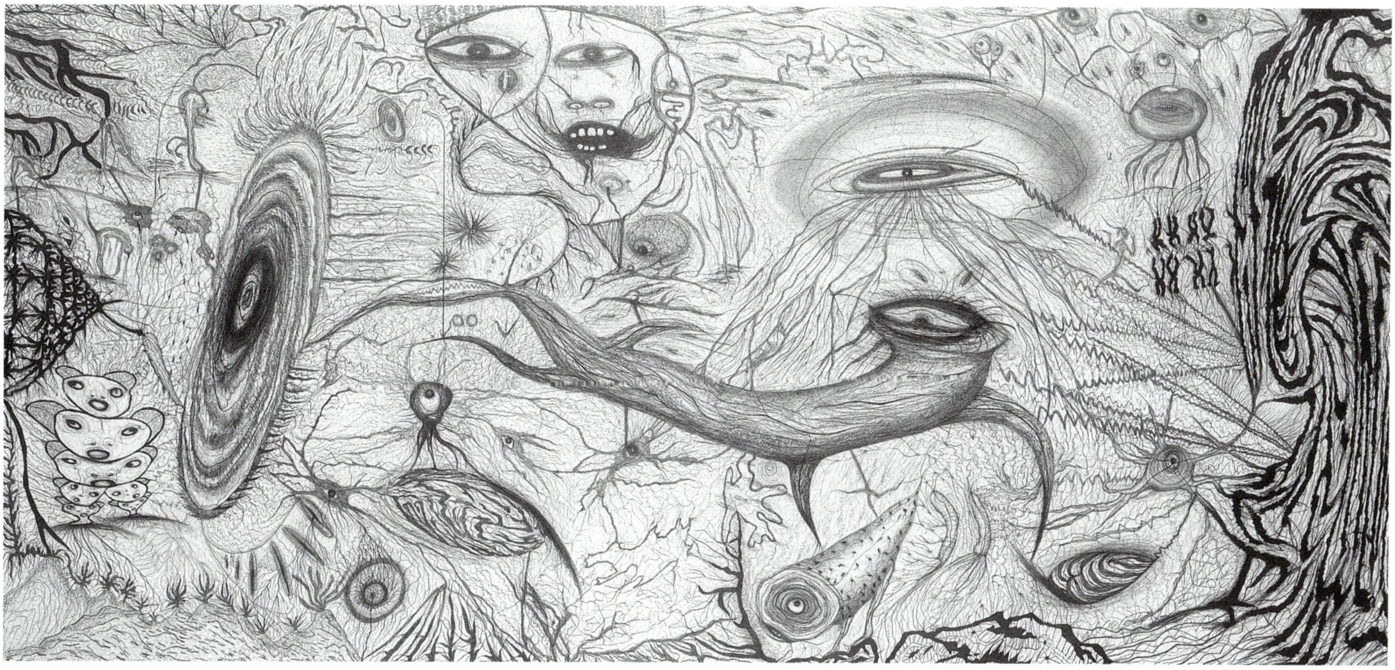

Zush, *Pulitocs*, 1992-1993

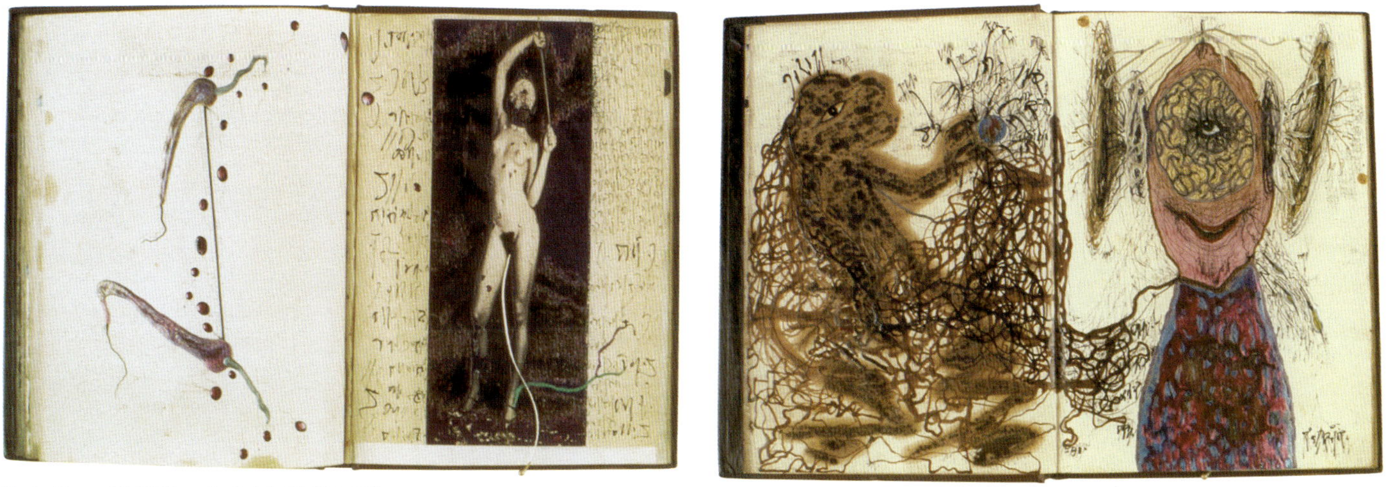

Zush, *Sense títol* (llibre d'artista), 1981-1991

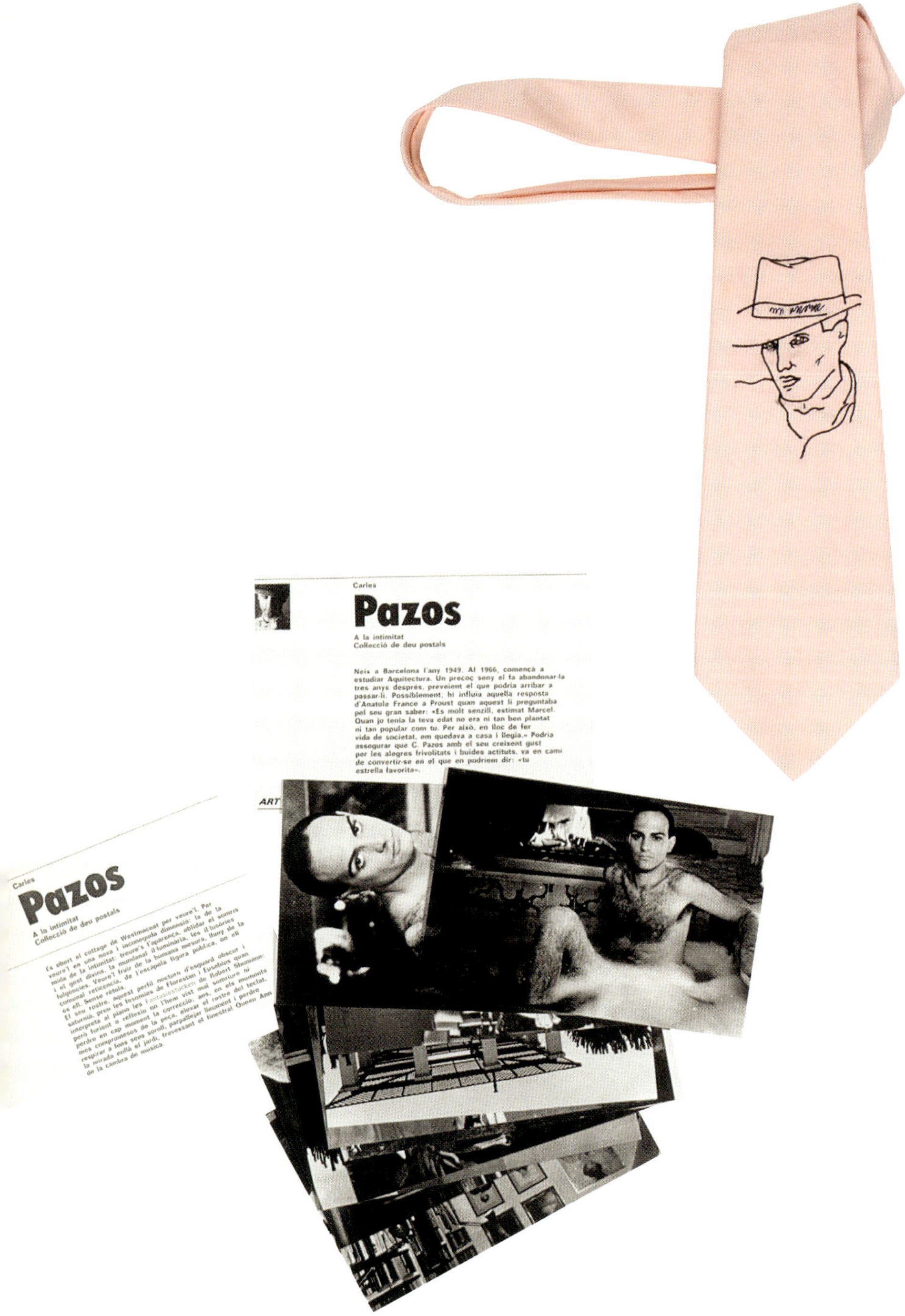

Carlos Pazos, *Objectes-souvenir*, 1976-1980

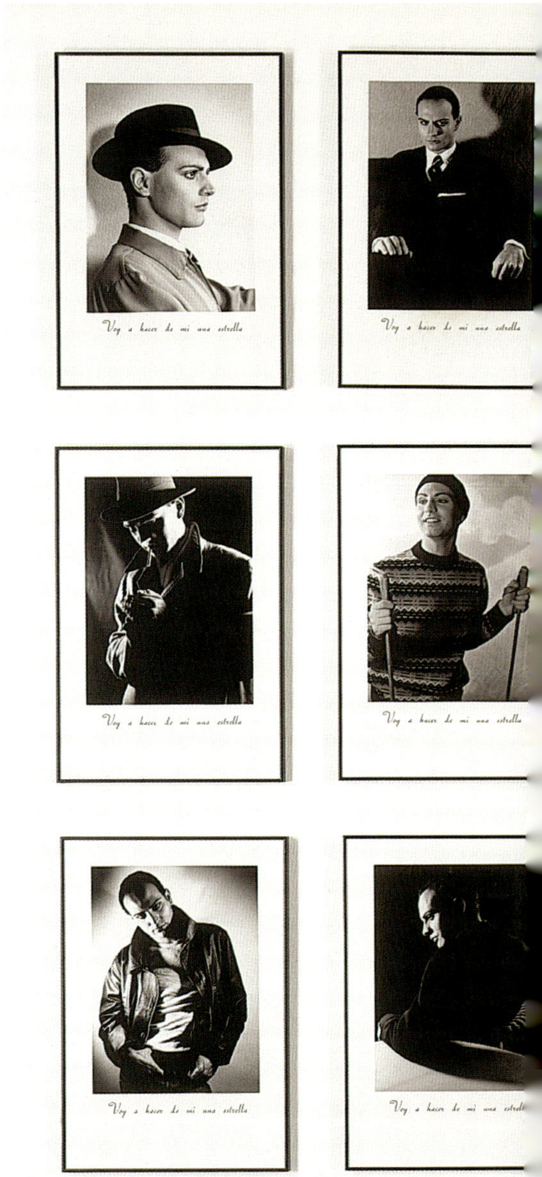

Carlos Pazos, *Voy a hacer de mí una estrella*, 1975

La tardor de l'any 1975 Carlos Pazos va realitzar, amb el fotògraf Albert Cruells i la maquilladora M.J. Carandini, una sèrie de vint-i-un retrats en blanc i negre en els quals l'artista simulava les maneres amb què els estudis cinematogràfics de Hollywood promocionaven les seves estrelles. Interessat per aquesta estètica, Pazos va iniciar una col·lecció de treballs: fotografies, objectes, *souvenirs*, instal·lacions, performances, que van anar construint una personalitat i una narració fictícies. Aquest projecte mantenia un distanciament irònic entre l'artista i el seu personatge, i a més tractava des d'una perspectiva crítica la problemàtica de la imatge i el seu valor en la societat.

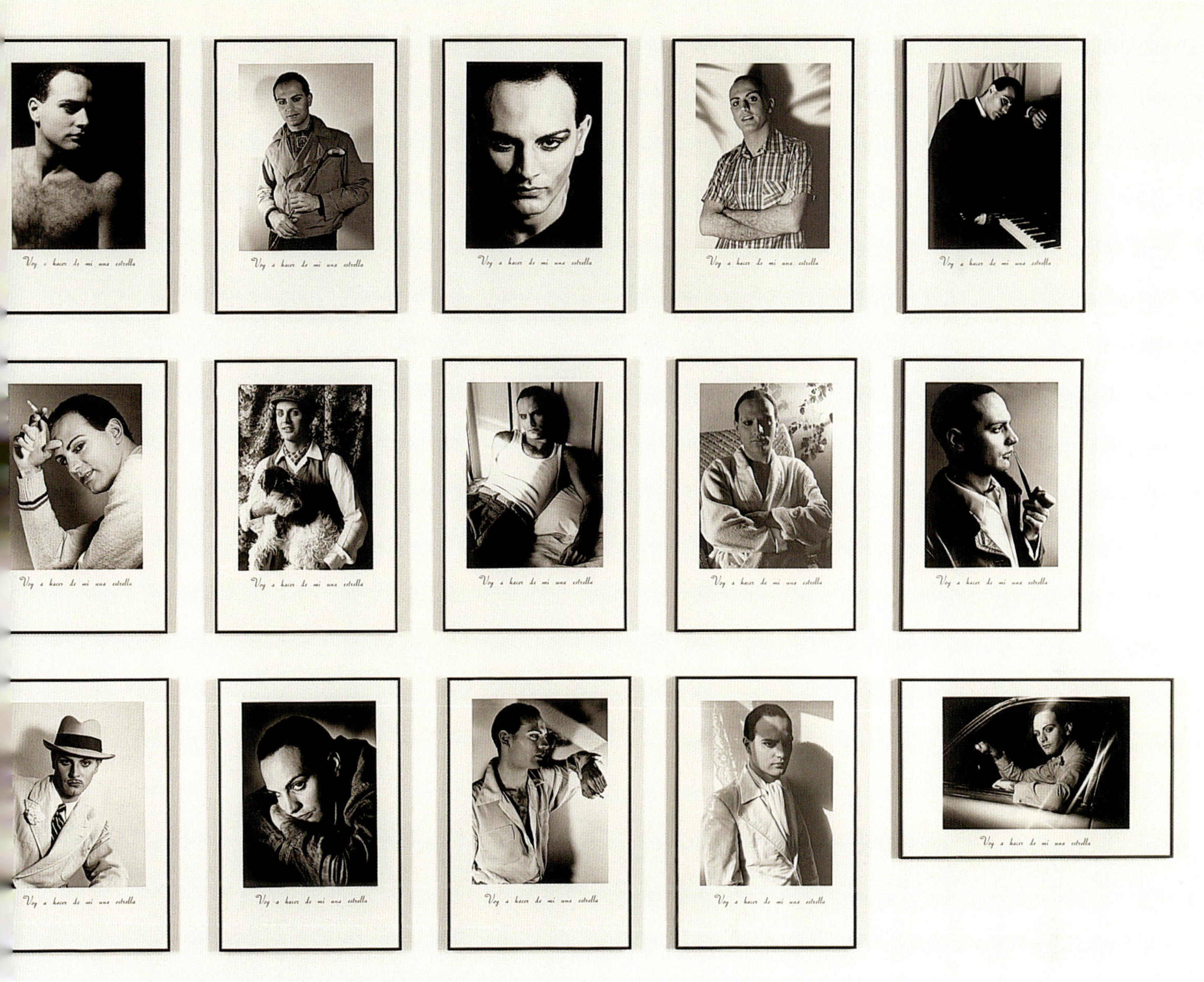

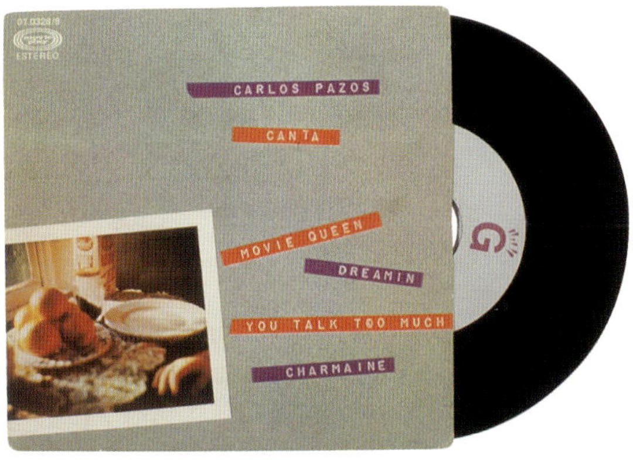

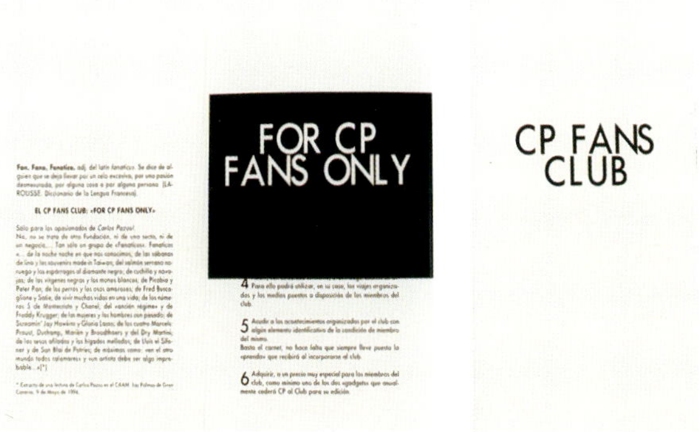
Fan, Fans, Fanatico. adj. del latín *fanaticus.* Se dice de alguien que se deja llevar por un celo excesivo, por una pasión desmesurada, por alguna cosa o por alguna persona. [LAROUSSE. Diccionario de la Lengua Francesa].

EL CP FANS CLUB: «FOR CP FANS ONLY»

Sólo para los apasionados de *Carlos Pazos!*
No, no se trata de otra Fundación, ni de una secta, ni de un negocio.... Tan sólo un grupo de «Fanáticos». Fanáticos «... de la noche noche en que nos conocimos; de las sábanas de lino y los souvenirs made in Taiwan; del salmón semano noruego y los espárragos al diamante negro; de cuchillo y navajas; de las vírgenes negras y los monos blancos; de Picabia y Peter Pan; de los perros y los osos amorosos; de Fred Buscaglione y Satie; de vivir muchas vidas en una vida; de los números 5 de Montesinos y Chanel; del «ancien régime» y de Freddy Krugger; de las mujeres y los hombres con pasado; de Screamin' Jay Hawkins y Gloria Lasso; de los cuatro Marcels: Proust, Duchamp, Marién y Broodthaers y del Dry Martini; de los sexos afilados y los hígados mellados; de Lluís el Sifoner y de San Blai de Patries; de máximas como: «en el otro mundo todos calamares» y «un artista debe ser algo improbable...»[*]

* Extracto de una lectura de Carlos Pazos en el CAAM. Las Palmas de Gran Canaria. 9 de Mayo de 1994.

FOR CP FANS ONLY

4 Para ello podrá utilizar, en su caso, los viajes organizados y los medios puestos a disposición de los miembros del club.

5 Acudir a los acontecimientos organizados por el club con algún elemento identificativo de la condición de miembro del mismo.
Basta el carnet, no hace falta que siempre lleve puesta la «prenda» que recibirá al incorporarse al club.

6 Adquirir, a un precio muy especial para los miembros del club, como mínimo uno de los dos «gadgets» que anualmente cederá CP al Club para su edición.

CP FANS CLUB

Els que s'hagin interessat per la meva obra es deuen haver adonat de la importància que hi tenen els processos de relació radicals i tensos, entre extrems difícilment conciliables com ara l'expressió gratificant i la neutralització extrema. I és en aquest extrem neutralitzador on ha intervingut principalment la foto.

Ja dic per endavant que considero la meva obra essencialment pictòrica i que la foto ha intervingut només en certs períodes com un instrument transformador del que és *pictòric*, i que els resultats reverteixen al material d'on han sorgit. La meva fam devoradora és gran; tot pot ser deglutit i assimilat per a una densificació última del quadre: col·lecció obsessiva de fotos de premsa i d'objectes barats, tècniques de transformació com la foto, la impremta, la fotocòpia, el collage i totes aquestes fonts i processos, que es reciclen i es traven en espiral.

He d'advertir també que en la fase de treball en què em trobo he abandonat tota mena de processos transformatoris i m'atinc a la mera pintura.

Tot seguit us exposo unes quantes experiències amb la foto que han crescut en complexitat al llarg del temps.

Em temo que es pugui fer àrid al lector.

a) A principis dels seixanta utilitzo la foto dins de l'ortodòxia pop, com a imatge a captar en el quadre o com a collage directe en aquest.

b) A principis dels setanta començo a utilitzar la foto com a neutralització de pintures ja fetes, pintures obsessivament problematizades pel que fa al color, el que jo he anomenat «esquizofrenització del color». Em serveixo de la foto en blanc i negre del quadre, i pinto un doble monocrom, «relaxat», del primer. Al final l'obra quedava constituïda en dúplex, és a dir, la pintura original tensa més el monocrom.

Amb la neutralització de la imatge pictòrica s'obria la possibilitat de transformació per mitjans mecànics: obtenció de diferents monocroms treballant en el laboratori amb papers de color, pintant quadres basats en el negatiu de la imatge, usant superposicions de clixés negatius i positius lleugerament desplaçats que produïen una sensació de relleu, etc.

Dins aquesta línia vaig treballar també de la manera següent: fotografiava el cap d'un personatge ja pintat per mi, feia una ampliació de la foto, la situava horitzontalment sobre el terra, la cobria amb un vidre, sobre el qual dibuixava o pintava amb uns materials fàcilment esborrables i en fotografiava el resultat; després de cada foto esborrava el vidre i hi tornava a intervenir i a fotografiar. Un cop triava els resultats més brillants, els traslladava al llenç i els pintava. Una part del material obtingut d'aquesta manera el vaig utilitzar per fer el que vaig anomenar «sèries toves»: les fotos anaven dins les bosses de plàstic que, un cop enganxades, formaven una espècie de tapís; intervenia plàsticament sobre les fotos o sobre les bosses.

c) Una altra de les direccions en què he treballat ha estat prenent com a base una postal o una foto de la premsa. Així, per exemple, en el cas del *Niño verdeencantador* de 1974. Partia d'una bonica postal en color d'un nen americà, i en feia versions dibuixístiques molt

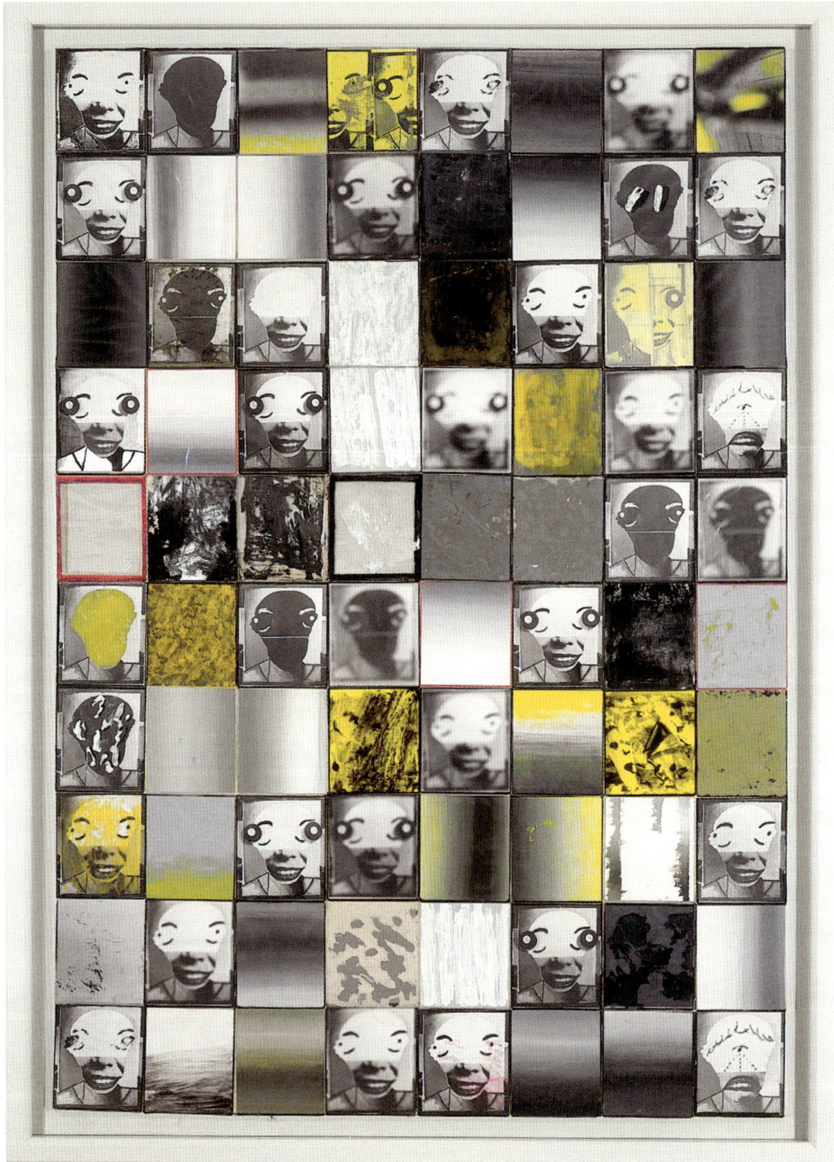

Luis Gordillo, *Serie blanda A*, 1976

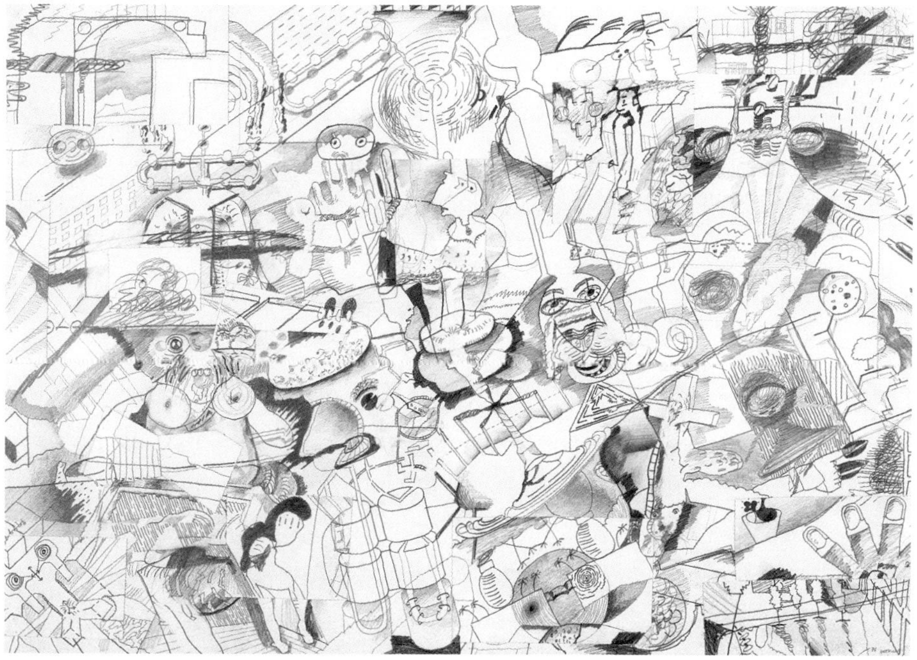

Luis Gordillo, *Dibujo. Línea gestual*, 1976

iròniques i composava un conjunt ordenat, com cel·les o com un tebeo, en què s'alternaven fotocòpies de la postal, a vegades transformades, i les meves versions.

d) Per no allargar-me en aquesta exposició tan àrida i passant per alt altres experiències, m'aturaré en aquestes últimes, a les quals pertanyen les imatges que acompanyen aquest escrit. Animat per l'experiència del *Niño verdeencantador*, em vaig proposar portar-la més enllà i transformar el color de la imatge escollida. Aquesta vegada vaig treballar sobre una foto que em xocava especialment, la qual vaig prendre d'un setmanari: hi apareixia Peter Sellers amb pantalons curts, amb un maletí a la mà i caminant per un parc molt californià. Aquesta vegada em vaig servir de la impremta: vaig fer una separació de colors, els de quadricromia, groc, magenta, blau, gris, més el negre normal, i vaig encarregar una gran quantitat de còpies de cada color. Per mitjà de talls i collages i alternant els colors de la quadricromia, vaig crear uns espais en què de mica en mica desapareixia el personatge, i quedava tan sols una aroma d'ambient inicial, l'impacte cultural i estilístic. Les transformacions van ser cada cop més intenses, i hi feia aparèixer elements d'altres sèries, intervencions plàstiques, etc. D'un primer estadi d'aquest procés van sortir quadres de format enorme, com ara *Payseyes*, o *Chinos*, etc. Els collages em servien de model, de maquetes, que traslladava fidelment a la tela i els pintava.

Vaig fer un altre pas utilitzant l'ampliadora de color del laboratori fotogràfic, alterant el material existent d'una matèria arbitrària. Amb el material resultant, molt abundant, i per mitjà de collages, vaig començar altre cop el camí. He d'advertir que el sistema de collage que vaig utilitzar en aquest moment no era l'ortodox, ja que no hi havia cola d'enganxar. Organitzava una mena de trencaclosques, hi posava un vidre al damunt i fotografiava el resultat en color: els elements quedaven dissolts i aptes per ser reordenats d'altres maneres. Es tractava d'un collage actiu, obert. El procés es feia d'una riquesa enorme ja que hi podien intervenir materials de tota mena: papers dibuixats o pintats, fotos de la premsa, fotos fetes per mi, elements ja molt complexos del procés en curs, etc.

e) Vaig fer una altra mena de treballs basant-me en la impremta, però sense utilitzar la quadricromia. Vaig formar tres conjunts independents, que es componien d'imatges heterogènies que provenien de diferents camps i amb l'ús només del blanc i el negre. A la impremta se'n van fer variants, un centenar per a cada conjunt, canviant el color del paper i de la tinta, monocroma, amb què s'imprimia. El resultat final va ser impressionant per la qualitat i per la quantitat.

LUIS GORDILLO, 1989

Robert Llimós. L'aportació més espectacular del conjunt.

Era constituïda per una recerca sobre la lona i el plom, dos materials que tenen en comú el so *lo*. La lona apareixia relacionada amb el context de la tradició artística quan era el suport d'unes pinzellades i era mostrada suspesa, a la manera d'una tapisseria.

Seguidament la lona apareixia identificant-se amb el món que designa, de tal manera que se significava a si mateixa, i el mot a si mateix. En efecte el mot «lona» havia estat confeccionat de lona retallada i cosida, a fi de formar un volum semblant al de les lletres de metall o de plàstic que veiem als rètols de les botigues, però conservant el seu caràcter cursiu –expatriat del seu context– propi de l'escriptura manual. Formava un mot amb cos.

La relació del cos cosit –de fet, buit– amb el cos humà, arquetípic del nostre coneixement, era posada en evidència per una espècie de vestit sencer –cap i tot– fet per a un cos humà, de lona [...].

Encara que són molts els que han fet recerques sobre l'escriptura –com Dias, Kossuth, Arias, [...] Merz o Calzolari, possiblement la de Llimós presenta una sistematització més rigorosa i àdhuc més irònica.

ALEXANDRE CIRICI, 1973

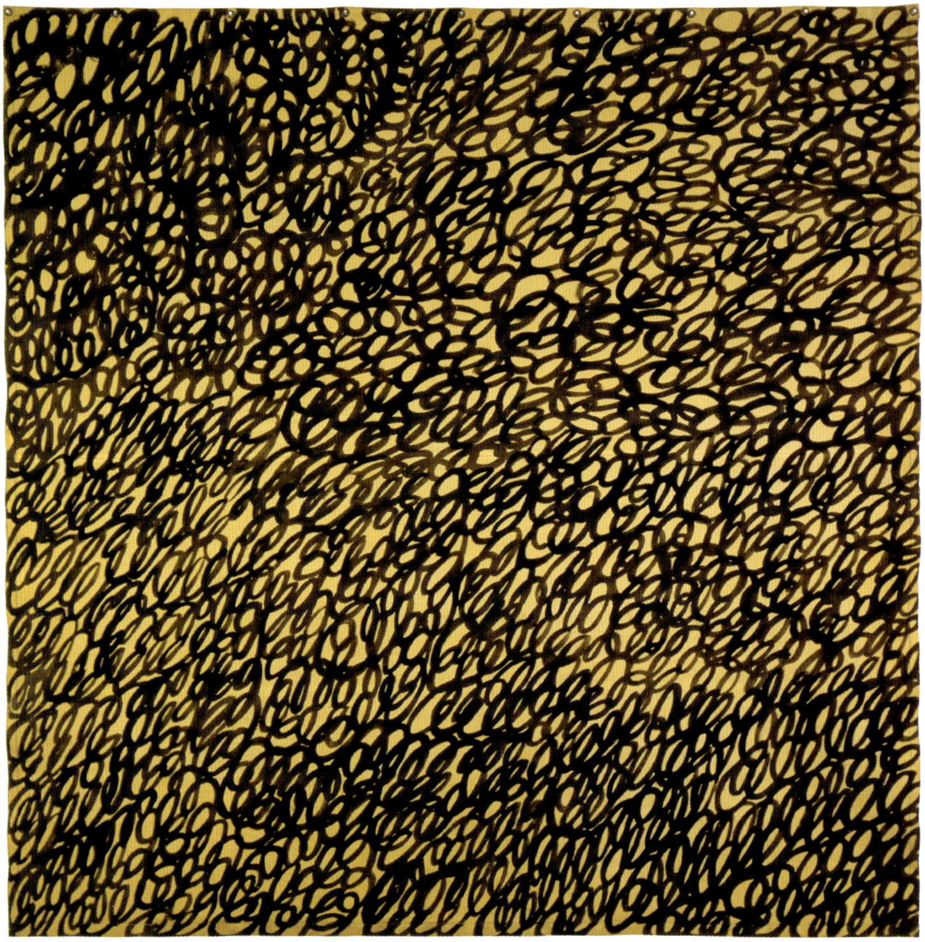

Robert Llimós, *Espai ple*, 1971

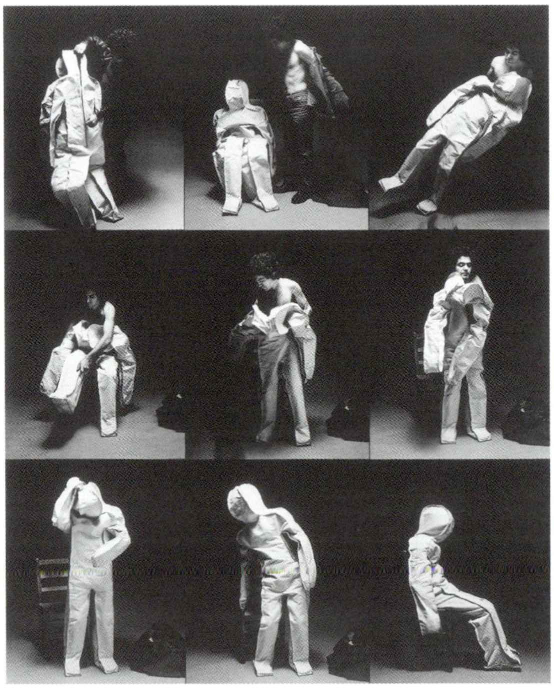

Robert Llimós, *Funda*, 1972 (detall)

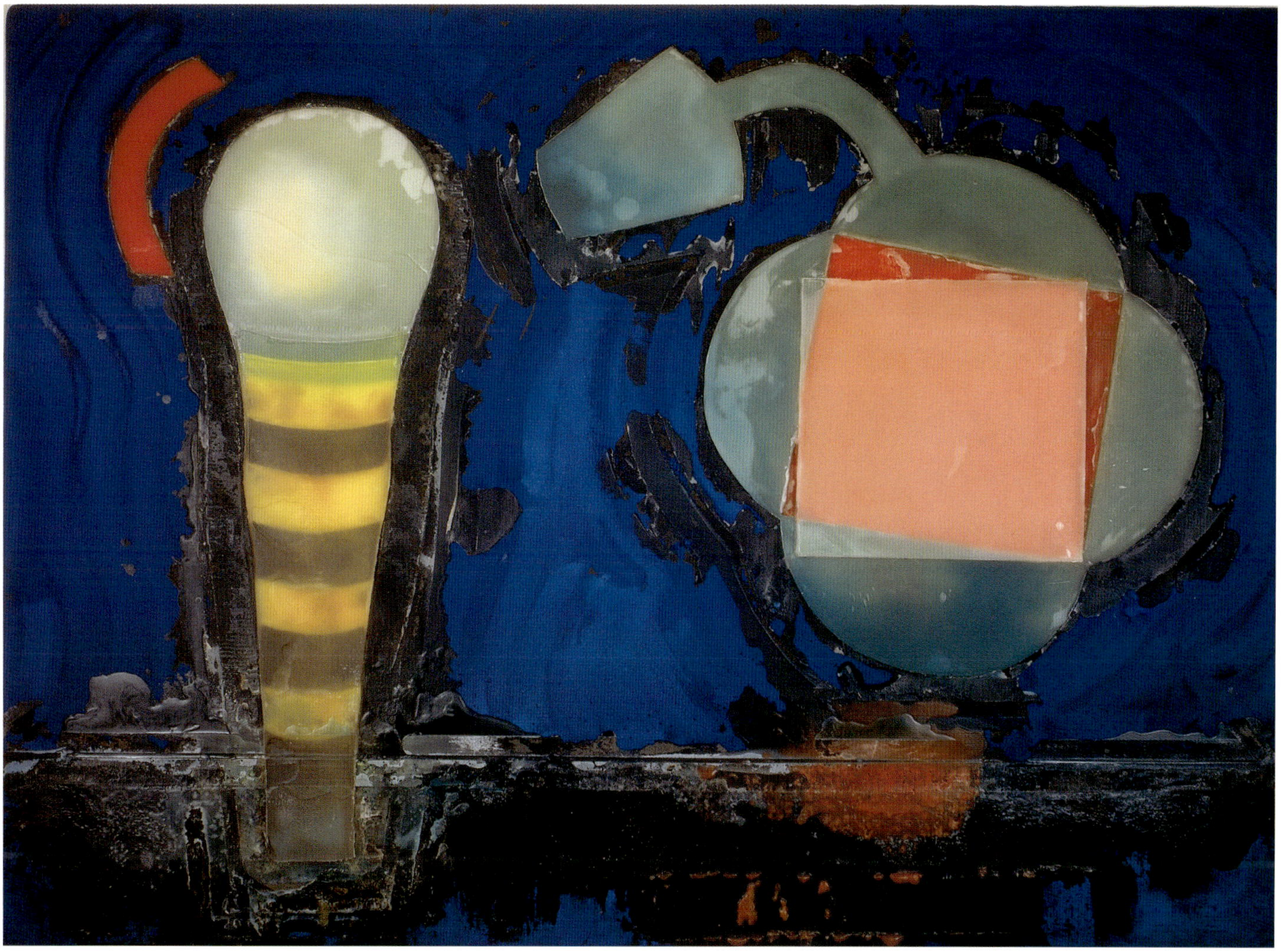

Frederic Amat, *Els amants*, 1988

Joan Hernández Pijuan, *Verd*, 1977

Penso que la meva és una pintura en la qual l'espai visual ha estat, des del moment en què hom adquireix plena consciència del que fa, una preocupació diria que constant i en la qual el veritable problema ha estat, continua essent, trobar un espai com a protagonista total del quadre. Diria que l'espai obert del paisatge viscut i no un espai més imitatiu del de «fons-figura». Un espai com a element viu del quadre i no com a fons sobre el qual hom dibuixa o situa.

La vivència personal i l'exercici d'aquesta vivència em farà comprendre la validesa del buit com a element de composició, i trencar amb els esquemes adquirits en els quals se'ns dóna per entès que els elements vàlids estan marcats només per allò que hom dibuixa i no pels espais –positiu, negatiu– que el dibuix genera.

És una manera de «veure», de CONVERTIR L'ESPAI EN ALGUNA COSA QUE HOM MIRA.

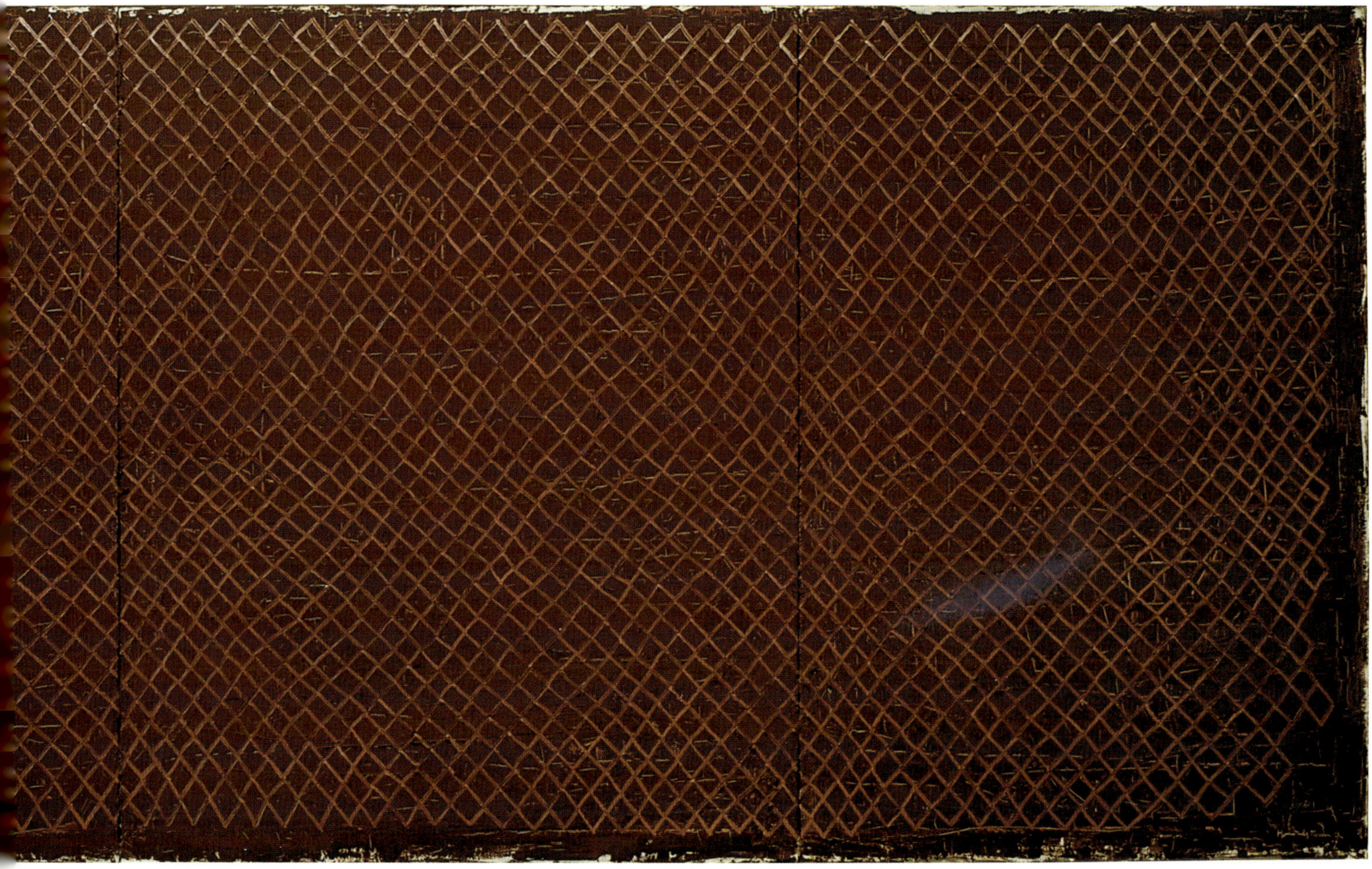

Joan Hernández Pijuan, *Tríptic de Granada*, 1994

També hi haurà, en aquest llarg festeig amb l'espai, un intent de comprensió visual dels límits de la superfície del quadre. (No sé si això obeirà a la meva incapacitat per aprendre'm els centímetres dels bastidors de mida universal. En realitat mesuro l'espai assenyalant la dimensió amb les mans amb l'afany de «viure'l», «veure'l», «aprendre'l», com si hagués de ficar-m'hi per entendre'l.) D'aquí la meva incapacitat de treballar a partir d'esbossos, ja que serà sempre a partir de la superfície escollida que, com a suport, generarà, a partir del seu mateix format, de les seves pròpies dimensions, el que acabarà essent el quadre.

JOAN HERNÁNDEZ PIJUAN, 1988

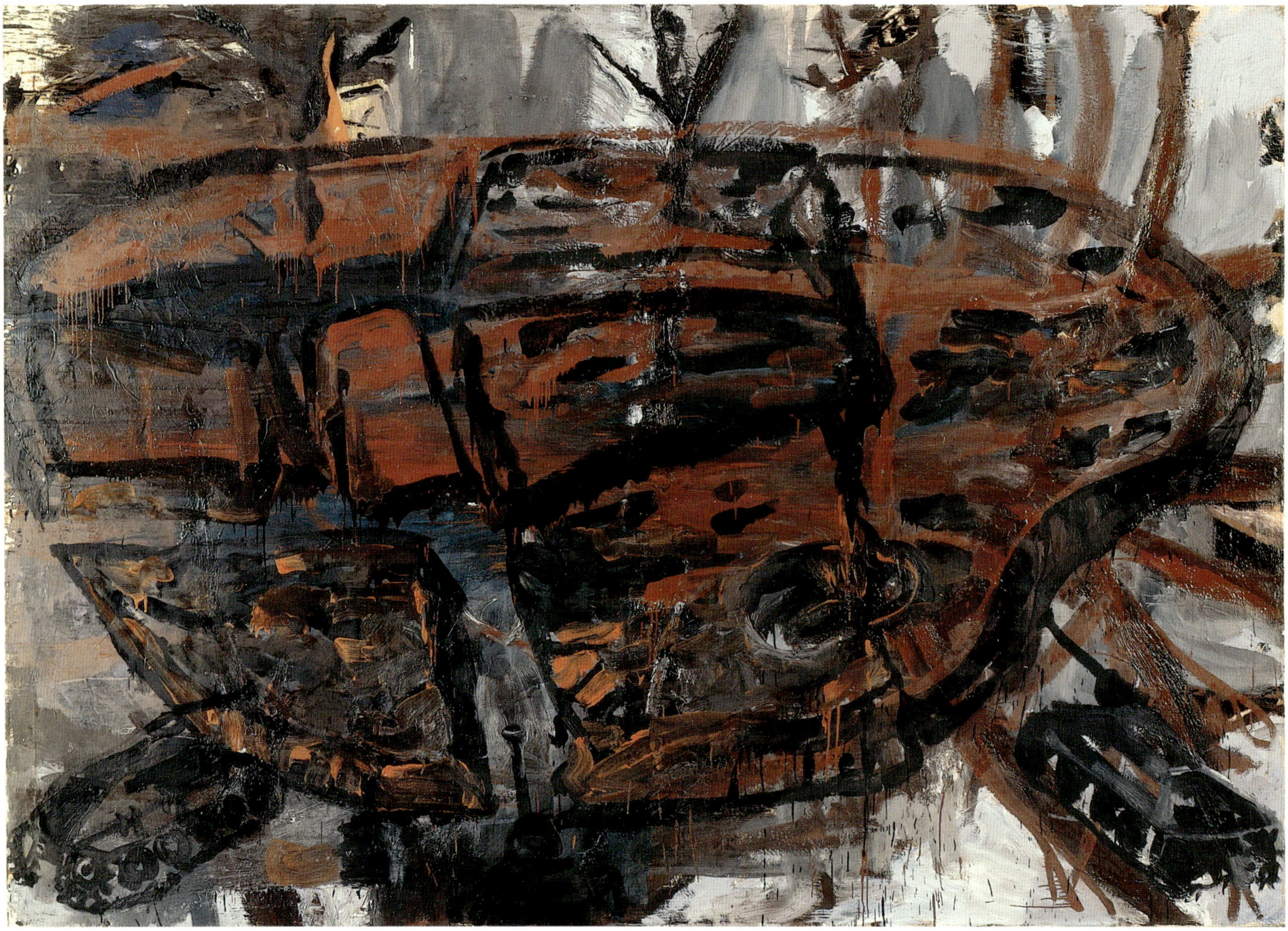

Anselm Kiefer, *Bilderstreit*, 1978

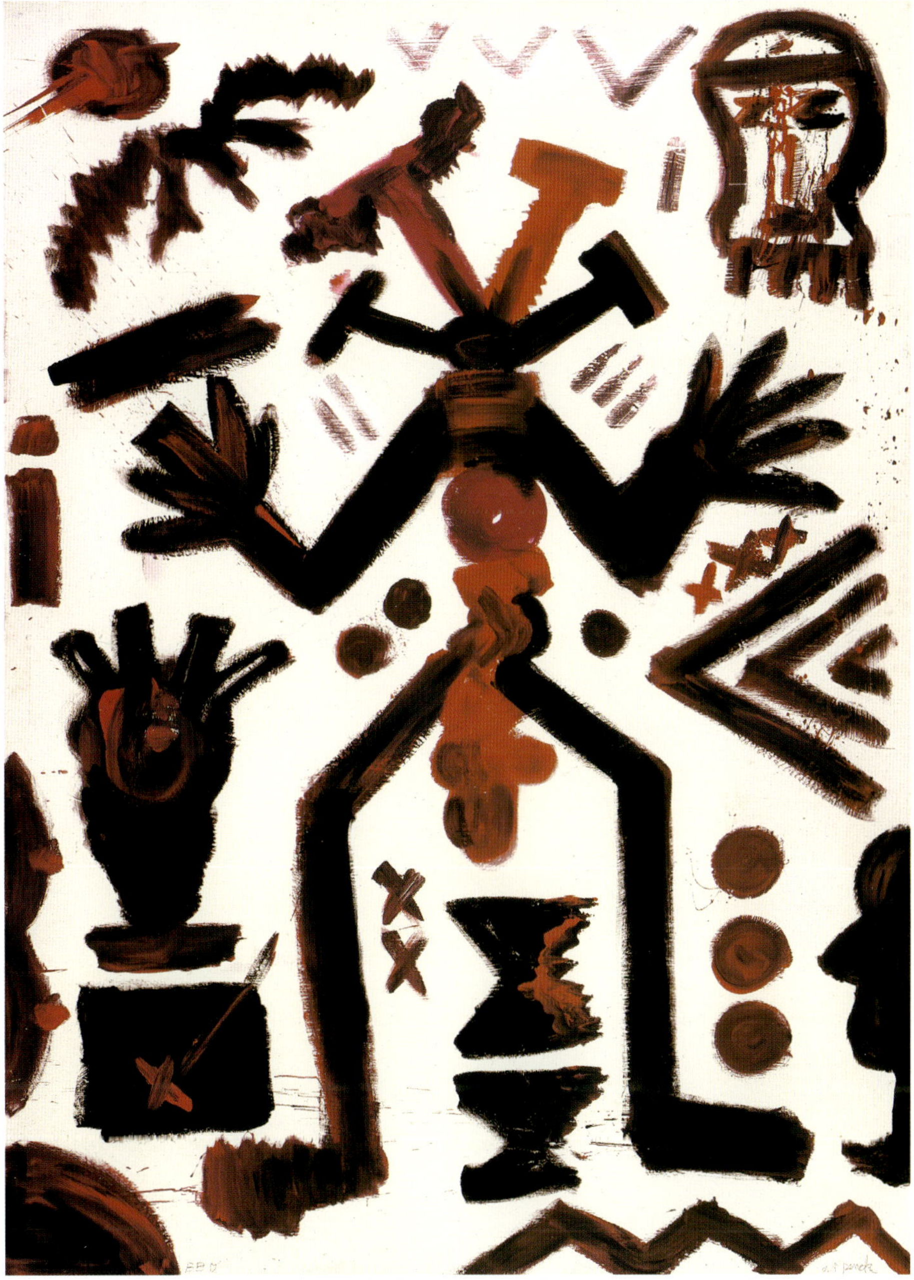

A.R. Penck, *B.B.O.*, 1984

El tema es decideix al meu treball. El tema sempre és al centre dels meus interessos. Hi ha una manera de pintar que encara no ha estat explorada, on la lògica es desenvolupa de quadre en quadre, mitjançant un transformador. Encara queda un llarg recorregut per arribar a un mecanisme automàtic i universal que pugui produir imatges a partir d'imatges. Les imatges i el pensament són una mateixa cosa. Penso imatges, penso en moviments abstractes. El contingut d'aquests moviments és un gest abstracte, i aquests gestos són el que m'interessa. Per tal de destruir un fals pensament que s'interposa entre el coneixement i l'acció s'ha de conèixer la imatge, els antecedents dels falsos pensaments i el sentiment que és el rerefons de la imatge. Exposo obertament la meva incapacitat perquè crec que a través d'això puc arribar a una nova imatge. La idea de perfecció, per a mi, és falsa, però sé quin és el grau de perfecció al qual puc arribar.

A.R. Penck, 1984

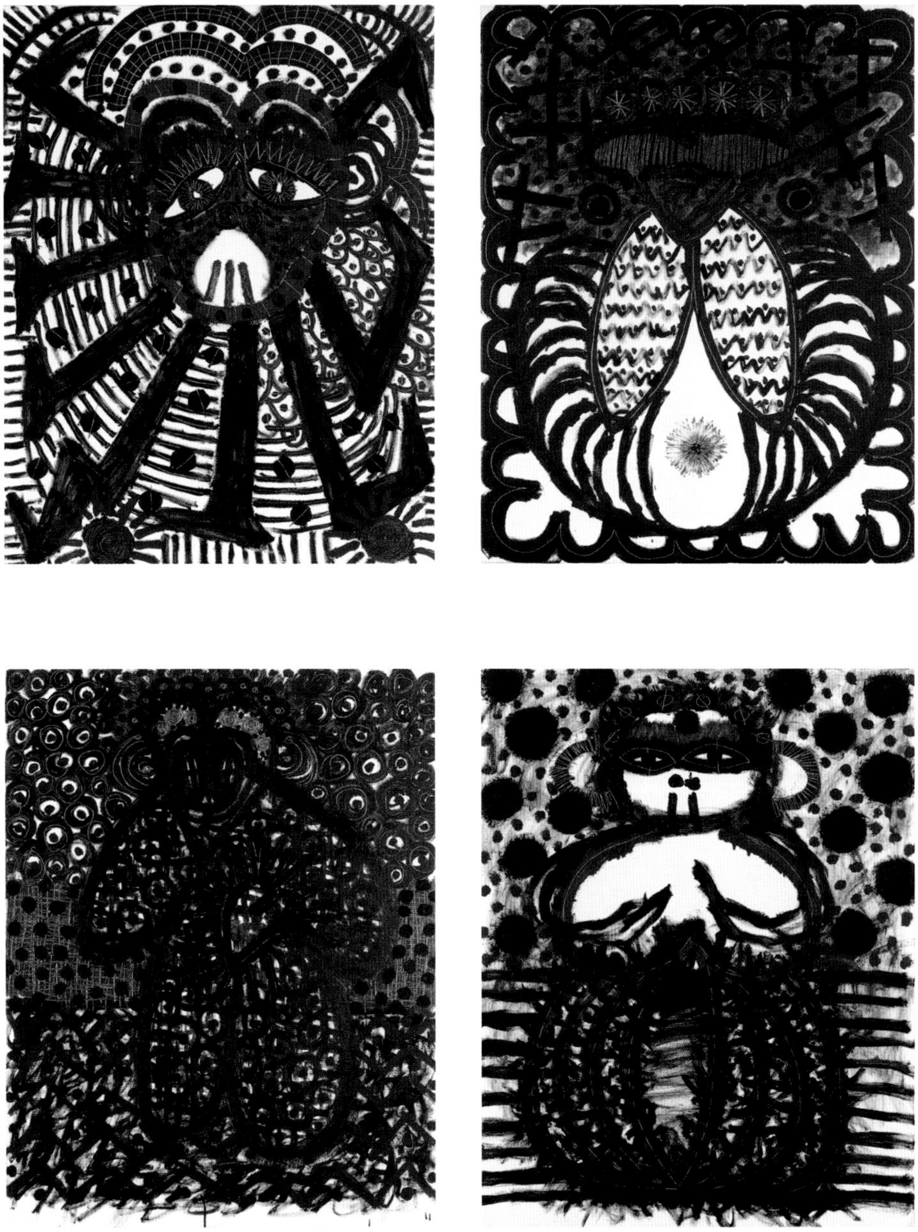

Ferran García-Sevilla, *Sèrie Déus*, 1981

Les seixanta pintures que integren la sèrie *Déus* es van presentar por primera vegada a la Galeria Ciento de Barcelona, el gener de 1982, i més tard també a la Galeria Quatre Gats de Palma de Mallorca, amb el títol *Illes a ca meva*. Amb motiu d'aquesta exposició es va editar també un diari-catàleg que reproduïa totes les obres que componen la sèrie.

En aquestes obres, en els títols de les quals l'artista combinava diverses llengües: català i castellà però també francès, anglès, alemany, llatí, italià i àrab, García Sevilla fa palès el seu interès per altres cultures, actuant com un col·leccionista d'imatges de diverses procedències: imatges extretes dels seus viatges al Pròxim Orient però també procedents del còmic i els graffiti.

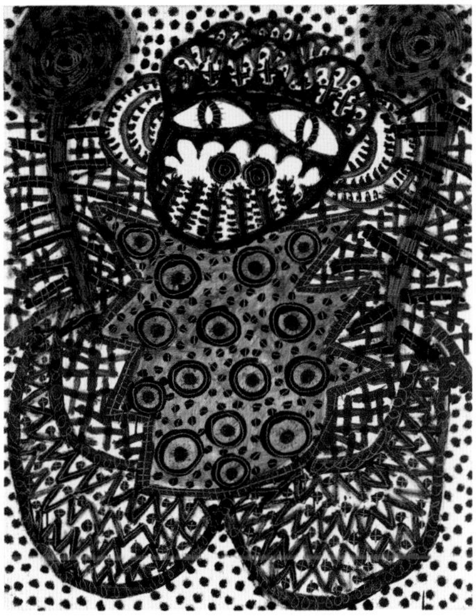

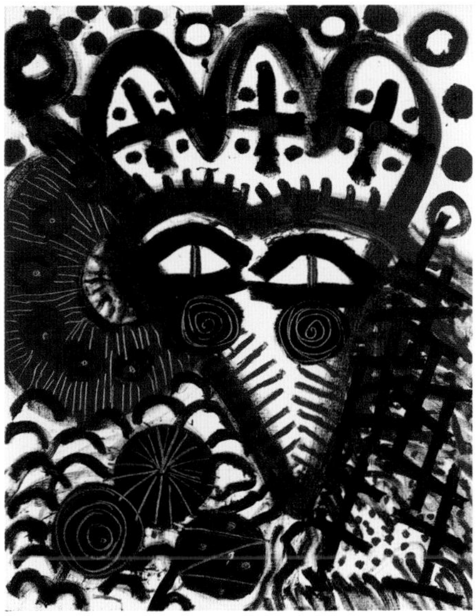

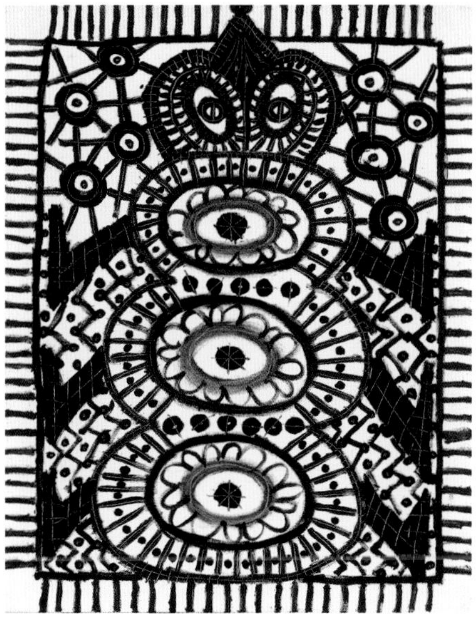

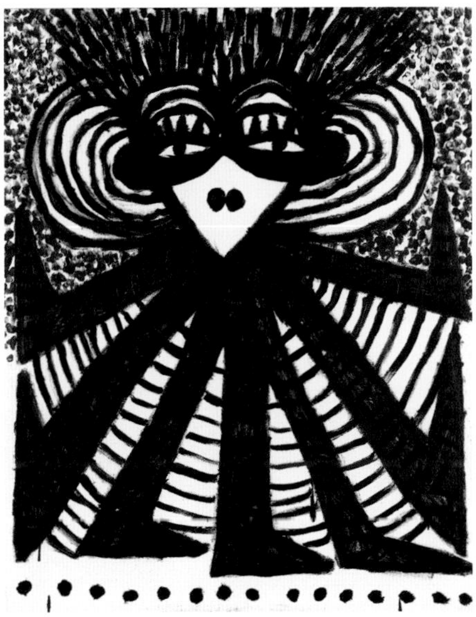

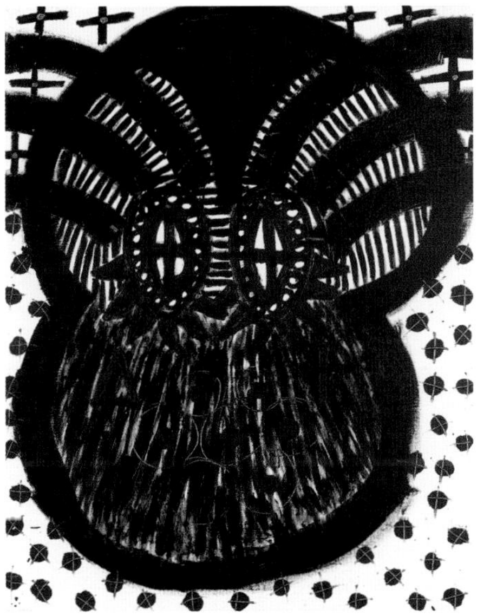

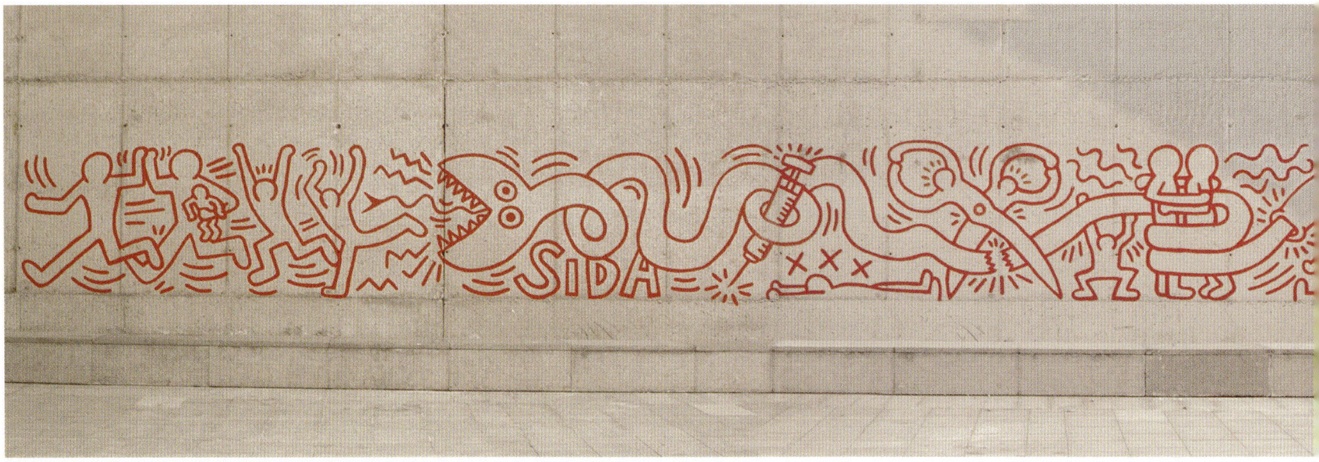

Keith Haring, *Todos juntos podemos parar el sida*, 1989

De fet, el que intervé a la celebració postmoderna de l'autenticitat d'allò que és marginal (unint la marginalitat social i artística) –exemplificada per artistes autodidactes com Jean-Michael Basquiat, Thornton Dial, Sr. i Howard Finster– és la idea que l'art ha de ser pervers i que l'art marginal és particularment pervers. (Ser autodidacta és un signe important d'autenticitat, atès que suggereix que l'artista no està reprimit per l'*establishment* i la societat en general, i s'expressa lliurement.) L'art marginal autodidacta és molt apreciat perquè sembla intrínsecament pervers, en la seva fisicitat sobretot, i la seva particularitat és el signe de la seva perversió. Allò que és pervers és el que sembla obscè, en el sentit etimològic del terme: allò que s'experimenta com el costat fosc de l'escenari. L'obscè resulta ser alguna cosa força específica: en paraules d'Earling Eng, «una reproducció modificada del passat d'un escenari particular, sigui o no el passat un record comprovable o una forma mítica».

Això explica en part l'historicisme obsessiu de l'art dels anys vuitanta. El passat és inherentment obscè, resta perversament rere l'escenari del present i soscava perversament les possibilitats de futur. L'etern retorn del passat deixa entreveure la fal·làcia de la novetat present i futura; aquesta novetat present i futura només pot ser una repetició disfressada d'allò ja secretament familiar. L'obscenitat de la novetat és que no hi ha diferència, no canvia res. Tanmateix, la perversitat de l'ús marginal del material és que està fet per suggerir un sentit obscè i oblidat de l'Ésser. El nostre respecte sensible per la peculiaritat o la falta d'estil de l'art marginal suggereix que el considerem inconscientment com l'Ésser manifestat. És un emblema la peculiaritat del qual indica que s'ha convertit en allò que significa. Malauradament, la peculiaritat de l'art marginal s'institucionalitza més tard com l'última novetat.

Donald Kuspit, 1996

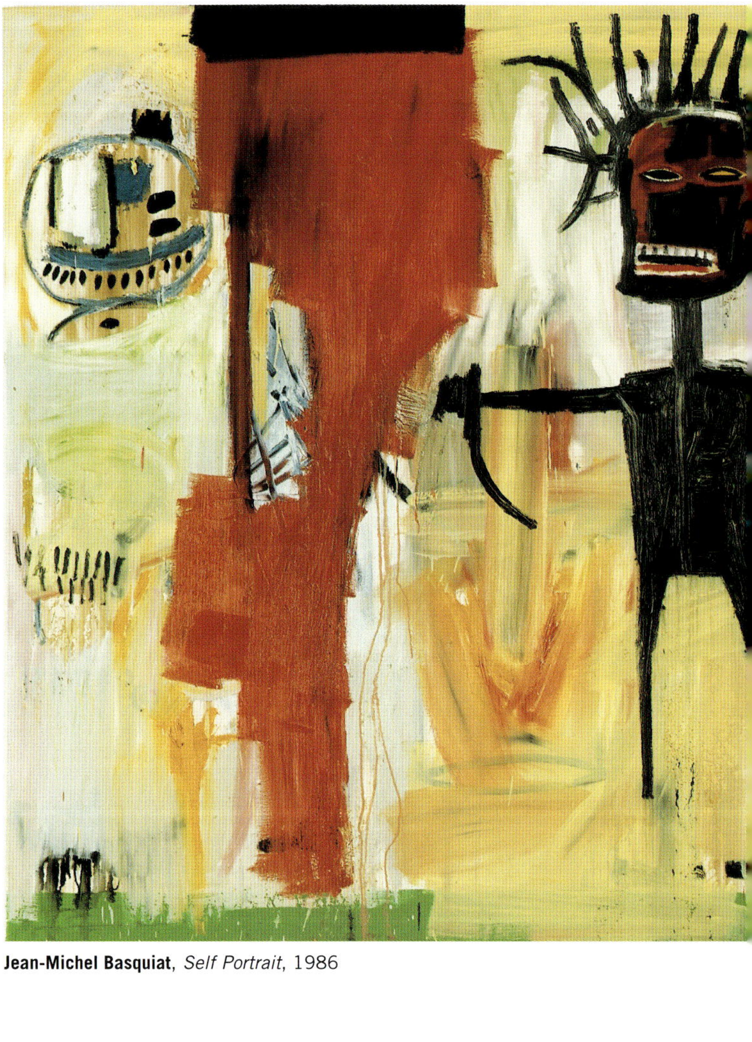

Jean-Michel Basquiat, *Self Portrait*, 1986

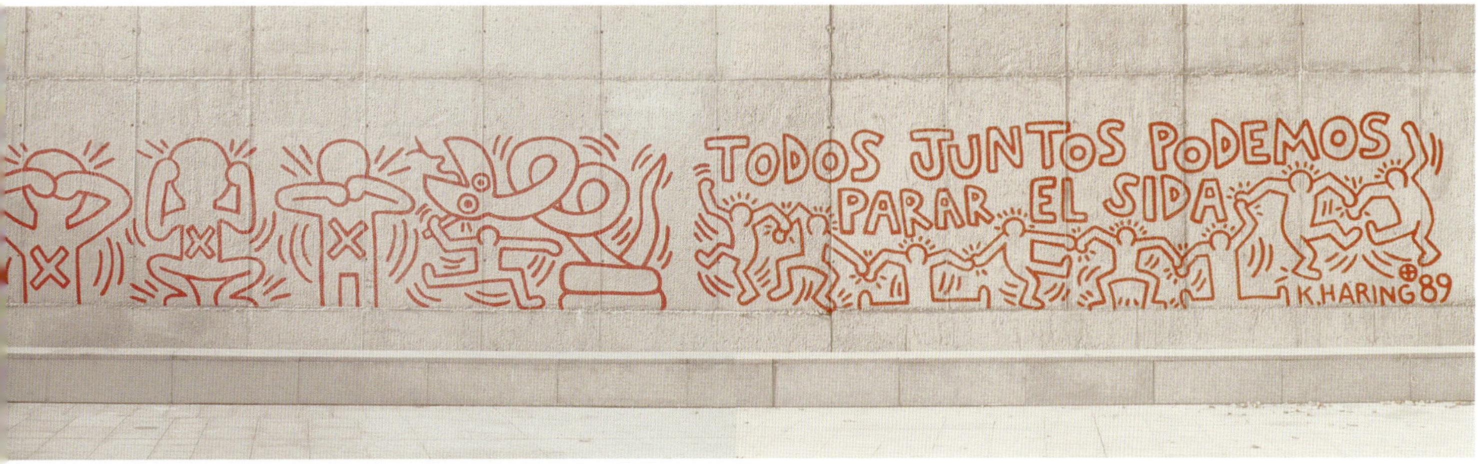

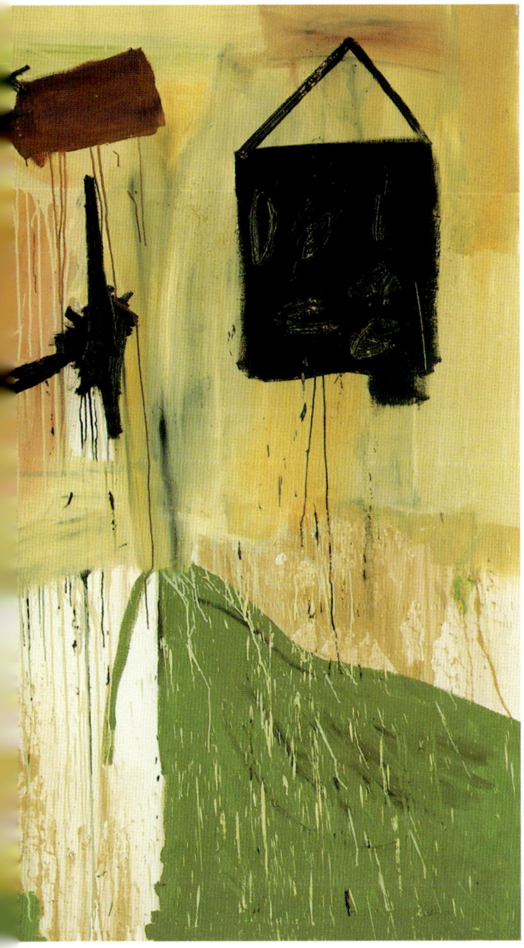

El 27 de febrer de 1989, aproximadament un any abans de morir, Keith Haring va fer el mural *TODOS JUNTOS PODEMOS PARAR EL SIDA* a la plaça Salvador Seguí de Barcelona, en menys de cinc hores. Era un mural de dos metres i mig d'alçada per trenta-tres metres de llargada, fet amb pintura vermella, que feia al·lusió als perills que pot provocar el contagi de la sida, per exemple compartir xeringues o mantenir relacions sexuals sense protecció.

Un dels propietaris d'un prostíbul veí ha protestat i ha dit que el mural perjudicaria el barri perquè la gent creuria que aquí hi ha molta droga i la policia tancaria els bars. És absurd perquè tots coneixen quina és la situació d'aquest barri i el mural només intenta adreçar-se als que ja es veuen afectats per aquests problemes. Té un missatge educatiu: que la gent vagi amb compte, que pensi en la sida i que eviti contagiar-se'n. El mural inclou la paraula «sida» en un extrem perquè el missatge quedi ben clar, i a l'altre extrem hi ha una frase en espanyol: *TODOS JUNTOS PODEMOS PARAR EL SIDA*. He tardat cinc hores a pintar-lo, tal com havia previst. La paret tenia una inclinació estranya en què era difícil pintar, però una de les coses que més m'agraden d'aquesta feina és l'adaptabilitat (física) que requereix. He trobat una postura que em permetia pintar d'una manera homogènia i equilibrada...

KEITH HARING, s/d

El que em preocupa del bodegó és treballar-lo com una matèria orgànica, sentir-lo com pura matèria. Vull provar diferents escriptures per aconseguir la saturació del que solem anomenar bodegó barroc.

Algunes vegades els elements em serveixen de pretext per aconseguir una espècie de ball dins del quadre, és a dir, que el bodegó és una excusa per fer-ho. D'altres s'acosten més a les arrels i són més aviat al·legòrics, com els que consisteixen en un llibre obert, una copa buida i el peix, però els utilitzo de totes formes, per a les meves finalitats. Amb els bodegons no pretenc trencar la tradició, simplement ficar-m'hi i ser coherent. Jo no tinc un esperit destructiu, és simplement que la remoc. No podem acceptar avui dia que les coses vénen una rere l'altra en un cert ordre, és massa evident que no. Hem d'alterar tot l'ordre perquè respirin altre cop i puguem canviar les coses de lloc sense que passi res.

Cal remirar la pintura per treure'n una nova sèrie de lectures. La tradició no és mai lineal i no hi ha un procés evolutiu cap a una millora. Aquest reconeixement és important per mi.

MIQUEL BARCELÓ, 1985

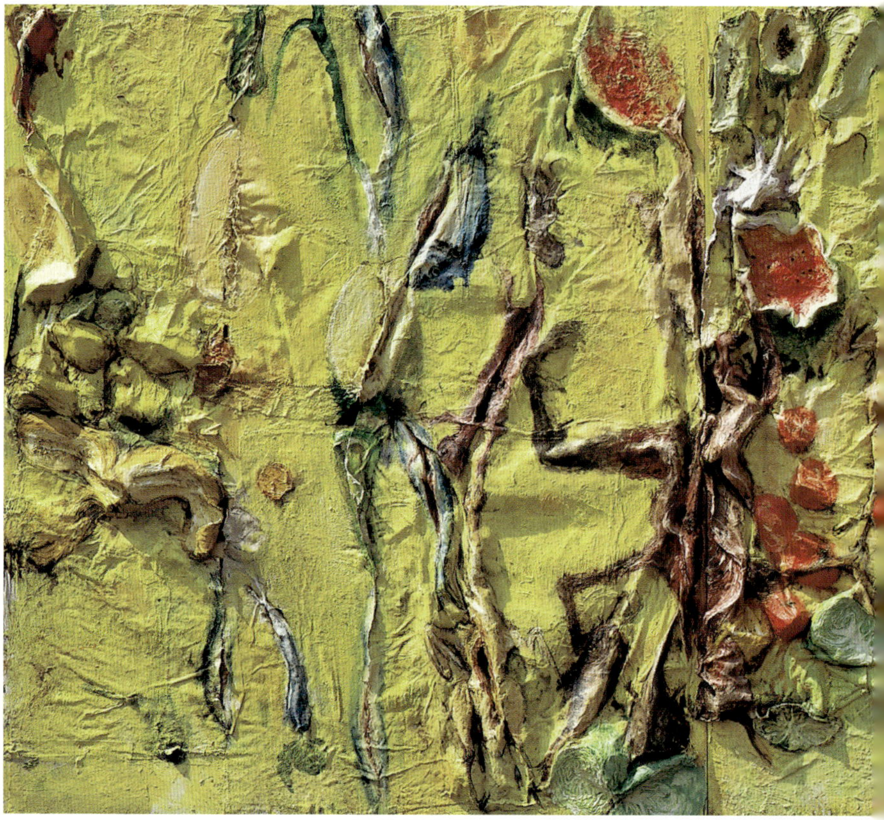

Miquel Barceló, *Ball de la carn*, 1994

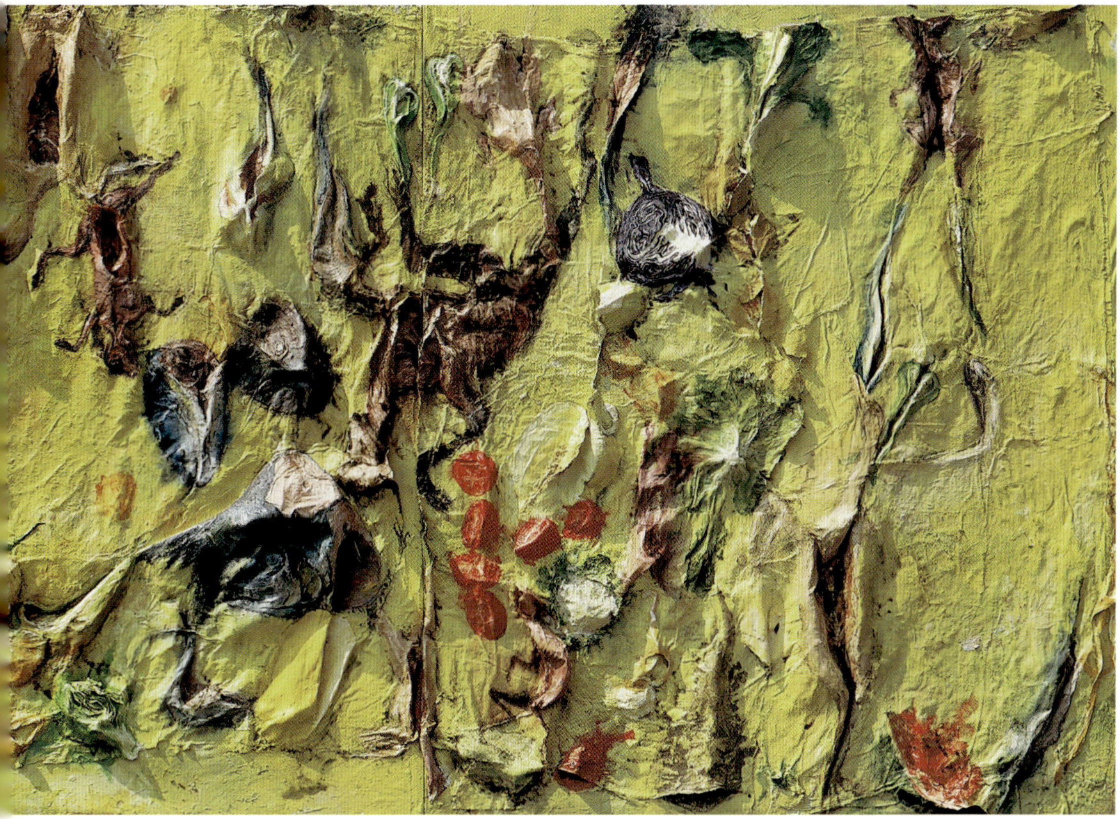

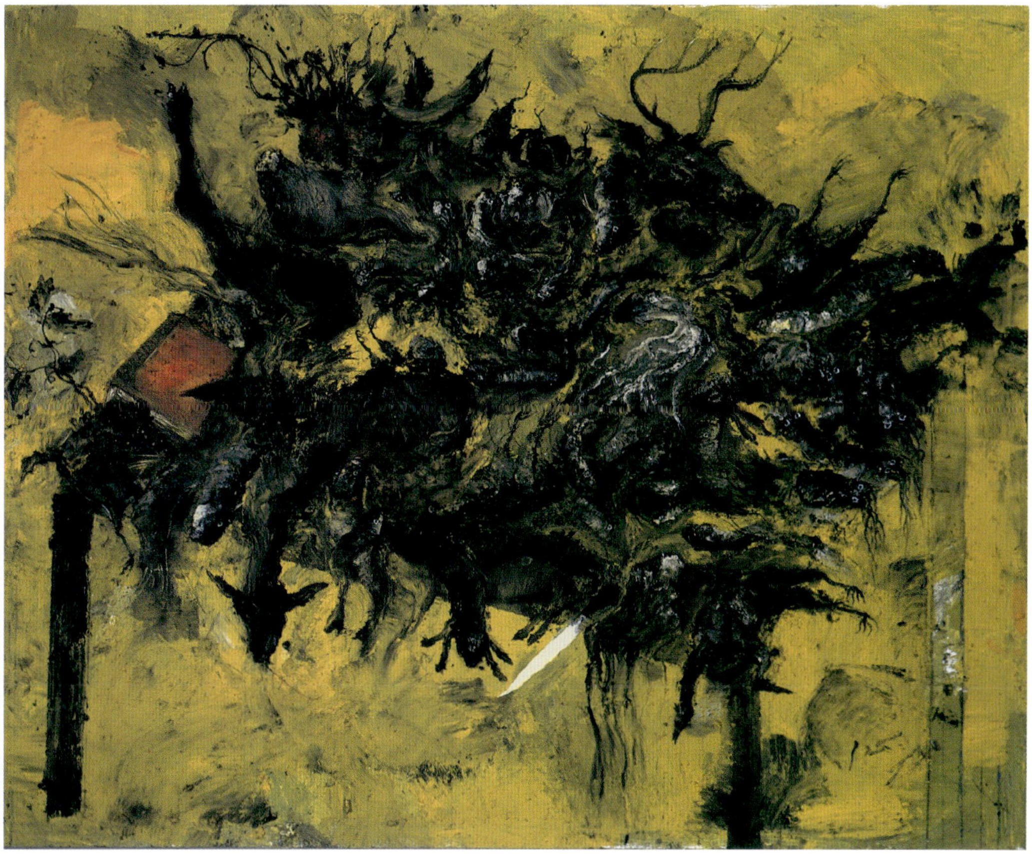

Miquel Barceló, *Taula Paradiso*, 1991

Tots van presentar per primera vegada el seu treball madur els anys 1980-1981. Poc després se'ls va aplegar per formar un grup que pogués respondre a les «generacions» anteriors que havien dominat l'escultura britànica des de la guerra, i alhora ser també l'homòleg necessari d'aquells joves nacionals, com la Transvanguardia italiana i els Neue Wilden alemanys, que apareixien a l'estranger. Però no solament és problemàtica la noció de successió de generacions a l'escultura britànica de la postguerra; el que tenen en comú resulta insuficient per distingir aquests artistes d'alguns altres d'una edat semblant que realitzen obres en tres dimensions en algun punt del globus, com l'alemany Harald Klingelhöllen. A més, els integrants de la «Nova escultura britànica» comparteixen poques coses amb els pintors figuratius expressionistes, als quals se'ls començava a parar una atenció artística arreu del món. Les seves arrels, en canvi, no rauen en la pintura o l'art conceptualista, sinó en debats centrats en les formes expandides d'escultura que es desenvoluparen a final dels seixanta, incloent-hi el *land art*, el *process art* i les instal·lacions. Tanmateix, allò que comparteixen va més enllà d'una certa tradició estètica o d'un llegat. Més important que el fet que aquests artistes pertanyin a la mateixa generació, a grans trets (tots van néixer entre 1948 i 1955), és el fet que tots ells van estudiar en un o més dels principals instituts artístics de Londres durant els anys setanta. També resulta important que després d'experimentar amb diversos tipus de performance, instal·lacions i/o treball conceptual, cap a finals de la dècada tots es concentressin progressivament en objectes autònoms, relativament continguts i fixats: objectes, a més, fets a mà, fabricats més que produïts artesanament amb materials mundans, familiars.

LYNNE COOKE, 1988

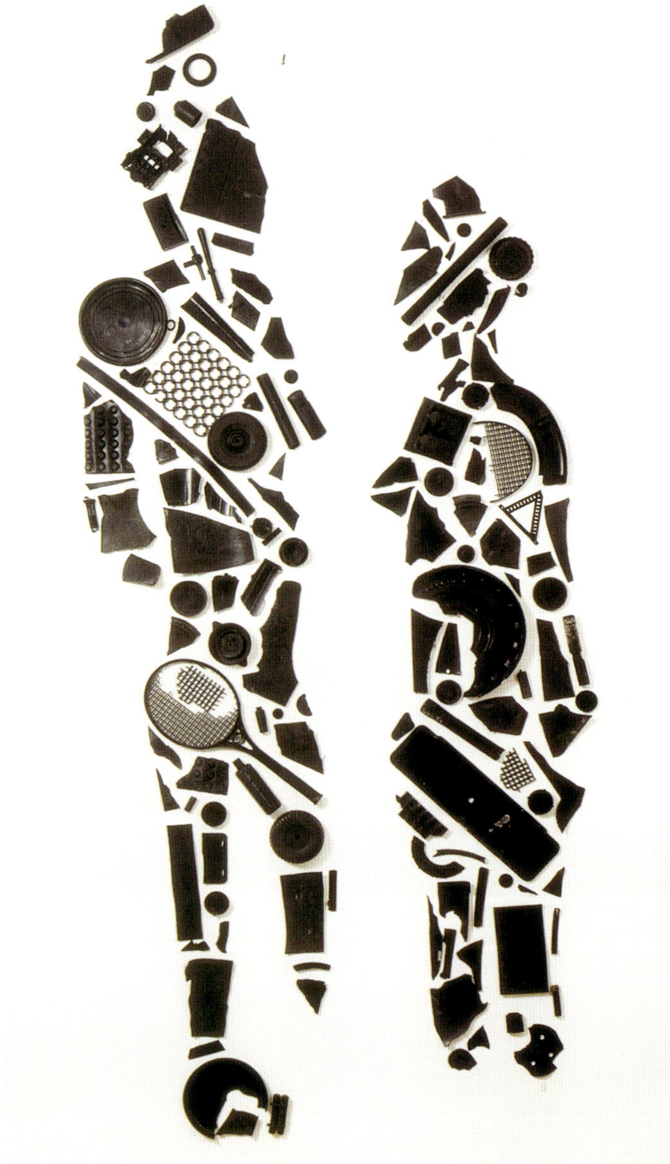

Tony Cragg, *African Myth – Two Women*, 1985

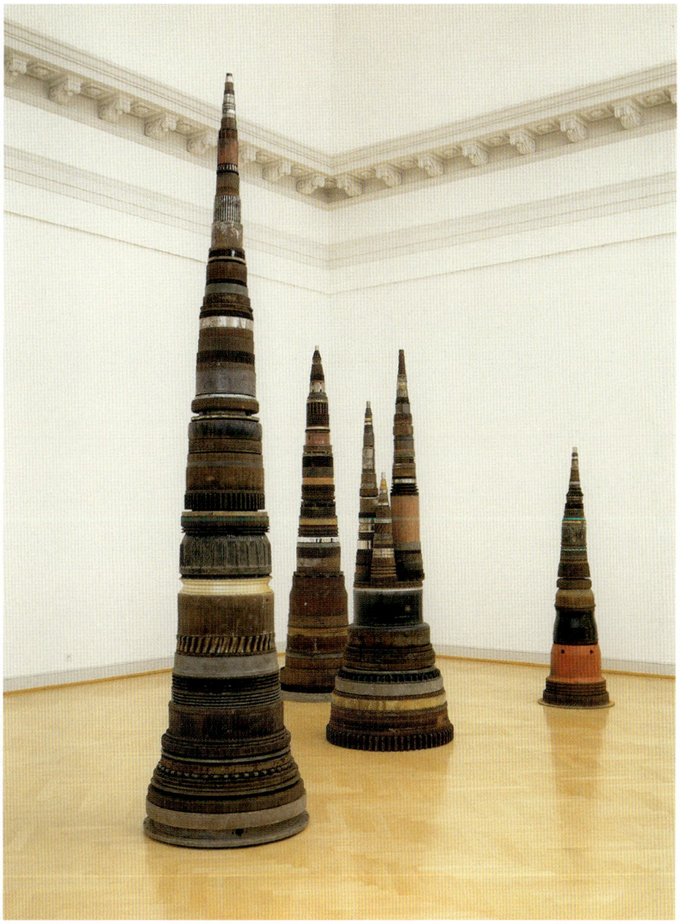

Tony Cragg, *Minster*, 1989-1990

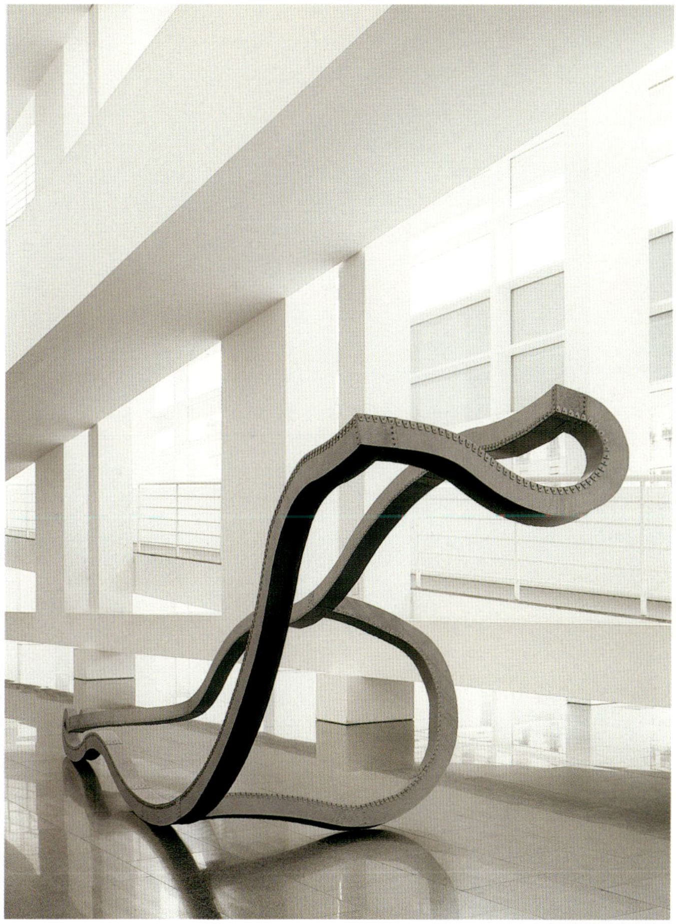

Richard Deacon, *Sense títol*, 1987

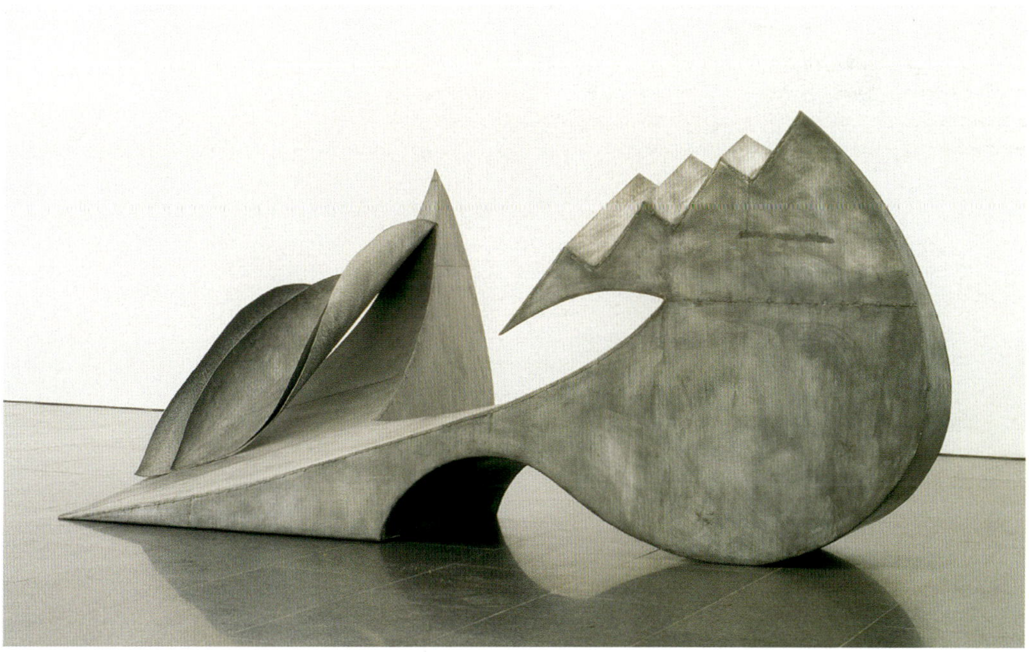

Shirazeh Houshiary, *Blowing Together*, 1985

La contribució actual de Sergi Aguilar, Susana Solano i Jaume Plensa a aquest reencontre amb el ferro ja no té res a veure amb un fals mitjà d'alliberació, que ve de l'exterior com un possible trampolí de canvi que, en definitiva, no es produeix si s'assimila només com a ressort i no en la seva conceptualització íntegra.

[...] Una cosa que possiblement era impensable fa dos anys, aquests autors són (després de Chillida, Alfaro i Palazuelo) els nous ferrers de l'escultura espanyola [...]. Renoven aquell sentit d'equitat brancusià entre la idea i els sentits que l'escultor romanès definia en aquesta frase: «la teva mà pensa i segueix els pensaments del material». A la seva manera, tots tres transcendeixen la tècnica per convertir-la en llenguatge personal en estreta relació amb l'origen i la finalitat de les propostes. Amb acabats perfectes, Sergi Aguilar se serveix de les coses impecables com a via de misteri, com a element definidor gens passiu en absolut –perquè la seva obra és fonamentalment perceptiva–, en eterna lluita amb les formes de continu pertorbades, que a través d'aquestes pàtines sembla retenir els secrets fins a l'últim moment. En les planxes poderoses de Susana Solano s'aprecia una vibració natural premeditada que inclou trets matussers voluntaris com a dada totalment legítima per a qui prova de restituir l'aparença de coses familiars, i en això també troba explicació el fet que utilitzi materials de prova (malles de ferro i guix) com a definitius. I Jaume Plensa fa servir per a l'animalogia l'evidència estrepitosa de l'*assemblage* i de les interpretacions com a mostració d'aquest difícil forcejament vital que l'empeny.

Sergi Aguilar, hereu de l'escultura estructural i un dels pocs continuadors de l'escultura oberta i descentrada, que tendeix a una projecció ja fora de la massa tancada, que ha tingut un gran desenvolupament en la segona meitat del segle XX, proposa entre estrenyiments i escapades uns espais litúrgics, en què el factor *penombra* actua decisivament com un abrigament inesperat de la concisió, lentament estudiada. Susana Solano treballa els espais d'interior sense amagar-se'n, amb una folgança serena i particular que reviu recorreguts físics, com ara racons, extraccions, llocs suggerits..., que ni a ella ni a nosaltres ens són gens desconeguts dins d'un resum d'imatges que poden tenir com a punt de partida la naturalesa, la irregularitat funcional de l'arquitectura popular, el mobiliari de dona, etc. Jaume Plensa planteja sense pors, bruscament, gairebé a batzegades, una escultura proliferada, que va del que és aparentment tou, fins i tot borrós, com si s'estigués fent, al que és més precís i concret, i demostra una bravesa que lluita contra el que és gratuïtament horripilant i s'ha fet amb un particular *estirament* de la figura sense estilitzacions que, quan sap descongestionar-se per *dir més*, produeix una alta expressivitat per sobre de les conveniències de la moda.

Teresa Blanch, 1984

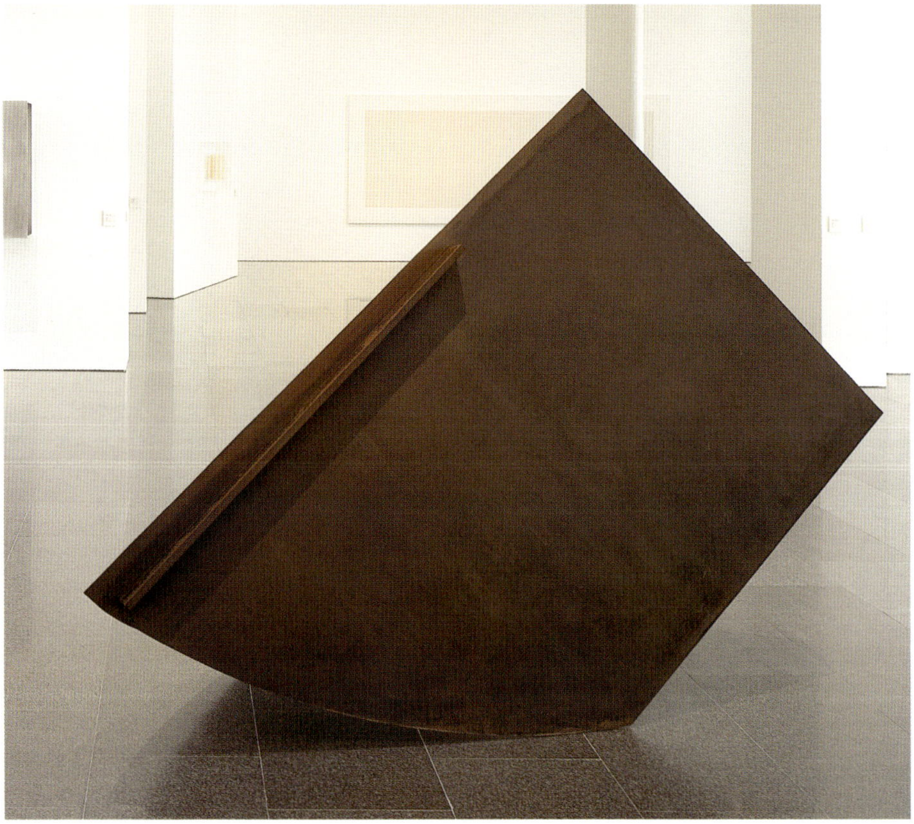

Sergi Aguilar, *Central*, 1986

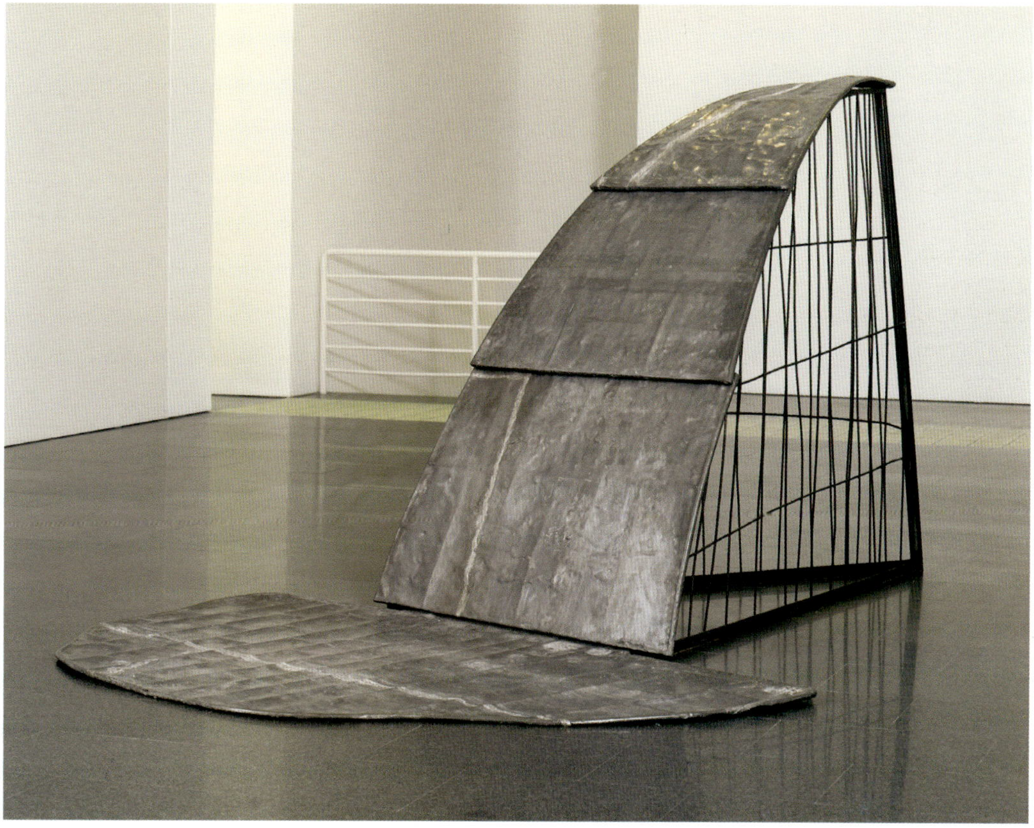

Susana Solano, *El puente*, 1986

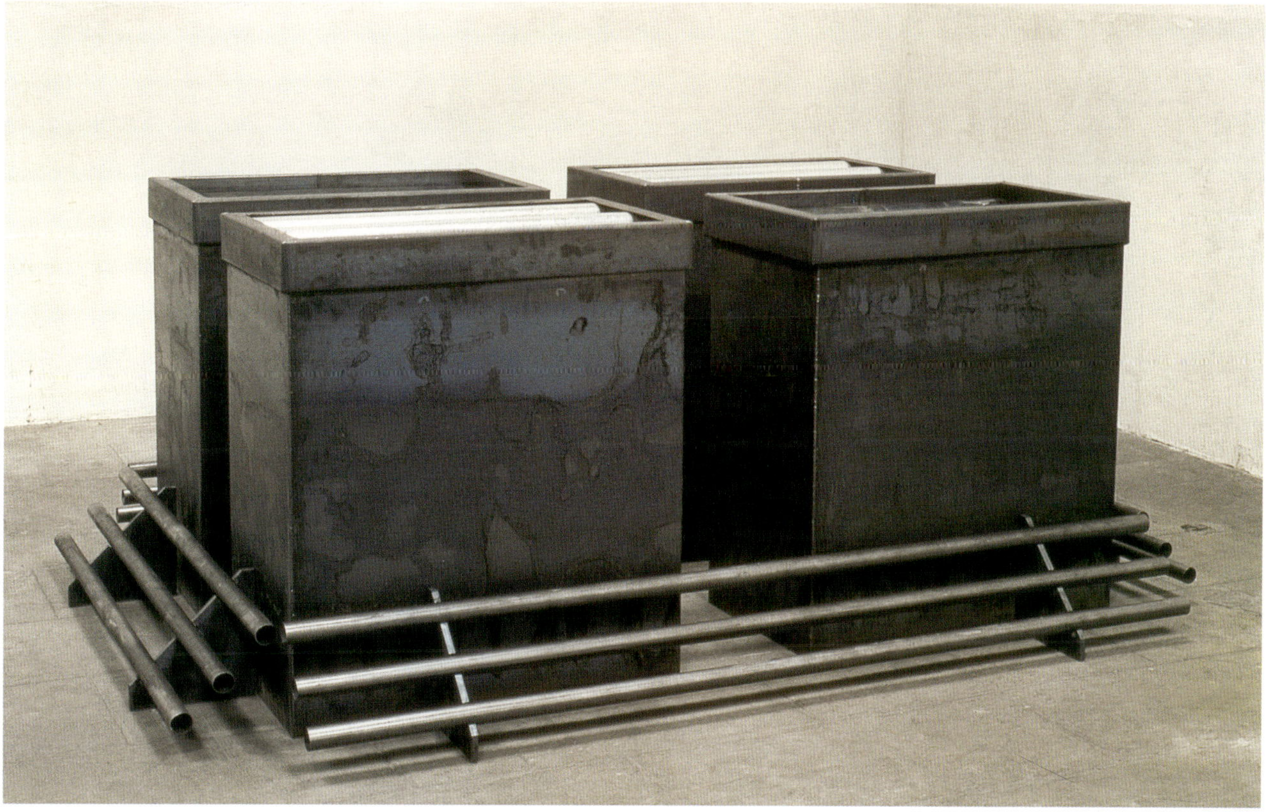

Susana Solano, *Estació termal*, 1987

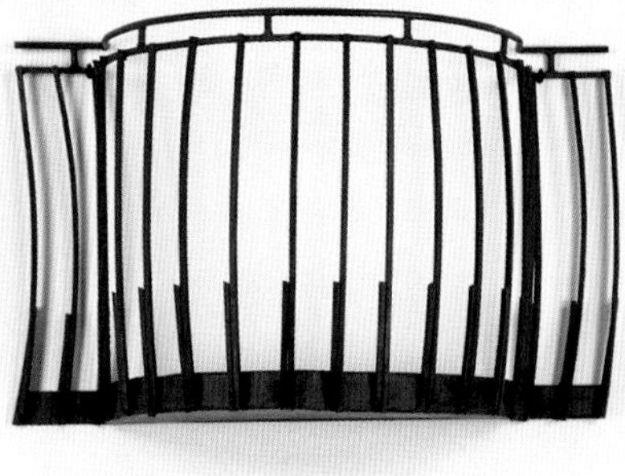

Juan Muñoz, *London Balcony*, 1987

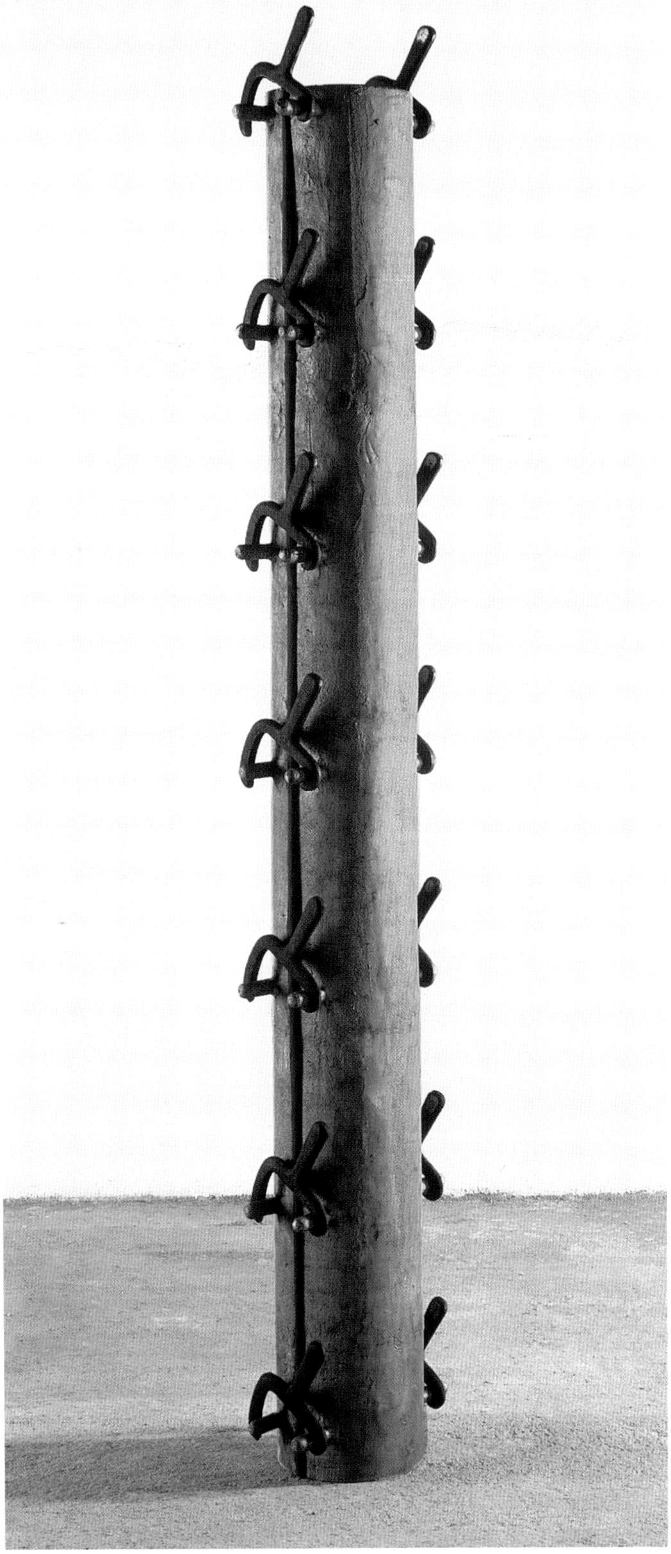

Jaume Plensa, *Multindus II*, 1990

JEAN-MARC POINSOT: L'any 1984 vas fer la teva primera exposició individual. Hi vas fixar diversos balcons als pilars de la galeria. ¿Quin significat té, per a tu, el balcó?

JUAN MUÑOZ: La primera peça que un cop posada a la paret vaig reconèixer com a meva era una petita escala de cargol, amb un balcó a dalt. La imatge era molt hermètica. Atès que mai no m'ha agradat fer variacions, vaig decidir portar l'obra cap a una metàfora del minaret.

Primer vaig construir una torre de dos metres. Dalt de la torre hi havia diversos personatges tallats barroerament. En el segon esbós només hi havia dos personatges i el plànol d'un edifici. Alguna cosa no rutllava. Tot construint els balcons vaig sentir que estava mirant quelcom que em mirava a mi. No va caldre afegir cap imatge [...].

JMP: ¿A quina tradició pròpia de l'escultura et sents vinculat?

JM: Fa uns mesos algú em va fer notar que a les meves obres sentia el perill d'ésser massa literari. Tot i que això em va preocupar per uns moments, em vaig defensar contestant que, efectivament, jo era un narrador d'històries, un *story teller*. Aquesta resposta, molt ràpida, comença a sonar-me molt. Tanmateix, jo no em

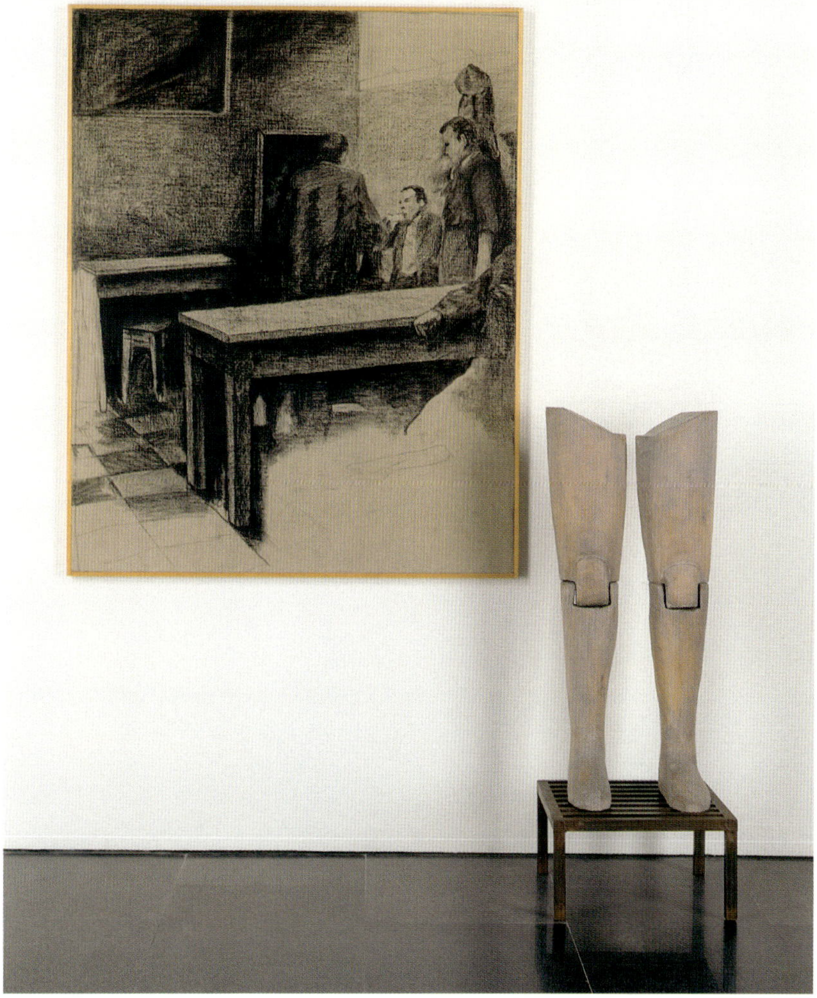

Juan Muñoz, *Popular Songs II*, 1987

crec un factor d'imatges. Tota obra que construeixo existeix en la seva relació amb la història, en el marc del discurs que té el llenguatge escultòric. [...]

JMP: ¿Vas donar papers diversos a la titella de ventríloc durant les exposicions?

JM: No resulta gaire lògic. Primer apareix a les notes preses a Nova York l'any 1981. Llavors tan sols era una sèrie de grans dibuixos i indicacions per a la seva realització, que només es va dur a terme quatre anys després. Primer es va quedar molt de temps al taller, el posava al saló, me n'oblidava, fins que un dia vaig notar que, malgrat que no acostumo a tractar gaire curosament les meves escultures, aquesta, la titella del ventríloc, era objecte de cures atentes i la portava en posició vertical. Llavors vaig decidir mostrar-lo. [...] Està esperant. Espera i no parla. Això ho sabem, no parla. És clar, no mira mai l'espectador. L'he estat observant, realment l'espectador ja no l'interessa. [...]

JMP: Durant la conversa, sovint has fet servir la paraula «barroc». Sembles parlar-ne com si es tractés d'una actitud...

JM: [...] De vegades la faig servir com se sol fer per parlar de quelcom múltiple, fins i tot confús. En altres casos, la faig servir per explicar un element de l'obra: l'absència de serenitat [...]. Vaig llegir en algun lloc que el barroc és l'estil que, deliberadament, vol esgotar totes les possibilitats. No he intentat mai fer-ho, sempre intento fer un art realista, potser ple de reflexos fantàstics, no ho sé. Abans he parlat d'absència, d'absència de calma. Jo construeixo metàfores en forma d'escultura perquè no sé expressar d'una altra manera allò que em preocupa.

Juan Muñoz i Jean-Marc Poinsot, 1987

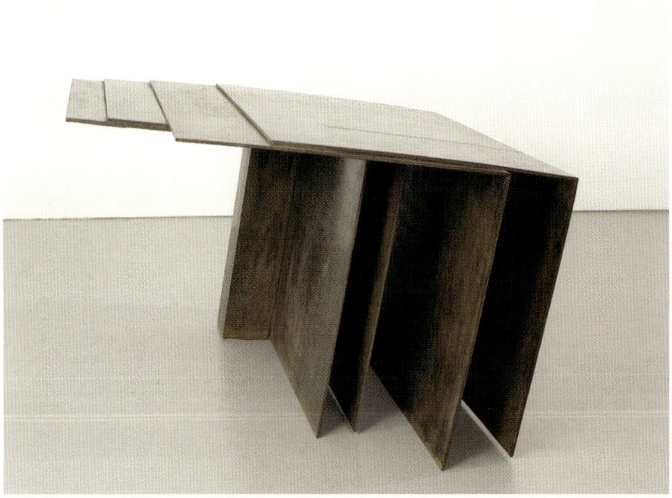

Juan Luis Moraza, *La triple negación,* 1988

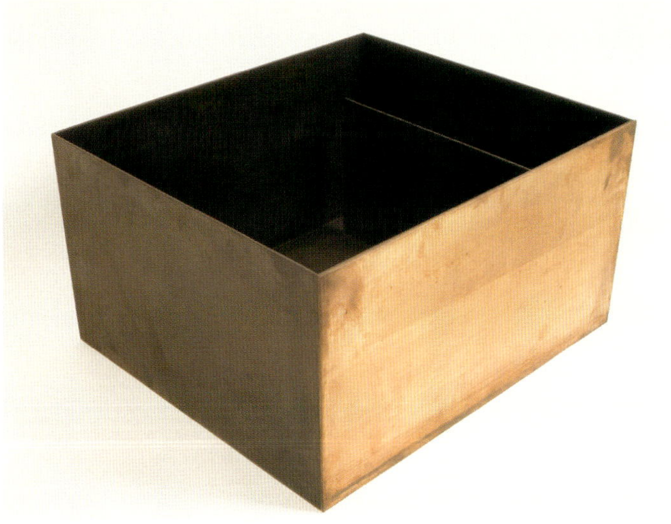

Ángel Bados, *Sense títol*, 1988-1989

Davant de l'art dels anys seixanta, que avui [anys vuitanta] es recupera amb complaença des de les institucions, estem compromesos a situar nous sistemes de referència. Les circumstàncies vitals i culturals han canviat en tots els àmbits. I tot programa estilístic s'acaba formalitzant naturalment. A cada generació correspon l'herència de deutes, riqueses, contradiccions, èxits i fracassos de les anteriors. A cada generació correspon valorar en primera instància aquest potencial, i sempre en relació amb una circumstància sempre diferent. Dir que l'escultura és un fet espacial és estar d'acord amb l'asserció moderna de «l'escultura com una concentració d'espai i temps», però també amb el clàssic de «l'escultura situada en un espai i un temps». És interessant la fissura entre tots dos. Una esquerda que a més atorga una possibilitat d'intervenció espacial i temporal per a una nova situació. El que no ens fa cap favor és confondre –com potser fa l'acalorament modern– el «pas de la vida» amb el canvi o l'ampliació dels límits físics del laboratori. Ja que l'espai obert no és més real que l'espai tancat del museu, i utilitzar elements amorfs o informals no garanteix una vacuna segura contra el formalisme. Moltes d'aquestes confusions, a vegades tremendament ingènues, han passat a ser una de les escoles, de les acadèmies, amb què com a paisatge es troba l'artista jove. I també una de les escoles i seqüeles més ferotges de la modernitat: la conversió de l'acte en hàbit, de l'esdeveniment en mera cerimònia de la tradició moderna que predestina el futur de la postmodernitat.

Juan Luis Moraza, 1988

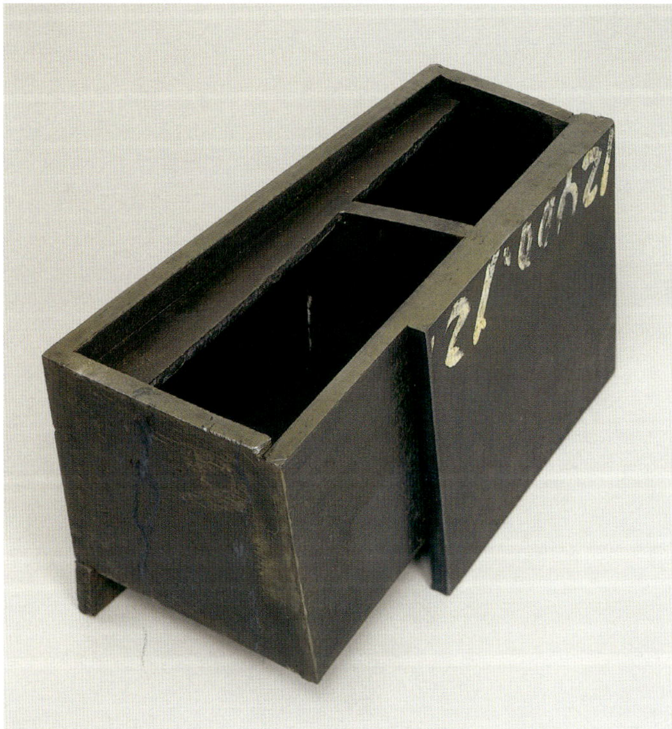

Pello Irazu, *Sense títol*, 1987

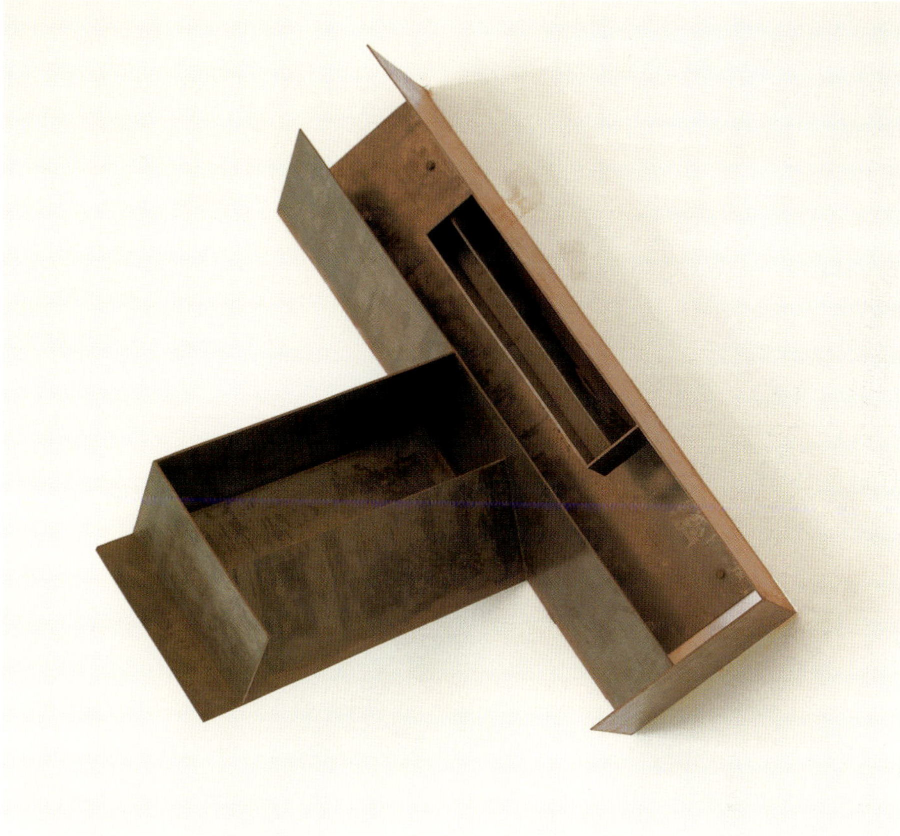

Txomin Badiola, *E.L. El ruso 7*, 1988

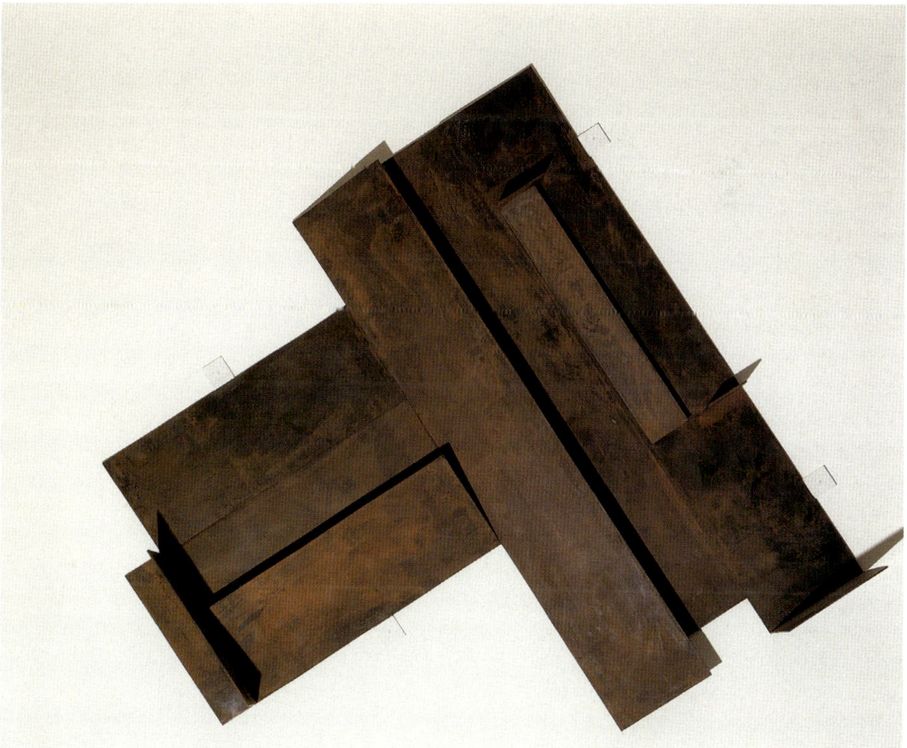

Txomin Badiola, *E.L. El ruso 3*, 1987

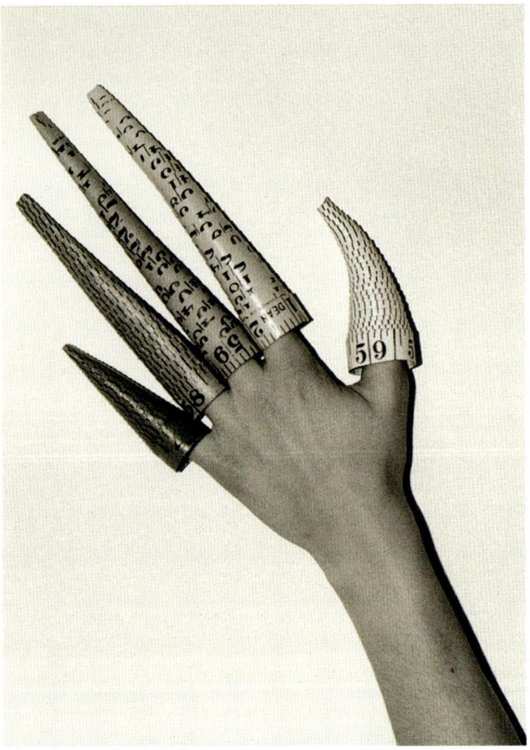

Jana Sterbak, *Cones on Fingers*, 1979

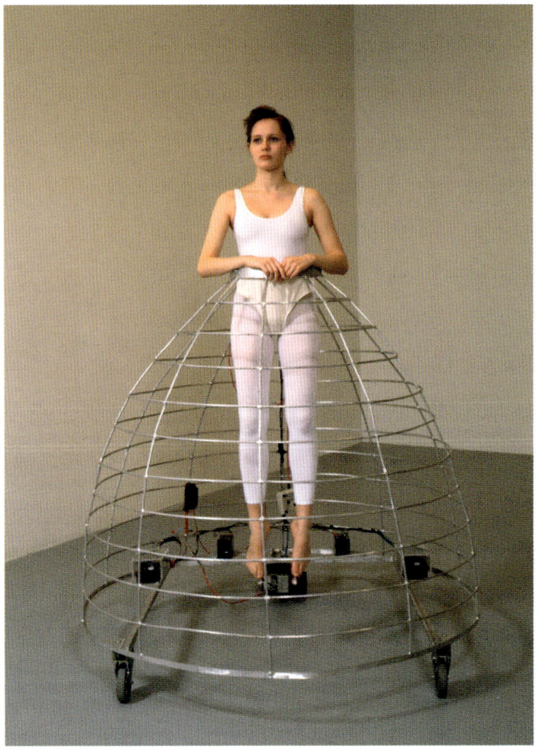

Jana Sterbak, *Remote Control II*, 1989

La tensió entre el cos i les nostres autorepresentacions suggereix una certa tensió en tot artifici humà. El vestir pot ser entès com una espècie de tecnologia, un mitjà a través del qual el jo es representa davant del món, i l'interès de Sterback per la indumentària està en consonància amb el seu interès per la ciència i la tecnologia. Tant una cosa com l'altra es relacionen íntimament amb l'impuls d'alliberar-nos dels imperatius de la naturalesa física, i impliquen que el poder (sobre nosaltres mateixos, sobre els altres, sobre la natura) és un mitjà necessari per aconseguir aquest alliberament. Però hi ha un problema: les tecnologies que nosaltres creem per alliberar-nos de la natura ens reforcen i ens contenen alhora. Aquesta és un idea central en les construccions de crinolina de Sterback *Remote Control I* i *II* (1989), i també, d'una manera més obliqua, en la performance *Psí a slěcna (Defence)* (1995). *Remote Control I* i *II* són uns vestits enormes fets d'anelles d'alumini, dels quals penja una dona dins un braguer de lona. La construcció està muntada sobre unes rodes motoritzades, i es pot moure amb un comandament a distància. La dona que «porta» el vestit hi està pràcticament empresonada, sense poder tocar a terra ni controlar els seus moviments excepte per mitjà del comandament a distància. En la performance, el comandament a distància es converteix en l'element central. Si l'acciona la dona de dins del vestit, això li dóna un poder espectacular. Adquireix la capacitat de controlar els seus moviments, es converteix en el centre de les nostres mirades, fins i tot adquireix control sobre l'experiència espacial del públic respecte a la sala. Però quan el comandament a distància passa a mans d'un dels seus ajudants, la dona queda radicalment desproveïda de poder; penjada a mig aire, resta completament indefensa, empresonada i totalment dependent dels qui controlen la tecnologia que l'embolcalla. Les crinolines produeixen una espècie d'inversió coreogràfica de la dialèctica reforç/contenció, amb la qual cosa donen a l'expressió física un desig contradictori que Sterback troba en tots nosaltres, *tant* per a l'autodeterminació *com* per a la dependència. I també suggereixen que els efectes de les nostres tecnologies són ambigus, que confereixen poder i per tant són decisius per a la nostra capacitat d'autodeterminació, però que nosaltres, potser intencionadament, passem a dependre d'aquestes tecnologies i, per tant, ens tornem incapaços de controlar les conseqüències de la seva utilització.

RICHARD NOBLE, 1995

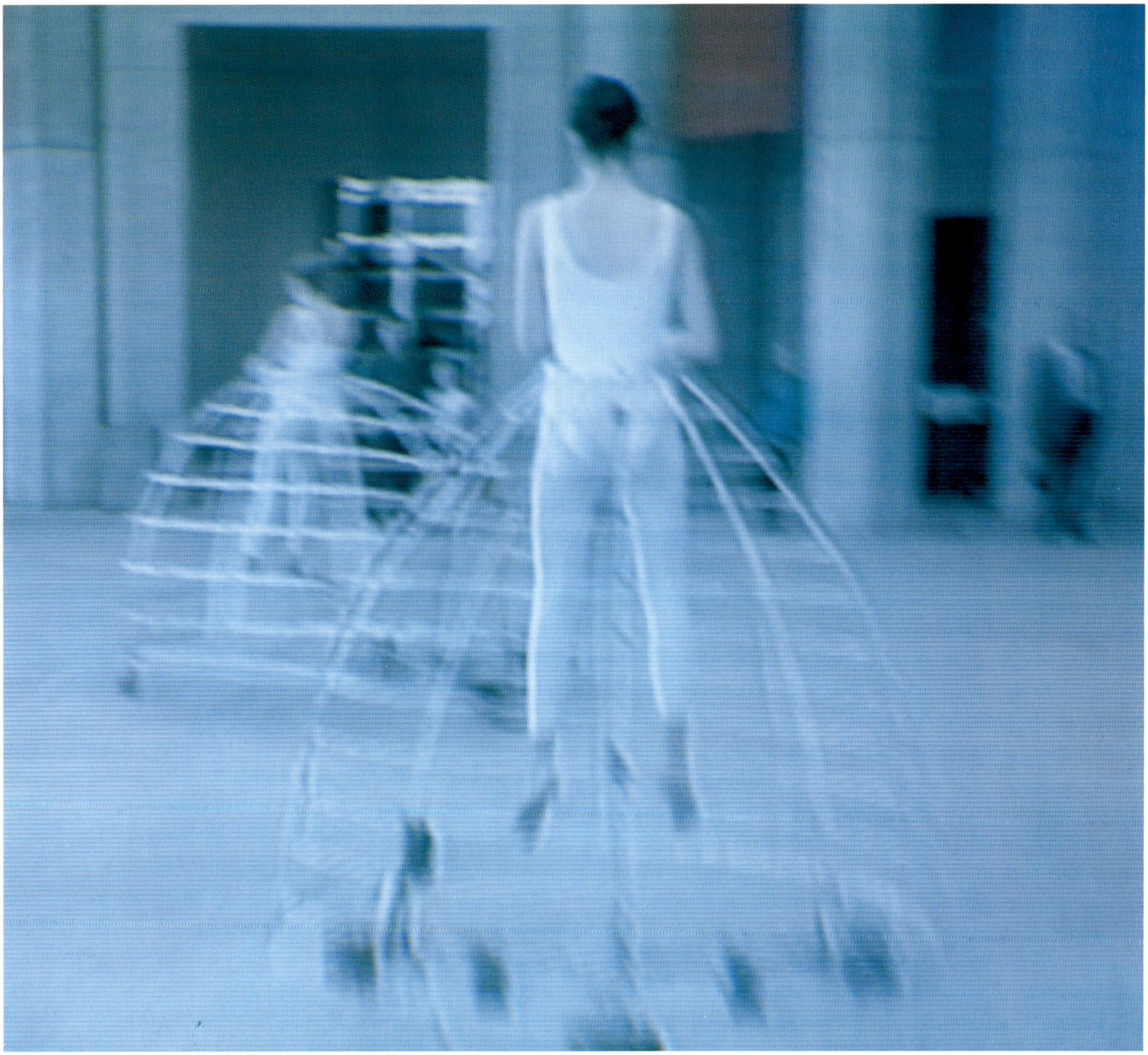

Jana Sterbak, *Remote Control II*, 1989

L'IMPULS AL·LEGÒRIC: CAP A UNA TEORIA DEL POSTMODERNISME

CRAIG OWENS, 1980

Atribuir una motivació al·legòrica a l'art contemporani és aventurar-se en un territori prohibit, atès que durant gairebé dos segles l'al·legoria ha estat condemnada com una aberració estètica, l'antítesi de l'art. A la seva *Estètica*, Croce s'hi refereix com a «ciència, o art que imita la ciència»; una vegada Borges la va caracteritzar d'«error estètic». Tot i que sens dubte continua sent un dels escriptors contemporanis més al·legòrics, Borges considera l'al·legoria com un recurs passat de moda i esgotat, una qüestió d'interès *històric*, però gens essencial. De fet, pel que sembla, les al·legories representen per a ell la distància entre el present i un passat irrecuperable:

> Sé que hi va haver una època en què l'art al·legòric es considerava encisador... i ara resulta intolerable. Creiem que, a més d'intolerable, és idiota i frívol.

Aquesta afirmació és doblement paradoxal, ja que no sols contradiu la naturalesa al·legòrica de la ficció de Borges, sinó que nega a l'al·legoria allò que li és més propi: la capacitat de rescatar de l'oblit històric allò que corre el perill de desaparèixer. Al principi, l'al·legoria va aparèixer com a resposta a una sensació semblant de desconeixement de la tradició. Al llarg de la història s'ha mogut en la bretxa entre un present i un passat que, sense una reinterpretació al·legòrica, potser hauria restat inextricable. Els dos impulsos fonamentals de l'al·legoria són la convicció que el passat era remot i el desig de recuperar-ho per al present. Aquests dos impulsos justifiquen la funció de l'al·legoria en la investigació psicoanalítica, així com la rellevància que hi veu Walter Benjamin, l'únic crític del segle XX que tracta el tema sense prejudicis des del punt de vista filosòfic. Tanmateix, no poden aclarir per què aparentment el potencial *estètic* de l'al·legoria es va esgotar fa molt de temps, ni tampoc ens permet localitzar la ruptura històrica a partir de la qual l'al·legoria es va enfonsar en els abismes de la història.

La investigació dels orígens de l'actitud moderna cap a l'al·legoria podria semblar tan «idiota i frívola» com el mateix tema, si no fos perquè en diversos aspectes de la cultura contemporània ha començat a reafirmar-se un impuls inequívocament al·legòric: per exemple, en el renovat interès per Benjamin, o per *The Anxiety of influence* de Harold Bloom. L'al·legoria també es manifesta en el retorn a l'historicisme que caracteritza la pràctica arquitectònica actual i la posició revisionista de bona part del recent discurs historicoartístic: T. C. Clark, per exemple, considera la pintura de mitjan segle XIX com una «al·legoria» política. Ara vull centrar-me en aquesta reaparició de l'al·legoria a través del seu impacte a la pràctica i la crítica de les arts visuals. Com sempre, hi ha importants antecedents a mencionar: Duchamp va identificar «l'estat instantani del Repòs» i «l'exposició extra ràpida» –es a dir, els aspectes fotogràfics– del *Grand Verre* com una «manifestació al·legòrica»; *Allegory* és també el títol d'una de les més ambicioses *combine paintings* realitzades per Rauschenberg als anys cinquanta. No obstant això, hem de deixar per més endavant la consideració d'aquestes obres, atès que la seva importància només queda de manifest un cop s'ha reconegut plenament la supressió de l'al·legoria per part de la teoria moderna.

Per tal de reconèixer l'al·legoria en les seves manifestacions contemporànies, primer cal forjar-nos una idea del que és en realitat o, més ben dit, d'allò que *representa*, atès que l'al·legoria és una actitud i una tècnica alhora, una percepció i alhora un procediment. Diguem, de moment, que l'al·legoria es produeix quan un text és reinterpretat per algú altre; per exemple, l'Antic Testament es converteix en al·legòric quan el llegim com una prefiguració del Nou. Aquesta descripció provisional –que no és una definició– cita l'origen de l'al·legoria en el comentari i l'exegesi, i explica la seva afinitat permanent amb aquestes: com indica Northrop Frye, l'obra al·legòrica tendeix a prescriure en quin sentit s'ha de fer el propi comentari. Aquest aspecte metatextual és el que sempre s'esmenta quan s'ataca l'al·legoria com una simple interpretació afegida *post facto* a una obra, una floridura o un ornament retòric. Malgrat això, com sosté Frye, «a la literatura, l'al·legoria genuïna és un element estructural, ha d'estar allí, no es pot afegir exclusivament mitjançant la interpretació crítica.»[iv] Per tant, en una estructura al·legòrica, un text es *llegeix a través* d'un altre, per molt fragmentària o caòtica que sigui la relació entre l'un i l'altre; així, el paradigma de l'obra al·legòrica és el palimpsest. [...]

Plantejada d'aquesta manera, l'al·legoria esdevé el model de qualsevol comentari, de qualsevol crítica, en la mesura que totes dues intervenen en la reescriptura del sentit figurat d'un primer text. Tanmateix, allò que m'interessa és el que passa quan aquesta relació té lloc *dintre* de les obres d'art, quan descriu la seva estructura. La imagineria al·legòrica és el resultat d'una apropiació; el creador d'una al·legoria no inventa imatges, ans al contrari, les confisca. Reivindica allò que té un significat cultural, pretén ser el seu intèrpret. I a les seves mans, la imatge esdevé una altra cosa (*allos* = altre + *agoreuei* = parlar). No recupera un significat potser perdut o ocult; l'al·legoria no és una hermenèutica. Al contrari, afegeix un altre significat a la imatge. No obstant això, si afegeix alguna cosa només ho fa amb l'objectiu de substituir: el significat al·legòric en suplanta un altre anterior; és un complement. És per aquesta raó que es condemna l'al·legoria, però també és la font de la seva rellevància teòrica.

Ara ja podem establir un primer vincle entre l'al·legoria i l'art contemporani: l'apropiació d'imatges que es produeix a les obres de Troy Brauntuch, Sherrie Levine, Robert Longo i altres artistes que generen imatges reproduint-ne d'altres. La imatge apropiada pot ser un fotograma, una fotografia, un dibuix; sovint ja és una reproducció per ella mateixa. No obstant això, les manipulacions a les quals aquests artistes sotmeten aquestes imatges contribueixen a buidar-les de connotacions, de rellevància, de la seva imperativa reivindicació

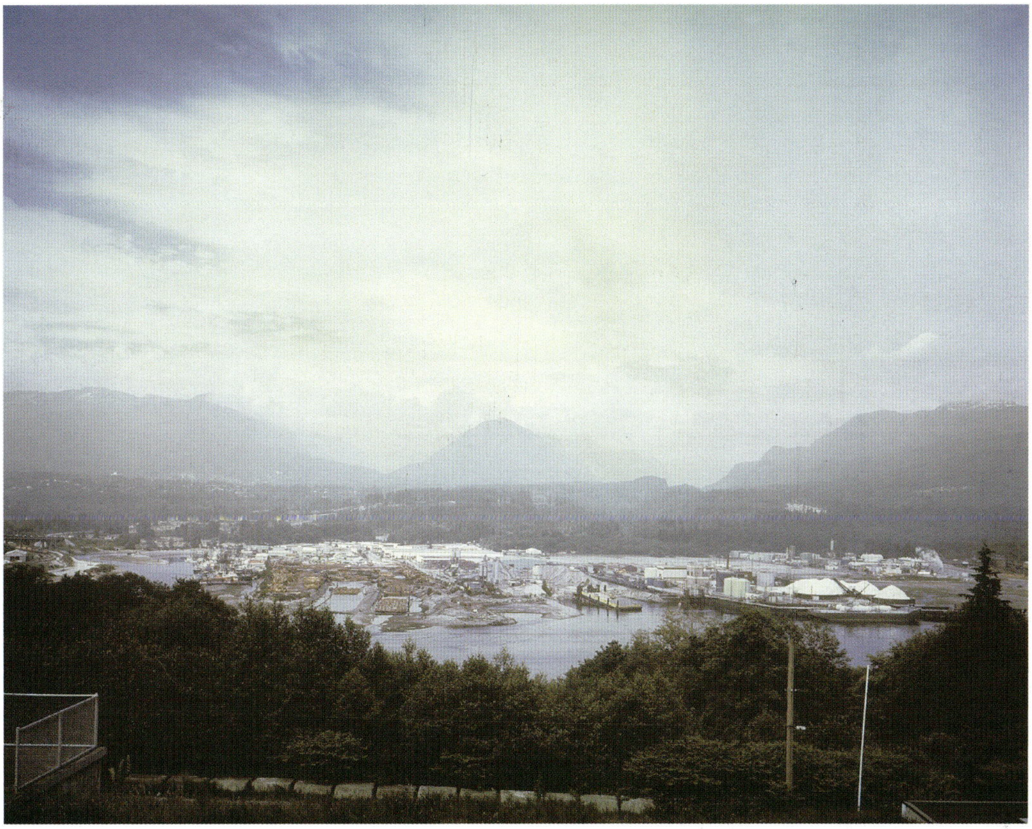

Jeff Wall, *Coastal Motifs*, 1989

d'un significat. [...] Les imatges de Brauntuch ofereixen i difereixen una promesa de significat alhora; estimulen i frustren alhora el nostre desig que la imatge sigui plenament transparent pel que fa al seu significat. Com a conseqüència, se'ns presenten estranyament incompletes: fragments o caràcters que s'han de *desxifrar*.

L'al·legoria se sent constantment atreta per allò fragmentari, imperfecte, incomplet, una afinitat que troba la seva millor expressió en la ruïna, que Benjamin va definir com l'emblema al·legòric per excel·lència. En aquest cas, les obres de l'home queden reabsorbides en el paisatge; així, les ruïnes simbolitzen la història com un procés irreversible de dissolució i decadència, un distanciament progressiu respecte de l'origen. [...]

Paral·lelament al culte al·legòric a la ruïna, apareix un segon vincle entre l'al·legoria i l'art contemporani: la ubicació en un espai específic, és a dir, l'obra que sembla físicament fusionada amb el seu entorn, incrustada al lloc on ens la trobem. L'obra ubicada en un espai específic sovint aspira a la monumentalitat prehistòrica; Stonehenge o les línies de Nazca es consideren els prototips. El seu «contingut» sol ser mític, com en el cas de la *Spiral Jetty*, la forma de la qual prové d'un mite local sobre un remolí al fons del Gran Llac Salat; Smithson exemplifica així la tendència a emprendre la *lectura* d'un espai geogràfic, no només tenint en compte les seves característiques topogràfiques, sinó també els seus ecos psicològics. L'obra i la seva ubicació mantenen una relació dialèctica. (Quan l'obra ubicada en un espai específic es planteja en termes de reivindicació d'un territori i s'instal·la en una mina o pedrera abandonada, la seva motivació «en defensa d'una recuperació» es fa patent.)

Les obres ubicades en un espai específic són efímeres, estan instal·lades en llocs concrets per un període limitat i la seva transitorietat dóna una idea del seu caràcter circumstancial. No obstant això, no s'acostumen a desmantellar, sinó que simplement s'abandonen a la naturalesa; Smithson va reconèixer que les forces que erosionen les seves obres i a la llarga les tornen a la naturalesa eren part integrant d'aquestes obres. En aquest sentit, l'obra ubicada en un espai específic es converteix en un emblema de la fugacitat, del caràcter efímer de tots els fenòmens; és el *memento mori* del segle XX.

Rosemarie Trockel té una habilitat extraordinària per il·lustrar imatges emmagatzemades en la profunditat de les nostres ments, en els nostres records..., i és sempre inquietant evocar aquestes imatges que tenen una ressonància pública i col·lectiva i que ens permeten accedir a una consciència històrica i redescriure certs temes vistos *a priori* des d'un angle diferent, intentant demostrar el que és indemostrable.
Els continguts són: les dones, l'experiència quotidiana, la transgressió dels mètodes –implícitament racionals i lògics– de les normes culturals i de les estètiques en boga.

Rosemarie Trockel utilitza pintura, teixits de punt, escultura i objectes, però sempre treballa amb un propòsit fix, que mai canvia i que només varia en la materialització. El sentit de l'art es troba en el distanciament, en l'elaboració i la variabilitat; en barrejar amb èxit imatges mítiques i privades, atributs personals emanats de la història de l'individu i atributs públics que pertanyen a la història social i política.

Made in Western Germany és una obra d'art en punt de llana, teixida a màquina; una tècnica, una vocació típicament femenina, com si fos mantenir les obres d'art properes a la subjectivitat, una subjectivitat capaç d'utilitzar tots els instruments i tots els llenguatges possibles.

Aquí Trockel utilitza, com moltes altres vegades, un logotip, *logo* que significa «fabricat a Alemanya Occidental». Curiosament, però, en el títol de l'obra no apareix la paraula *West*, sinó *Western*, una paraula cinematogràfica, relacionada en el nostre subconscient amb tot el que és salvatge, els espais oberts on qualsevol aventura és possible, el paisatge sense límits; provoca un diàleg metafòric entre referències socials i comercials i una abstracció poètica.

Trockel manté habitualment la seva obra a distància per després atreure-la cap a si mateixa; l'aproximació té una forma reiterativa pròpia, el ritme, les cadències lentes, les pauses. Com a norma, parla del que no es percep, tot i que de fet ho sigui. El seu art és com una biografia, com un recorregut vist a través de la seva obra, en què no se'ns explica una història sinó una situació existencial.

MARÍA DE CORRAL, 1992

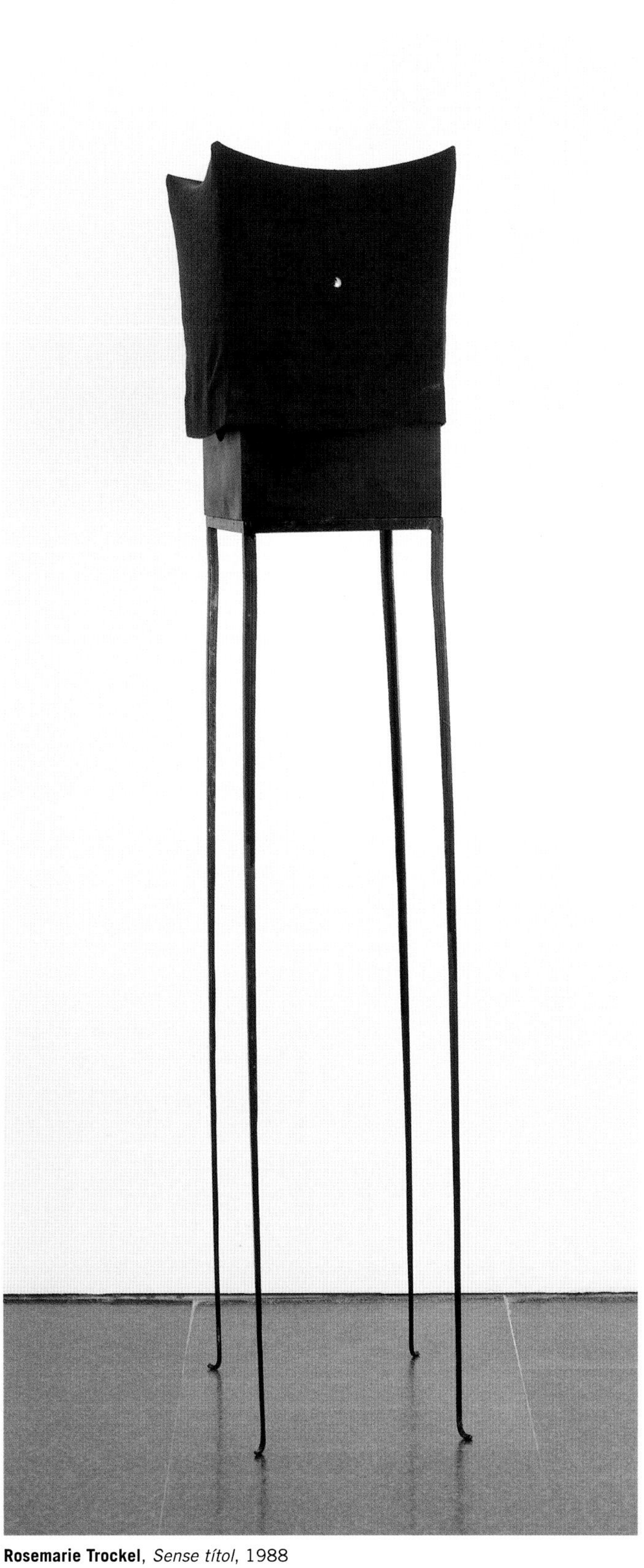

Rosemarie Trockel, *Sense títol*, 1988

Rosemarie Trockel, *Made in Western Germany*, 1987

El nostre projecte *Fauna*, vol incidir fonamentalment, des de l'experiència estètica i amb una vocació inequívocament lúdica, en aquesta problemàtica. Com desmuntar els dispositius gnoseològics del *media* i de l'*stablishment* cultural? O, en un sentit més ampli encara, com desmantellar els processos de producció i transmissió de «coneixement»? A la fi descobrirem que la veritat és pura especulació. Que no hi ha una veritat absoluta sinó fantasies que més o menys s'hi acosten. I que totes aquestes fantasies, fins i tot les aparentment més innocents i innòcues, són interessades.

Formalitzar una acció artística amb el material de la ciència possibilitava esbandir, d'entrada, les connotacions ideològiques immediates que afecten els mitjans de comunicació, els mites i clixés que generen: origen o referència reiterada, en definitiva, de bona part de l'art dels anys vuitanta. La ciència –en particular aquí la zoologia– ens obria uns camins menys explorats, segurament perquè, lluny del servilisme dels *media*, les institucions científiques han sabut conservar una certa autoritat moral. *Fauna* va néixer d'una col·laboració inicial fotograficoliterària entre nosaltres dos, l'any 1985. En aquella ocasió es tractava de palesar, a l'entorn d'un catàleg de plantes inexistents, la fragilitat del poder de convicció del document fotogràfic, ironitzant el popular argument de «això-existeix-perquè-ha-estat-fotografiat». No en va s'atribueix a Borges, un dels inspiradors del nostre treball, la màxima: «Ser és ser fotografiat». Iniciàvem així aquest viatge als confins confosos entre la realitat i la ficció, entre la natura i l'imaginari.

[...] *Fauna* s'inspira també en altres vessants, com la mitologia i els bestiaris medievals. La morfologia d'algunes de les nostres criatures ha pres com a model figures mitològiques clàssiques o extraordinàries quimeres –la sirena, la hidra, el basilisc, etc.– referenciades com a bèsties reals pels naturalistes de més enllà del Renaixement. Altres vegades ha estat el valor de símbol que s'atribueix a molts animals: alguns, com la serp o el drac, encarnen les forces del mal en nombroses i distanciades civilitzacions.

[...] En síntesi, proposem una reflexió no només sobre el realisme i la credibilitat de la imatge fotogràfica sinó també sobre el discurs científic i l'artifici subjacent a tot mecanisme generador de coneixement, tot incidint sobre una multiplicitat de facetes que afecten diverses disciplines de creació.

JOAN FONTCUBERTA i PERE FORMIGUERA, 1989

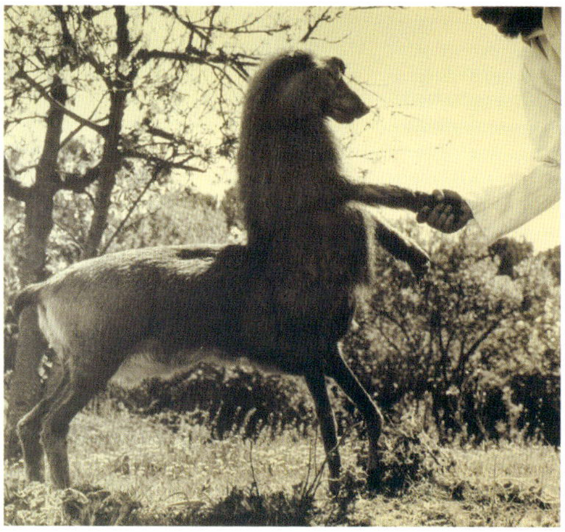

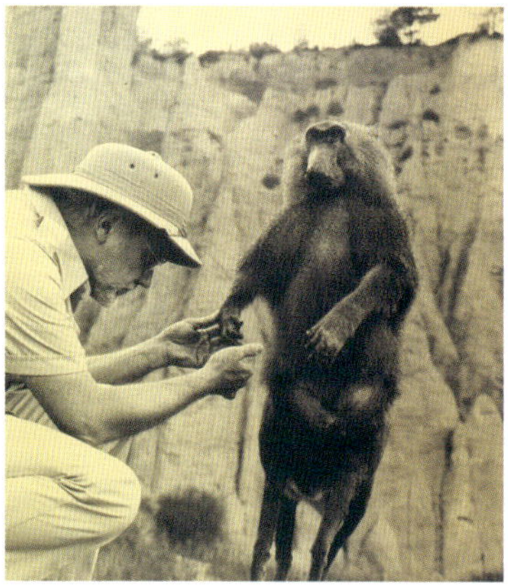

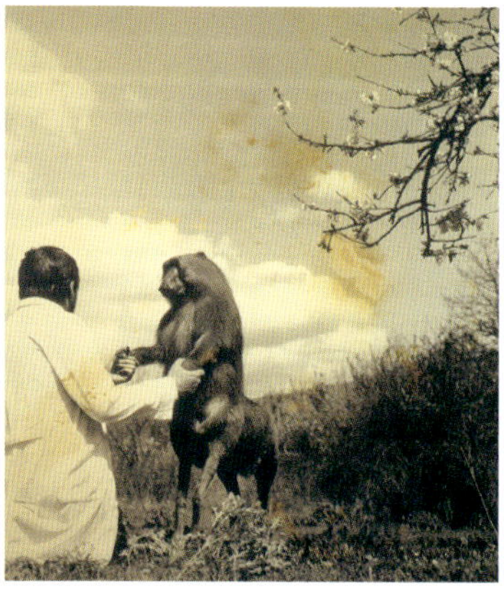

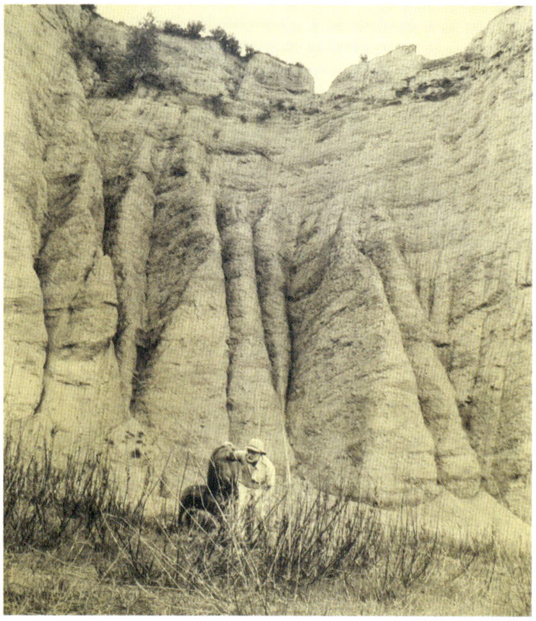

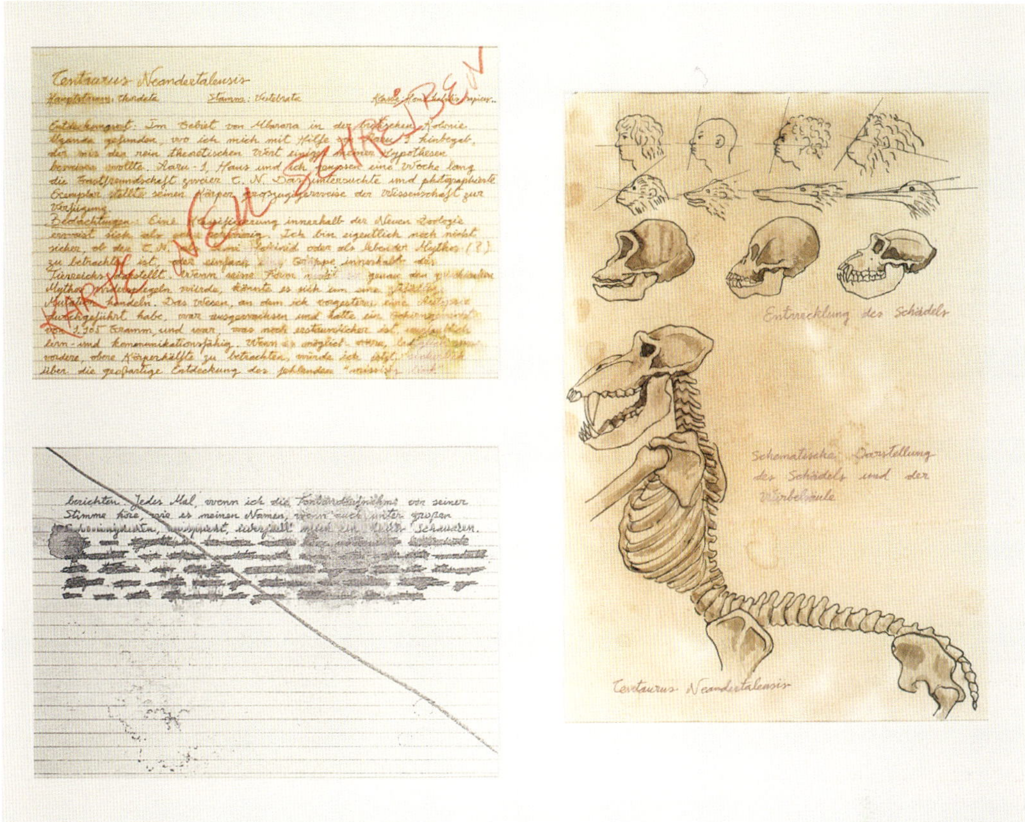

Joan Fontcuberta i **Pere Formiguera**, *Fauna: Centaure*, 1985-1989

CRONOLOGIA DE PETER AMEISNHAUFEN

1895
Neix a Munic. Fill de Wilhelm Ameisenhaufen (Dortmund 1860 – Dar es Salaam 1914) i de Julia Hall (Dublín 1873 – Munic 1895). La seva mare mor de resultes d'una complicació en el part.

1896
Amb el retorn del seu pare a la seva feina com a caçador professional i guia de safari a l'Àfrica, Peter es queda a viure amb la seva tia Maria, a Dortmund.

1898
Neix la seva germana Elke, fruit del segon matrimoni de Wilhelm Ameisenhoufen amb Elke Hertig. La petita també anirà a viure a Dortmund amb la seva tia i el seu germà.

1905-1912
Freqüents viatges a l'Àfrica, per visitar el seu pare.

1913
Peter Ameisenhaufen es trasllada a Munic per estudiar a la Ludwig Maximilians Universität.

1914
Mor Wilhelm Ameisenhaufen, pare del professor.

1920
Entra a formar part del Claustre de Professors de la Ludwig Maximilians Universität. Imparteix classes de zoologia i ètica de la investigació.

1922
Comença seriosament les seves investigacions personals.

1925
Pren com a ajudant Hans von Kubert.

1930
Descobreix i classifica el *Pirofagus catalanae.*

1931
Descobreix i classifica el *Wolpertinger bacchabundus.* Classifica les restes del *Felis pennatus.*

1932
És acomiadat de la Ludwig Maximilians Universität.

1933
Amb la pujada del nazisme abandona Alemanya i s'instal·la als Estats Units.

1934-1949
Realitza viatges arreu del món a la recerca d'espècies animals desconegudes. Descobreix l'*Analepus commisceos* (1937); l'*Hermafrotaurus autositarius,* l'*Improbitas buccaperta* i el *Micostrium vulgaris* (1938); el *Perosomus pseudoscelos* i l'*Alopex stultus* (1940); la *Solenoglypha polipodida* (1941); la *Myodorifera colubercauda* i la *Threschelonia atis* (1942); el *Pseudomurex spuoletalis* (1943); el *Cercopithecus icarocomu* (1944); etcètera.

1950
Li és diagnosticada una leucèmia. Abandona els Estats Units i s'instal·la a Escòcia, en un poble a prop de Glasgow, en companyia d'Helen X.

1950-1955
Posa en ordre el seu arxiu. Continua escrivint el seu diari.

1955
El dia 7 d'agost, desapareix en el decurs d'una excursió en solitari al nord d'Escòcia. El seu cotxe és trobat sense cap desperfecte, al costat de Cape Wrath. El cos del professor no es trobarà mai. Dos mesos després, la seva casa de Glasgow pateix un incendi, en el qual se suposa que es va perdre part de l'arxiu.

1958
Mor Helen X. en un accident de cotxe.

1980
Els fotògrafs catalans Joan Fontcuberta i Pere Formiguera descobreixen, de manera casual, el que queda de l'arxiu del professor Peter Ameisenhaufen.

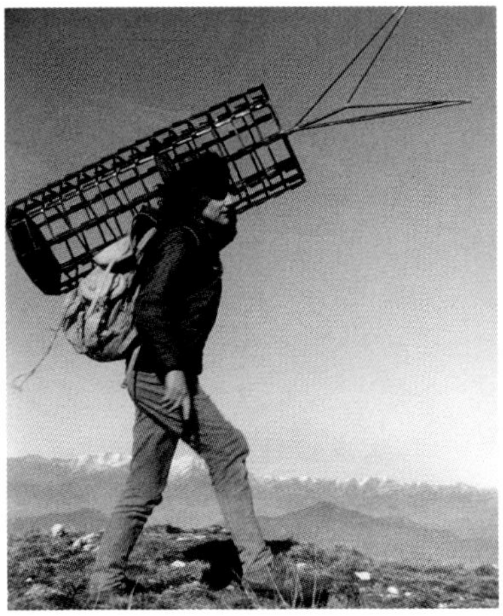
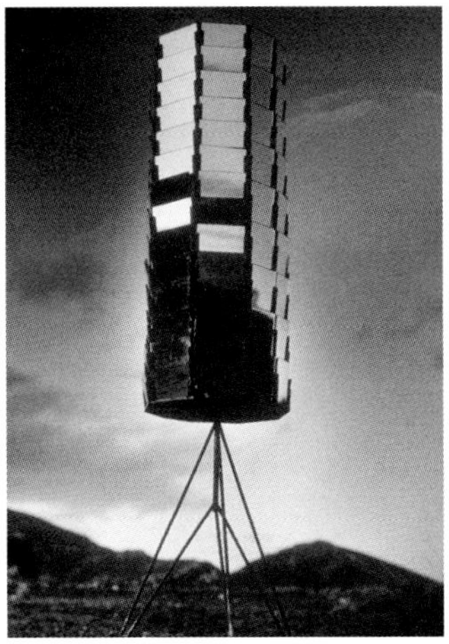
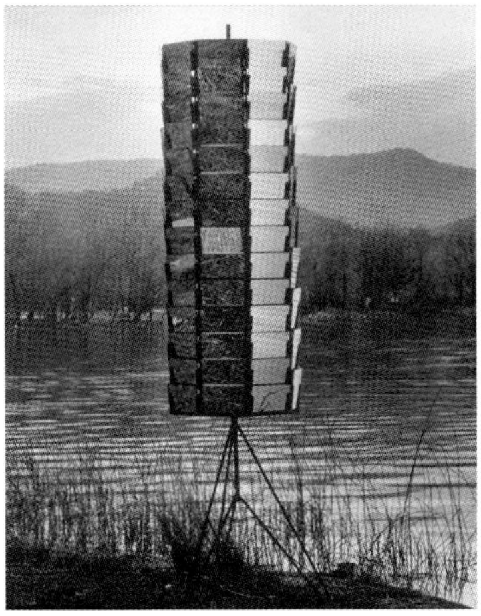

Tal com fa amb els arbres la superfície d'un estany, els homes hem après a allisar la terra en un paper, tot inventant el paisatge portàtil, el paisatge de mà, el record passat en net amb una llum diferida, la mirada fòssil en cos de paper, l'escamoteig del temps, el pòsit de superfícies al fons de l'aigua: l'estampació de postals i la seva còpia, una successió de miralls, de clarors encartronades en aigües que no hi són. Forats de porta o postals? Murs amb anhels de finestra, una finestra invariable, revestida per la part de fora: arbres d'impremta i muntanyes, muntanyes aquí a la mà, tan lluny! Aquell matí no és aquest paper, però és tot el que en sé, tot el que n'ignoro; l'hora sola d'aquella llum. Aquest paper diu aquell matí, reflex d'aquell indret en aquesta hora, llavor d'un en l'altre paisatge. Conjugo en present aquell matí, el retrobo ara lluminós en un gir de postaler pel turisme infinit de la mirada: l'aigua passa, l'herba creix, es fa de dia, plou: aquell i aquest matí. Vivim com si visquéssim; el present és el retrovisor del futur: una postal canviant on tot s'esdevé en dues dimensions en un temps secret, un collage constant que deixa, recull, una postal que es desglaça en una altra, que es dobla, que es tradueix, una altra: Sintra i Munic de costat, el mar, una meitat de mar i l'altra d'estany, l'estany de les Bulloses, l'Atlàntic. Sintra i Sintra allunyades, el cim del Bassegoda reflectint la Jungfrau al gorg del Brull, a l'estany de les Bulloses, en un mar anterior, al llarg d'un torrent d'aigües retrospectives. Un arbre de Sintra, un arbre de Munic, una postal de Sintra a Munic.

Sóc a Barcelona a les quatre en punt de la tarda, i al cim del Bassegoda però també a Sintra, amb un paisatge nevat a les mans, i a Munic contemplant una postal idèntica. Passen els cotxes amb els fars encesos, amb muntanyes assolellades als retrovisors, sota el firmament que amaga el sol de les quatre de la tarda, mentre escartejo postals als darrers vagons d'un llarg paisatge. Un bosc de sequoies, una arbreda de travesses on claven els rails les muntanyes del fons, un fons de postals nevades sota un cel verdós, una successió de termes i de límits al mateix vidre ja diferent pel corrent de postals, en l'entrellat climàtic que les fusiona, en l'assemblatge d'un passant desplegable només intel·ligible rere una mirada amfíbia. Em miro a la finestra: *Mer de glace de Chamonix, Santa Cruz of giant sequoia, Eruzione Vesuvio*, paisatges surgents en un girar de full, traslladant-se amb un segell al vèrtex, esperant que la llanterna d'un far, el relligat d'un atles o el teló del Liceu els faci aparèixer aquí ordenadament. Segons l'ordre poètic de les aparicions, car hem excedit l'ordre cartogràfic i només la metàfora ens permet d'anar d'un lloc a l'altre sense perdre el sentit per aquesta natura levitant i despresa. ¿No és aquest el collage més extrem: la parcel·lació del sòl, els paisatges maquinats i la seva trasplantació infinita per la superfície desèrtica d'aquest –que anomena Max Ernst– *Âge de la colle*?

Al cim de postals del Bassegoda sóc al Liceu amb postals a les llotges, amb fragments d'aeròlit d'un paisatge contra un altre paisatge , contemplant les fondalades del Brull –on les postals són, encara, tan a tocar, tan ordenades que ni ho semblen–, sota el firmament mòbil que fan els cotxes amb els fars encesos, damunt el folre de postals dels continents, pels retrovisors de les quatre de la tarda, sota l'aviació del sol i la lluna. Són les quatre i cinc de la tarda en el cel pretèrit d'una panoràmica amb quatre cantonades. Quines andanes, encara no publicades, costegen les ribes d'aquesta postal sola? Quins mòbils paratges? Quin sallent de resclosa la reté? Quina barana de balcó? On han anat a parar els volums de tantes imatges? Un paisatge pla és una paraula i el món un poema que gira en un nocturn de bústia.

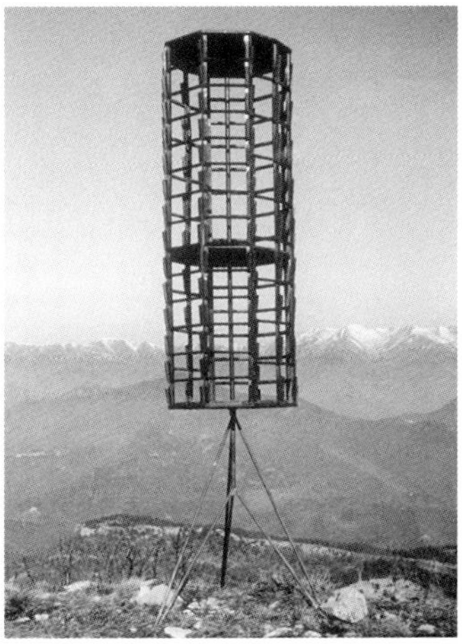

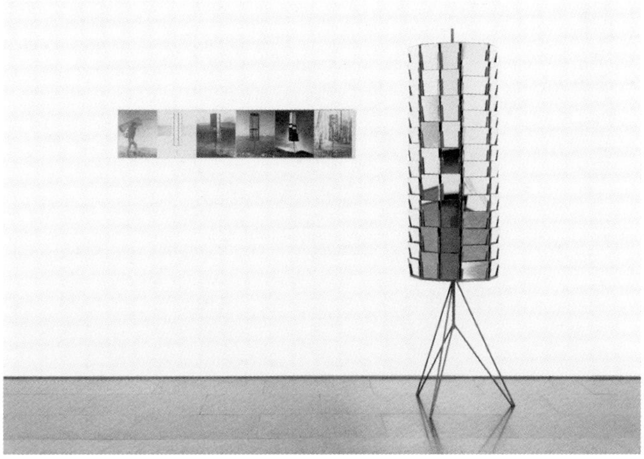

Hem fet del món una postal repetida, l'única amb llum a la superfície de l'oblit, i ara necessitem –insegurs d'existir– fragments que revelin fragments, retrovisors que diferenciïn i constatin cada moment d'aquesta postal inabastable que vivim per davant i escrivim per darrere.

Cim del Bassegoda, les Tribunes.

PEREJAUME, 1993

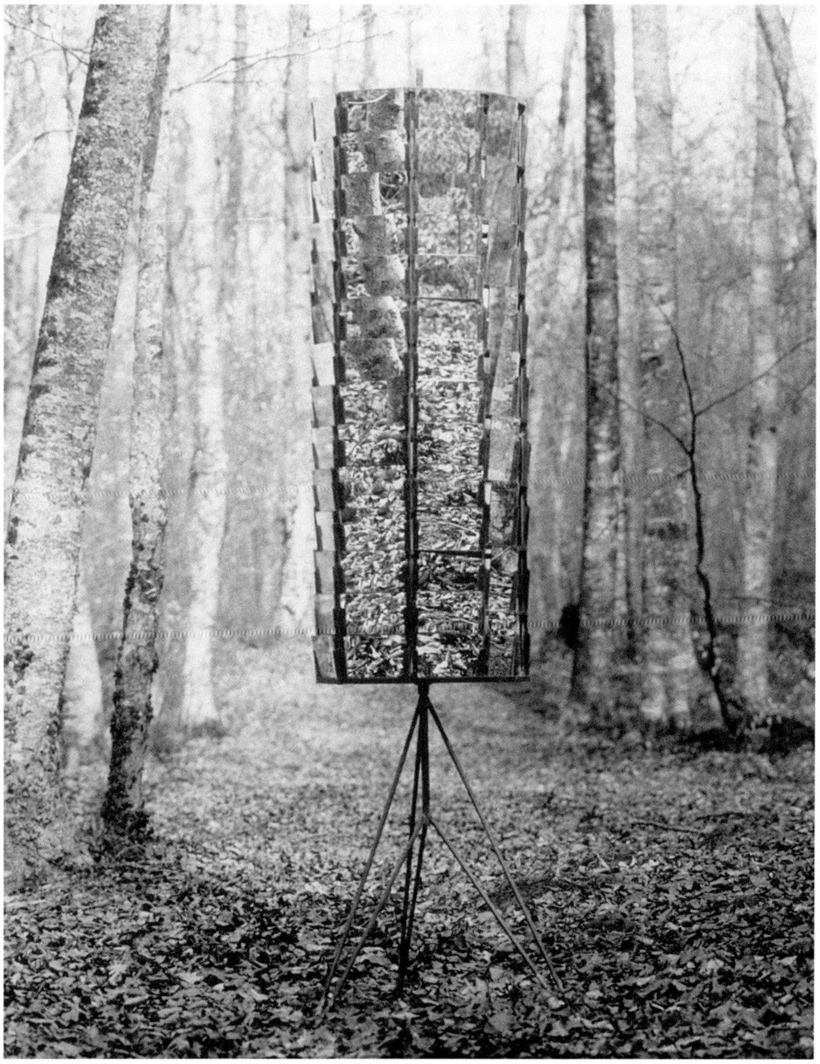

Perejaume, *Postaler*, 1984

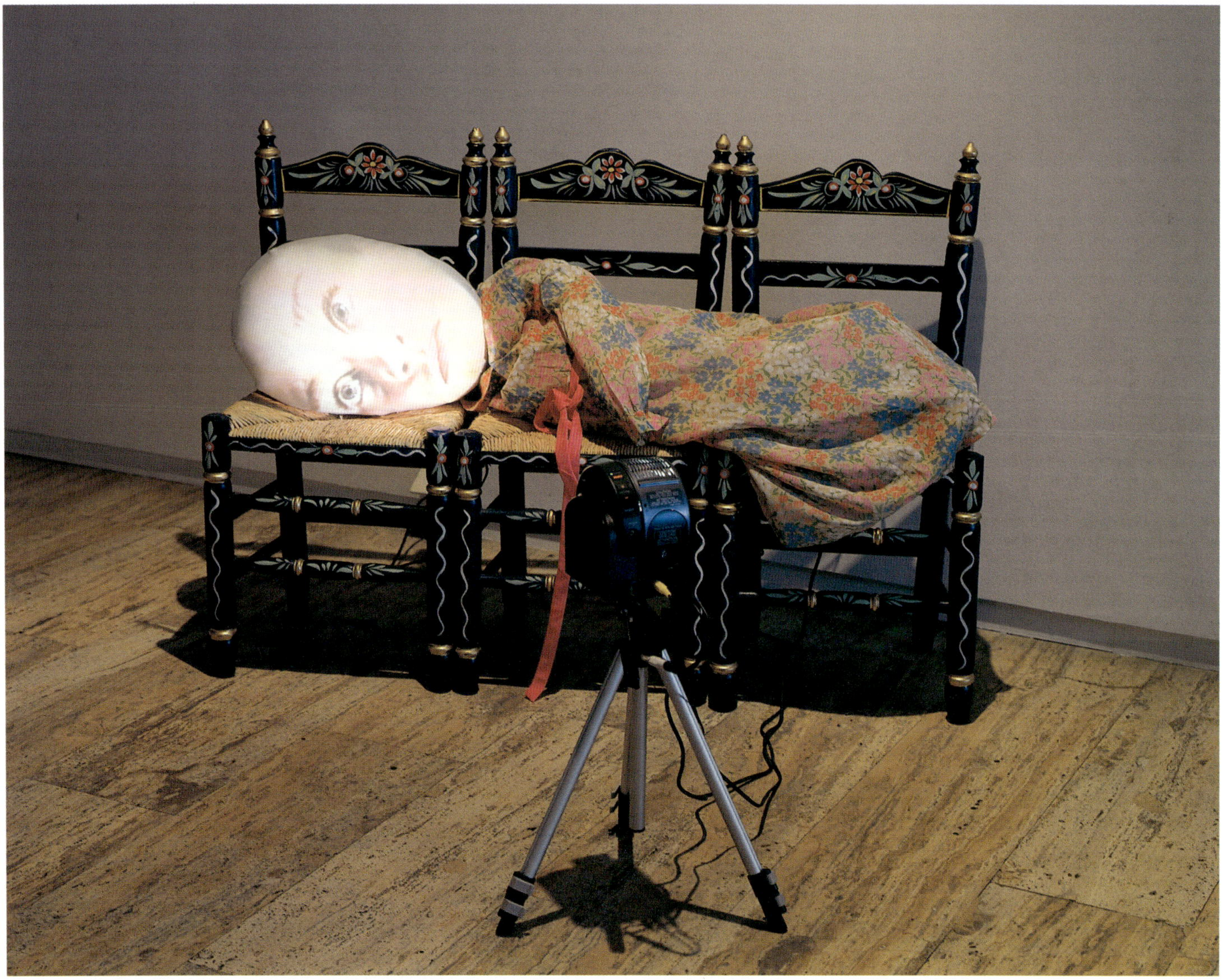

Tony Oursler, *Flamenco Figure*, 1994

Per on començo? Per on començo? Per on començo?
Som el resultat d'aquest dolor.
Sagnat sense sang. Sagnat sense sang. Sagnat sense sang.
No obrir mai els ulls.
Marxa enrere. Marxa enrere. Marxa enrere.
La gent només pot tolerar una certa quantitat.
Què és aquesta olor? Què és aquesta olor? Què és aquesta olor?
Em va tallar més profundament d'allò que hagués pogut somniar qualsevol ganivet tallant un porc.
Després va parar. Després va parar. Després va parar.
No facis com si no em coneguessis.
Són de color vermell, negre i blau.
Faig pudor?
Torno a la meva ment.
Com m'agradaria que fos tan senzill!
Una persona tonta i divertida. HA! HA! HA!
Tots tenim cognoms, edats, idees i necessitats.
Com decidim quin traiem a relluir?
El meu cos està cosit de material humà. Com aigua de teixit a la sang.
Després es va aturar. Després es va aturar. Després es va aturar. Després es va aturar. Després es va aturar.
Necessitem una combinació de dolor extern.
Som únics.
Confiem en tu. Confiem en tu. Confiem en tu.
Comprensió. Som la suma de totes les meves parts.
Informació, gallet, reacció. Informació, gallet, reacció. Informació, gallet, reacció.
Informació, gallet, reconstituir.
Els amics pensen que som especials perquè de sobte actuo diferent.
Fem que es frustri, desarreli, desaparegui, manipuli, s'esfumi, s'evadeixi, menteixi, faci trampa, etc.
Alguns de nosaltres vam ser ben programats pels cultes en els que vam créixer.
És el meu sisè jo. És el meu bon jo. És el meu sisè jo. És el meu bon jo. És el meu sisè jo. És el meu bon jo.
Sobrevivim a un infern gairebé més enllà de la imaginació.
Hi ha molts, molts de nosaltres allà fora. Volem tornar a aprendre allò que és l'amor.
Confiem en tu. Confiem en tu. Confiem en tu. Confiem en tu.
La personalitat amfitriona hauria d'escoltar amb cura l'opinió interna.
No volem viatjar sols.
Volem enderrocar la paret i cridar.
No vull perpetrar la mort. Però què n'és de difícil perpetrar la vida.
És el meu sisè jo. És el meu bon jo.
És el meu sisè jo. És el meu bon jo.
És el meu sisè jo. És el meu bon jo.
És el meu sisè jo. És el meu bon jo.
És el meu sisè jo. És el meu bon jo.
És el meu sisè jo. És el meu bon jo.
És el meu sisè jo. Després m'aturo.

(Fragment de la transcripció de l'àudio)

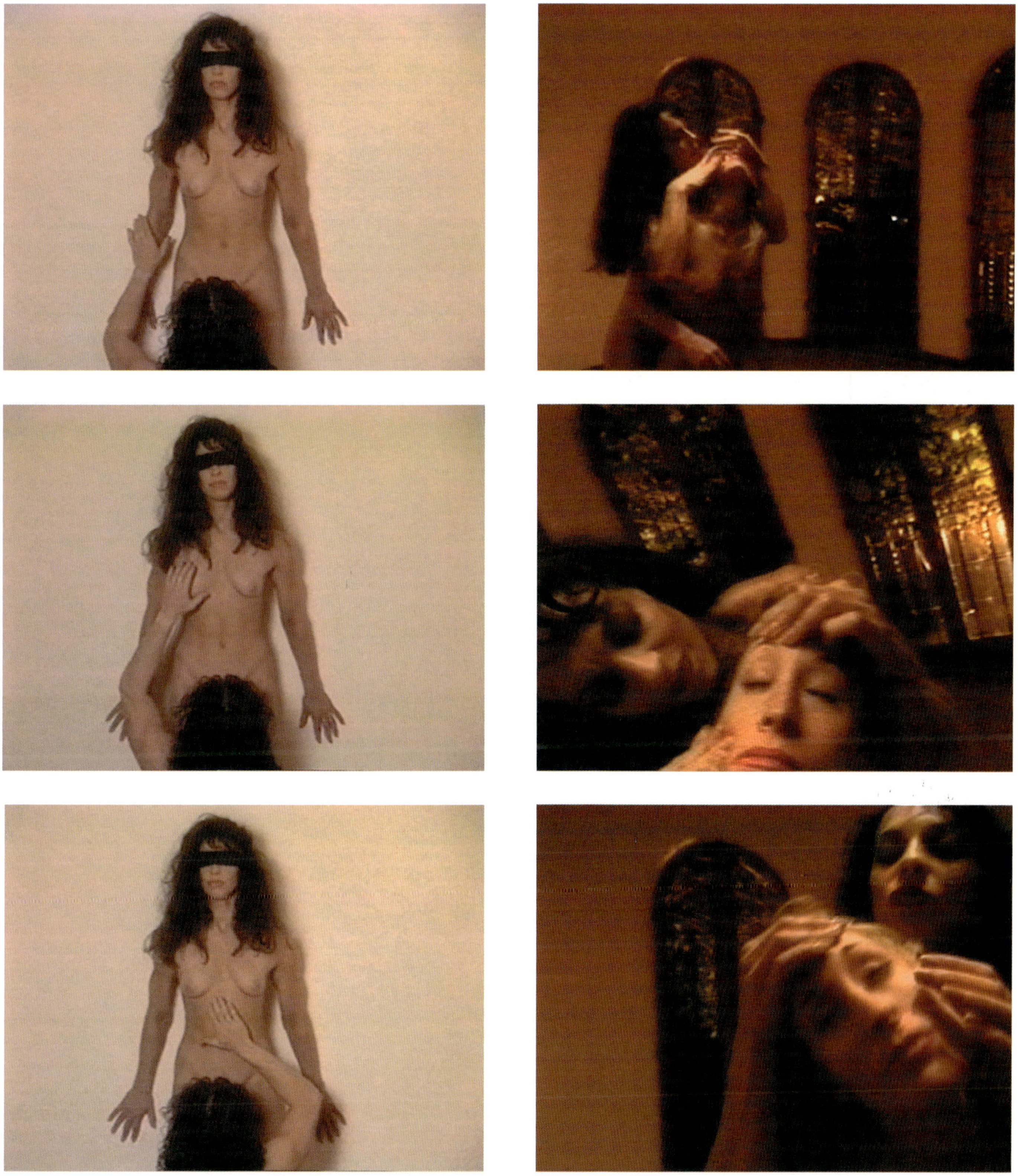

Mike Kelley | **Paul McCarthy**, *Fresh Acconci*, 1995

El primer que vaig fer era un *Orgone Shed* [caseta d'orgona], així és com el vaig anomenar. Vaig anar a comprar un d'aquests coberts de jardí per a màquines de tallar gespa que ha de muntar un mateix i el vaig fer servir com a revestiment metàl·lic per fer una «Caixa d'orgona» o una «Caixa d'orgona reichiana». La vaig construir seguint un manual, un manual de la Fundació Reich sobre com construir una Caixa Orgone.

Després vaig construir un *Colleemer Bench*, un banc per posar-se enemes. El vaig construir directament a partir d'un manual per a aquelles persones immerses en aquestes discussions sobre la salut digestiva. Ho vaig construir tot gairebé igual: la construcció és senzilla però estètica, saps?, el tipus de coses que es fan a casa. Tenen una estètica molt semblant, però cada un implica un interès o una ideologia diversa per part del constructor. Així és com comences a mirar-los com si fossin retrats d'un determinat tipus de persona, o d'una persona amb un cert pensament ideològic, o coses per l'estil.

Un és una *Torture Table* [taula de tortura] del tipus que se sol descriure a la literatura criminal, sempre les descriuen igual, saps? És com aquest tipus de contraxapat senzill clavat a un cavallet.

Un altre és una construcció d'exterior, un *Portable Toilet* [vàter portàtil] muntat amb un sistema acústic. Si el fessis servir, amplificaria qualsevol soroll que es produís al seu interior. El so és prou fort perquè la càmera de ressonància del vàter creï constantment un *feedback* que faci possible un impuls constant d'energia i vibracions del vàter.

MIKE KELLEY, 1995

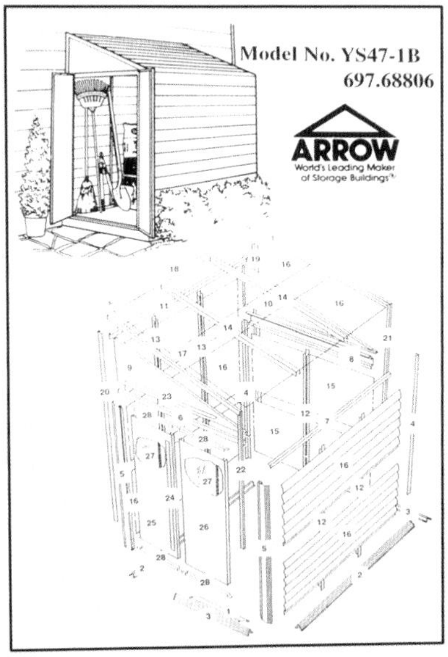

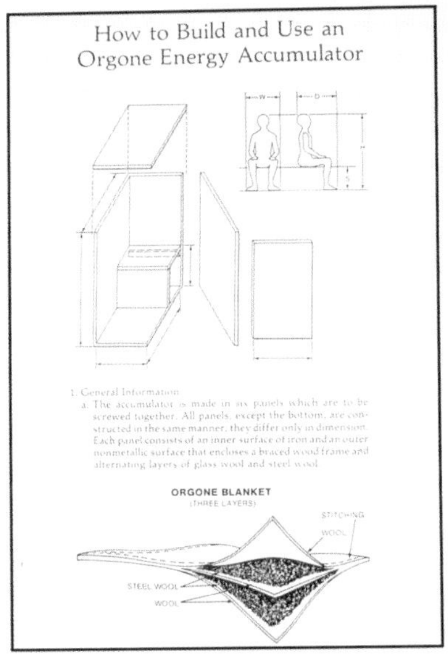

Mike Kelley, *Orgone Shed Plans*, 1992

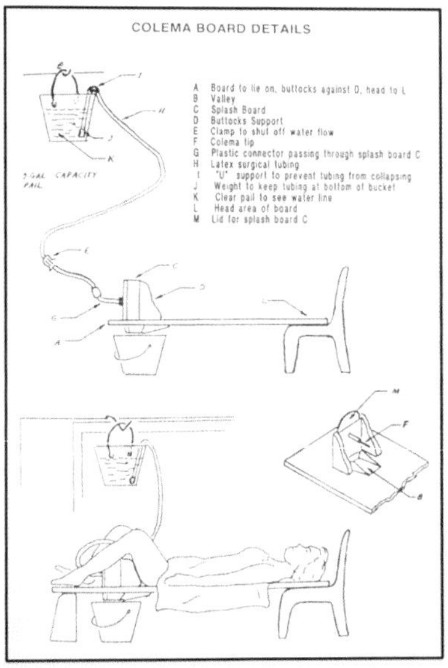

Mike Kelley, *Colema Board Details*, 1992

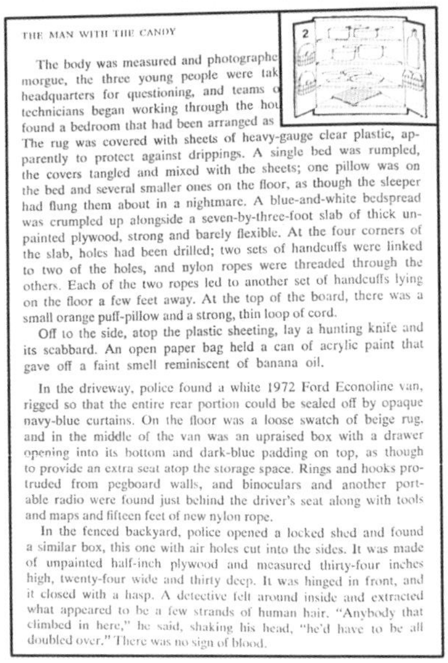

THE MAN WITH THE CANDY

The body was measured and photographe morgue, the three young people were tak headquarters for questioning, and teams o technicians began working through the hou found a bedroom that had been arranged as The rug was covered with sheets of heavy-gauge clear plastic, apparently to protect against drippings. A single bed was rumpled, the covers tangled and mixed with the sheets; one pillow was on the bed and several smaller ones on the floor, as though the sleeper had flung them about in a nightmare. A blue-and-white bedspread was crumpled up alongside a seven-by-three-foot slab of thick unpainted plywood, strong and barely flexible. At the four corners of the slab, holes had been drilled; two sets of handcuffs were linked to two of the holes, and nylon ropes were threaded through the others. Each of the two ropes led to another set of handcuffs lying on the floor a few feet away. At the top of the board, there was a small orange puff-pillow and a strong, thin loop of cord.

Off to the side, atop the plastic sheeting, lay a hunting knife and its scabbard. An open paper bag held a can of acrylic paint that gave off a faint smell reminiscent of banana oil.

In the driveway, police found a white 1972 Ford Econoline van, rigged so that the entire rear portion could be sealed off by opaque navy-blue curtains. On the floor was a loose swatch of beige rug, and in the middle of the van was an upraised box with a drawer opening into its bottom and dark-blue padding on top, as though to provide an extra seat atop the storage space. Rings and hooks protruded from pegboard walls, and binoculars and another portable radio were found just behind the driver's seat along with tools and maps and fifteen feet of new nylon rope.

In the fenced backyard, police opened a locked shed and found a similar box, this one with air holes cut into the sides. It was made of unpainted half-inch plywood and measured thirty-four inches high, twenty-four wide and thirty deep. It was hinged in front, and it closed with a hasp. A detective felt around inside and extracted what appeared to be a few strands of human hair. "Anybody that climbed in here," he said, shaking his head, "he'd have to be all doubled over." There was no sign of blood.

Mike Kelley, *Cabinet Worker. The Man with the Candy*, 1992

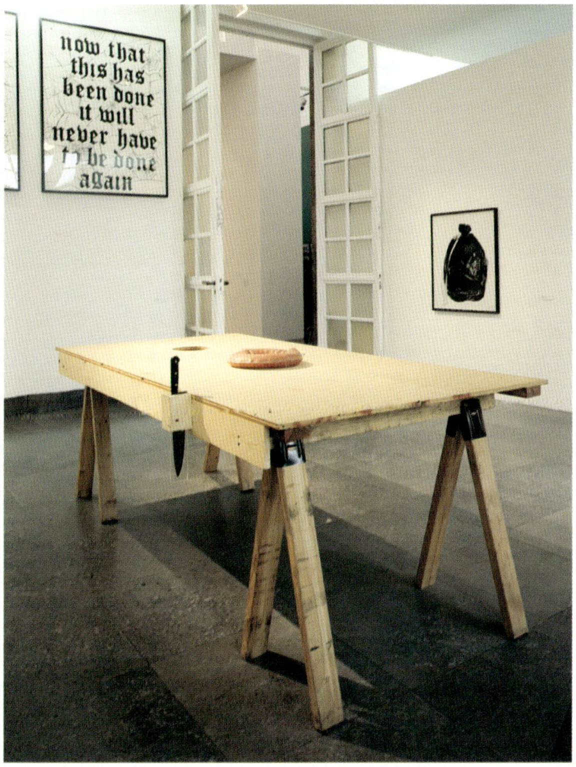

Mike Kelley, *Torture Table*, 1992

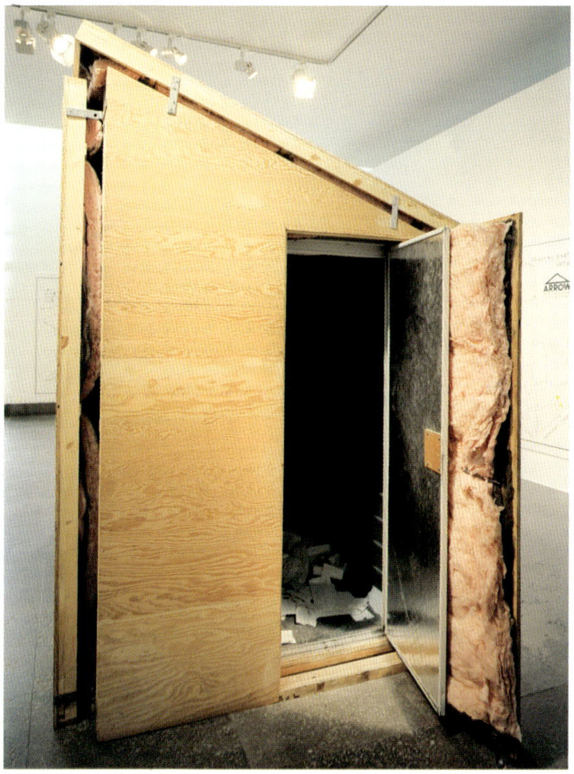
Mike Kelley, *Orgone Shed*, 1992

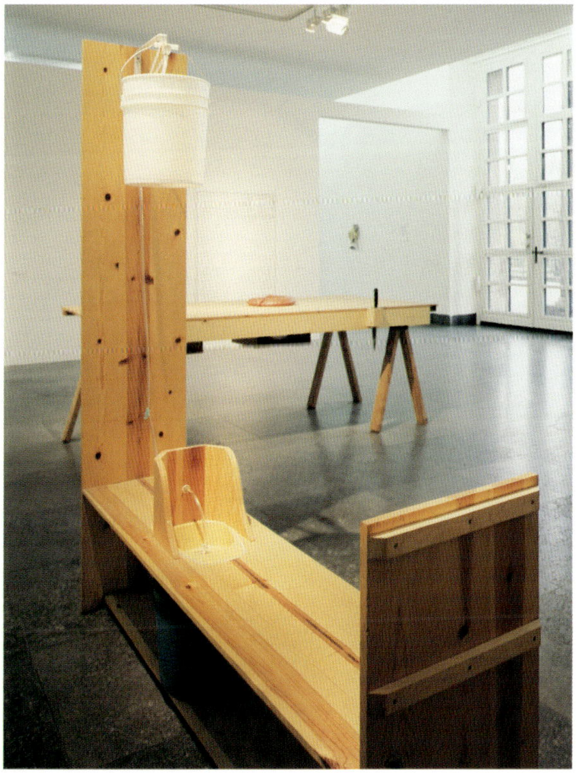
Mike Kelley, *Colema Bench*, 1992

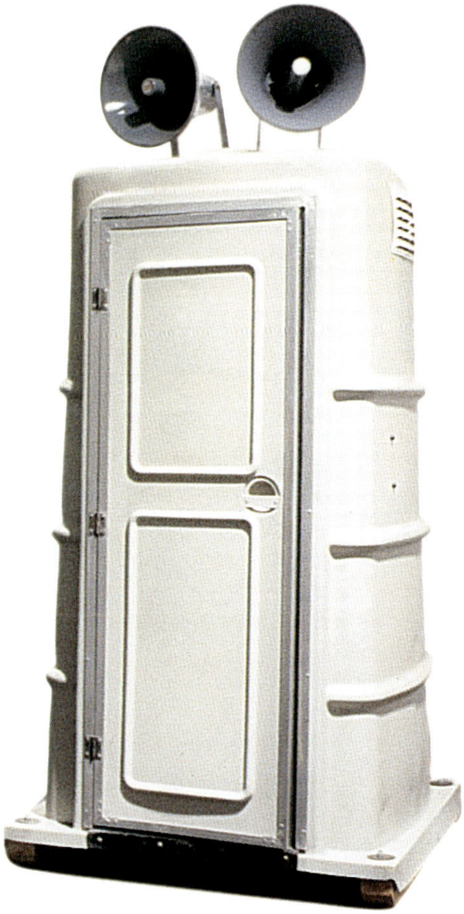
Mike Kelley, *Private Address System*, 1992

UNA ALTRA OBJECTIVITAT

Jean-François Chevrier, 1989

Des de les observacions de Walter Benjamin sabem que la fotografia és un mitjà de destrucció de l'experiència (entesa com a assimilació i transformació personals de la història individual i col·lectiva), cosa que comprovem constantment en la sobrepoblació o l'hiperconsum d'imatges i il·lusions produïdes per la indústria cultural. Però si no creiem en la salvació a través de la tradició, tampoc no podem creure en l'eficàcia de la guerrilla semiològica imaginada per alguns artistes i teòrics postmoderns. No podem adherir-nos a les estratègies d'invenció en cultura (i la cultura com a política) que caracteritzen la fotografia postmoderna que va sorgir cap als anys vuitanta. Deu anys més tard, es constata que les propostes de la major part dels autors, per molt pertinents i justes que siguin en un principi (pensem, sobretot, en Richard Prince), es van exhaurir ràpidament perquè estaven molt influenciades per aquesta actitud d'intervenció, que s'esgota tan aviat com ha produït els seus efectes. Per tant, no podem rebutjar el criteri d'experiència en la mesura en què es refereix al procés que permet a un artista trobar una durada i desenvolupar la seva investigació més enllà dels èxits o les respostes transitòries. La noció d'objectivitat conserva llavors una pertinència, una eficàcia. Evidentment, des dels anys vint no pot haver guardat el mateix significat, no pot haver complert amb la mateixa funció. Havent resultat fonamental per a la tradició documental i descriptiva iniciada al segle XIX, fou una de les claus del modernisme fotogràfic, però també es va sotmetre i va ser reduïda a la idea, dogmàtica, positivista, de fotografia «directa» o «pura». Per tant, hem de –i podem– oferir actualment una altra avaluació, una altra definició, que correspongui a la història de la fotografia en l'art contemporani (com hem recordat breument), així com els grans models dels anys vint. Aquesta objectivitat ja apareix com un criteri d'experiència més que de percepció. És una manera de mantenir l'experiència (malgrat i a través de les il·lusions de la imatge i la percepció), més que un fonament de veritat o un principi de puresa.

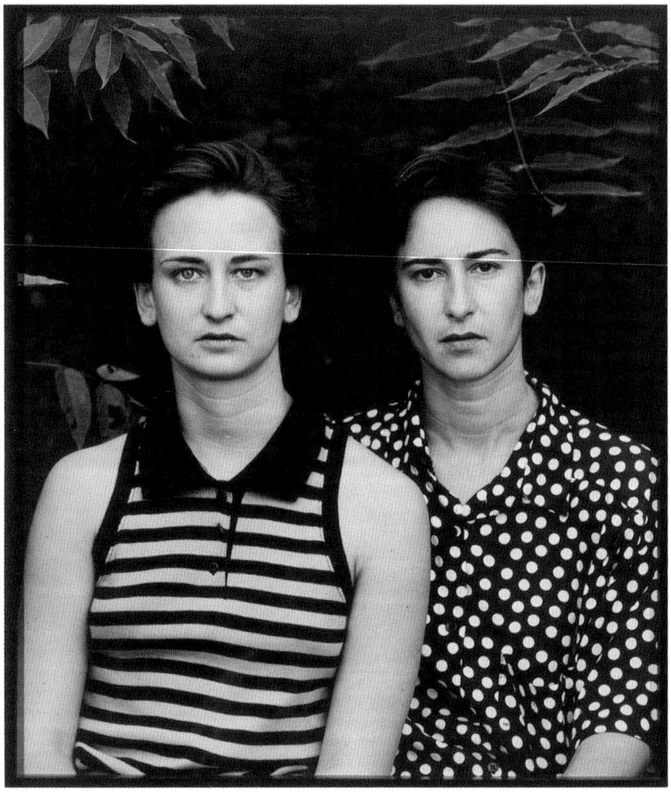

Suzanne Lafont, *Sense títol*, 1988

El nostre objectiu no és, per tant, indicar un moviment, una tendència. L'objectivitat de què parlem no hauria de ser una fórmula d'agrupament (ni de reunió). No es tracta d'una nova bandera, com ho va ser als anys vint. No hi ha una «nova fotografia»! No hi ha el triomf del modern sobre l'antic. Aquesta objectivitat ha de ser forçosament «una altra», perquè es produeix en un altre escenari, en un altre context cultural («postmodern»), però també perquè es redefineix o, més aviat, es manifesta de manera diversa a cada tràmit, segons interessos específics. Amb els onze artistes aquí presents [Adams, Bernd i Hilla Becher, Hannah Collins, John Coplans, Günter Förg, Jean Louis Garnell, Craigie Horsfield, Suzanne Lafont, Thomas Struth, Patrik Tosani i Jeff Wall, reunits a l'exposició *Une autre objectivité*, que fou comissariada per Jean-François Chevrier i James Lingwood el 1989] no hem intentat constituir un conjunt homogeni, no hem pretès esborrar les diferències, molt sensibles, que distingeixen les seves trajectòries. La diversitat és valuosa per ella mateixa, participa del nostre discurs [...]. Alhora, ens autoprohibim realitzar qualsevol comentari relatiu a les obres. No hem de justificar la nostra selecció, obra rere obra, mitjançant observacions necessàriament massa breus. Busquem –i cal respectar-ho– una obertura, i esperem presentar algunes propostes suficientment singulars i eloqüents per elles mateixes, que puguin produir-la realment. Fins ara hem intentat reproduir un fons històric positiu (una possible herència) des dels anys seixanta, també hem subratllat l'estretor i l'exhauriment (malgrat l'aparent prosperitat) d'una certa definició de la creació fotogràfica sorgida després de la guerra. Ens resta buscar en els onze artistes que exposem els trets principals, més o menys comuns, que justifiquen la nostra postura.

En primer lloc s'ha de notar que totes les obres que seleccionem són imatges inèdites i singulars. Inèdites perquè no són imatges ja preses, no són cites (més o menys modificades) d'imatges que ja existeixen. Aquestes imatges han estat totalment *produïdes.* No són el resultat de la reproducció i la transformació d'imatges anteriors sinó d'una confrontació amb una realitat «actual», contemporània de la presa, l'aspecte de la qual ha estat

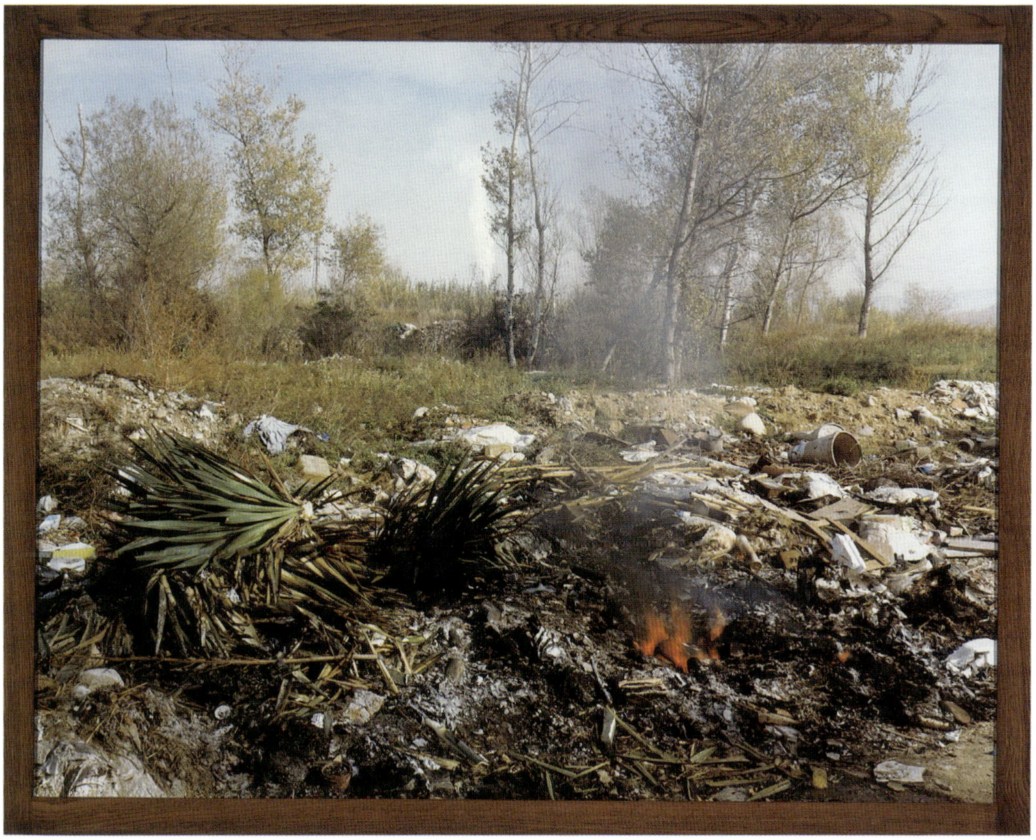

Jean-Marc Bustamante, *Tableau nº 76*, 1985

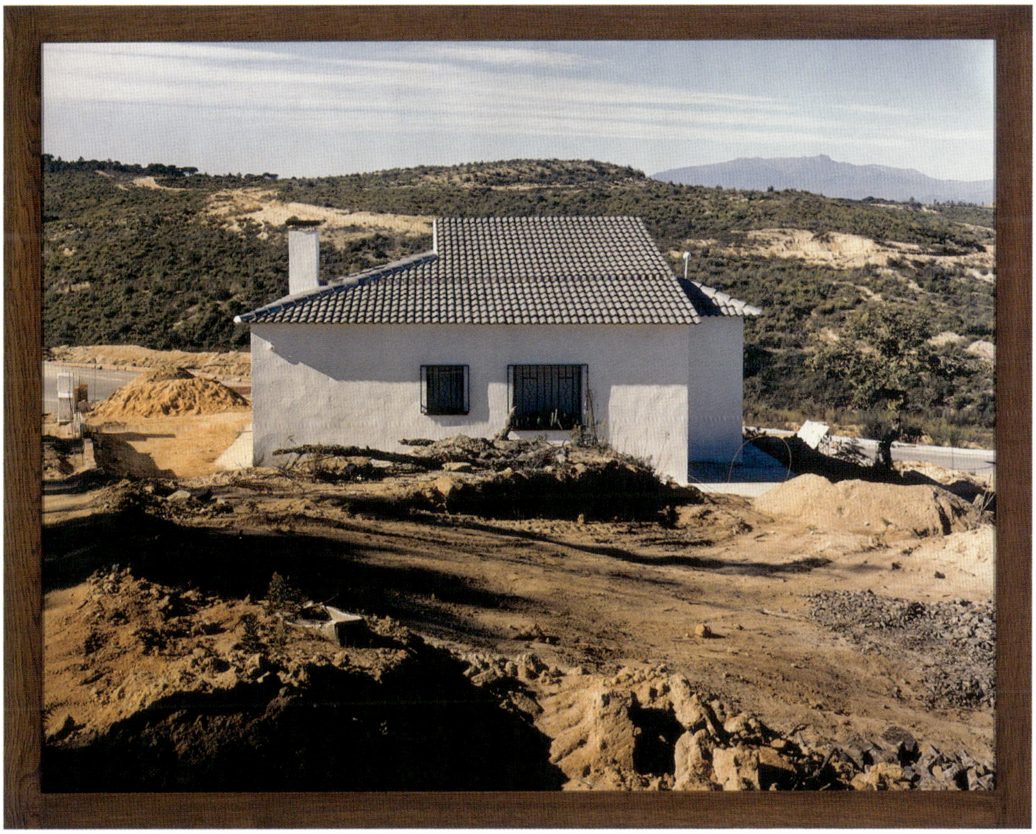

Jean-Marc Bustamante, *Tableau nº 24*, 1980

fixat per l'enregistrament. D'altra banda, aquestes imatges són singulars. Cada marc exposat conté una sola imatge. No hi ha ni muntatge ni combinació de diverses proves, cap intervenció de text. Cada imatge està aïllada en el seu marc. S'estableixen relacions molt intenses entre elles, però provenen de quan es van fer (d'abans de la prova) i de la presentació (de després). Aquestes relacions són més aviat variacions més o menys seriades (i comparacions), no són combinacions. *La Veranda* de Jean Louis Garnell és, sens dubte, la sèrie més pura: aquella on l'autonomia de cada imatge és més feble (les nou preses que constitueixen l'obra no es poden presentar per separat). Però les obres dels Becher, per molt sistemàtiques que siguin a causa del seu discurs «comparatista», no són rigorosament serials. La seva presentació ha evolucionat al llarg dels anys seixanta i setanta cap a una major autonomia de cada imatge: cada marc conté una única presa d'una torre d'aigua i s'estableixen les comparacions morfològiques a la paret de l'exposició, penjant-les, i no als límits del marc. Thomas Struth i Patrick Tosani també segueixen trajectòries molt sistemàtiques, de caràcter tipològic, però cada objecte o lloc descrit té un caràcter singular i, tant per a ells com per als Becher, les associacions es formen (es manifesten) a l'espai d'exposició. I, naturalment, la

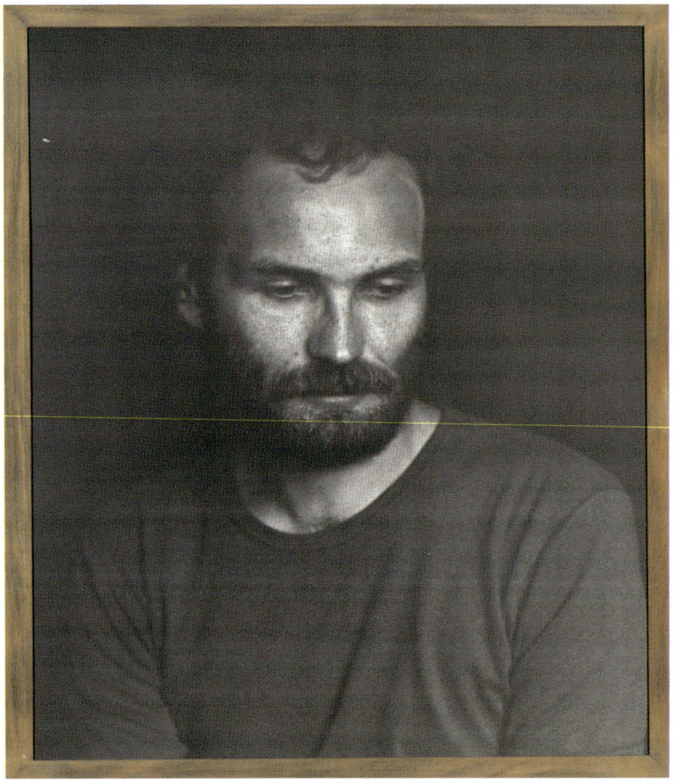

Craigie Horsfield, *Leszek Mierwa ul. Nawojiki, Krakow, August, 1984*, 1988

singularitat de les imatges tendeix a reforçar-se quan la lògica tipològica i el principi de variació s'afebleixen, des de Coplans i Förg fins a Collins, Horsfield, Garnell (en els seus *Désordres*), Jeff Wall i Struth (en els retrats), passant per Adams i Lafont. Amb Horsfield i Jeff Wall, de fet, aquesta singularitat de la imatge adquireix tanta importància que els seus quadres fotogràfics són preses úniques (sistemàticament en el cas de l'un i a la majoria dels casos per l'altre). Per Horsfield, en realitat, una mateixa imatge no es pot revelar diverses vegades, atès que és el resultat d'una experiència única (perfectament específica) d'una presa primer i després de la fabricació (de realització d'un quadre), ja que la fabricació depèn cada cop de la selecció lliurement realitzada –entre nombroses possibilitats– per al visitant a qui l'artista ha acceptat obrir els seus arxius.

Contràriament a la majoria d'usos de la fotografia en l'art conceptual o en l'art derivat del collage (des dels *combine paintings* de Rauschenberg), hi ha en aquestes observacions que acabem de formular dos prejudicis essencials. Un de simplicitat, primer: el de la imatge pop i del minimalisme (la *singleness* de Judd), allò que fa dir a Richter que Rauschenberg és «massa interessant», cosa que tornem a trobar en Boltanski quan desitja que «cada fotografia existeixi, separada de les altres, per si mateixa» (quan els pintors fotògrafs poques vegades han gosat emprar la fotografia sola i com a tal). Aquesta simplicitat, que s'oposa als efectes pictòrics (o pictorialistes) així com als jocs massa complexos o arbitraris de composició (de manipulació d'allò visible), es fa evident cada vegada que l'artista escull un motiu únic, central o frontal: una mà (Coplans), una torre de aigua (Becher), un taló, un tambor (Tosani), un edifici (Förg), un personatge (Horsfield, Lafont, Struth). A les imatges més «composades», passa per l'aplicació d'un mètode de descripció (les vistes urbanes de Struth) o per una esquematització rigorosa de la visió (Adams, Garnell) que contradiu un desordre (o una destrucció del medi ambient) quan, en realitat, ho mostra amb la major exactitud possible. En Jeff Wall i Hannah Collins apareix una dimensió de posada en escena i ficció amb un marcat caràcter cinematogràfic (que tornem a trobar en Förg i, també, en Horsfield), però la complexitat de la composició o del discurs més o menys al·legòric (Wall) tendeix generalment, i en les millors obres, a l'evidència d'un fet central (un gest, una actitud monumentalitzada en Wall) o unificadora (l'espai de Collins). Per ser rica, interessant, enigmàtica, la simplicitat de què parlem suposa decisions radicals, però també un treball de posada a punt i adaptació que requereix precisió i exactitud. No només resulta «eficaç», sinó que no s'esgota en el «xoc» visual. I, si bé s'oposa radicalment a les complicacions inútils d'una visió subjectiva massa confiada en les seves troballes, no deriva d'una lògica de «reducció», no participa d'una estètica purista que busca la perfecció, atemporal o impersonal, mitjançant l'economia de mitjans i la restricció de les formes.

Això ens porta al segon prejudici que hem enunciat. El prejudici d'una experiència fotogràfica, fonamentada en

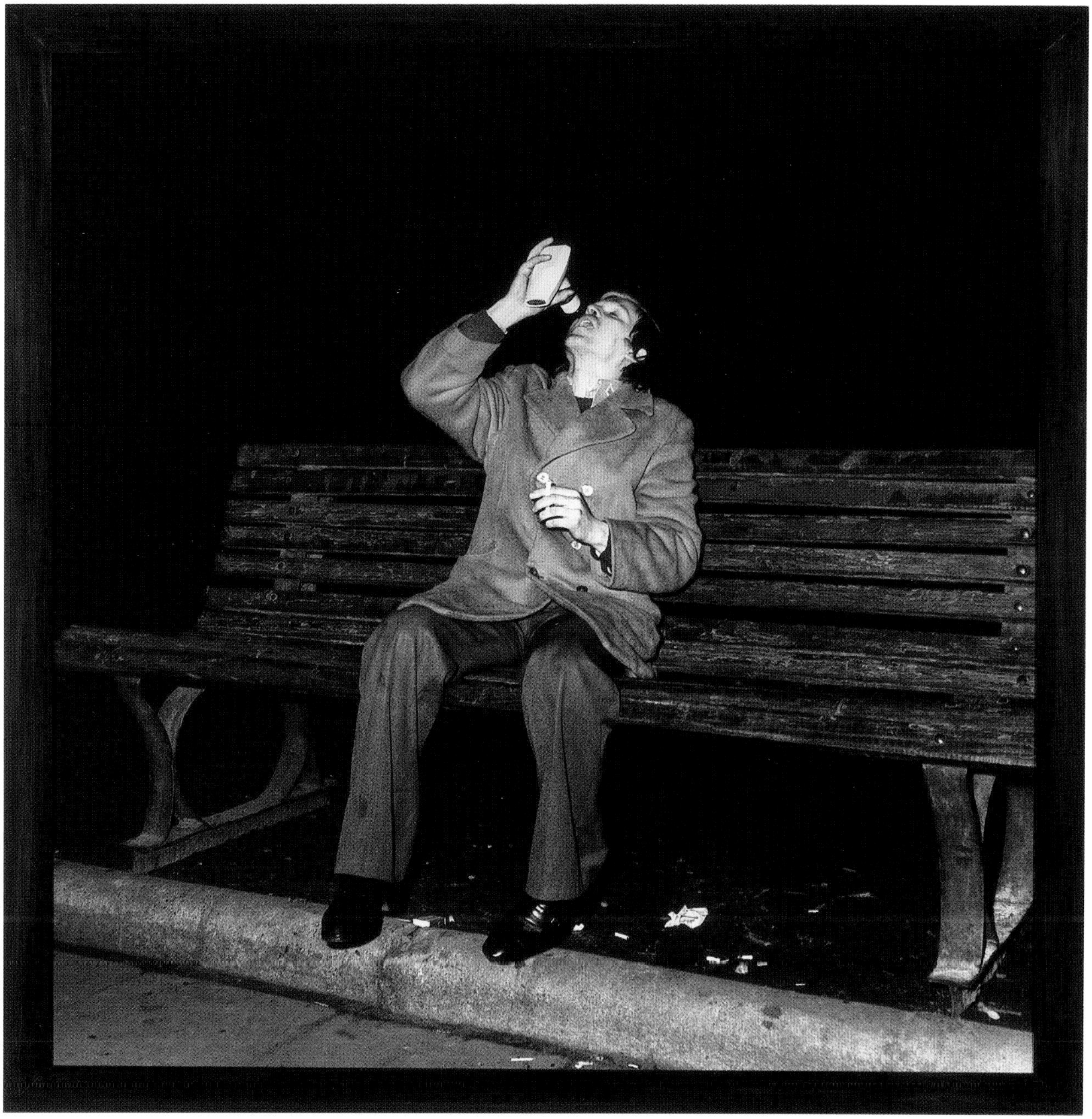

Craigie Horsfield, *Estery, Krakow. February 1979*, 1990

l'enregistrament i l'objectivitat que, tanmateix, condueixi a una especificitat de la imatge-objecte, o de la imatge-quadre, més que del mitjà en si mateix. Els onze artistes reunits a l'exposició [*Une autre objectivité*] no són prou ingenus per creure en l'absoluta veracitat de la imatge pura instantània, documental. Saben que cap observació, cap descripció, per molt precisa o «científica» que sigui, no pot establir un fet segur. Aquests artistes no són positivistes, ni místics. No creuen en «la cosa en si mateixa» (*the thing itself*) de Weston. Saben que qualsevol representació, fins i tot fotogràfica, és ficció, és artifici, que «qualsevol factualitat –com diu Baudrillard– és facticitat».

Tanmateix, tampoc no poden adherir-se a les convencions i preceptes postmoderns. Només poden rebutjar la del positivisme en els fets purament objectius, no poden acceptar la complaença respecte als simulacres. Si bé no pretenen resoldre la crisi d'actualitat de l'art contemporani, rebutgen la política d'allò practicat pitjor, pel que sembla, pels fotògrafs postmoderns. Mantenen tots plegats una referència descriptiva, i comprovable, a un motiu la naturalesa del qual és heterogènia a la imatge, és a dir, precisament objectiva. I el tractament fotogràfic d'aquest motiu no s'esgota en un procés d'autoreflexió de la imatge, segons la lògica a l'ús de l'art conceptual i analític.

Tosani va anar més allà d'aquesta actitud que havia guiat les seves primeres investigacions. Sense creure en la transparència del mitjà, tots els artistes rebutgen les contorsions manieristes i els jocs de miralls (o d'inversió) sobre la il·lusió, la ficció i el seu doble (la realitat perduda, la veritat inaccessible). Per ells, l'objectivitat es dedueix mecànicament (i ideològicament) del procés d'enregistrament, produeix fets. Però no insisteixen sobre aquesta observació, prefereixen extreure'n les conseqüències. Segurament es nota que els quadres de Förg i Tosani porten l'objectivitat fins a un punt d'excés que cau en la ficció (en una lògica d'inversió i de pas al límit) però, per ells, així com per Coplans, és també, i en primer lloc, una objectualitat. Afirmen un fet aïllat (la mà, l'objecte, l'edifici representats) però, sobretot, en creen un, la imatge-quadre en si mateixa. La singularitat del motiu representat es converteix en la de la imatge presentada. I el que resulta extremadament clar en aquests tres artistes també ho trobem o es desenvolupa en tots els altres. En totes les obres que exposem –aquest valor d'exposició, evidentment, resulta fonamental– la dimensió actual depèn així d'un treball sobre la imatge com a forma actual (a la seva presentació), autònoma, «realista» (en el sentit amb el qual els artistes no objectius van poder avançar aquesta paraula als anys vint). El fet és aquí, manifest, visible, llegible (potser), com a indici (resultat d'un enregistrament), però també és la imatge mateixa, com a producció material, quan aquesta ja no és el tret d'una experiència viscuda (un record), sinó una nova realitat objectiva: la realitat de la imatge-quadre. En altres termes, el fet fotogràfic es modela en la imatge-quadre, així com la representació es modela en la presentació. Això diferencia radicalment Thomas Struth d'un fotògraf d'arquitectura (per a qui la imatge no és més que la representació més o menys exacta d'una arquitectura). El recurs al gran format, per a Förg, Collins, Horsfield, Coplans, Wall, Tosani i fins i tot Lafont o, de vegades, Garnell, participa d'aquesta lògica, és una manera d'accentuar el valor d'actualitat de la imatge-quadre, i no pas –segurament cal precisar-ho– una senzilla adaptació oportunista a les jerarquies del mercat i als espais dels museus contemporanis.

Per tant, la idea d'«especificitat», tal com l'hem enunciada, ja no serveix per designar la naturalesa del mitjà sinó el caràcter de les obres, irreductible, precisament, a un valor genèric qualsevol de la fotografia. Els artistes aplegats a *Une autre objectivité* no s'interessen per «la fotografia» com a tal. Com ja hem subratllat, la fan servir seriosament, amb coneixement de causa, però no es consideren obligats a demostrar les possibilitats o explorar els seus límits. Atès que no han de respectar regles, no tenen ganes de transgredir-les. El seu discurs no es pot reduir als debats tradicionals sobre la naturalesa i les capacitats del mitjà, ja que no se situen en el context de la fotografia «creativa» o «moderna». Les imatges no ens diuen res de nou sobre el que és o pot ser la fotografia en si mateixa (des de la seva invenció); ens ensenyen molt, en canvi, sobre el que pot ser *avui* l'experiència artística (a través i amb la fotografia), en el context de la cultura contemporània. El seu discurs no és el del testimoni o explorador (que es limita a ser fotoperiodista o reporter o vol ser antropòleg), com a màxim, pot assemblar-se a una enquesta científica, però el resultat (les imatges produïdes) no es poden reduir al seu valor heurístic. En tot cas, aquests artistes no poden adherir-se a un mètode fonamentat en la disponibilitat subjectiva i l'agilitat visual, com van fer Kertész i Cartier-Bresson, Winogrand i Friedlander. Són massa conscients de les limitacions estètiques i, més àmpliament, socials, que condicionen aquest mètode a partir d'aleshores,

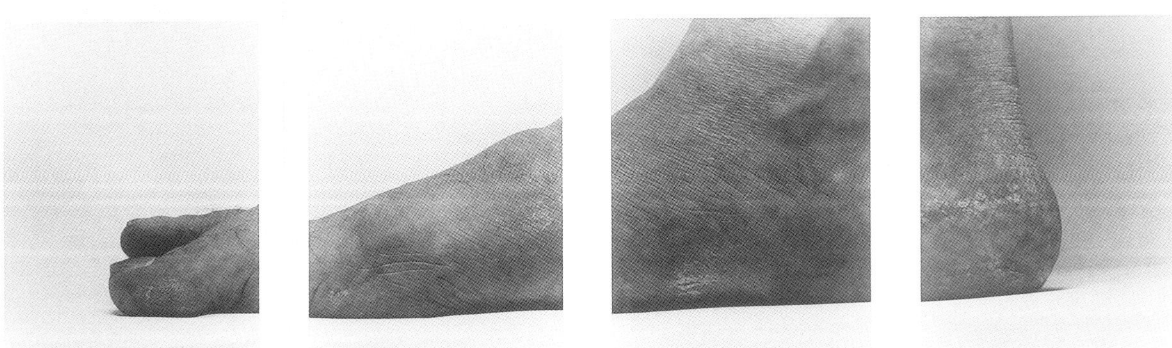

John Coplans, *Self Portrait. Feet*, 1988

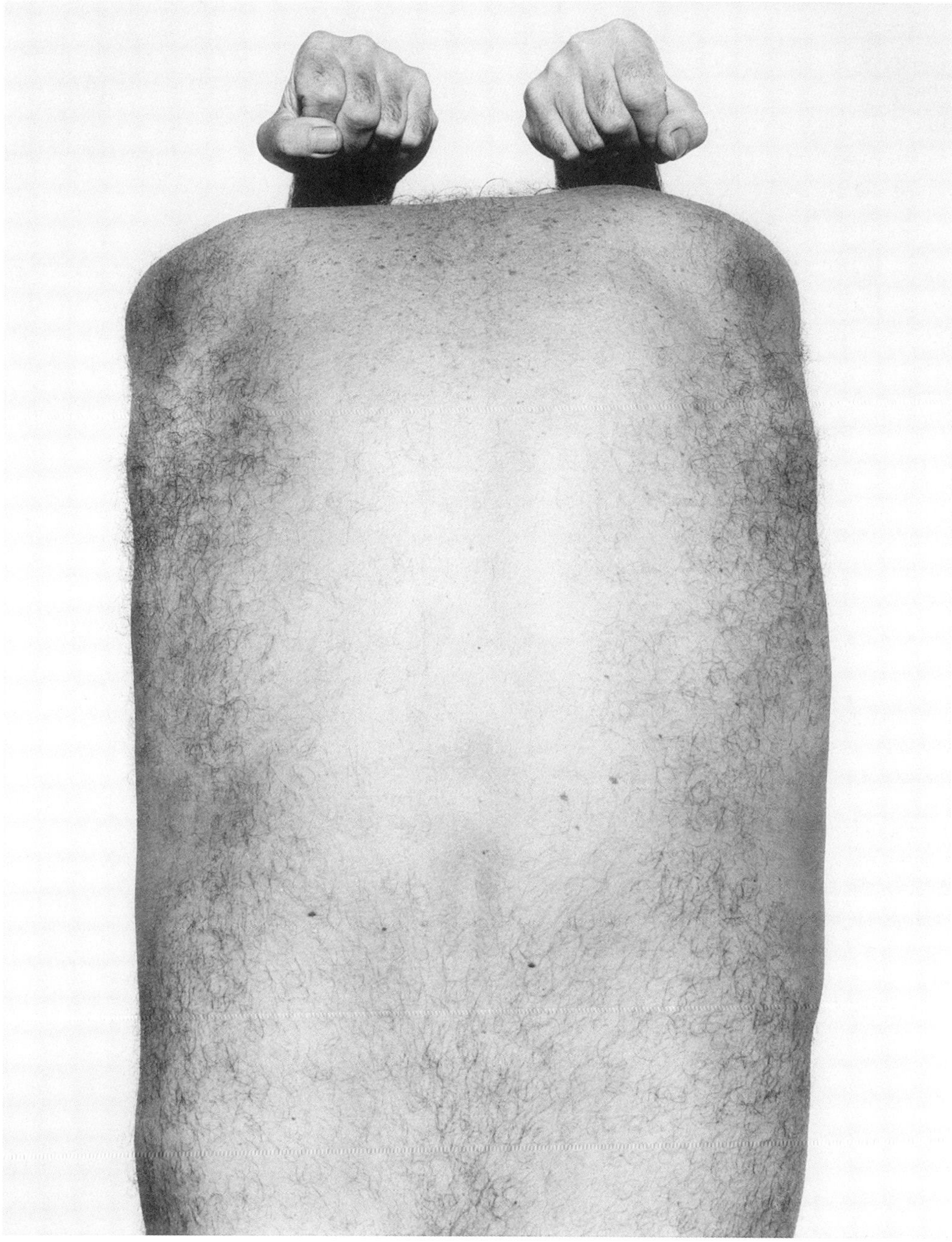

John Coplans, *Self Portrait. Back with Arms Above*, 1984

saben que aquest tipus d'actitud ofereix massa poca resistència a la igualació (o «massificació») de les imatges produïdes per la indústria cultural. Saben que la llibertat de la mirada reivindicada i cultivada pels fotògrafs autors consolida cada cop més la definició abstracta de l'individu i la subjectivitat. Jeff Wall, per exemple, fa poc deia: «L'espontani és la cosa més meravellosa que pugui aparèixer en la imatge, però res a l'art no sembla menys espontani.» I afegia: «En això, penso que el cinema es desenvolupa més estèticament que l'estètica fotogràfica més espontània, la de Cartier-Bresson, per exemple. La confiança en l'espontaneïtat afebleix la imatge, la fa tornar a un nivell en què només interessa la dialèctica permanent entre l'essència i l'aparença. Tot i que la imatge produïda d'aquesta forma de vegades sigui bella i plena de significat no estic convençut, malgrat això, que la bellesa no estigui limitada per una relació massa discreta respecte a les aparences. Aquest tipus de fotografia es converteix en una mena d'art informal, malgrat la seva riquesa formal, sempre està condemnat a mirar meravellat el món, amb ironia, més que a emprendre la seva construcció.»

Com Jeff Wall, tots els altres artistes que hem aplegat saben que la bellesa que intenten produir no pot ser una dada miraculosa (una troballa), sinó que s'ha d'elaborar, construir,

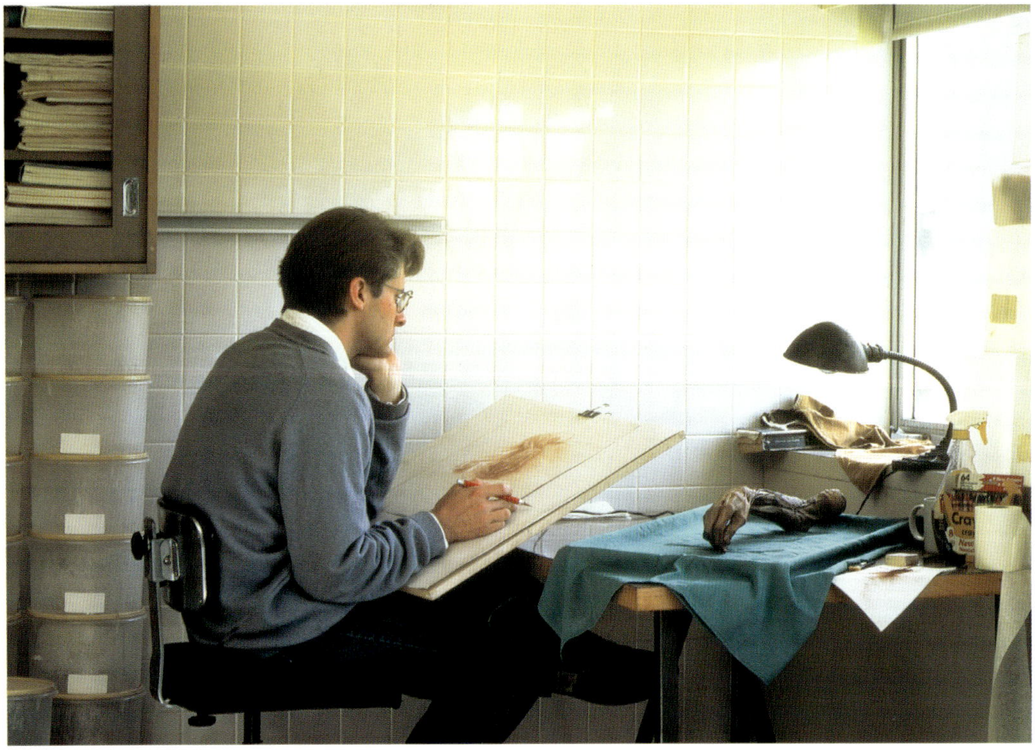

Jeff Wall, *Adrian Walker. Artist Drawing from a Specimen in a Laboratory in the Dept. of Anatomy at the University of British Columbia, Vancouver*, 1992

concretament, segons un procediment precís i específic (el qual, tanmateix, eviten exposar massa). Aquests artistes són constructors (més que experimentadors o «poetes»). Es donen regles, produeixen una sintaxi (sense convertir-la en l'únic objecte de les seves investigacions). Com una espècie de precondició, han descartat l'espontaneïtat, el lirisme, prefereixen arriscar-se a una certa «rigidesa» que, segons ells, està vinculada –com va subratllar Jeff Wall– al caràcter mecànic de l'enregistrament. Podem imaginar fàcilment l'espectador (o el crític) que els retrauria una mena de gravetat excessiva i complaent, una predilecció mòrbida per formes i espais petrificats, deshumanitzats, un *pathos* del buit, de l'absència i de la mort, que produeix efectes de fascinació. Tots aquests artistes s'han allunyat de la dialèctica de l'admiració i la ironia. Prefereixen la lucidesa (o el colpiment) i l'humor. I si bé accepten sense dificultat la immaterialitat de la imatge produïda per un enregistrament mecànic, no en tenen prou amb els fragments senzills (aquesta «relació massa discreta amb les aparences» de què parla Jeff Wall). No poden acceptar la distorsió fragmentària i analítica de la «nova visió» dels anys vint, amb els seus violents efectes d'abstracció. En els primers estudis fotogràfics, Suzanne Lafont va reduir sistemàticament les deformacions dinàmiques del contrapicat a una construcció estàtica fonamentada en l'ortogonalitat del *tableau.* Desviant així un procediment característic de la «nova visió» entrava en un procés de restitució del «realisme» a través de l'afirmació suficient del fet plàstic. De fet, s'havia de resoldre la fractura entre la visió de la forma, entre l'experiència de les coses incertes, ambigües, i l'evidència del *tableau.* Els artistes que afirmen avui dia una objectivitat necessària, afirmen també l'estabilitat de la forma *tableau.* Busquen la durada de l'experiència que no estigui sotmesa a la fragmentació repetida (repetitiva) de la compulsió lírica i del consum mediàtic, una durada de la percepció que no s'exhaureixi en la sorpresa o el reconeixement instantani, una durada de la història de l'art que vagi més enllà de les perspectives massa curtes de l'«art contemporani» (institucionalitzat). Aquest últim punt resulta molt sensible en el cas d'Adams, Horsfield, Coplans i Wall; aquest últim vol «recuperar el passat –el «gran art» dels museus– i, alhora, estar per un efecte crític, en l'espectacularitat més *up-to-date.*»

L'objectivitat de la qual parlem constitueix finalment una via estreta. A partir del moment en què el treball fotogràfic s'ha

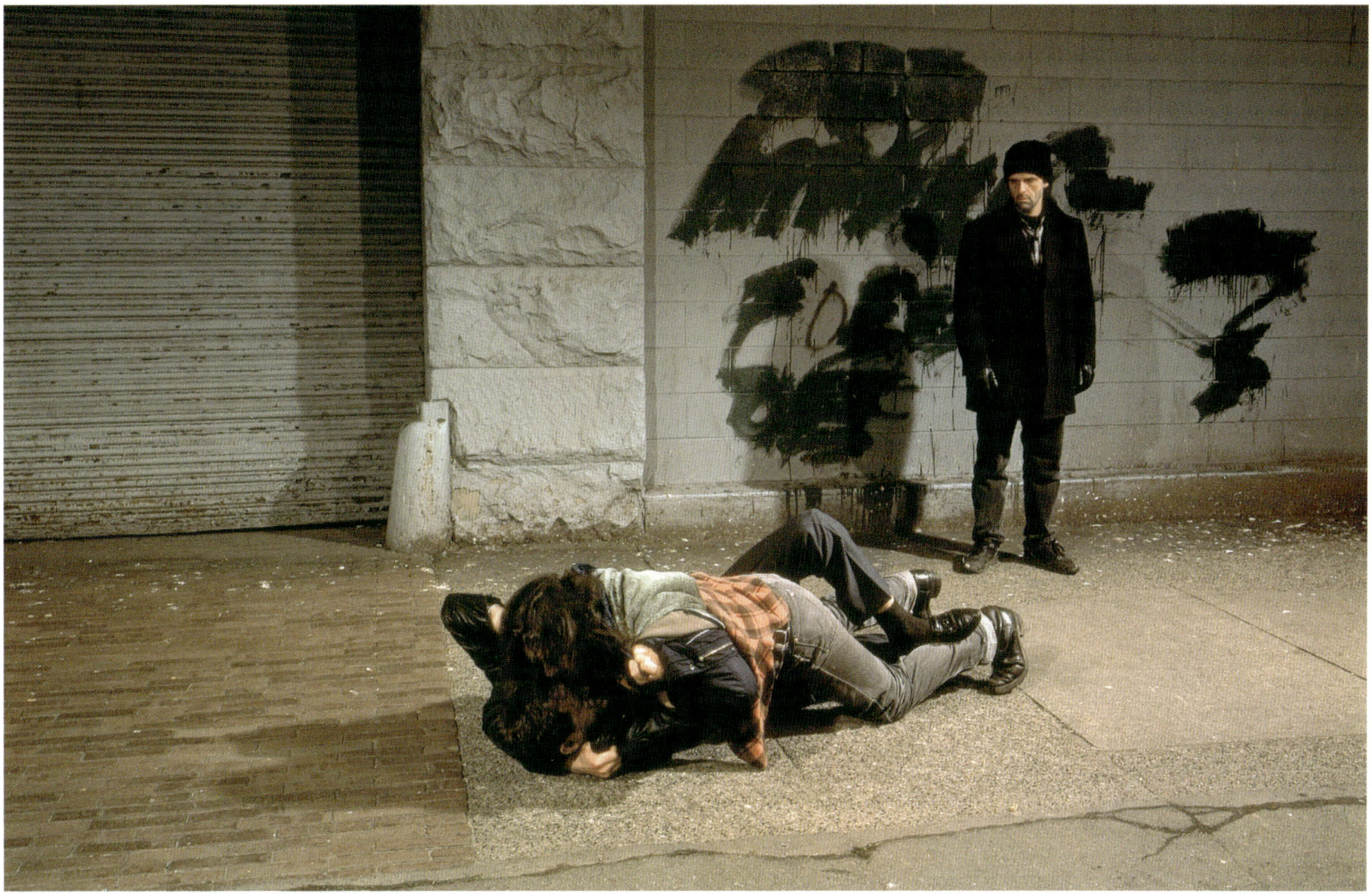

Jeff Wall, *A Fight on the Sidewalk*, 1994

centrat en la construcció del *tableau*, aquest criteri es distingeix clarament de la referència positivista (o naturalista) al món com a camp d'exploració visual, i ja no n'hi ha prou amb afirmar la complexitat fotogènica del que és visible (com van fer els fotorealistes). Al mateix temps, la clausura del *tableau*, per molt legítima i necessària que resulti, no ha de generar al seu torn un sistema de variacions formals. Ja hem denunciat prou l'estretor de la pràctica «creativa» fonamentada en la espontaneïtat subjectiva, les «troballes» de l'experiència o, més recentment, la invenció d'un imaginari neopictorialista, però també hem subratllat la precarietat dels tràmits d'intervenció crítica de la fotografia postmoderna. El criteri d'objectivitat, tal com l'entenem, pot permetre una investigació més llarga. En realitat, les predeterminacions conceptuals massa rígides poden llastrar la investigació i l'experiència. Sense tornar (o retornar) necessàriament a les apories de la *straight photography*, mantenim un criteri d'objectivitat, revaluat, desplaçat, segons el qual les obres molt diverses (i específiques) es poden relacionar, d'un extrem (els Becher) a l'altre (Horsfield), des del mètode més estricte d'inventari fins a les variacions més irregulars. Arribarem a la nostra fita si sabem reunir obres prou autònomes i diverses per tal que, per les seves similituds, puguin resistir encara millor les interpretacions reductores de les genealogies històriques i les assimilacions dogmàtiques. De fet, sabem que l'objectivitat ja no és, en si mateixa, un criteri de veritat, però no podem acceptar els preceptes postmoderns, ni les antinòmies d'una cultura «fotogràfica» massa restringida que oposa ingènuament la llibertat de la ficció al mecanisme de la descripció. Constatem que una dimensió d'experiència es reconstrueix, a través d'imatges-*tableaux* específiques, contra els efectes d'igualació i reducció produïts per la indústria cultural. Constatem que s'han constituït d'aquesta manera les obres (amb i contra la fotografia) i no poden ser objecte d'un consum massa ràpid perquè han evitat les escapatòries programades de la subjectivitat. En canvi, aquestes imatges donen una nova eficàcia (o violència) a les incerteses de l'experiència, perquè exposen clarament les seves limitacions tècniques, socials i inconscients. Produeixen una bellesa lúcida i proposen un model d'actualitat.

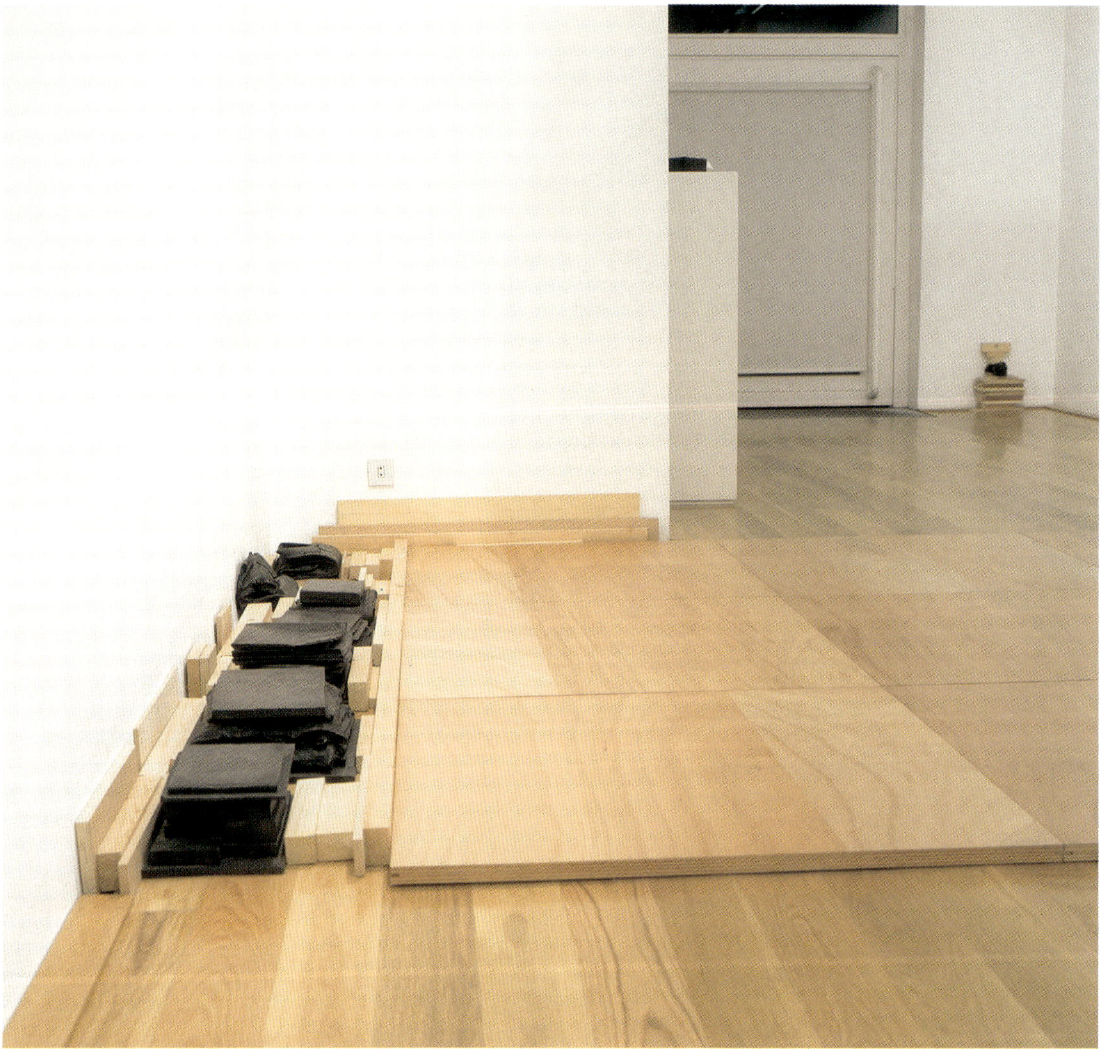

Pep Duran, *Casa desolada*, 1997

Updated conté un doble sentit: d'una banda el literal, el de la mateixa paraula: el que ha dut a terme fins a la data, l'últim que ha fet, el més recent... D'una altra, està present el sentit de fusió de totes les experiències fins al moment (fondre l'experiència). L'al·lusió a ajuntar idees i maneres recurrents en el treballs de l'artista i fondre-les en bronze.

Són objectes en quietud, com cossos inerts...

Són objectes que confirmen i constaten l'existència. Són històries petrificades, moments solidificats. Teatre objectual, escenografies de la soledat.

La instal·lació consta de tres parts o actes:

Casa desolada
L'empremta en la construcció de les coses personals, els ciments...

La falla, la ferida omplerta amb la intimitat.

Camp minat
Els accidents diaris, les trampes, els trucs privats.

Els moments íntims. Una obra de teatre particular.

Una història silenciosa
Moviment i quietud, lleugeresa i pes.
Com cossos absents, inerts.
Els llastres personals.
Un ballet silenciós.

PEP DURAN, 1997

La representació del temps
i la seva empremta,
la manipulació del rastre
que deixa sobre tot el que
ens envolta, la simulació
de l'envelliment, la relació
inseparable entre realitat
i aparença; la possibilitat
de modelar el temps
entenent-lo d'una manera
física, corpòria, i la
reconsideració de termes
com ara passat i futur, són
algunes constants a partir
de les quals he dut a terme
determinats treballs. Podem
reconèixer fàcilment els
signes del temps passat,
i intuir que aquests mateixos
signes es repeteixen de
manera inalterable. Així
doncs, una mateixa imatge
pot ser testimoni, alhora,
del passat i anticipar un futur
previsible. Cap símptoma,
cap senyal en el present, que
ens faci dubtar que aquesta
successió és inalterable.

IGNASI ABALLÍ, 1992

Ignasi Aballí, *Sense límit*, 1989

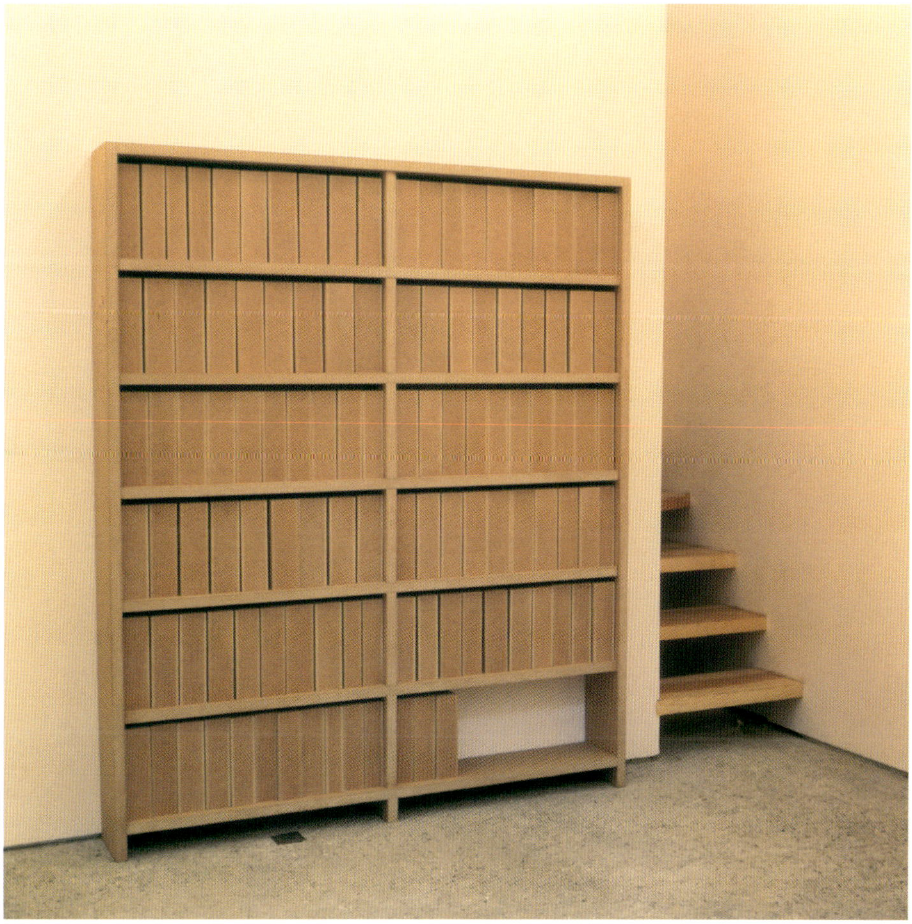

Ignasi Aballí, *Enciclopèdia*, 1994

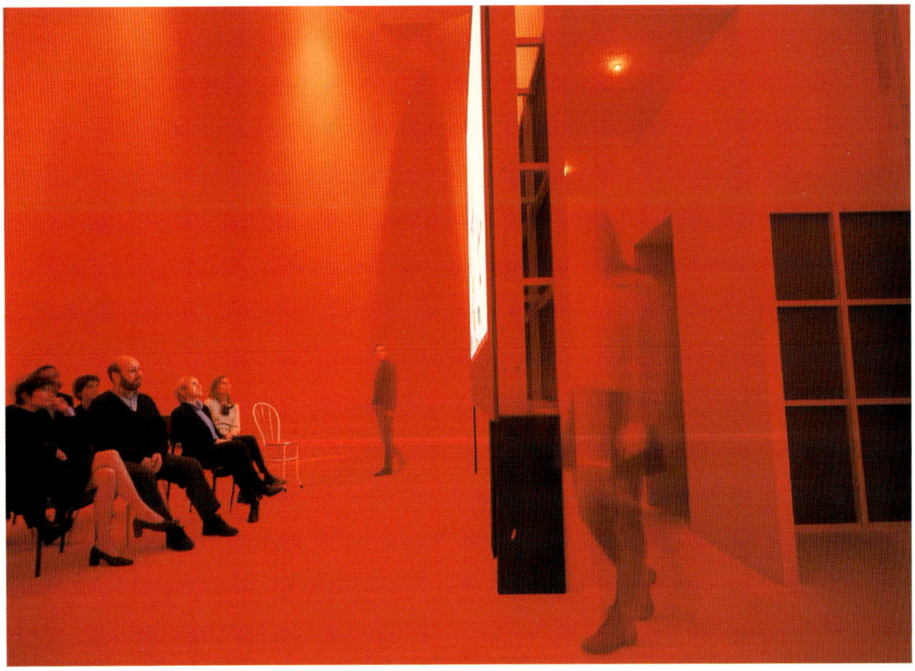

Jordi Colomer, *Simo*, 1997-1998

El conjunt de l'obra artística de Jordi Colomer és un projecte inspirat conceptual i formalment en la relació de l'ésser humà amb el seu entorn. En aquest sentit, la mesura, la proporció, l'escala i l'harmonia del cos humà tenen un paper central en un treball que, precisament i fins ara, s'havia distingit per evitar qualsevol presència humana visible –real o reproduïda– en les escultures, instal·lacions o fotografies. Colomer sol recórrer a l'al·legoria per confrontar l'espectador no tant amb imatges com amb llocs. El dispositiu discursiu opera amb un hermetisme que impedeix conèixer «tot» el sentit, que l'autor ha ocultat amb deliberació, utilitzant indistintament referències arquitectòniques, literàries, escultòriques o teatrals i coreogràfiques. Són els vestigis i els requisits d'unes activitats que desconeixem i que només s'apunten mitjançant la disposició d'uns elements habitualment comuns, com plats, catifes, taules, cadires, o bé arquitectònics, com pedestals, maquetes... Ordre i desordre o moviment i estabilitat són binomis que es descobreixen sovint en aquesta obra.

Simo marca sens dubte un punt d'inflexió important en la seva trajectòria. L'artista incorpora per primer cop la figura humana, mitjançant la projecció d'una narració protagonitzada per Simo, *alter ego* antiheroic concebut per l'artista a partir de l'ascètic personatge *Simón del desierto*, pel·lícula de Luis Buñuel.

[...] La protagonista d'aquesta narració entra i surt, com nosaltres en l'obra de l'artista, i acumula en el seu espai íntim objectes de notable interès fetitxista: sabates, pots de confitura... Lamentablement, l'acumulació obsessiva en la seva petita arquitectura privada no li concedeix la satisfacció que, solitària, tampoc sembla trobar en la comunicació amb els altres, que, aliens al petit drama gran drama de Simo, continuen tirant endavant les seves vides.

José Lebrero Stals, 1998

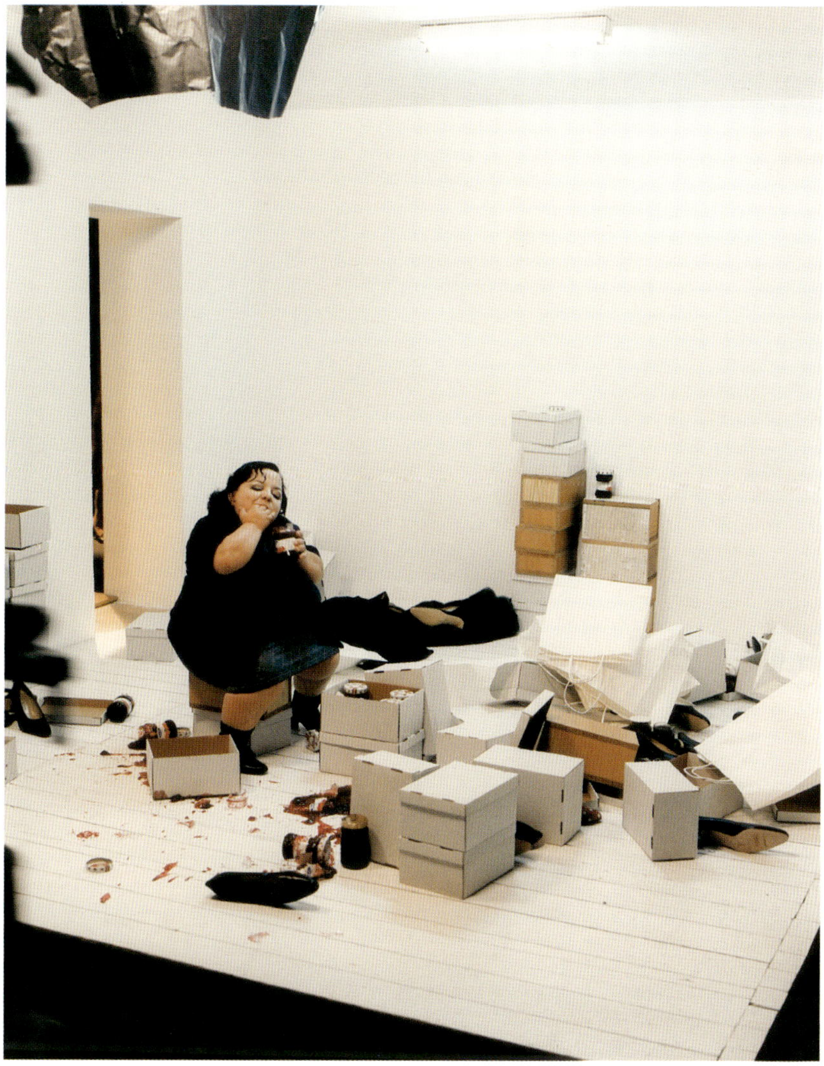

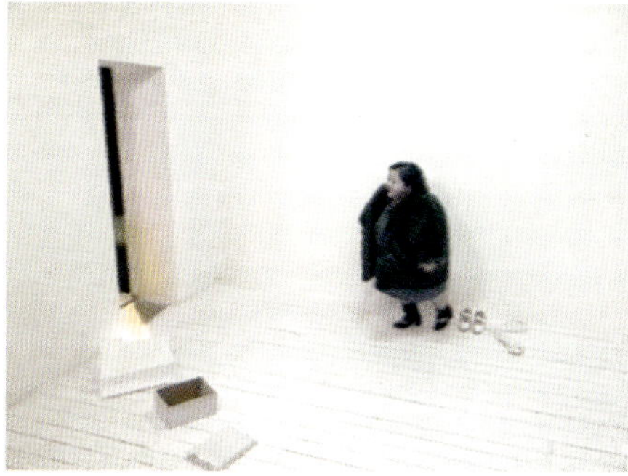

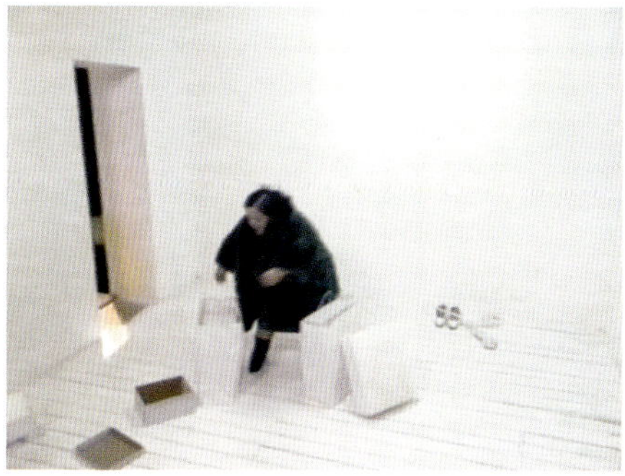

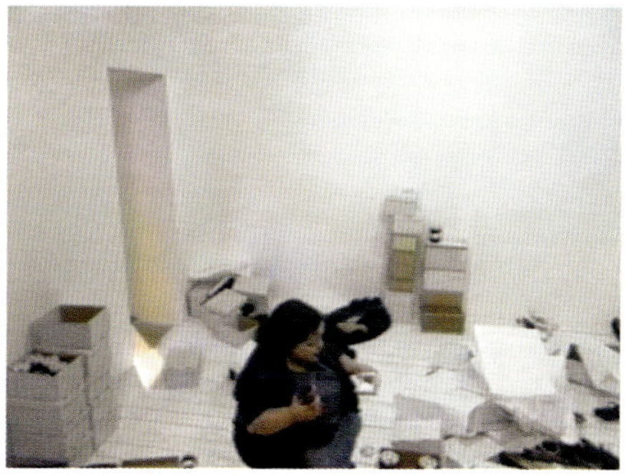

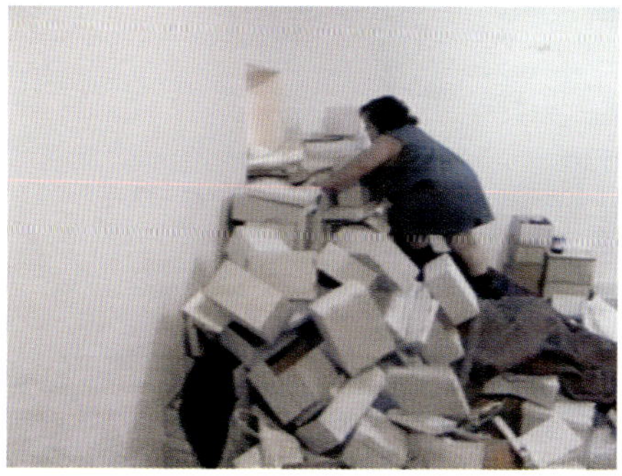

Jordi Colomer, *Simo*, 1997-1998

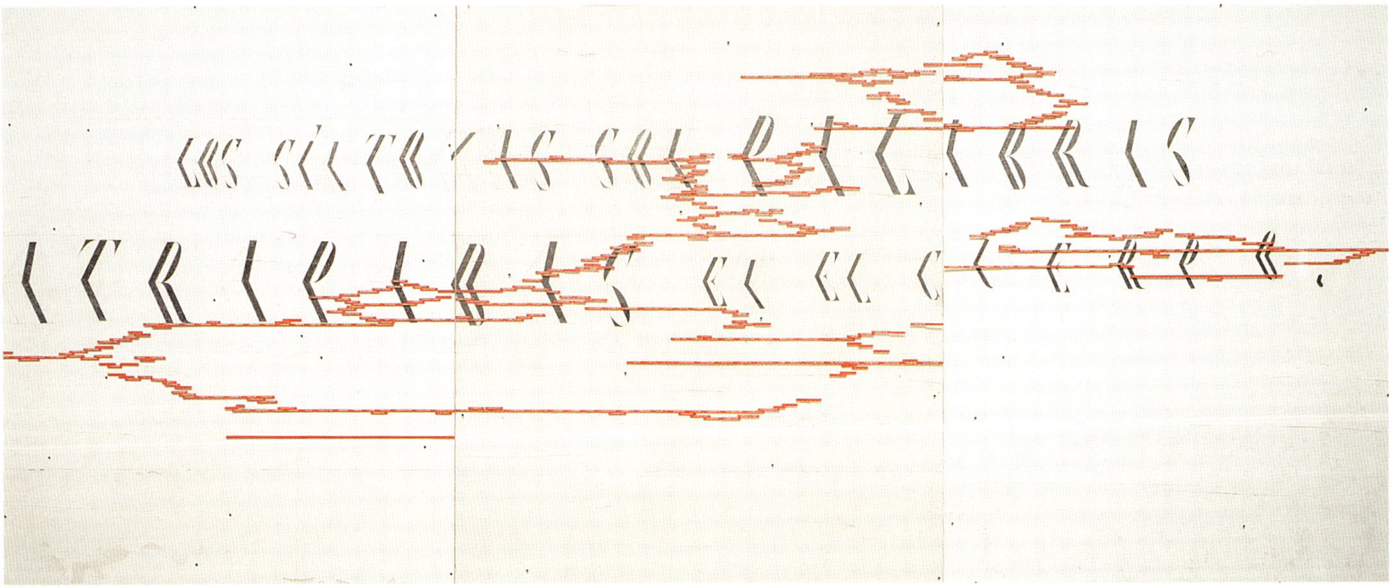

Pep Agut, *Los síntomas son palabras, atrapadas en el cuerpo (Pintura)*, 2000

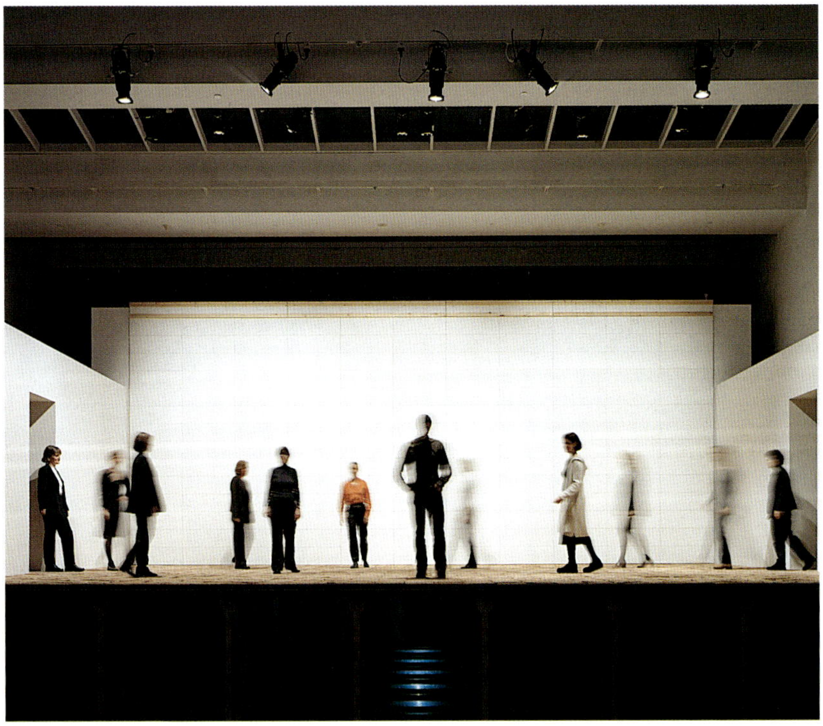

Pep Agut, S/T *(Mur/Escenari)*, 2000

Si hi ha una cosa realment enigmàtica i inquietant en els treballs recents de Pep Agut, és la relació peculiar amb *el llenguatge.* La manera com la paraula hi apareix, que cau com una estranya pluja en capes, té molt poc a veure amb cap vocació narrativa. No és, per descomptat, una concessió a aquest *retorn del narrador* –si hi ha narració, la posen les imatges– que sembla inspirar molts altres treballs contemporanis. Jo diria que si sembla alguna cosa anterior recorda, en tot cas, el tractament que donen al llenguatge alguns autors identificables amb el *conceptualisme lingüístic.* Però no els més analítics –en el sentit de la filosofia analítica: no els que buscaven l'expressió tautològica de l'obra com a anàlisi de l'obra, a l'estil de Kosuth o en certs moments Art & Language– sinó més aviat els que feien una analítica abstracta de les estructures generatives del significat, que posaven en relació alguna vegada amb la disposició en l'espai (com l'*Schema* de Graham o alguns treballs de Smithson).

Jo parlaria d'una espècie de relació *mineralògica* amb el llenguatge –recordem la passió cristal·logràfica de Smithson– que busca trobar les lògiques *sedimentals* de la producció significant. Per això gairebé mai importa la concreció del significant triat, sinó l'operador que defineix una sèrie de possibles tries (per a l'usuari de l'eina). Vull dir que la relació d'aquestes obres amb el discurs es produeix més a nivell de paradigma que de sintagma, no en la linealitat plana de la frase o la paraula triada, sinó a nivell de la profunditat densa de la *llengua com a sistema* (però sistema *boig, excèntric,* diguem-ne). Sé que tot això pot sonar una mica passat de moda i estructuralista, com les ombres de Chomsky o Barthes que apareixen per darrere les cortines, però no penso en una cosa tan diürna: no es tracta d'aventurar les estructures genèriques d'una espècie de gramàtica universal, sinó més aviat de perdre's en les radícules inabastables, en els rizomes infinits, d'un profund i obscur fons del discurs que alimenta amb la segregació secreta les capacitats de manejar aquesta estranya matèria –que és el llenguatge.

José Luis Brea, 2000

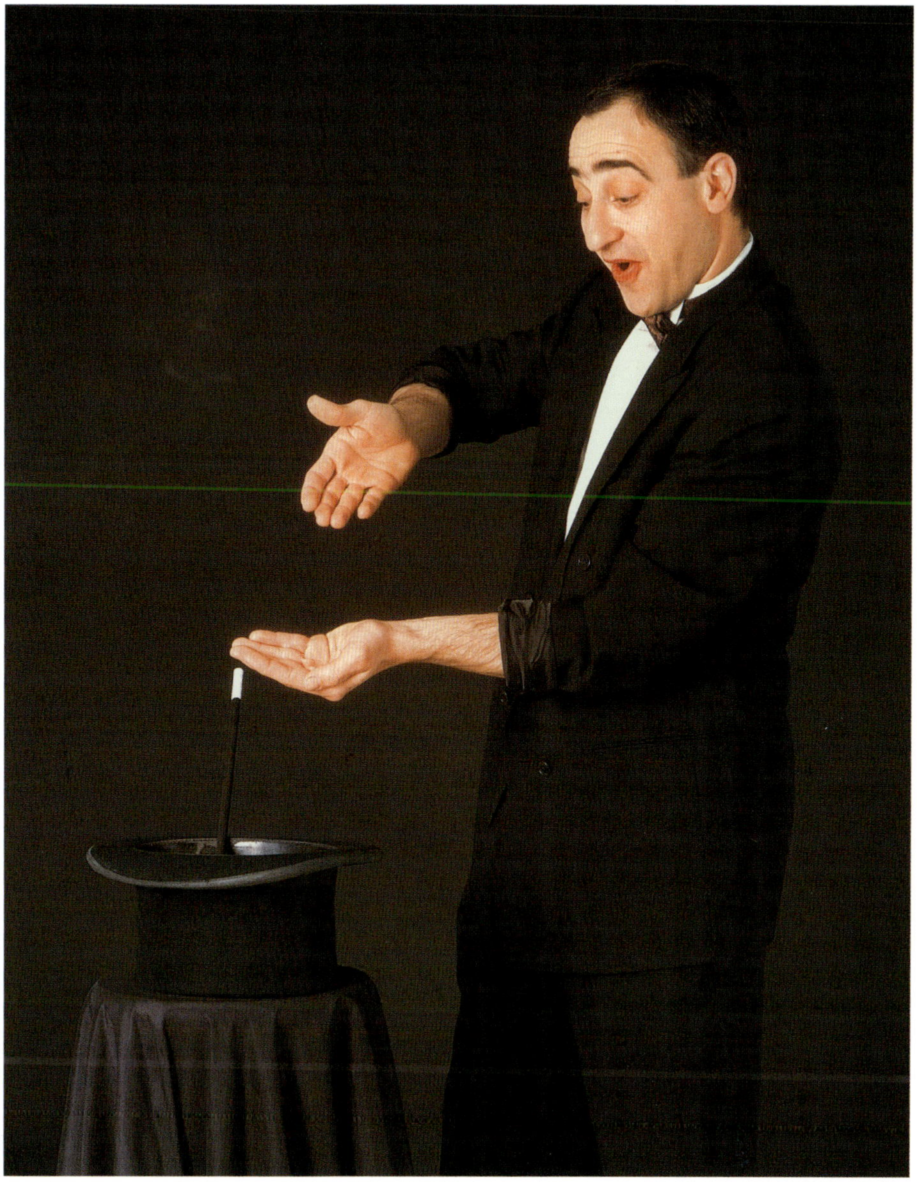

Pep Agut, *L'Artificialité du néant (Mag)*, 1993

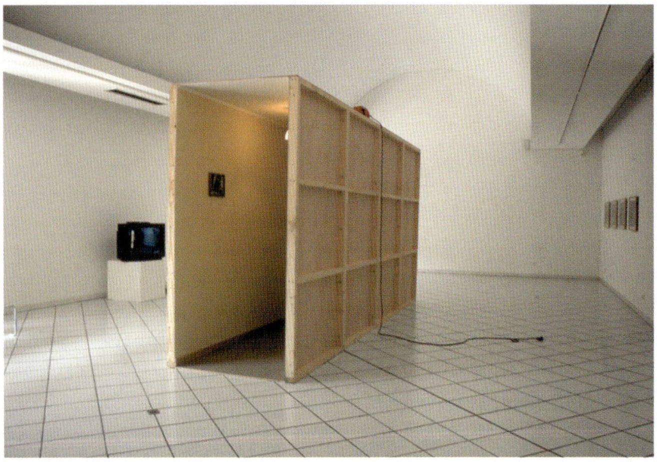

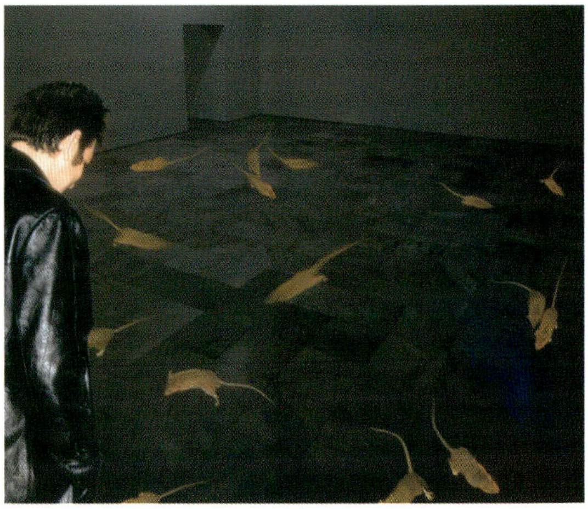

Antoni Abad, *Ciències naturals*, 1997

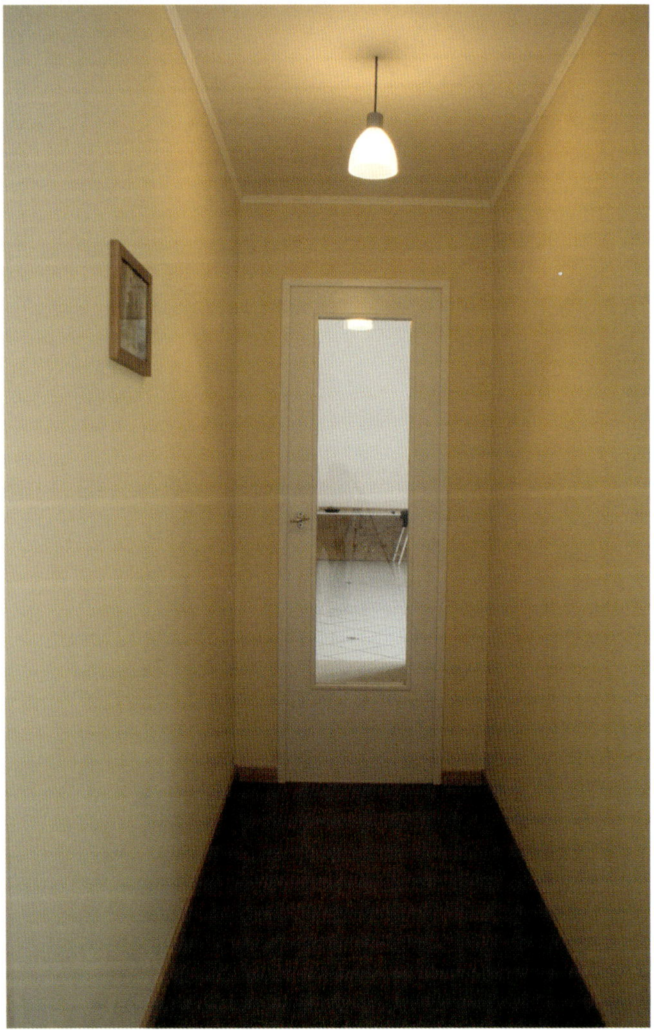

Martí Anson, *Welcome, Welcome*, 1999

El fet que, entre altres elements, Antoni Abad utilitzi el vídeo o altres tecnologies audiovisuals en les seves obres recents i actuals projectes i idees, no té més significació en si mateixa; sinó que constitueix una lògica perllongació d'uns plantejaments que ja es troben presents en les seves escultures de finals dels vuitanta. Concretament pel seu interès en una forma d'escultura metamòrfica i flexible, fins i tot plegable, dotada de mobilitat (però no a la manera de l'escultura cinètica) i capaç de regenerar-se en diferents *estadis de la matèria*, que és sempre una i la mateixa... i múltiple. Per això, aquesta especulació sobre les diverses possibilitats, configuracions, mutacions de l'objecte escultòric d'aparença inerta, sovint estava acompanyat per fotografies o seqüències d'imatges on aquelles transformacions es feien visibles, i animava potencialment la seva estructura (ja fos tova o dura, de goma escuma o de metall i fusta).

[...] Aquesta imatge, de nou una seqüència videogràfica editada en bucle (Antoni Abad estima els bucles, els cercles, suposo que els palíndroms: «Truca'm a casa, camacurt!» [«Dábale arroz a la zorra el Abad»]), projectada sobre el pla zenital, ens mostra un funàmbul que fa equilibris sobre un tros de corda molt curt que recorre tentinejant, que avança i retrocedeix, una vegada i una altra, com si dubtés de seguir endavant (l'enquadrament ens presenta en primer terme la corda i els peus del funàmbul, d'altra banda un i anònim, en una composició poderosa i en clarobscur).

De nou amb un tret autobiogràfic no immediat, es pot dir que la peça visualitza una frase feta: «estar a la corda fluixa» (on el verb és intercanviable per altres com «caminar», «viure», «sentir-se»). En realitat és, d'acord amb de

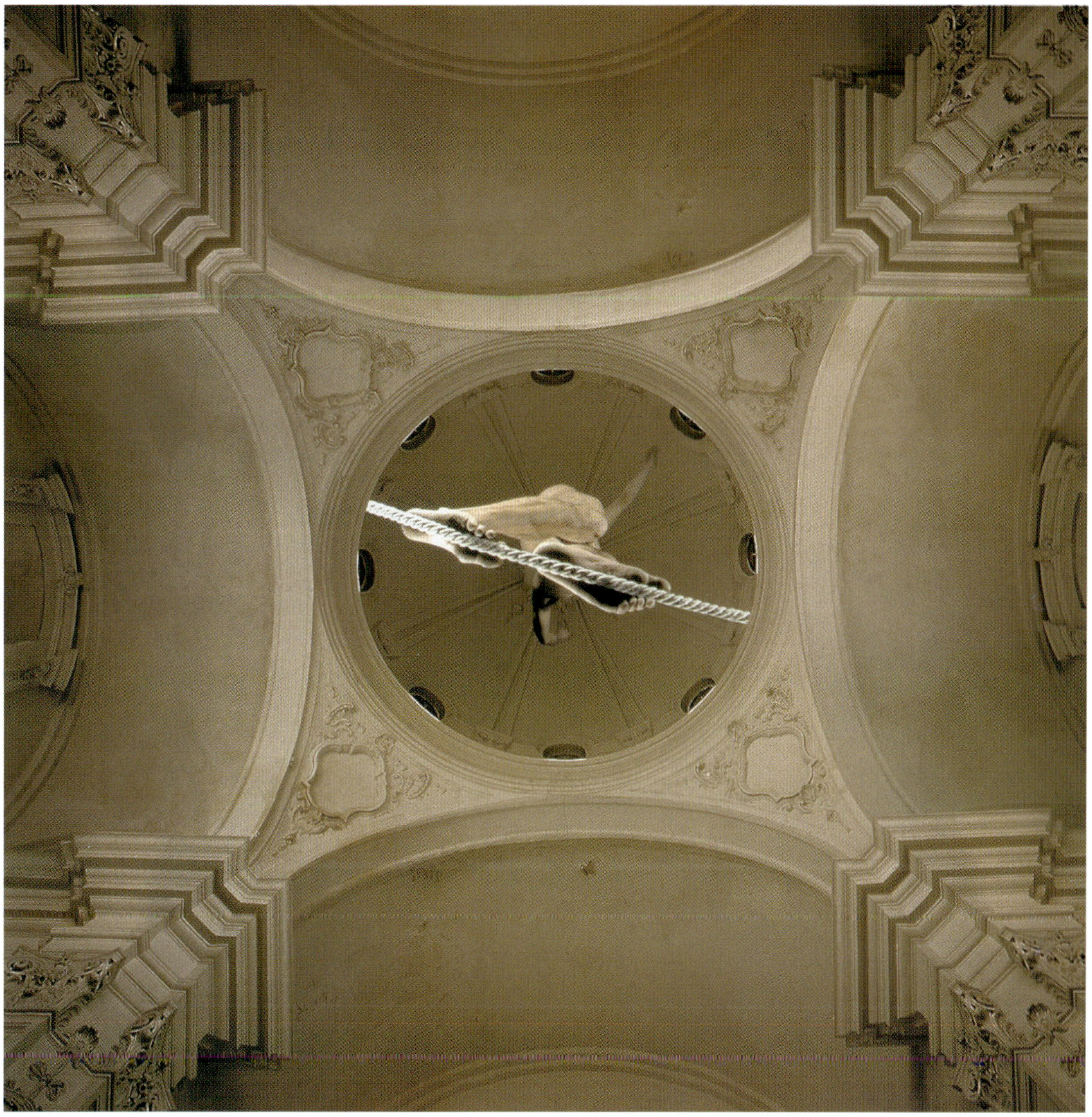

Antoni Abad, *Últimos deseos*, 1995

Gertrude Stein, una *everybody's biography*: una autobiografia de tothom, a menys que encara aconseguim imaginar la possibilitat d'una felicitat perpètua, exempta d'angoixes, adversitats i carències. Ja que el nostre funàmbul no és l'heroi perfecte, sinó un saltimbanqui que avança vacil·lant, sense avançar realment: coneixedor del perill, del risc, recorre suspès en l'aire –i en el *suspens* de l'obsessiva, hipnotitzadora imatge en bòveda elevada–, una línia recta que en realitat és un cercle.

EUGENI BONET, 1995

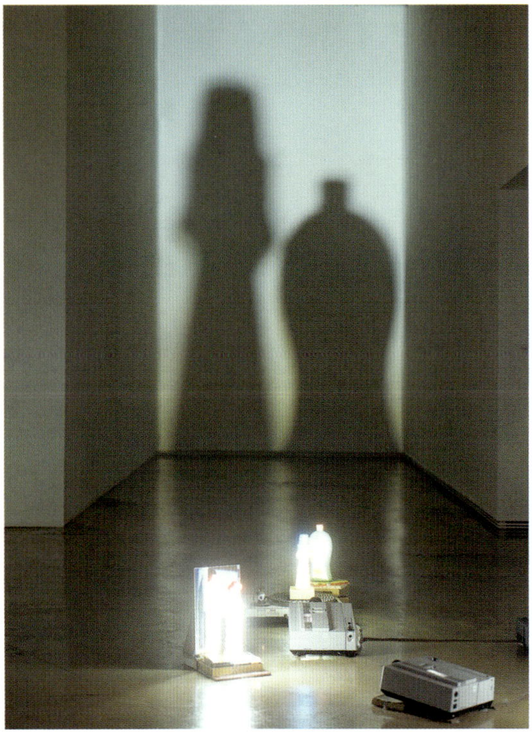
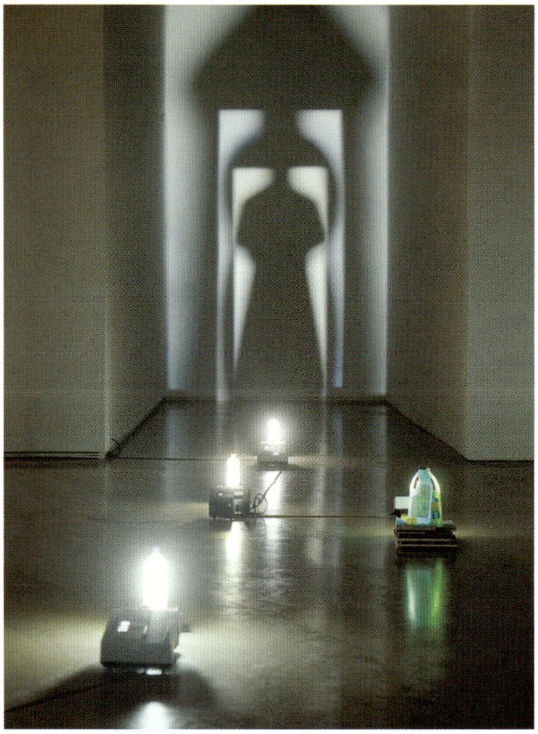

Eulàlia Valldosera, *Envasos: el culte a la mare*, 1996

Escampats per terra de forma aparentment aleatòria hi ha diversos envasos de plàstic amb productes de neteja d'ús domèstic. Els envasos es troben en la trajectòria del raig de llum dels projectors de diapositives sense diapositives, de manera que les seves ombres es projecten a les parets per convertir-se en siluetes ampliades. Els seus perfils es superposen i es combinen uns amb els altres formant figures a les parets que recorden el cos femení. Visualitzen diversos aspectes de la relació mare-filla, dona esposa i mare, i dona-mare, conceptes arquetípics de la feminitat, i al mateix temps reflecteixen aspectes simbòlics com el de dona-fada o dona-seductora. En un racó de la sala, un atuell antic de ceràmica presenta un perfil anamòrfic al costat d'imatges d'altres atuells antics de diferents cultures [...].

Els envasos s'han utilitzat des dels temps del matriarcat per guardar els fluids essencials per la supervivència de la comunitat. Eren les dones les que els fabricaven i tenien el control sobre aquests envasos. Avui en dia contenen sabons químics, es troben pràcticament a tots els països amb les formes corbes i els colors dels líquids molt similars. Són com una evolució dels atuells primitius en els quals es guardaven des dels aliments fins a les cendres dels morts, i el fet és que continuen pertanyent al domini femení. L'espai de la instal·lació és en si mateix un altre envàs en el qual es contenen les estremidores ombres que ens indueixen a posar-nos de genolls, en un homenatge a les dones que netejaven el terra agenollades, i que en una lectura alternativa poden interpretar-se com el símbol religiós d'una postura d'humilitat en actitud de devoció...

EULÀLIA VALLDOSERA, s/d

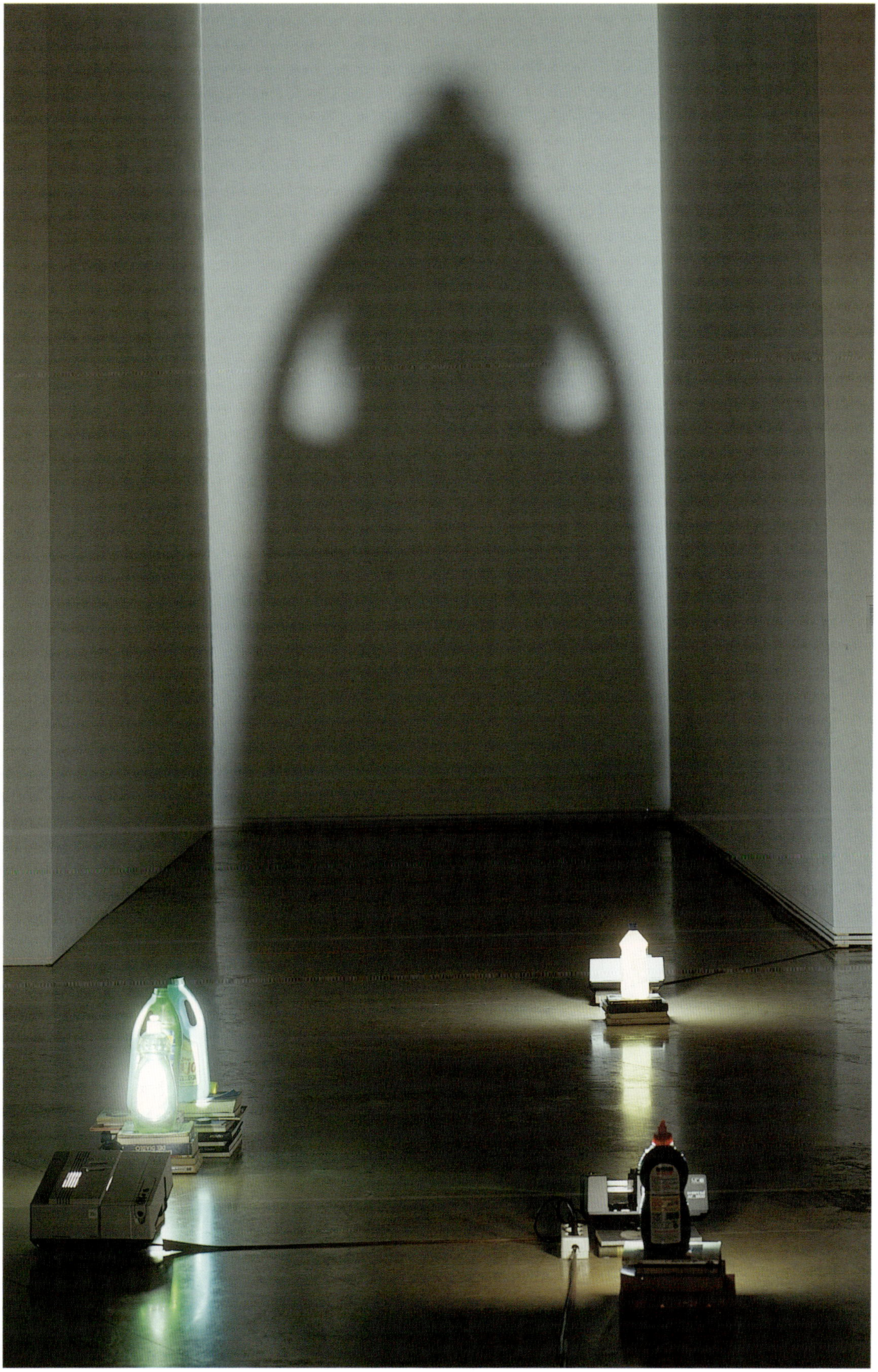

Eulàlia Valldosera, *Envasos: el culte a la mare*, 1996

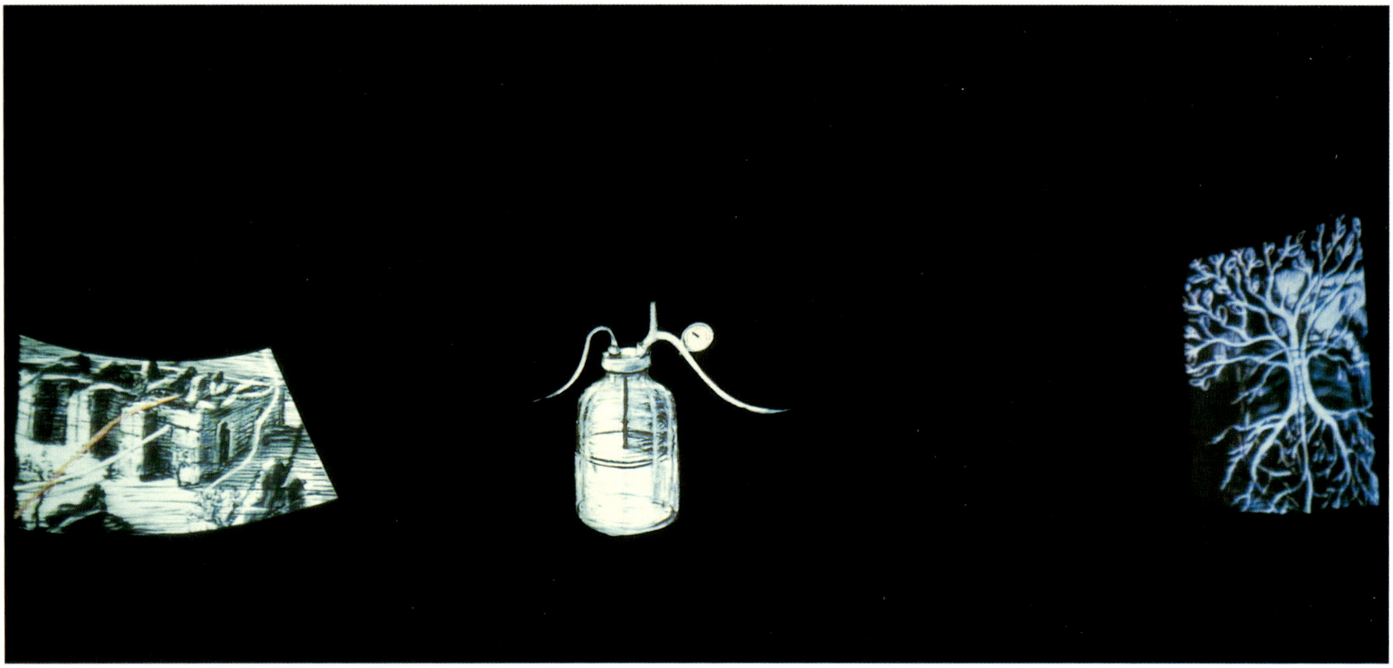

William Kentridge, *Ulisse: Echo Scan, Slide, Bottle*, 1998

El material de la projecció en tríptic *Ulisse: Echo Scan, Slide, Bottle* prové de l'òpera *Il ritorno d'Ulisse*, realitzada el mateix any en col·laboració amb la Handspring Puppet Company, i inspirada al seu torn en l'òpera de Claudio Monteverdi *Il ritorno d'Ulisse in Patria* (1640). En l'adaptació operística de Kentridge el viatge es converteix, literalment, en un viatge a l'interior del seu cos articulat a través dels raigs X, escàners CAT, sonar i imatges de ressonància magnètica, que estableixen un diàleg amb els gravats d'anatomia del segle XVI i XVII, i les imatges de paisatges clàssics. Mitjançant l'ús de la tecnologia mèdica, Kentridge insinua que les imatges amagades a l'interior dels nostres cossos poden al·ludir a la fragilitat de l'esperit, i qüestiona la nostra confiança en la superfície i en les aparences.

Ulisse: Echo Scan, Slide, Bottle es projecta en tres pantalles retallades en les quals es van alternant diverses imatges: a la pantalla de l'esquerra, paisatges urbans tant reals com dibuixats; en el centre, la imatge constant d'una ampolla amb un èmbol que puja i baixa a mesura que la projecció avança; a la pantalla de la dreta, dibuixos de l'interior del cos.

La cicatriu que guarda Ulisses de l'atac del porc senglar durant la seva infància és l'únic que permet identificar-lo. Aquesta antiga ferida, que puc abordar a través del dibuix, es converteix en un volcà en erupció. Aquí he reproduït el múscul del cor humà. Ho penetro a través del dibuix com si es tractés d'una intervenció amb làser, i el viatge pels vasos sanguinis es transforma en un mar tempestuós. Hi ha l'iris, que simbolitza Penèlope: els seus pètals es despleguen lentament i després tornen a tancar-se. Per als amants, he dibuixat el perfil d'una escena situada en un teatre barroc. Un teló negre deixa entreveure l'escenari, que aviat s'estendrà fins a l'infinit, i es convertirà en carrers moderns de Johannesburg, tanques i paisatges.

WILLIAM KENTRIDGE, 1998

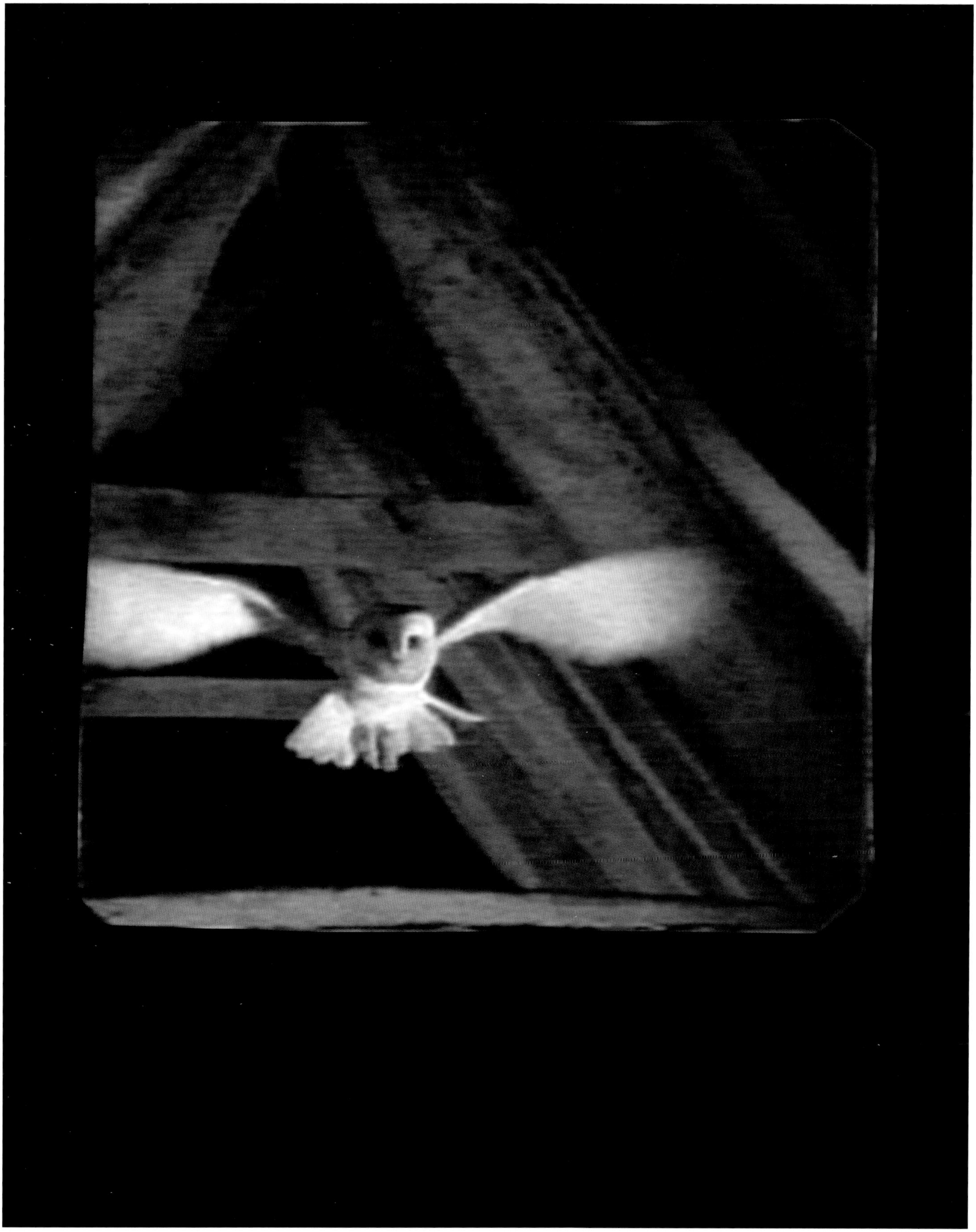

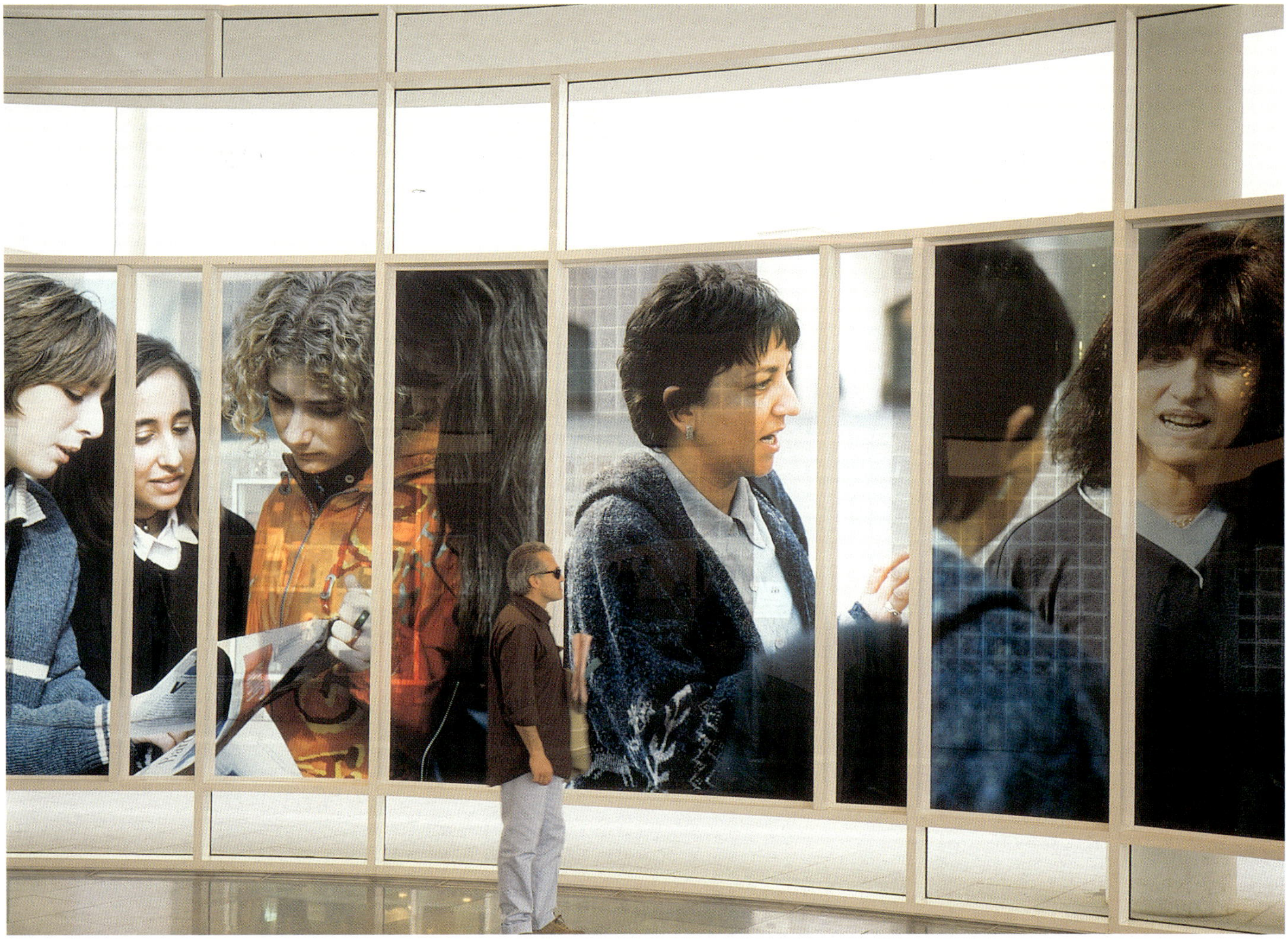

Beat Streuli, *Plaça dels Àngels*, 1998 (fragment)

Durant la tardor de 1997, Beat Streuli va passar uns dies a Barcelona i va fotografiar els vianants anònims que cada dia recorren les places i els carrers al voltant de l'edifici del MACBA. El resultat d'aquella experiència és la Plaça dels Àngels, una gran seqüència de vint-i-vuit fotografies construïdes com una membrana, o de pantalla simbòlica per unir l'espai interior i exterior del Museu, col·locada sobre les parets de vidre de l'espai de recepció de l'edifici.

Fidel als plantejaments conceptuals que defineixen la seva trajectòria artística internacional, en aquesta obra Streuli elabora un nou retrat col·lectiu en què, per mitjà de la imatge fotogràfica, dignifica el que és quotidià i alhora accentua el caràcter social de l'arquitectura. Aquesta contribució artística és un testimoni documental d'un temps i un lloc específics, com també l'aportació de ficció d'un artista interessat a representar amb la càmera fotogràfica com viu i com es comunica amb les persones corrents.

La primera vegada que vaig visitar el MACBA encara era buit.

A dins, semblava que la ciutat formés part d'un espectacle, emmarcada per les múltiples finestres del museu. El museu des d'on jo mirava i la plaça que veia per les finestres no tenien cap mena de relació. Tot i que físicament eren veïns, cadascun semblava immers en el seu propi món. En el projecte que he concebut per al MACBA, he volgut explorar la presència dels edificis en la ciutat.

Vam anar a trobar els veïns (la Inés Arderiu, que treballava al museu, en Marco Sweering, que va fer la fotografies, i jo). Hi havia diferents tipus de veïns. Gent que hi vivia –algunes famílies havien viscut al mateix pis des de feia generacions–, una antiga escola, una cafeteria, una escola de fotografia, un vell convent en obres i un estudi de disseny. Els vam preguntar si podíem fer una fotografia de la vista que ells tenien del MACBA, i els vam demanar que ens deixessin una taula i una cadira, que substituiríem per unes altres mentre tingués lloc l'exposició.

De cada vista, n'hem fet un trencaclosques. Les vistes s'exposaran sobre les taules cedides pels veïns, a la sala circular amb finestra panoràmica que està situada al primer pis del museu.

Neighbours torna visibles les fronteres entre el museu com a invenció i el seu voltant. L'experiència del museu s'inverteix. I, atès que l'obra coincideix amb la situació, l'espectador aconsegueix descobrir què és el que està passant. L'obra que ha servit per crear cada trencaclosques deixa de ser una fotografia, i passa a ser la realitat que t'envolta. I simultàniament et trobes en el lloc que es pot veure des de tots aquests interiors…

FORTUYN/O'BRIEN, 1996

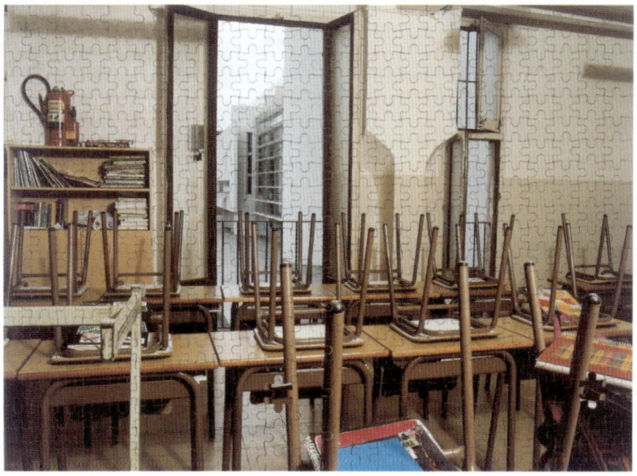

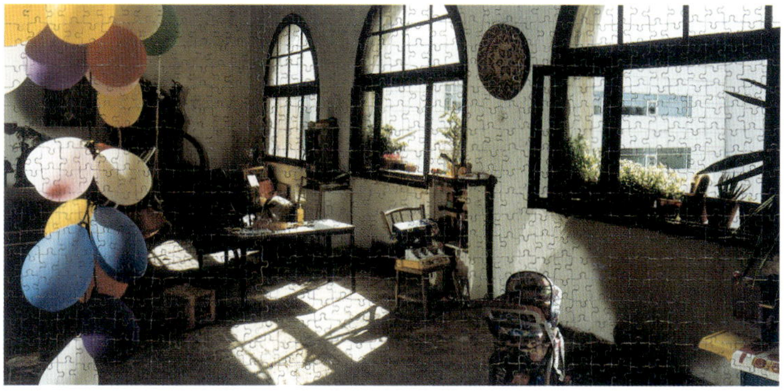

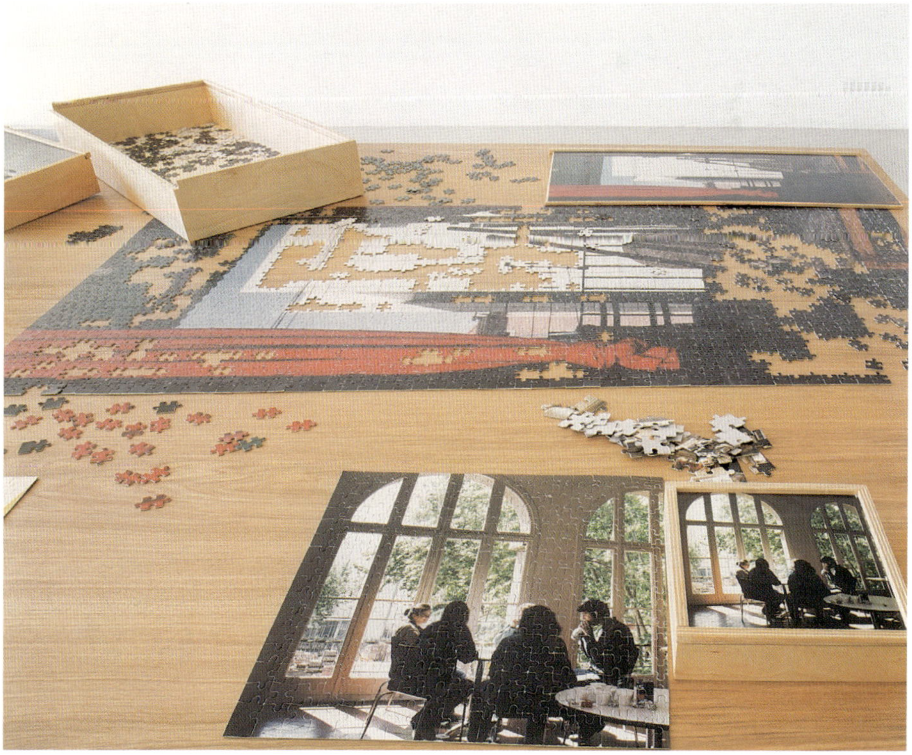

Fortuyn/O'Brien, *Neighbours*, 1996

L'obra de Rogelio López Cuenca fa seves la forma de textos, postals, portades de revistes, rètols urbans... alterant-ne el contingut per tal de transmetre missatges tant poètics com sociopolítics. Per mitjà de la seva adaptació de formes quotidianes –senyals i anuncis publicitaris–, l'artista sondeja les limitacions i el significat del que constitueix l'espai públic. Com a extensió de les seves pròpies obres polítiques, López Cuenca va ser també integrant del col·lectiu Agustín Parejo School, i a principis dels vuitanta va actuar com a performer i artista d'esdeveniments a Màlaga.

Beaux Arts es compon de nou quadres installats en tres columnes i tres fileres, que mostren les lletres «B-E-A-U-X A-R-T-S». Escollint els logotips de diverses organitzacions i entitats comercials, l'artista desdibuixa la distinció entre signe i referent en vincular aquests logotips amb la frase «belles arts». Una altra obra semblant, en la qual també s'utilitzen logotips com els de Kodak i Texaco, lletreja la cèlebre frase de Goethe *Kunst bleibt Kunst* [L'art continua essent art]. Per López Cuenca aquesta apropiació d'elements de comunicació com el logotip funciona com un poema trobat, i en canvi l'artista mateix afirma: «Jo estic intentant el contrari, portar la poesia al codi públic.»

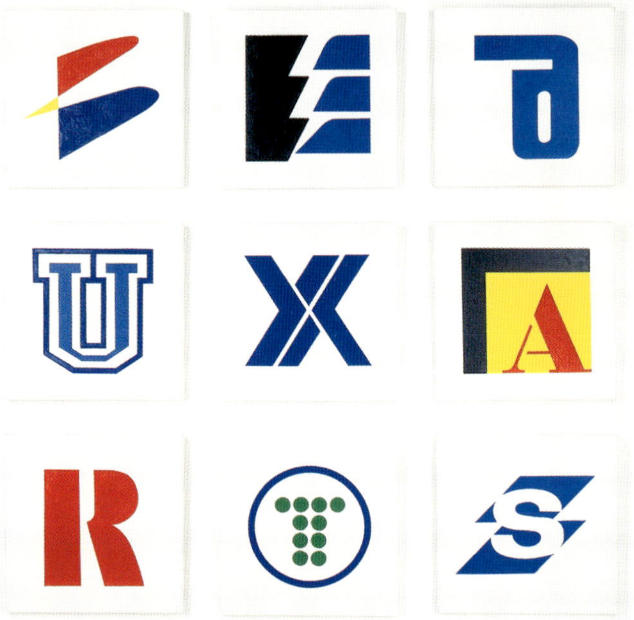

Rogelio López Cuenca, *Beaux Arts*, 1992

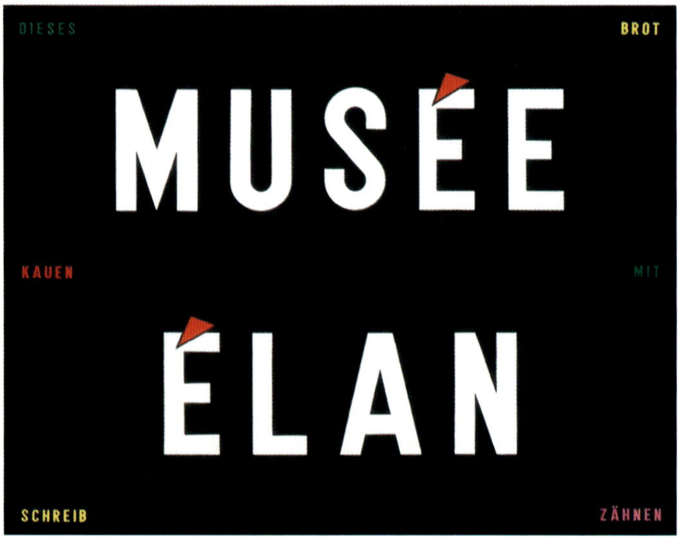

Rogelio López Cuenca, *Musée Élan*, 1989

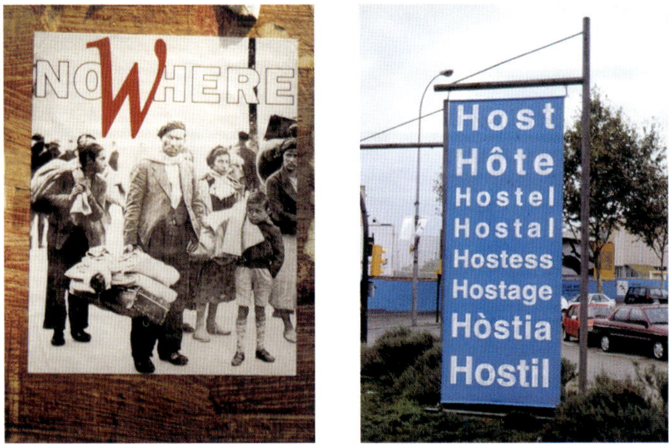

Rogelio López Cuenca, *No(W)here Postcards*, 1988 (2 de 30 elements)

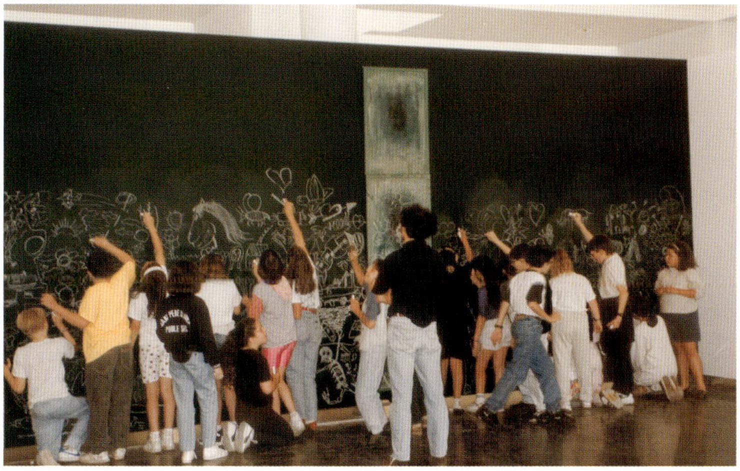

M'interessa la idea que és l'espectador qui completa l'obra. La manera com el producte, fora de les mans de l'autor, continua generant diverses situacions. En aquest sentit procuro que la lògica (simbòlica) que enllaça els elements dispersos no es reveli immediatament. Vull preservar aquest tall buit al marge entre les idees perquè constitueixi el límit per a la introspecció i la sorpresa.

FEDERICO GUZMÁN, 1990

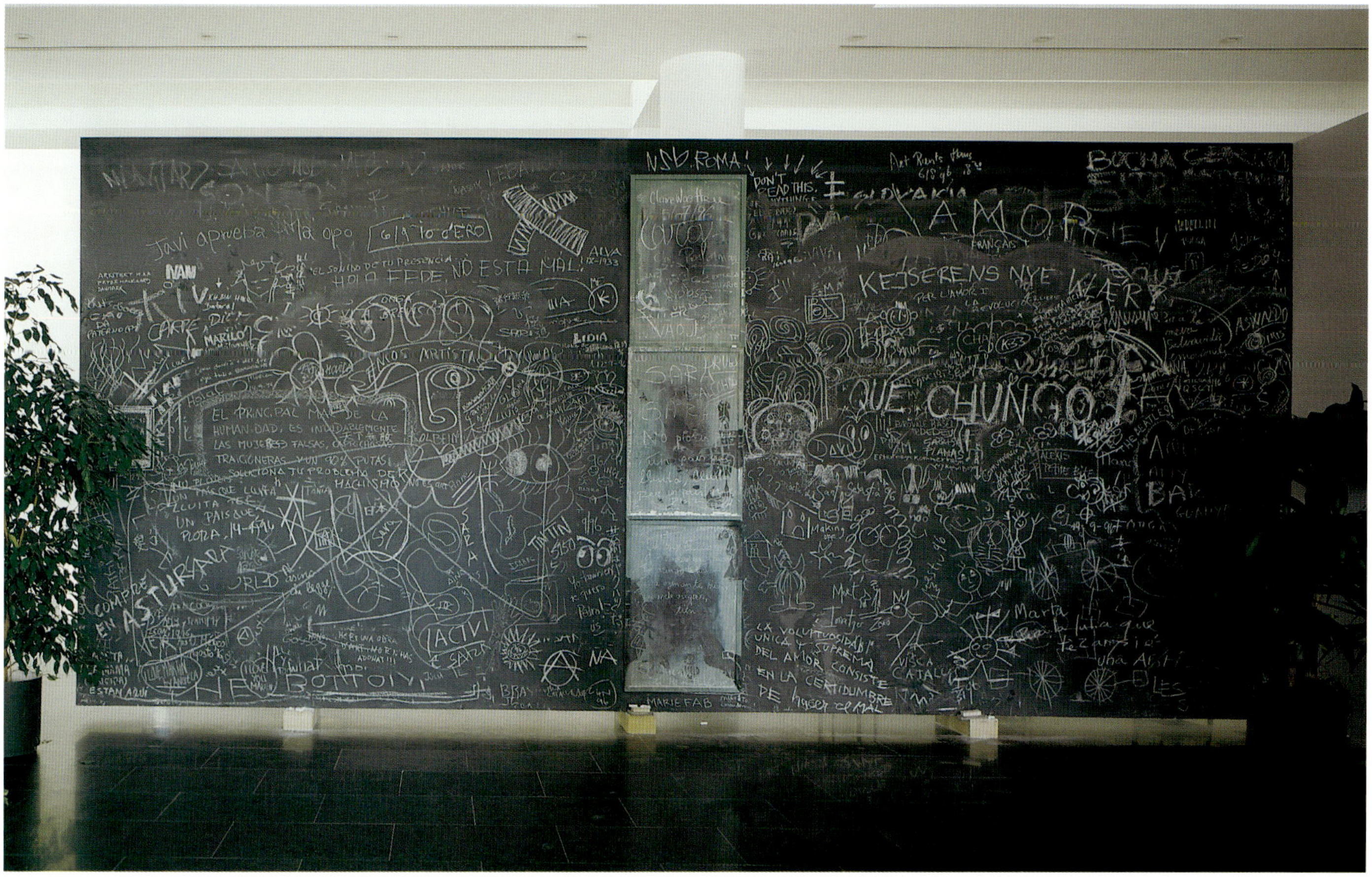

Federico Guzmán, *Emboscadura*, 1994-1995

En el ojo de la batalla, el títol d'aquesta publicació, no és més que una al·lusió a l'«ull» de Georges Bataille, a l'omnipresent ull que mira, i que és mirat, en tota la seva obra. L'«ull de la batalla» n'és també el centre, el vòrtex, el moment decisiu en què es decideix un combat. També vol ser l'ull que mira, que té temps per «mirar», en l'estrèpit del combat. Es fa al·lusió, també, als ulls cecs, els forats que deixa al terra l'obús tot just explosionat. Als ulls, vigilants, atents al blanc, dels soldats i a les pròtesis que, en substitució, els ofereix la tècnica. Per acabar, descriu literalment els ulls arrencats en la batalla iconoclasta, els forats oculars de les figures –ah!, i dels homes també– que apareixen retratades en les pàgines d'aquest llibre.

[...] Els exemples que es recullen en aquest llibre pertanyen a una selecció de documents que prenen com a eix central, quasi helicoïdal, la figura i l'obra de Bataille. Revistes, associacions, artistes, pensadors i obres d'art vinculats d'una manera o una altra amb Bataille, o molt allunyats, però vistes a través dels seus ulls. Amb una ordenació alfabètica, es van mostrant imatges i textos seleccionats de l'Arxiu F. X., per la proximitat a algunes qüestions que Bataille va tractar al llarg de la seva vida i la seva obra. Tots els textos són cites, tot i que en aquest llibre –en l'Arxiu F. X., tant en suport material com digital, sí que hi apareixen les fonts–, en cap cas se'n consigna l'origen o la procedència. Més que textos escrits, aquests textos estan picats, tallats, modelats, encadellats, agafats, buidats, com si es tractés d'una escultura. En la disposició espacial que s'ha triat apareixen dues columnes: la de la dreta recull informació relativa a l'acció iconoclasta que documenta la imatge; la de l'esquerra exposa informació sobre el concepte del tesaurus que posa nom a aquesta mateixa imatge. De la lectura paral·lela de totes dues columnes es dedueix el funcionament secret de l'arxiu i l'eficàcia d'aquesta *màquina de trobar*.

PEDRO G. ROMERO, 2002

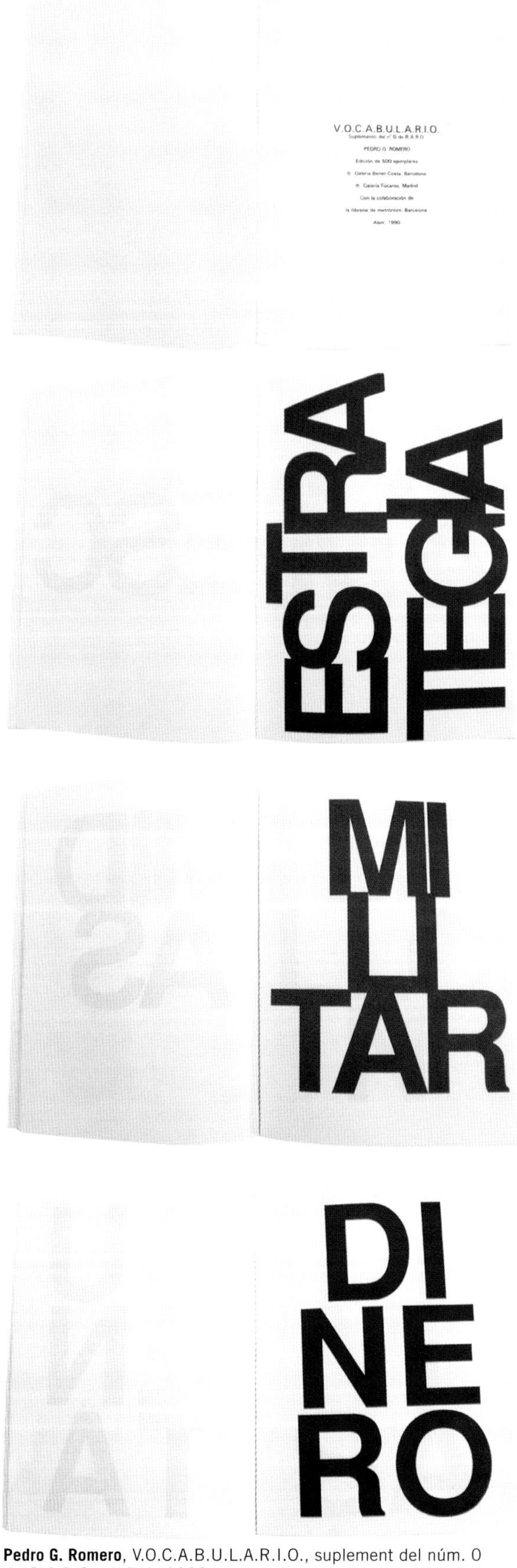

Pedro G. Romero, V.O.C.A.B.U.L.A.R.I.O., suplement del núm. 0 de *R.A.R.O.*, abril de 1990

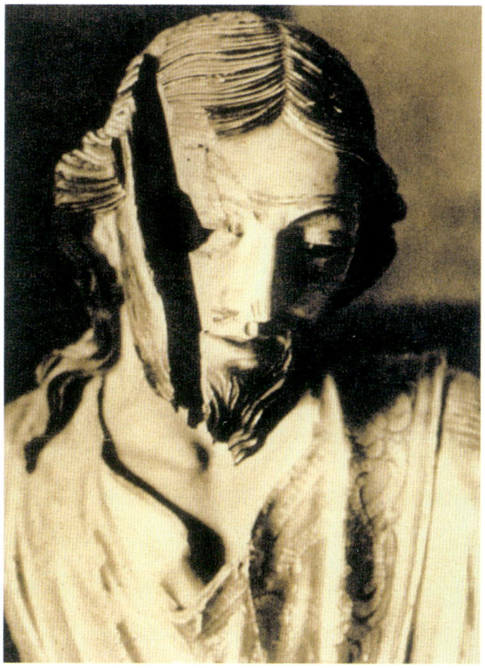

Gabo.

En el «cap construït núm. 1» recorre d'una manera radical a la descomposició del volum a través d'una mena de cèl·lules internes que incorporen els buits i s'integren en l'espai circumdant. D'altra banda, el metall i la fusta adquireixen una nova significació que dóna pas a l'experimentació amb altres materials, com el cartró o el cel·luloide.

Setembre de 1936. Sant Josep. Fusta policromada del segle XVIII. Mutilada a cop de destral. Escalonilla. Toledo.

El ferro vil fendit a la fusta sagrada ens obre les seves entranyes i ens aboca al buit. Algú pot viure en la ferida de Crist? El tall a la costella, com la seva mort, ens deixa orfes i desemparats. Pare, protegeix-los perquè no saben el que fan; mentrestant, prosseguia la talla de la fusta sagrada el covard milicià.

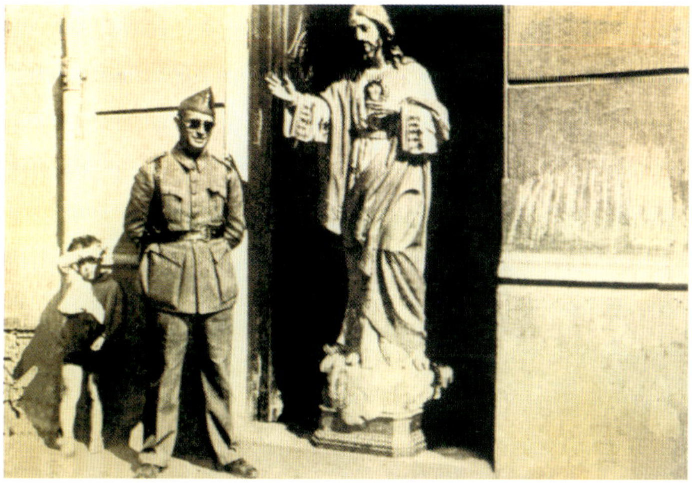

Pedro G. Romero, documentació que integra l'*Archivo F.X.* recollida en el llibre *En el ojo de la batalla*, 2002

Breton.

Preocupat per la moral, és a dir, pel sentit de la vida, i no per l'observança de les lleis humanes, André Breton, en virtut de l'amor que sent per la vida exacta i per l'aventura, restitueix el sentit que li és propi a la paraula «religió».

I l'última vanaglòria d'aquest fantasma és pudir eternament entre les fetors del paradís promès davant la conversió pròxima i segura de l'ocell Breton.

Octubre de 1934. Imatge del Sagrat Cor de Jesús, conegut com el «Crist vermell», a les barricades.

Bembibre. Lleó.

El Diví Crist Vermell dels revolucionaris de Bembibre. La túnica escarlata de la sagrada imatge el va salvar de la profanació, perquè, fanàtics a la inversa, els rebels creien que la figura del que va dir «pau entre els homes de bona voluntat», podia emparar els crims de lesa humanitat.
A Bembibre, després de cremar l'església del poble, els rebels van salvar una imatge de Crist, que van vestir amb una túnica carmesina, i van penjar-li el cartell: «Crist vermell: a tu no et cremem perquè ets dels nostres».

Durant gairebé un any he estat treballant en un vídeo, *Octubre en el norte: temporal del noroeste*, sobre el qual em disposo ara a dispersar alguns pensaments, com una presentació breu: però sense prou distància del resultat, ja que és com una lectura crítica d'aspectes parcials d'un àmbit geogràfic, urbanístic, social, històric, concret. A causa que es tracta d'un viatge discontinu a través de l'espai i del temps, un recorregut entre fragments d'un paisatge urbà i social en transformació, en cap moment pretén aportar cap mena de visió globalitzadora o sistemàtica sobre un context que intueixo, per cert, saturat de cartografies unitàries, tancades i homogènies; *Octubre en el norte: temporal del noroeste* refusa voluntàriament, al contrari, oferir cap mena de cartografia uniformitzadora en qualsevol sentit geogràfic, temporal, històric o social, i tria tanmateix desmantellar-ne altres de prèvies.

El cos central de la cinta s'articula sobre un *leitmotiv* en les representacions visuals de l'anomenat «gran Bilbao»: el recorregut al llarg de la ria, des de l'interior de la gran ciutat, camí cap al mar. El viatge proposat a *Puerto de Bilbao* (film de 1920 atribuït als germans Azkona, reconstruït i conservat per la Filmoteca basca) és interceptat, contrapuntejat, descomposat en diversos punts i passatges del trajecte pretès originalment lineal i descriptiu: una fragmentació i dispersió metafòrica que s'exerceix sobre un eix físic, temporal, històric. A la versió mediàtica i institucional sobre la demolició de les últimes grues a Abandoibarra, s'hi aporta un fora de camp: llegir la pèrdua dels espais físics de la vella ciutat industrial –on es van fer visibles les classes i els antagonismes socials– com a metàfora de la dissolució simbòlica del caràcter central del conflicte capital/treball i del proletariat com a subjecte social en l'imaginari de l'esquerra. Més tard, i col·lapsant les distàncies temporals, la visió d'un paisatge industrial ruïnós i en via d'aniquilació va aparellada i es confon amb la d'aquest dècades abans, encara incomplet i encara en progrés. Temporal del nord-oest: una metàfora terminal, en el límit del viatge proposat, on les onades contra l'escullera ens remeten a aquelles altres imatges d'onades que van ser símbol de l'avenç imparable de la revolució (Eisenstein); on les condicions climatològiques turbulentes a l'octubre (Celaya: «Tot és terriblement trist, ¡i tan bonic!») conflueixen amb l'octubre de 1984, que va presenciar els disturbis a Euskalduna; on l'enginyeria, la meteorologia, les tècniques i tecnologies de control i dominació de les forces naturals (Marcuse: la dominació de l'home per l'home *a través* de la dominació de la naturalesa) s'arrengleren amb el Bilbao futurista de l'imaginari tecnocràtic... i un llarg pròleg i epíleg al voltant de la zona minera, el lloc des del qual es genera la tremenda acumulació de capital que, en mans de la burgesia local, va afavorir el creixement industrial de la regió, per mitjà de l'explotació sistemàtica i insaciable dels recursos naturals i humans.

[...] Hi ha moltes formes de llegir i explicar la Història, i gairebé sempre la més sospitosa és la Història que s'explica al fil de qui controla i imposa els mecanismes narratius: qui decideix de què es pot parlar i quan, i amb quina finalitat (Santos Zunzunegui, al principi de la cinta: la tasca de l'historiador és un treball de muntatge). Hi ha moltes altres experiències i lectures de la Història i històries personals i col·lectives amb una narració que mereix ser escoltada i recordada. També voldria dir que oposar-se a les narratives dominants és primer de tot una tasca política, que algunes persones hem decidit exercir reorganitzant sons i imatges. Que oposar resistència a la narrativa hegemònica, i oferir una organització alternativa de les imatges i dels sons, és contribuir en realitat a la possibilitat d'una organització col·lectiva i alternativa de l'experiència: en el sentit de Godard quan diu que qui treballa amb les imatges es mou en un territori ocupat; i, en territori ocupat, un ha de triar ser part de la resistència. O en el sentit de Deleuze quan diu que un acte de resistència té dues cares, tant sota la forma d'una obra d'art com sota la forma de la lluita dels homes; és aquesta, sens dubte, una de les idees que poden connectar l'art amb la vida.

Marcelo Expósito, 1996

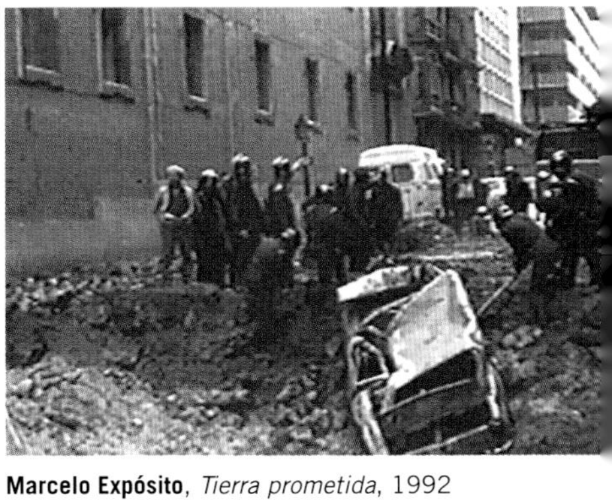

Marcelo Expósito, *Tierra prometida*, 1992

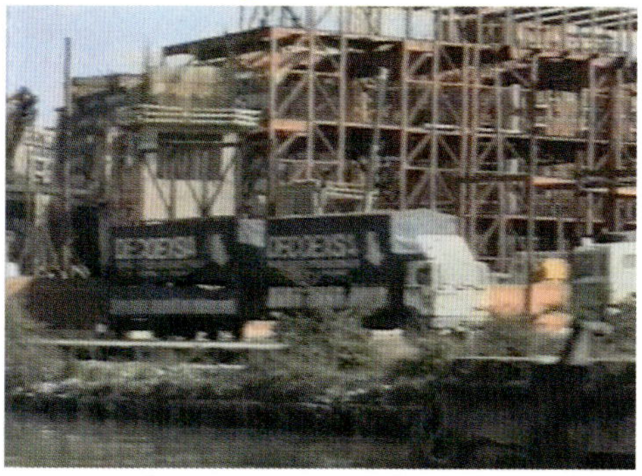

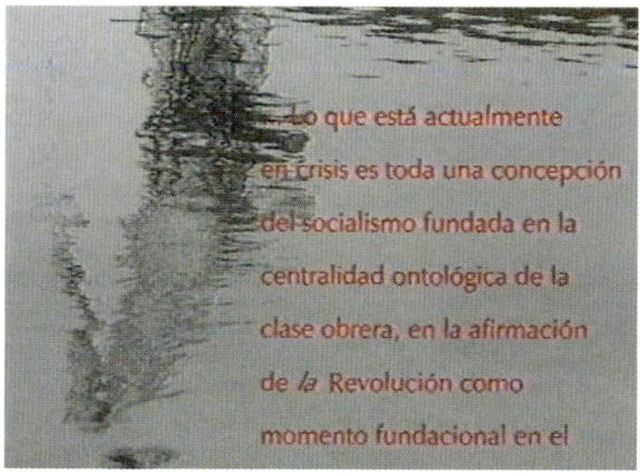

Marcelo Expósito, *Octubre en el norte: temporal del noroeste*, 1995

Tierra prometida pretenia ser, en un principi, una resposta al context de celebració espanyola de l'any 1992, on la pel·lícula *Alba de América*, la versió franquista de la gesta descobridora de Cristòfol Colom que va realitzar el director Juan de Orduña l'any 1951 a l'empara de la mítica productora cinematogràfica Cifesa, es juxtaposa a dos referents del nostre passat immediat. El primer és la mort de l'almirall Luis Carrero Blanco l'any 1973 en un atemptat d'ETA. Carrero Blanco, considerat un intel·lectual del règim, va ser un artífex espiritual d'aquesta pel·lícula per la seva amistat amb els propietaris valencians de Cifesa; segons alguns rumors de l'època, fins i tot podria haver escrit parts del guió. El segon referent és un procés paral·lel d'aquelles mateixes dates –causat sobretot per l'enduriment de la repressió franquista a partir d'aquell atemptat–: l'avui oblidada execució de Salvador Puig Antich, jove català membre del Movimiento Ibérico de Liberación (MIL), executat amb garrot el març del 1974 per l'assassinat fortuït d'un policia en un forcejament. Una versió en instal·lació d'aquest mateix projecte –de la qual procedeix aquest vídeo monocanal–, titulada *La conquista del paraíso* i realitzada a final del 1992 i començament del 1993, consistia en una versió manipulada d'una sala de cinema on l'únic seient disponible per veure de manera permanent aquest vídeo en una pantalla gran era una estructura de fusta senzilla que sostenia el garrot que originàriament va servir per executar el noi, que actualment encara es conserva a l'Audiència Provincial de Madrid.

Tierra prometida / La conquista del paraíso: un recordatori impossible, ja que en realitat interpel·la els qui no han viscut la història; una anticommemoració que ens porta mals records. Un malson que ens sorprèn ajaguts i relaxats i del qual, malgrat tot, paradoxalment, no convé que ens despertem.

MARCELO EXPÓSITO, 1992

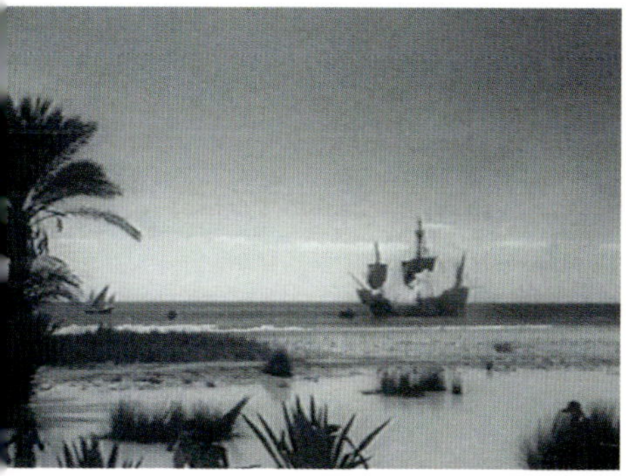

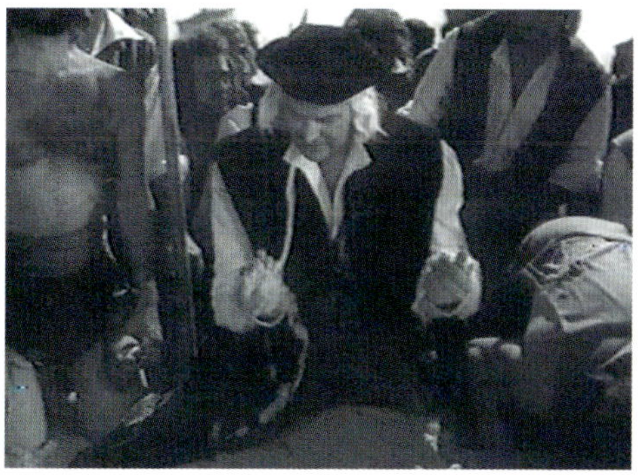

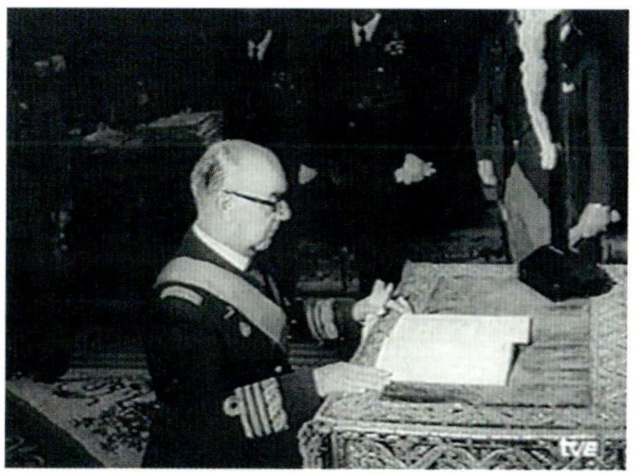

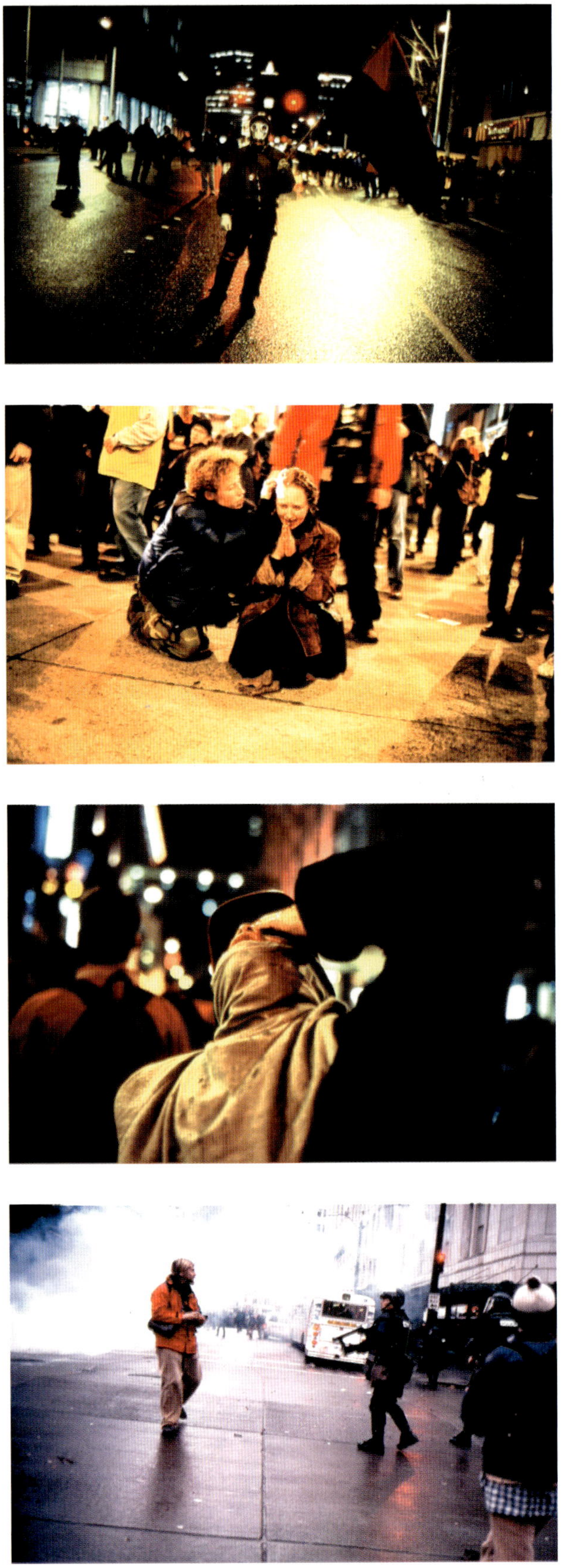

Allan Sekula, *Waiting for Tear Gas*, 1999

«¿Com inventem les nostres vides a partir d'un ventall limitat de possibilitats i com els qui tenen poder s'inventen les nostres vides en comptes de nosaltres?» Com ja he suggerit, si ens limitem a plantejar aquestes preguntes dins dels límits institucionals de la cultura d'elit, dins del «món de l'art», només obtindrem respostes acadèmiques. Atesa una certa pobresa de mitjans, aquest art aspira a tenir un públic més ampli, i a fer consideracions de transformació social concreta.

[...] Ens cal una crítica política del gènere documental. Els artistes americans amb consciència social poden aprendre molt per tant dels èxits com dels errors, els compromisos i les col·laboracions dels seus predecessors –l'Era Progressista i el New Deal. ¿Com hem de valorar l'estreta col·laboració històrica entre creadors de documentals i socialdemòcrates? ¿Com hem de valorar la relació entre forma i política en l'obra dels més progressistes Worker's Film i Photo League? ¿Com podem evitar sentir una mena de nostàlgia política esteticista en veure els treballs de la dècada de 1930? ¿I què me'n dieu de l'apropiació de l'estil documental per part del capitalisme monopolista (especialment les companyies petrolieres i les cadenes de televisió) a final de la dècada de 1940? ¿Com ens podem desempallegar dels aspectes autoritaris i burocràtics del gènere, del seu positivisme implícit (que es fa evident només de veure un segon d'emissió de qualsevol programa d'Edward R. Murrow o de Walter Cronkite)? ¿Com podem produir un art que generi diàleg en comptes d'una afirmació pseudopolítica acrítica?

[...] La relació més íntima, d'escala humana, que resulta més alterada per tot plegat és el compromís social específic que té com a resultat la imatge: la negociació entre el fotògraf i el subjecte en la realització d'un retrat, la seducció, la coerció, la col·laboració, o l'estafa. Però si eixamplem el nostre angle de visió, ens trobem que les polítiques institucionals d'elit en el sentit més ampli i la cultura «popular» també queden amagades pel mite del fotògraf com a artista.

Allan Sekula, 2000

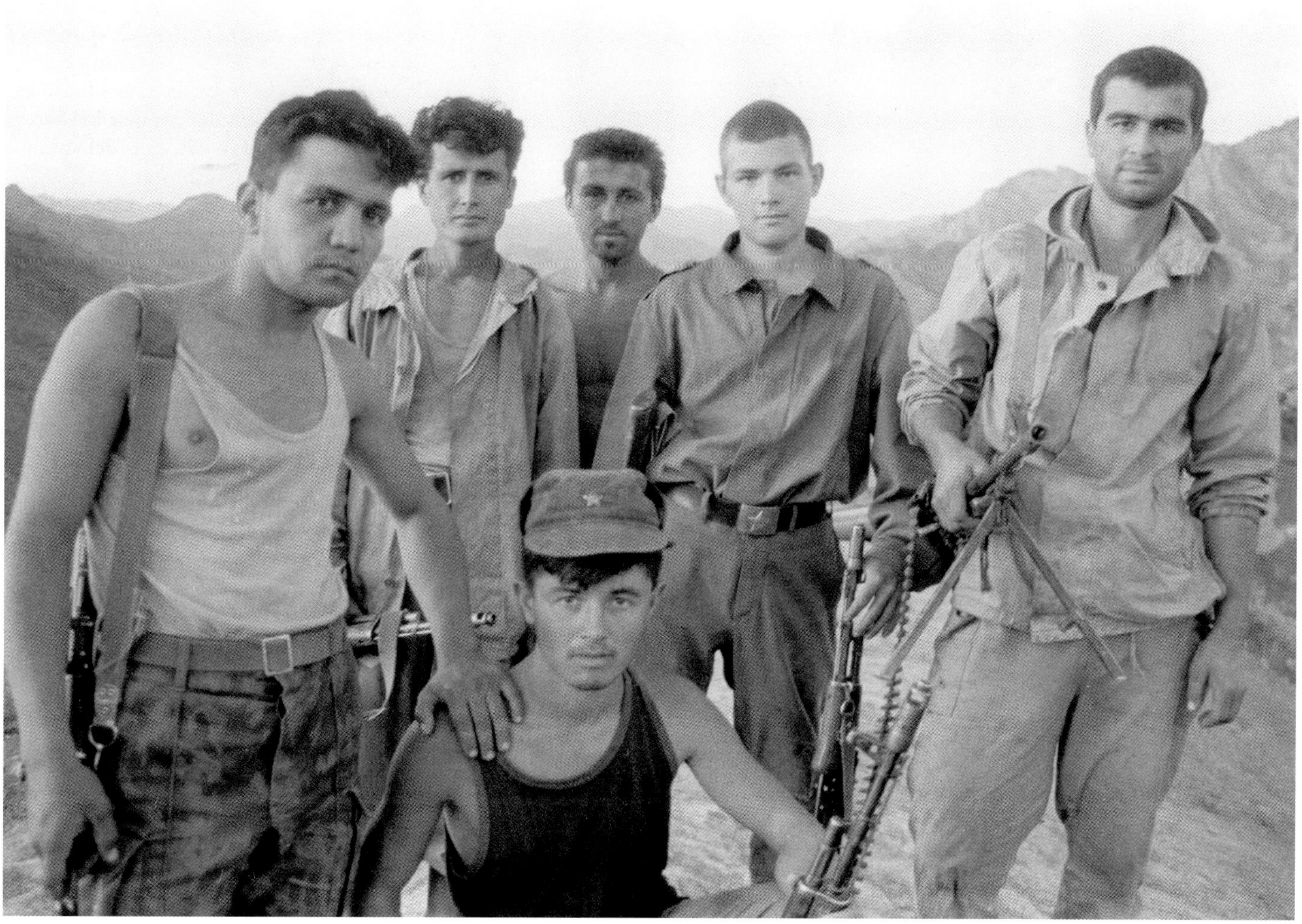

Aleksandr Sokurov, *Spiritual Voices*, 1995

CATALOGACIÓ

Els números que apareixen a l'esquerra de cada títol indiquen la pàgina en la qual es reprodueix l'obra.

Antoni Abad
(Lleida, 1956)

181 *Últimos deseos*, 1995
[Últims desitjos]
Videoinstal·lació
Dimensions variables, projecció contínua
Col·lecció MACBA. Fundació Museu d'Art Contemporani de Barcelona. Dipòsit particular

180 *Ciències naturals*, 1997
Videoinstal·lació
Dimensions variables, projecció contínua
Col·lecció MACBA. Fundació Museu d'Art Contemporani de Barcelona. Dipòsit particular

Francesc Abad
(Terrassa, Barcelona, 1944)

121 *Comptar i numerar les pigues d'una part del braç per part dels assistents*, 1973
Fotografia en blanc i negre (còpia en gelatino-bromur de plata)
139 x 103,5 cm
Col·lecció MACBA. Procedent del Fons d'art de la Generalitat de Catalunya

120 *L'important no és el que es diu, sinó el que es fa i s'és*, 1988
Sèrie «L'esperit de la utopia»
Text teixit en cotó sobre lli
89,5 x 90 cm
Col·lecció MACBA. Procedent del Fons d'art de la Generalitat de Catalunya

120 *No hay nada que hacer pero hay que seguir haciendo*, 1988
[No hi ha res a fer, però cal seguir fent]
Sèrie «L'esperit de la utopia»
Text teixit en cotó sobre lli
92,5 x 78,5 cm
Col·lecció MACBA. Procedent del Fons d'art de la Generalitat de Catalunya

120 *Selected Few*, 1988
[Uns quants escollits]
Sèrie «L'esperit de la utopia»
Text teixit en cotó sobre lli
88,5 x 46 cm
Col·lecció MACBA. Procedent del Fons d'art de la Generalitat de Catalunya

120 *El contrari del joc no és la seriositat sinó la realitat*, 1988
Sèrie «L'esperit de la utopia»
Text teixit en cotó sobre lli
99,5 x 89,5 cm
Col·lecció MACBA. Procedent del Fons d'art de la Generalitat de Catalunya

120 *Esperanza cotidiana, injusticia permanente*, 1988
[Esperança quotidiana, injustícia permanent]
Sèrie «L'esperit de la utopia»
Text teixit en cotó sobre lli
97,5 x 61 cm
Col·lecció MACBA. Procedent del Fons d'art de la Generalitat de Catalunya

120 *Docta ignorantia*, 1988
Sèrie «L'esperit de la utopia»
Text teixit en cotó sobre lli
92,5 x 54,5 cm
Col·lecció MACBA. Procedent del Fons d'art de la Generalitat de Catalunya

Ignasi Aballí
(Barcelona, 1958)

175 *Sense límit*, 1989
Sofre i làtex sobre tela
200,5 x 200,5 cm
Col·lecció MACBA. Procedent del Fons d'art de la Generalitat de Catalunya

175 *Enciclopèdia*, 1994
DM, fusta i pols
Prestatgeria: 190 x 159 x 20 cm; rastre de pols: 190 x 159 cm
Col·lecció MACBA. Fundació Museu d'Art Contemporani de Barcelona. Dipòsit particular

Vito Acconci
(Nova York, Estats Units, 1940)

93 *Air Time*, 1973
[Temps a l'aire]
Audioinstal·lació, vídeo en circuit tancat
Dimensions variables, 36'49", projecció contínua
Col·lecció MACBA. Fundació Museu d'Art Contemporani de Barcelona

Sergi Aguilar
(Barcelona, 1946)

146 *Central*, 1986
Acer
210 x 129 x 161 cm
Col·lecció MACBA. Fons de l'Ajuntament de Barcelona

Pep Agut
(Terrassa, Barcelona, 1961)

179 *L'Artificialité du néant (Mag)*, 1993
[L'artificialitat del no res (Mag)]
Projecció de diapositives
Dimensions variables
Col·lecció MACBA. Donació de l'artista

178 *Los síntomas son palabras, atrapadas en el cuerpo (Pintura)*, 2000
[Els símptomes són paraules, atrapades en el cos (Pintura)]
Fusta, tela, llapis, massilla, metacrilat, cintes de Dymo
Tríptic; 230 x 570 x 12 cm c/u
Col·lecció MACBA. Donació Lady Jinty Latymer

178 *S/T (Mur/escenari)*, 2000
Conglomerat, fusta, tela, maons i material elèctric divers
590 x 1128 x 782 cm
Col·lecció MACBA. Donació de l'artista

Frederic Amat
(Barcelona, 1952)

133 *Els amants*, 1988
Cera d'abelles, pigment, pintura i polietilè sobre fusta
186 x 252 cm
Col·lecció MACBA. Fundació Museu d'Art Contemporani de Barcelona. Dipòsit Fundació Vila Casas

Carl Andre
(Quincy, Mas., Estats Units, 1935)

65 *Angle (Element Series), Two Element Timber Piece*, 1960-1971
[Angle (sèrie d'elements), obra de fusta de 2 elements]
Fusta
120 x 90 x 30 cm
Col·lecció MACBA. Fundació Museu d'Art Contemporani de Barcelona. Dipòsit Col·lecció Onnasch

Martí Anson
(Mataró, Barcelona, 1967)

180 *Welcome, Welcome*, 1999
[Benvinguts, benvinguts]
Fusta, fotografies emmarcades, pintura, vidre i làmpada
240 x 108 x 288 cm
Col·lecció MACBA. Fundació Museu d'Art Contemporani de Barcelona. Dipòsit particular

Txomin Badiola
(Bilbao, 1957)

151 *E.L. El ruso 3*, 1987
[E.L. El rus 3]
Acer patinat
136 x 96 x 65 cm
Col·lecció MACBA. Fons de l'Ajuntament de Barcelona

151 *E.L. El ruso 7*, 1988
[E.L. El rus 7]
Acer patinat i acrílic
138,5 x 136,5 x 40,5 cm
Col·lecció MACBA. Fundació Museu d'Art Contemporani de Barcelona

Ángel Bados
(Olazagutía, Navarra, 1945)

150 *Sense títol*, 1988-1989
Ferro i ferro colat amb pàtina de coure
42 x 74,5 x 65 cm
Col·lecció MACBA. Fundació Museu d'Art Contemporani de Barcelona

Miquel Barceló
(Felanitx, Mallorca, 1957)

143 *Taula Paradiso*, 1991
Pigments, serradures, paper, fibres vegetals i carbonet sobre tela
235,5 x 285,5 cm
Col·lecció MACBA. Procedent del Fons d'art de la Generalitat de Catalunya. Antiga Col·lecció Salvador Riera

142 *Ball de la carn*, 1994
Carbonet, pigment, paper de diari, làtex i altres elements sobre tela
285 x 725 cm
Col·lecció MACBA. Fundació Museu d'Art Contemporani de Barcelona

Jean-Michel Basquiat
(Brooklyn, Nova York, Estats Units, 1960 – Nova York, Estats Units, 1988)

140 *Self Portrait*, 1986
[Autoretrat]
Pintura vinílica sobre tela
180 x 260,5 cm
Col·lecció MACBA. Procedent del Fons d'art de la Generalitat de Catalunya. Antiga Col·lecció Salvador Riera

Christian Boltanski
(París, França, 1944)

97 *Réserve des suisses morts, 1991*
[Reserva dels suïssos morts]
Caixes de llauna, fotografies en blanc i negre, cartró i làmpades elèctriques
288 x 469 x 235 cm; cada caixa: 12 x 23 x 21,5 cm
Col·lecció MACBA. Fundació Museu d'Art Contemporani de Barcelona

Brassaï
(Brasso, Romania, 1899 – Beaulieu-sur-Mer, França, 1984)

24 *Le Pendu*
[El penjat]
Sèrie «La Magie»
Fotografia: ca. 1930.
Tirada: ca. 1950
Fotografia en blanc i negre (gelatino-bromur sobre paper polièster)
50 x 40 cm
Col·lecció MACBA. Fundació Museu d'Art Contemporani de Barcelona

25 *Magie: fantôme*
[Màgia: fantasma]
Sèrie «Masques et visages»
Fotografia: ca. 1930.
Tirada: ca. 1950
Fotografia en blanc i negre (gelatino-bromur sobre paper polièster)
50 x 40 cm
Col·lecció MACBA. Fundació Museu d'Art Contemporani de Barcelona

24 *Sense títol*
Sèrie «La Mort»
Fotografia: ca. 1930.
Tirada: ca. 1950
Fotografia en blanc i negre (gelatino-bromur sobre paper polièster)
50 x 40,5 cm
Col·lecció MACBA. Fundació Museu d'Art Contemporani de Barcelona

24 *Propositions sur le mur*
[Proposicions sobre el mur]
Sèrie «Le Language du mur»
Fotografia: ca. 1930.
Tirada: ca. 1950
Fotografia en blanc i negre (gelatino-bromur sobre paper polièster)
50 x 40 cm
Col·lecció MACBA. Fundació Museu d'Art Contemporani de Barcelona

24 *Rue Nicolas-Houël – Rue de Lourmel*
Sèrie «Les Animaux»
Fotografia: ca. 1930. Tirada: ca. 1950
Fotografia en blanc i negre (gelatino-bromur sobre paper polièster)
31,7 x 27,3 cm
Col·lecció MACBA. Fundació Museu d'Art Contemporani de Barcelona

24 *La Mort*
Sèrie «La Mort»
Fotografia: ca. 1930.
Tirada: ca. 1950
Fotografia en blanc i negre (gelatino-bromur sobre paper polièster)
51 x 40,5 cm
Col·lecció MACBA. Fundació Museu d'Art Contemporani de Barcelona

25 *Roi Soleil. Porte-de-Saint-Ouen*
[Rei Sol. Porte-de-Saint-Ouen]
Sèrie «Images primitives»
Fotografia: ca. 1930.
Tirada: ca. 1950
Fotografia en blanc i negre (gelatino-bromur sobre paper polièster)
50 x 40 cm
Col·lecció MACBA. Fundació Museu d'Art Contemporani de Barcelona

24 *Sense títol*
Sèrie «La Mort»
Fotografia: ca. 1930.
Tirada: ca. 1950
Fotografia en blanc i negre (gelatino-bromur sobre paper polièster)
50 x 40 cm
Col·lecció MACBA. Fundació Museu d'Art Contemporani de Barcelona

25 *Masques et Visages*
[Màscares i rostres]
Sèrie «Masques et Visages»
Fotografia: ca. 1930.
Tirada: ca. 1950
Fotografia en blanc i negre (gelatino-bromur sobre paper polièster)
50 x 40 cm
Col·lecció MACBA. Fundació Museu d'Art Contemporani de Barcelona

Marcel Broodthaers
(Saint Gilles, Brussel·les, Bèlgica, 1924 – Colònia, Alemanya, 1976)

76 *Le Corbeau et le Renard*, 1967
[El corb i la guineu]
2 serigrafies sobre cartró, 3 teles fotogràfiques serigrafiades, 2 pantalles de projecció, pel·lícula 16 mm, color, muda, 7', dins d'una caixa de llautó amb etiqueta, carpeta amb textos inspirats en la faula de Jean de la Fontaine
Col·lecció MACBA. Fundació Museu d'Art Contemporani de Barcelona

77 *La Signature Série 1 - Tirage illimité*, 1969
[La signatura sèrie 1 – Tirada il·limitada]
Serigrafia sobre paper de calc
54,5 x 73,8 cm
Col·lecció MACBA. Fundació Museu d'Art Contemporani de Barcelona

77 *M.B. 24 images/seconde*, 1970
[M.B. 24 imatges/segon]
Cartró, llapis, pel·lícula de 35 mm en blanc i negre
50 x 65 cm
Col·lecció MACBA. Fundació Museu d'Art Contemporani de Barcelona

79 *Musée d'art moderne 1970-1971 à vendre pour cause de faillite*, 1970-1971
[Museu d'Art Modern 1970-1971 en venda per fallida]
Impressió offset sobre paper
45 x 32 cm
Col·lecció MACBA. Fundació Museu d'Art Contemporani de Barcelona

78 *Museum-Museum*, 1972
2 serigrafies en or, blanc i negre sobre cartró
84 x 59,3 cm c/u
Col·lecció MACBA. Fundació Museu d'Art Contemporani de Barcelona

79 *Musée-Museum*, 1972
2 impressions offset negres, plànol escala 2/1.000 i collage sobre paper
50,7 x 75 cm c/u
Col·lecció MACBA. Fundació Museu d'Art Contemporani de Barcelona

80 *Le Manuscrit trouvé dans une bouteille*, 1974
[El manuscrit trobat dins una ampolla]
Vidre, cartró imprès i paper de seda imprès
Paper de seda: 49 x 36 cm; caixa: 30 x 7,7 x 7,7 cm; ampolla: 29,5 x Ø 7 cm
Col·lecció MACBA. Fundació Museu d'Art Contemporani de Barcelona

80 *La Souris écrit rat (À compte d'auteur)*, 1974
[El ratolí escriu rata (a compte de l'autor)]
Impressió offset en negre i vermell sobre cartró
76 x 56 cm
Col·lecció MACBA. Fundació Museu d'Art Contemporani de Barcelona

81 *Les Animaux de la ferme*, 1974
[Els animals de la granja]
2 impressions offset sobre cartró Schoeller-Parole
81,5 x 60 cm c/u
Col·lecció MACBA. Fundació Museu d'Art Contemporani de Barcelona

Joan Brossa
(Barcelona, 1919 – 1998)

47 *Poema objecte*, 1956
Escombra, fitxes de dominó, corda i ferro
116,5 x 6,5 x 20 cm
Col·lecció MACBA. Procedent del Fons d'art de la Generalitat de Catalunya

47 *Racó*, 1986
Ploma estilogràfica, paper pautat, cordill i metacrilat
33 x 32 x 16 cm
Col·lecció MACBA. Fundació Museu d'Art Contemporani de Barcelona

47 *Poema objecte*, 1986
Porcellana, aixeta i aigua
10 x 38,5 x 38,5 cm
Col·lecció MACBA. Fons de l'Ajuntament de Barcelona

46 *Poema visual*, 1988
Litografia
50 x 38 cm
Col·lecció MACBA. Procedent del Fons d'art de la Generalitat de Catalunya

46 *Poema visual I*, 1988
Litografia
50 x 38 cm
Col·lecció MACBA. Procedent del Fons d'art de la Generalitat de Catalunya

46 *Poema visual II*, 1988
Litografia
50 x 38 cm
Col·lecció MACBA. Procedent del Fons d'art de la Generalitat de Catalunya

46 *Poema visual (TU)*, 1988
Litografia
50 x 38 cm
Col·lecció MACBA. Procedent del Fons d'art de la Generalitat de Catalunya

Joan Brossa, Modest Cuixart, Joan Ponç i Antoni Tàpies

17 *Joc de cartes*, 1949
Collage sobre cartronet
24,5 x 36 cm
Col·lecció MACBA. Procedent del Fons d'art de la Generalitat de Catalunya. Antiga Col·lecció Salvador Riera

Daniel Buren
(Boulogne-Billancourt, França, 1938)

86 *Tissu rayé vert et blanc*, 1970
[Teixit de ratlles verdes i blanques]
Acrílic sobre tela
153,5 x 141 cm
Col·lecció MACBA. Fundació Museu d'Art Contemporani de Barcelona. Dipòsit Col·lecció Onnasch

87 *Cabane éclatée*, 1996
[Cabana esclatada]
Conglomerat de fusta pintat i miralls
Cabana: 250 x 600 x 600 cm; miralls: 600 x 600 cm (9 elements)
Col·lecció MACBA. Fundació Museu d'Art Contemporani de Barcelona

Jean-Marc Bustamante
(Toulouse, França, 1952)

167 *Tableau nº 24*, 1980
[Quadre núm. 24]
Fotografia Cibachrome
129 x 159,5 cm
Col·lecció MACBA. Dipòsit Sandra Álvarez de Toledo

167 *Tableau nº 76*, 1985
[Quadre núm. 76]
Fotografia Cibachrome
129 x 159,5 cm
Col·lecció MACBA. Dipòsit Sandra Álvarez de Toledo

James Lee Byars
(Detroit, Estats Units, 1932 – El Caire, Egipte, 1997)

96 *The Soft Cube*, 1986
[El cub tou]
Marbre de Kawala, fusta de roure i vidre
Cub: 27 x 27 x 27 cm; vitrina: 175 x 50 x 50 cm
Col·lecció MACBA. Fundació Museu d'Art Contemporani de Barcelona

96 *Spherical Book*, 1989
[Llibre esfèric]
Marbre de Kawala, fusta de roure i vidre
Esfera: Ø 21 cm; vitrina: 175 x 50 x 50 cm
Col·lecció MACBA. Fundació Museu d'Art Contemporani de Barcelona

96 *The Figure of Question*, 1989
[La figura de la qüestió]
Marbre de Kawala, fusta de roure i vidre
Tetraedre: 27 x 12 x 12 cm; vitrina: 175 x 50 x 50 cm
Col·lecció MACBA. Fundació Museu d'Art Contemporani de Barcelona

Alexander Calder
(Lawnton, Pensilvània, Estats Units, 1898 – Nova York, Estats Units, 1976)

23 *Sense títol*, 1933
Fusta, ferro, filferro, planxa de metall, cordill i pintura
120 x 74 x 30 cm
Col·lecció MACBA. Fundació Museu d'Art Contemporani de Barcelona

23 *Sense títol*, 1933
Fusta, ferro, filferro i pintura
185 x 87 x 151 cm
Col·lecció MACBA. Fundació Museu d'Art Contemporani de Barcelona

Jordi Cerdà
(Barcelona, 1949)

119 *Contactes aquosos*, 1976
12 fotografies blanc i negre, 12 postals color
92,5 x 200,5 cm
Col·lecció MACBA. Fundació Museu d'Art Contemporani de Barcelona. Donació José Mª Juncadella

119 *Suite Pintura I (Conrado Martín Pinturas)*, 1979
Fotografia i tinta sobre fusta
100 x 150,2 cm
Col·lecció MACBA. Fundació Museu d'Art Contemporani de Barcelona. Donació de l'artista

Eduardo Chillida
(San Sebastián, 1924 – 2002)

42 *Mesa de Omar Khayyan IV*, 1983
[Taula d'Omar Khayyan IV]
Acer cortén
49 x 385 x 166 cm
Col·lecció MACBA. Fundació Museu d'Art Contemporani de Barcelona. Dipòsit Fundación Telefónica

42 *Iru Burni*, 1986
[Tres ferros]
Acer *alonya*
132 x 59 x 33,5 cm;
117 x 57 x 33 cm;
111 x 59 x 33 cm
Col·lecció MACBA. Fundació Museu d'Art Contemporani de Barcelona. Dipòsit Fundación Telefónica

James Coleman
(Ballaghaderreen, Irlanda, 1941)

98 *Duck - Rabbit*, 1973
[Ànec-conill]
81 diapositives en blanc i negre
Projecció contínua
Col·lecció MACBA. Fundació Museu d'Art Contemporani de Barcelona

99 *La Tache aveugle*, 1978-1990
[La taca cega]
81 diapositives en blanc i negre
Projecció contínua
Col·lecció MACBA. Fundació Museu d'Art Contemporani de Barcelona

Jordi Colomer
(Barcelona, 1962)

176 *Simo*, 1997-1998
Videoinstal·lació
Dimensions variables, projecció contínua
Col·lecció MACBA

John Coplans
(Londres, Gran Bretanya, 1920)

171 *Self Portrait. Back with Arms Above*, 1984
[Autoretrat. Braços sobre les espatlles]
Fotografia en blanc i negre (còpia al gelatino-bromur de plata)
120,5 x 91,5 cm
Col·lecció MACBA. Dipòsit Sandra Álvarez de Toledo

170 *Self Portrait. Feet*, 1988
[Autoretrat. Peus]
Fotografia en blanc i negre (còpia al gelatino-bromuro de plata)
88 x 206 cm
Col·lecció MACBA. Dipòsit Sandra Álvarez de Toledo

Tony Cragg
(Liverpool, Gran Bretanya, 1949)

144 *African Myth – Two Women*, 1985
[Mite africà – dues dones]
Plàstic
Figura dreta: 230 x 51 cm; figura esquerra: 290 x 63 cm
Col·lecció MACBA. Fundació Museu d'Art Contemporani de Barcelona. Dipòsit particular

145 *Minster*, 1989-1990
[Catedral]
Ferro, goma i pedres
Quatre peces de 400, 330, 290 i 230 cm d'alçada
Col·lecció MACBA. Fundació Museu d'Art Contemporani de Barcelona. Dipòsit particular

Modest Cuixart
(Barcelona, 1925)

29 *El pescallunes*, 1949
Oli sobre tela
62 x 83 cm
Col·lecció MACBA. Procedent del Fons d'art de la Generalitat de Catalunya. Antiga Col·lecció Salvador Riera

19 *Sense títol (original Dau al Set)*, 1950
Tinta sobre paper
15,5 x 10,5 cm
Col·lecció MACBA. Fons d'art de la Generalitat de Catalunya. Antiga Col·lecció Salvador Riera

36 *Composició*, 1960
Tècnica mixta sobre tela
164,5 x 132,5 cm
Col·lecció MACBA. Fundació Museu d'Art Contemporani de Barcelona. Donació Leopoldo Rodés

Revista *Dau al Set*
(Barcelona, 1948 – 1956)

16 Setembre 1948 (vol. I)
Pàgina de revista amb text de Joan Brossa
25 x 17,5 cm
Col·lecció MACBA. Fundació Museu d'Art Contemporani de Barcelona

20 Maig 1949 (vol. I)
Pàgina de revista amb text de Joan Brossa
25 x 17,5 cm
Col·lecció MACBA. Fundació Museu d'Art Contemporani de Barcelona

18 Gener-febrer 1949 (vol. I)
Pàgina de revista amb il·lustració de Joan Ponç
25 x 17,5 cm
Col·lecció MACBA. Fundació Museu d'Art Contemporani de Barcelona

20 Juny 1950 (vol. II)
Pàgina de revista (Hommage à Paul Klee)
25 x 17,5 cm
Col·lecció MACBA. Fundació Museu d'Art Contemporani de Barcelona

18 Novembre 1950 (vol. II)
Pàgina de revista amb il·lustració d'Antoni Tàpies
25 x 17,5 cm
Col·lecció MACBA. Fundació Museu d'Art Contemporani de Barcelona

19 Octubre 1951 (vol. III)
Pàgina de revista (Sala Caralt)
25 x 17,5 cm
Col·lecció MACBA. Fundació Museu d'Art Contemporani de Barcelona

19 Juny-juliol 1952 (vol. IV)
Pàgina de revista amb il·lustració de Joan Josep Tharrats (Vitalidad del jazz)
25 x 17,5 cm
Col·lecció MACBA. Fundació Museu d'Art Contemporani de Barcelona

19 Agost-setembre 1952 (vol. IV)
Coberta del núm. especial dedicat a Francis Picabia, realitzada per Joan Josep Tharrats segons indicacions de Michel Perrin
25 x 17,5 cm
Col·lecció MACBA. Fundació Museu d'Art Contemporani de Barcelona

19 Octubre-novembre 1952 (vol. IV)
Pàgina de revista amb il·lustració de Modest Cuixart (Teatre de Joan Brossa)
25 x 17,5 cm
Col·lecció MACBA. Fundació Museu d'Art Contemporani de Barcelona

Richard Deacon
(Bangor, Gal·les, 1949)

145 *Sense títol*, 1987
Acer galvanitzat
185 x 148 x 555 cm
Col·lecció MACBA. Fundació Museu d'Art Contemporani de Barcelona

Pep Duran
(Vilanova i la Geltrú, Barcelona, 1955)

174 *Casa desolada*, 1997
Fusta i plom
300 x 412 cm
Col·lecció MACBA. Fundació Museu d'Art Contemporani de Barcelona. Dipòsit particular

Jean Dubuffet
(Le Havre, França, 1901 – París, França, 1985)

31 *Le Chien jappeur*, 1953
[El gos bordador]
Oli sobre tela
72,6 x 92 cm
Col·lecció MACBA. Fundació Museu d'Art Contemporani de Barcelona

Marcelo Expósito
(Puertollano, Ciudad Real, 1966)

192 *Tierra prometida*, 1992
[Terra promesa]
Sèrie «Los demonios de la familia»
Betacam SP, blanc i negre, so
5' 30"
Col·lecció MACBA

193 *Octubre en el norte: temporal del noroeste*, 1995
[Octubre en el nord: tempesta del nord-est]
Betacam SP, color, blanc i negre, so
92'
Col·lecció MACBA. Fundació Museu d'Art Contemporani de Barcelona

Ángel Ferrant
(Madrid, 1891 – 1961)

48 *Serie Venecia 19*, 1960
[Sèrie Venècia 19]
Ferro
180 x 60 x 35 cm;
5 elements, dimensions variables
Col·lecció MACBA. Fundació Museu d'Art Contemporani de Barcelona

Esther Ferrer
(San Sebastián, 1937)

101 *Íntimo y personal*, 1971
[Íntim i personal]
15 tires de contactes fotogràfics en blanc i negre
24 x 3,5 cm c/u
Col·lecció MACBA. Fundació Museu d'Art Contemporani de Barcelona

100 *Silla Zaj*, 1973-1974
[Cadira Zaj]
Cadira i paper
Dimensions variables
Col·lecció MACBA. Fundació Museu d'Art Contemporani de Barcelona

Lucio Fontana
(Rosario, Argentina, 1899 – Varese, Itàlia, 1968)

37 *Concetto spaziale*, 1957
[Concepte espacial]
Acrílic i pols de marbre sobre tela
74,2 x 61 cm
Col·lecció MACBA. Fundació Museu d'Art Contemporani de Barcelona

Joan Fontcuberta i **Pere Formiguera**
(Joan Fontcuberta, Barcelona, 1955)
(Pere Formiguera, Barcelona, 1952)

158 *Fauna*, 1985-1989
Animals dissecats, ossos, fotografies, negatius de vidre, radiografies, sonogrames, paper imprès, mecanografiat i manuscrit, tinta sobre paper i diversos objectes
Dimensions variables
Col·lecció MACBA. Fundació Museu d'Art Contemporani de Barcelona

Fortuyn/O'Brien
(Gelderop, Holanda, 1959)

187 *Neighbours*, 1996
[Veïns]
16 trencaclosques, caixes, taules i cadires de fusta
Dimensions variables
Col·lecció MACBA. Fundació Museu d'Art Contemporani de Barcelona

Pedro G. Romero
(Aracena, Huelva, 1964)

190 *V.O.C.A.B.U.L.A.R.I.O., suplemento del nº 0 de R.A.R.O.*
Barcelona: Galeria Benet Costa / Madrid: Galería Fúcares, abril 1990
Sense paginar
20,7 x 14,6 cm
Col·lecció MACBA

191 *En el ojo de la batalla*
[En l'ull de la batalla]
València: Universitat de València, 2002
240 pàgines
24,3 x 17 cm
Col·lecció MACBA

Ferran García-Sevilla
(Palma de Mallorca, 1949)

138 *Sèrie Déus*, 1981
Pintura vinílica sobre tela
58 pintures, 116 x 89 cm c/u
Col·lecció MACBA. Fundació Museu d'Art Contemporani de Barcelona

Luis Gordillo
(Sevilla, 1934)

130 *Serie blanda A*, 1976
[Sèrie tova A]
Fotografia, pintura i plàstic de PVC sobre fusta de contraplacat
205 x 140 cm
Col·lecció MACBA. Dipòsit de l'artista

131 *Dibujo. Línea gestual*, 1976
[Dibuix. Línia gestual]
Llapis grafit sobre cartró
72 x 100,3 cm
Col·lecció MACBA. Procedent de la Diputació de Barcelona

Dan Graham
(Illinois, Estats Units, 1942)

91 *World War II Housing Project, Vancouver, Canada; Show Window of Store Selling Kitchen Goods, Bayonne, New Jersey, 1969*, 1974
[Projecte d'habitatges de la Segona Guerra Mundial. Vancouver, Canadà; aparador d'uns grans magatzems amb parament de cuina, Bayonne, Nova Jersey, 1969]
2 fotografies en color
102,5 x 67,8 cm
Col·lecció MACBA. Dipòsit Sandra Álvarez de Toledo

89 *Rock My Religion*, 1982-1984
[Rock la meva religió]
U-Matic NTSC, blanc i negre i color, so
55' 27"
Col·lecció MACBA

88 *Three Linked Cubes / Interior Design for Space Showing Videos*, 1986
[Tres cubs units / Disseny interior per a un espai en què es mostren vídeos]
Vidre fumat, fusta i vídeo
6 plafons, 225 x 100 x 3,5 cm c/u
Col·lecció MACBA. Fundació Museu d'Art Contemporani de Barcelona. Dipòsit Col·lecció Onnasch

Grup de Treball
(Banyoles, Girona, 1972 – Venècia, Itàlia, 1976)

108 *Recorreguts. Treball col·lectiu de Barcelona*, 1973
Impressió, Letraset, collage fotogràfic i tinta sobre cartolina
34 fulls, 29,9 x 21,2 cm c/u
Col·lecció MACBA. Procedent del Fons d'art de la Generalitat de Catalunya

109 *Cartell del col·lectiu Solidaritat amb el moviment obrer*, 1973
Paper imprès
50 x 80 cm
Col·lecció MACBA. Procedent del Fons d'art de la Generalitat de Catalunya

110 *Anunciamos*, 1973
[Anunciem]
Paper de diari i retolador
13 unitats, 49,5 x 34 cm c/u
Col·lecció MACBA. Procedent del Fons d'art de la Generalitat de Catalunya i donació Grup de Treball

110 *Revista "Qüestions d'Art nº 28"*, 1974
Paper imprès
20 x 16,5 cm
Col·lecció MACBA. Donació Grup de Treball

111 *Film col·lectiu*, 1974
Pel·lícula 16 mm en blanc i negre
42'
Col·lecció MACBA. Donació Grup de Treball

111 *Champ d'attraction Document. Travail d'information sur la presse illégale des Pays Catalans*, 1975
[Camp d'atracció. Document. Treball d'informació sobre la premsa il·legal dels Països Catalans]
Paper fotogràfic en blanc i negre, cinta adhesiva de diferents colors
11 peces, 143,5 x 92,5 cm c/u
Col·lecció MACBA. Procedent del Fons d'art de la Generalitat de Catalunya

Josep Guinovart
(Barcelona, 1927)

49 *L'arbre*, 1958
Pintura i collage sobre fusta
201 x 100,5 cm
Col·lecció MACBA. Procedent del Fons d'art de la Generalitat de Catalunya. Antiga Col·lecció Salvador Riera

Federico Guzmán
(Sevilla, 1964)

189 *Emboscadura*, 1994-1995
3 pissarres sobre paret pintada, barres de guix, esborradors i plantes
Dimensions variables; pissarres: 91,3 x 61,3 cm c/u
Col·lecció MACBA. Fundació Museu d'Art Contemporani de Barcelona

Hans Haacke
(Colònia, Alemanya, 1936)

63 *Condensation Cube*, 1963-1965
[Cub de condensació]
Metacrilat i aigua
76 x 76 x 76 cm
Col·lecció MACBA. Fundació Museu d'Art Contemporani de Barcelona. Donació National Committee and Board of Trustees Whitney Museum of American Art

63 *Eisbildung*, 1970
[Formació de gel]
Motor de refrigeració, recipient de metacrilat i aigua
Recipient: 20 x 120 x 120 cm
Col·lecció MACBA. Fundació Museu d'Art Contemporani de Barcelona. Donació Col·lecció Onnasch

Raymond Hains
(Saint Brieuc, França, 1926)

58 *Le Grand Panneau d'affichage*, 1964
[El gran plafó per fixar-hi cartells]
Paper de tanca publicitària enganxat sobre plafons de zinc i esquinçat
3 plafons, 200 x 100 x 3 cm c/u
Col·lecció MACBA. Fundació Museu d'Art Contemporani de Barcelona. Dipòsit Col·lecció Onnasch

58 *Sense títol*, 1998
Paper de tanca publicitària enganxat sobre plafons de zinc i esquinçat
10 plafons, 300 x 80 x 4,5 cm c/u
Col·lecció MACBA. Fundació Museu d'Art Contemporani de Barcelona

59 *Série photographique MACBA*, 1999
[Sèrie fotogràfica MACBA]
Fotografies en color sobre alumini
11 fotografies, 120 x 180 cm c/u
Col·lecció MACBA. Fundació Museu d'Art Contemporani de Barcelona. Donació de l'artista

Keith Haring
(Kutztown, Pensilvània, Estats Units, 1958 – Nova York, Estats Units, 1989)

140 *Todos juntos podemos parar el sida*, 1989
[Tots junts podem parar la sida]
Pintura plàstica sobre mur
3.400 x 235 cm
Col·lecció MACBA. Fons de l'Ajuntament de Barcelona

Joan Hernández Pijuan
(Barcelona, 1931)

134 *Verd*, 1977
Oli sobre tela
160 x 160 cm
Col·lecció MACBA. Fons de l'Ajuntament de Barcelona

134 *Tríptic de Granada*, 1994
Oli sobre tela
146 x 309,5 cm
Col·lecció MACBA. Fundació Museu d'Art Contemporani de Barcelona

Hans Hofmann
(Weissenburg, Alemanya, 1880 – Nova York, Estats Units, 1966)

44 *Chimbote Plaza Mosaic*, 1950
[Mosaic per a la plaça de Chimbote]
Llapis grafit i cera sobre paper
60,5 x 47,8 cm
Col·lecció MACBA. Dipòsit Renate, Hans and Maria Hofmann Trust

44 *Sense títol*, 1950
Llapis grafit i cera sobre paper
60,8 x 48 cm
Col·lecció MACBA. Dipòsit Renate, Hans and Maria Hofmann Trust

44 *Study for Mosaic Cross*, 1950
[Estudi per a creu de mosaic]
Oli sobre paper entelat
214 x 92,8 cm
Col·lecció MACBA. Dipòsit Renate, Hans and Maria Hofmann Trust

45 *Sense títol*, 1950
Oli sobre paper entelat
213,3 x 92,4 cm
Col·lecció MACBA. Dipòsit Renate, Hans and Maria Hofmann Trust

45 *Chimbote Mural Fragment of Part I*, 1950
[Fragment de mural per a Chimbote, part I]
Pintura sobre fusta
213,6 x 92 cm
Col·lecció MACBA. Dipòsit Renate, Hans and Maria Hofmann Trust

45 *Chimbote Mural Fragment of Part II*, 1950
[Fragment de mural per a Chimbote, part II]
Pintura i llapis grafit sobre fusta
213,7 x 92,4 cm
Col·lecció MACBA. Dipòsit Renate, Hans and Maria Hofmann Trust

Craigie Horsfield
(Cambridge, Gran Bretanya, 1949)

168 *Leszek Mierwa ul. Nawojiki, Krakow, August, 1984*, 1988
[Leszek Mierwa ul. Nawojiki, Cracòvia, agost 1984]
Fotografia en blanc i negre sobre planxa d'alumini
160,5 x 136,5
Col·lecció MACBA. Dipòsit Sandra Álvarez de Toledo

169 *Estery, Krakow, February 1979*, 1990
[Estery, Cracòvia, febrer 1979]
Fotografia en blanc i negre sobre planxa d'alumini
151 x 146,6 cm
Col·lecció MACBA. Dipòsit Sandra Álvarez de Toledo

Shirazegh Houshiary
(Shiraz, Iran, 1955)

145 *Blowing Together*, 1985
[Bufant junts]
Zinc
2 elements: 141 x 300 x 80 cm, 135 x 294 x 77 cm
Col·lecció MACBA. Fundació Museu d'Art Contemporani de Barcelona

Pello Irazu
(San Sebastián, 1963)

150 *Sense títol*, 1987
Acer i pintura
38,5 x 70,5 x 27,6 cm
Col·lecció MACBA. Fundació Museu d'Art Contemporani de Barcelona. Donació Leopoldo Rodés

Donald Judd
(Excelsior Springs, Missouri, Estats Units, 1928 – Nova York, Estats Units, 1994)

64 *Sense títol*, 1984
Acer
100 x 100 x 33,3 cm
Col·lecció MACBA. Fundació Museu d'Art Contemporani de Barcelona. Donació Juan March

Mike Kelley
(Detroit, Michigan, Estats Units, 1954)

164 *Orgone Shed Plans*, 1992
[Diagrames de la caseta d'orgona]
2 fotografies en blanc i negre
188 x 122 cm c/u
Col·lecció MACBA. Fundació Museu d'Art Contemporani de Barcelona. Dipòsit Col·lecció Onnasch

164 *Colema Board Details, 1992*
[Detalls del tauler Colema]
Fotografia en blanc i negre
188 x 122 cm
Col·lecció MACBA. Fundació Museu d'Art Contemporani de Barcelona. Dipòsit Col·lecció Onnasch

164 *Cabinet Worker. The Man with the Candy*, 1992
[Fuster. L'home del caramel]
Fotografia en blanc i negre
188 x 122 cm
Col·lecció MACBA. Fundació Museu d'Art Contemporani de Barcelona. Dipòsit Col·lecció Onnasch

165 *Torture Table*, 1992
[Taula de tortura]
Fusta, metall, 2 cubells de metall, ganivet i flotador de plàstic inflable
93 x 244 x 122 cm
Col·lecció MACBA. Fundació Museu d'Art Contemporani de Barcelona. Dipòsit Col·lecció Onnasch

165 *Orgone Shed*, 1992
[Caseta d'orgona]
Fusta, acer i material aïllant
225 x 226 x 150 cm
Col·lecció MACBA. Fundació Museu d'Art Contemporani de Barcelona. Dipòsit Col·lecció Onnasch

165 *Colema Bench*, 1992
[Banc de Colema]
Fusta, metall, 2 cubells i tub de plàstic
213 x 170 x 42 cm
Col·lecció MACBA. Fundació Museu d'Art Contemporani de Barcelona. Dipòsit Col·lecció Onnasch

165 *Private Address System*, 1992
[Sistema de megafonia]
Vàter portàtil amb altaveus i sistema de megafonia
254 x 117 x 121 cm
Col·lecció MACBA. Fundació Museu d'Art Contemporani de Barcelona. Dipòsit Col·lecció Onnasch

Mike Kelley i **Paul McCarthy**

163 *Fresh Acconci*, 1995
[Acconci fresc]
Vídeo VHS, color, so
45'
Col·lecció MACBA

William Kentridge
(Johanesburg, Sudàfrica, 1955)

184 *Ulisse: Echo Scan, Slide, Bottle*, 1998
[Ulises: escàner ressonància, diapositiva, ampolla]
3 pel·lícules d'animació 35 mm transferides a làser-disc, blanc i negre i color, so
Projecció simultània i continua
Col·lecció MACBA. Fundació Museu d'Art Contemporani de Barcelona

Anselm Kiefer
(Donaueschingen, Alemanya, 1945)

136 *Bilderstreit*, 1978
[Combat de pintura]
Pintura vinílica sobre tela
220 x 300 cm
Col·lecció MACBA. Fundació Museu d'Art Contemporani de Barcelona

Paul Klee
(Münchenbuchhause, Suïssa, 1879 – Locarno, Suïssa, 1940)

21 *Beschwingte Bindungen,* 1930
[Enllaços alats]
Guaix i oli sobre paper
46,5 x 61 cm
Col·lecció MACBA. Fundació Museu d'Art Contemporani de Barcelona

Suzanne Lafont
(Nîmes, França, 1949)

166 *Sense títol*, 1988
Fotografia en blanc i negre
108 x 92 cm
Col·lecció MACBA. Dipòsit Sandra Álvarez de Toledo

Antoni Llena
(Barcelona, 1942)

102 *Pintura feta de suor i semen,* (documentació gràfica), 1967-1968
Fotografia en blanc i negre sobre planxa metàl·lica
40 x 30 cm
Col·lecció MACBA. Fundació Museu d'Art Contemporani de Barcelona

103 *Escultura dissecada,* 1965-1966
Paper de cel·lofana, paper i gomaespuma
15,2 x 11,5 cm
Col·lecció MACBA. Fundació Museu d'Art Contemporani de Barcelona

103 *Pila de papers signats al llom,* 1967-1968
Llapis grafit sobre paper
5,8 x 13 x 10,5 cm
Col·lecció MACBA. Fundació Museu d'Art Contemporani de Barcelona

103 *Groc*, 1980
Paper retallat i encolat sobre fusta
146 x 142 cm
Col·lecció MACBA. Fundació Museu d'Art Contemporani de Barcelona

Antoni Llena i **Àngel Jové**

102 *Escultura doble*, 1968
Paper kraft manipulat, pintura i cera negra
21,5 x 21,5 x 21,5 cm
Col·lecció MACBA. Fundació Museu d'Art Contemporani de Barcelona

Antoni Llena, **Jordi Galí**, **Sílvia Gubern** i **Àngel Jové**

102 *Primera mort*, 1969
Fotografia en blanc i negre per al cartell d'un vídeo de Jordi Galí, Sílvia Gubern, Àngel Jové i Antoni Llena en el Col·legi d'Arquitectes de Barcelona, sobre planxa metàl·lica
30 x 40 cm
Col·lecció MACBA. Fundació Museu d'Art Contemporani de Barcelona

Robert Llimós
(Barcelona, 1943)

132 *Espai ple*, 1971
Acrílic sobre tela
205 x 199 cm
Col·lecció MACBA. Fundació Museu d'Art Contemporani de Barcelona

132 *Funda*, 1972
Funda de loneta i fotografia en blanc i negre
Funda: 168 x 55 x 24 cm; fotografia: 43,5 x 35 cm
Col·lecció MACBA. Fundació Museu d'Art Contemporani de Barcelona

Joaquim Llucià
(Vidreres, Barcelona, 1929 – Barcelona, 1973)

36 *Relacions*, 1960
Collage i oli sobre tela
22 x 16 cm
Col·lecció MACBA. Dipòsit Lluís Llucià

36 *Sense títol*, 1960
Tinta sobre paper
63 x 48,5 cm
Col·lecció MACBA. Dipòsit Lluís Llucià

36 *Sense títol*, 1962
Carbonet sobre cartró
80,5 x 60,7 cm
Col·lecció MACBA. Dipòsit Lluís Llucià

Rogelio López Cuenca
(Nerja, Màlaga, 1959)

188 *No(W)here Postcards*, 1988
[Postals de cap lloc]
Sèrie de 30 postals impreses en offset
14,5 x 10,5 cm c/u
Col·lecció MACBA

188 *Musée Élan*, 1989
[Museu Élan]
Oli sobre tela
130 x 162 cm
Col·lecció MACBA. Fundació Museu d'Art Contemporani de Barcelona

188 *Beaux Arts*, 1992
[Belles arts]
Oli sobre tela
9 peces, 50,2 x 49,8 cm c/u
Col·lecció MACBA. Fundació Museu d'Art Contemporani de Barcelona

Piero Manzoni
(Soncino, Itàlia, 1933 – Milà, Itàlia, 1963)

60 *Corpo d'aria*, 1959-1960
[Cos d'aire]
Metall, plàstic, goma, fusta, cartró, tinta i fotografia
5 x 42,8 x 12,5 cm; globus: Ø 80 cm
Col·lecció MACBA. Fundació Museu d'Art Contemporani de Barcelona

Mario Merz
(Milà, Itàlia, 1925)

70 *Sense títol*, 1972
Ferro, vidre, plom, tinta i corda
Mesa: 103 x 180 x 60 cm; placa de vidre: 120 x 120 cm
Col·lecció MACBA. Fundació Museu d'Art Contemporani de Barcelona

Manolo Millares
(Las Palmas de Gran Canaria, 1926 – Madrid, 1972)

30 *Cuadro*, 1967
[Quadre]
Acrílic sobre tela d'arpillera
25,5 x 35,3 cm
Col·lecció MACBA. Procedent del Fons d'art de la Generalitat de Catalunya.

Antoni Miralda
(Terrassa, Barcelona, 1942)

104 *La Cité du loisir*, 1967
[La ciutat de l'oci]
Fusta, pintura i figures de plàstic
85,5 x 61,5 x 51,5 cm
Col·lecció MACBA. Fundació Museu d'Art Contemporani de Barcelona

104 *Projecte de monument per a un jardí*, 1969
Plàstic, porexpan, metall i fusta
217 x 73,5 x 73,5 cm
Col·lecció MACBA. Fundació Museu d'Art Contemporani de Barcelona

105 *Santa Comida - Holy Food*, 1984-2002
[Sant Menjar - Holy Food]
Fusta, fotografies color i blanc i negre, aliments, figures de ceràmica pintades, gels, aerosols, bombetes, guix, espelmes i objectes diversos
Dimensions variables
Col·lecció MACBA. Procedent del Fons d'art de la Generalitat de Catalunya

Antoni Miralda i **Benet Rossell**

104 *París. La cumparsita*, 1972
Pel·lícula 16 mm, blanc i negre, so
25'
Col·lecció MACBA. Fundació Museu d'Art Contemporani de Barcelona

Fina Miralles
(Sabadell, Barcelona, 1950)

115 *Translacions*, 1973
6 fotografies en color sobre contraxapat
37,9 x 58 cm c/u
Col·lecció MACBA. Procedent del Fons d'art de la Generalitat de Catalunya

115 *Mar de hierba*, 1973
[Mar d'herba]
Maleta de pintor, fotocòpies, fotografia en blanc i negre, herba, terra i bosses de plàstic
Maleta: 38,5 x 33 x 6,3 cm
Col·lecció MACBA. Dipòsit Victòria Combalía

Joan Miró
(Barcelona, 1893 – Palma de Mallorca, 1983)

20 *Composició*, 1948
Tinta i aquarel·la sobre paper
27 x 19,8 cm
Col·lecció MACBA. Procedent del Fons d'art de la Generalitat de Catalunya. Antiga Col·lecció Salvador Riera

Juan Luis Moraza
(Vitòria, 1960)

150 *La triple negación*, 1988
[La triple negació]
Acer
75 x 108 x 100,5 cm
Col·lecció MACBA. Fundació Museu d'Art Contemporani de Barcelona

Robert Morris
(Kansas City, Estats Units, 1931)

67 *House of Vetti II*, 1983
[Casa de Vetti II]
Feltre i acer
246 x 243 x 91,5 cm
Col·lecció MACBA. Fundació Museu d'Art Contemporani de Barcelona. Donació Juan March

Juan Muñoz
(Madrid, 1953 – Eivissa, 2001)

148 *London Balcony*, 1987
[Balcó de Londres]
Acer
65 x 100 x 41 cm
Col·lecció MACBA. Donació Lady Jinty Latymer

149 *Popular Songs II*, 1987
[Cançons populars II]
Fusta tenyida, ferro i carbonet sobre tela
Escultura: 116 x 41 x 44 cm; pintura: 190 x 120 cm
Col·lecció MACBA. Donació Lady Jinty Latymer

Muntadas
(Barcelona, 1942)

122 *On Subjectivity*, 1978
[Sobre la subjectivitat]
Fotografies, vídeo, diapositives, paper i materials diversos
Dimensions variables
Col·lecció MACBA. Fundació Museu d'Art Contemporani de Barcelona

125 *Portrait*, 1994
[Retrat]
Betacam SP, color, so
6', projecció contínua
Col·lecció MACBA. Fundació Museu d'Art Contemporani de Barcelona

124 *Portraits*, 1995
[Retrats]
11 serigrafies sobre paper
187 x 129 cm c/u
Col·lecció MACBA. Fundació Museu d'Art Contemporani de Barcelona

Bruce Nauman
(Fort Wayne, Indiana, Estats Units, 1941)

69 *Studies for Holograms (a-e)*, 1970
[Estudis per a hologrames (a-e)]
5 serigrafies sobre paper
64,5 x 64,5 cm c/u
Col·lecció MACBA. Fundació Museu d'Art Contemporani de Barcelona

Pere Noguera
(La Bisbal d'Empordà, Girona, 1941)

114 *Mapa d'Espanya*, 1979
Paper imprès i fang
26,5 x 35,5 cm
Col·lecció MACBA. Fundació Museu d'Art Contemporani de Barcelona. Donació Dinath de Grandi de Grijalbo

114 *Mapa d'Europa*, 1979
Paper imprès i fang
26,5 x 35,5 cm
Col·lecció MACBA. Fundació Museu d'Art Contemporani de Barcelona. Donació Dinath de Grandi de Grijalbo

114 *Mapa d'Espanya*, 1979
Paper imprès i fang
26,5 x 35,5 cm
Col·lecció MACBA. Fundació Museu d'Art Contemporani de Barcelona. Donació Dinath de Grandi de Grijalbo

114 *Mapa d'Europa*, 1979
Paper imprès i fang
26,5 x 35,5 cm
Col·lecció MACBA. Fundació Museu d'Art Contemporani de Barcelona. Donació Dinath de Grandi de Grijalbo

Jorge Oteiza
(Orio, 1908 – Guipúscoa, 2003)

40 *Conjunción dinámica de dos pares de elementos curvos y livianos*, 1957
[Conjunció dinàmica de dos parells d'elements corbs i lleugers]
Ferro
45 x 35 x 36 cm
Col·lecció MACBA. Fundació Museu d'Art Contemporani de Barcelona. Donació Fundació Bertran

40 *Desocupación no cúbica del espacio*, 1958-1959
[Desocupació no cúbica de l'espai]
Ferro
40 x 38 x 37 cm
Col·lecció MACBA. Fundació Museu d'Art Contemporani de Barcelona. Donació Fundació Bertran

41 *Caja metafísica por conjunción de dos triedros*, 1958-1959
[Caixa metafísica per conjunció de dos triedres]
Ferro amb pàtina de coure
32 x 24 x 22 cm
Col·lecció MACBA. Fundació Museu d'Art Contemporani de Barcelona. Donació Fundació Bertran

40 *Retrato de un gudari llamado Odiseo*, 1975
[Retrat d'un gudari anomenat Odiseo]
Ferro
45 x 52 x 47 cm
Col·lecció MACBA. Fundació Museu d'Art Contemporani de Barcelona. Donació Leopoldo Rodés

Tony Oursler
(Nova York, Estats Units, 1957)

162 *Flamenco Figure*, 1994
[Figura flamenca]
3 cadires de fusta pintada, nina de drap, vídeo
Dimensions variables, projecció contínua
Col·lecció MACBA. Fundació Museu d'Art Contemporani de Barcelona

Pablo Palazuelo
(Madrid, 1915)

43 *Solitudes III*, 1955
[Solituds III]
Oli sobre tela
100 x 115,4 cm
Col·lecció MACBA. Procedent del Fons d'art de la Generalitat de Catalunya.

43 *Arran*, 1990
Oli sobre tela
238 x 161 cm
Col·lecció MACBA. Fundació Museu d'Art Contemporani de Barcelona

Carlos Pazos
(Barcelona, 1949)

128 *Voy a hacer de mí una estrella*, 1975
[Faré de mi una estrella]
21 fotografies en blanc i negre amb impressions tipogràfiques
20 fotografies, 61,5 x 40,5 cm c/u;
1 fotografia, 40,8 x 61,5 cm
Col·lecció MACBA. Fundació Museu d'Art Contemporani de Barcelona

128 *Objectes souvenir*, 1976-1980
[Objectes record]
Llibre, perfum, planxa metàl·lica gravada, impressió offset i tinta sobre paper i sobre cartolina, fotocòpies sobre paper, disc de vinil de 45 rpm i corbata de seda amb brillants
Dimensions diverses
Col·lecció MACBA. Fundació Museu d'Art Contemporani de Barcelona

A.R. Penck
(Dresde, Alemanya, 1939)

137 *B.B.O.*, 1984
Pigment i làtex sobre tela
280,5 x 200,5 cm
Col·lecció MACBA. Procedent del Fons d'art de la Generalitat de Catalunya. Antiga Col·lecció Salvador Riera

Perejaume
(Sant Pol de Mar, Barcelona, 1957)

160 *Postaler*, 1984
Ferro, llauna, fusta, 120 miralls i 6 fotografies en blanc i negre
Postaler: 197 x Ø 56 cm; fotografies: 29,5 x 138,5 cm; miralls: 10 x 15 cm
Col·lecció MACBA. Fundació Museu d'Art Contemporani de Barcelona

Michelangelo Pistoletto
(Biella, Itàlia, 1933)

72 *Architettura dello specchio*, 1990
[Arquitectura del mirall]
Mirall i motllura daurada
360 x 800 cm
Col·lecció MACBA. Procedent del Fons d'art de la Generalitat de Catalunya

Jaume Plensa
(Barcelona, 1955)

148 *Multindus II*, 1990
Alumini
240 x 37 x 37 cm
Col·lecció MACBA. Fundació Museu d'Art Contemporani de Barcelona. Dipòsit particular

Joan Ponç
(Barcelona, 1927 – Saint-Paul-de-Vence, França, 1984)

27 *Suite al·lucinacions*, 1947
Tinta negra i guaix sobre paper encolat sobre tablex
55,5 x 44 cm
Col·lecció MACBA. Procedent del Fons d'art de la Generalitat de Catalunya. Antiga Col·lecció Salvador Riera

28 *Fanafafa Veribú*, 1950
Oli sobre tela
99,5 x 73 cm
Col·lecció MACBA. Procedent del Fons d'art de la Generalitat de Catalunya. Antiga Col·lecció Salvador Riera

Josep Ponsatí
(Banyoles, Girona, 1947)

117 *Escultura per a pictorama*, 1969. Reconstrucció 1991
Metacrilat, pell sintètica, metall, fusta i miralls
Base: 37 x 202 x 202 cm;
2 plafons: 200 x 52 x 110 cm;
cub intern: 78,5 x 78,5 cm;
cub extern: 88 x 86 x 88 cm
Col·lecció MACBA. Procedent del Fons d'art de la Generalitat de Catalunya. Antiga Col·lecció Salvador Riera

Pere Portabella
(Figueres, Girona, 1929)

113 *Vampir-Cuadecuc*, 1970
Pel·lícula 16 mm, blanc i negre, so
75'
Col·lecció MACBA. Fundació Museu d'Art Contemporani de Barcelona. Donació Pere Portabella

112 *Umbracle*, 1971-1972
Pel·lícula 16 mm, blanc i negre, so
85'
Col·lecció MACBA. Fundació Museu d'Art Contemporani de Barcelona. Donació Pere Portabella

112 *Pont de Varsòvia*, 1989
Pel·lícula 35 mm, color, so
85'
Col·lecció MACBA. Fundació Museu d'Art Contemporani de Barcelona. Donació Pere Portabella

Carles Pujol
(Barcelona, 1947)

118 *Platja 30.9.75*, 1975
4 fotografies en color
38 x 58 cm c/u
Col·lecció MACBA. Procedent del Fons d'art de la Generalitat de Catalunya

Albert Ràfols-Casamada
(Barcelona, 1923)

50 *Construcció*, 1966
Fusta i cartró pintat
81 x 64 cm
Col·lecció MACBA. Fundació Museu d'Art Contemporani de Barcelona. Donació Catalana Occidente

51 *Pintura núm. 2: homenatge a Miró*, 1971
Acrílic, pastel, carbonet, paper pintat, fusta i metall sobre tela
114 x 146 cm
Col·lecció MACBA. Fundació Museu d'Art Contemporani de Barcelona. Donació Catalana Occidente

Robert Rauschenberg
(Port Arthur, Texas, Estats Units, 1925)

53 *Pilgrim*, 1960
[Pelegrí]
Oli i collage sobre tela i fusta pintada
200 x 143 x 45 cm
Col·lecció MACBA. Fundació Museu d'Art Contemporani de Barcelona. Dipòsit Col·lecció Onnasch

52 *Sense títol*, 1972
Cartró, cautxú i cinta adhesiva sobre fusta
272 x 133 x 28 cm
Col·lecció MACBA. Fundació Museu d'Art Contemporani de Barcelona

Àngels Ribé
(Barcelona, 1943)

116 *Intersecció de llum, d'aigua, d'onada*, 1969
3 fotografies en blanc i negre
2 fotografies: 100 x 61 cm c/u;
1 fotografia: 60 x 100 cm
Col·lecció MACBA. Fundació Museu d'Art Contemporani de Barcelona. Donació Dinath de Grandi de Grijalbo

Gerhard Richter
(Dresde, Alemanya, 1932)

74 *48 Porträts*, 1972-1998
[48 retrats]
48 fotografies en blanc i negre (còpia al gelatino-bromur de plata) entre metacrilat i planxa d'alumini
69 x 54 cm c/u
Col·lecció MACBA. Fundació Museu d'Art Contemporani de Barcelona. Donació Fundación Miarnau

Martha Rosler
(Brooklyn, Nova York, Estats Units, 1945)

94 *Semiotics of the Kitchen, 1975*
[Semiòtica de la cuina]
Vídeo en blanc i negre, so
6'
Col·lecció MACBA

Dieter Roth
(Hannover, Alemanya, 1930 – 1998)

82 *Gewürzkasten*, 1970
[Armari d'espècies]
Fusta, vidre i espècies
60 x 120 x 17 cm
Col·lecció MACBA. Fundació Museu d'Art Contemporani de Barcelona

82 *Schokoladenmeer*, 1970
[Mar de xocolata]
Pastilles de xocolata i paper mecanografiat
110 x 66 x 32 cm
Col·lecció MACBA. Fundació Museu d'Art Contemporani de Barcelona

84 *Reykjavik Slides, 1973-1975*, 1990-1993
[Diapositives de Reikiavik]
34.000 diapositives; carros de diapositives, projectors, armaris de fusta
Dimensions variables
Col·lecció MACBA. Fundació Museu d'Art Contemporani de Barcelona

Antonio Saura
(Osca, 1930 – Conca, 1998)

39 *Hia*, 1958
Oli sobre tela
162 x 130 cm
Col·lecció MACBA. Fundació Museu d'Art Contemporani de Barcelona. Dipòsit Dentaid

Allan Sekula
(Erie, Pensilvània, Estats Units, 1951)

194 *Waiting for Tear Gas*, 1999
[Esperant el gas lacrimògen]
Projecció de 81 diapositives
Dimensions variables
Col·lecció MACBA. Fundació Museu d'Art Contemporani de Barcelona

Robert Smithson
(Rutherford, Nova Jersey, Estats Units, 1938 – Amarillo, Texas, Estats Units, 1973)

62 *Mirror Vortex*, 1966
[Vòrtex del mirall]
Acer pintat i mirall
87 x 144,8 x 63,5 cm
Col·lecció MACBA. Fundació Museu d'Art Contemporani de Barcelona. Dipòsit Col·lecció Onnasch

Aleksandr Sokurov
(Podorvikha, Irkutsk, Rússia, 1951)

195 *Spiritual Voices*, 1995
[Veus espirituals]
Pel·lícula 35 mm transferida a DVD, color, so
327'
Col·lecció MACBA. Fundació Museu d'Art Contemporani de Barcelona

Susana Solano
(Barcelona, 1946)

147 *El puente*, 1986
[El pont]
Ferro i plom
191 x 248 x 370 cm
Col·lecció MACBA. Fons de l'Ajuntament de Barcelona

147 *Estació termal*, 1987
Ferro, acer i ferro galvanitzat
116 x 215 x 293 cm
Col·lecció MACBA. Fundació Museu d'Art Contemporani de Barcelona

Keith Sonnier
(Mamou, Louisiana,
Estats Units, 1941)

68 *Neon with Cut Glass*, 1968.
Reconstrucció 1999
[Neó amb vidre tallat]
Vidre, mirall, neó i
transformador
162 x 127 x 122 cm
Col·lecció MACBA. Fundació
Museu d'Art Contemporani
de Barcelona

Jana Sterbak
(Praga, República Txeca, 1955)

152 *Cones on Fingers*, 1979
[Cons als dits]
Fotografia en blanc i negre
(còpia de gelatino-bromur
de plata)
52 x 37,5 cm
Col·lecció MACBA. Fundació
Museu d'Art Contemporani de
Barcelona. Donació Donald
Young Gallery

152 *Remote Control II*, 1989
[Control remot II]
Vehicle d'alumini sobre rodes
motoritzades a control remot,
bateries, tela de cotó, làser-
disc, reproductor de làser-disc
i monitor blanc i negre de 19"
Vehicle: 154,8 x Ø 158,4 cm
Col·lecció MACBA. Fundació
Museu d'Art Contemporani
de Barcelona

Beat Streuli
(Altdorf, Suïssa, 1957)

186 *Plaça dels Àngels*, 1998
12 fotografies impreses
en metacrilat
Dimensions diverses
Col·lecció MACBA. Fundació
Museu d'Art Contemporani
de Barcelona

Takis
(Atenes, Grècia, 1925)

61 *Télélumière Relief nº 5*,
1963-1965
[Telellum relleu núm. 5]
Bombeta de vapor de mercuri,
bombeta incandescent, acer
i fusta
66 x 72 x 20 cm
Col·lecció MACBA. Dipòsit
Guy Brett

Antoni Tàpies
(Barcelona, 1923)

27 *Pintura relleu*, 1945
Oli sobre tela
46 x 38 cm
Col·lecció MACBA. Procedent
del Fons d'art de la
Generalitat de Catalunya

26 *Composició*, 1947
Oli sobre tela
38 x 46 cm
Col·lecció MACBA. Procedent
del Fons d'art de la
Generalitat de Catalunya.
Antiga Col·lecció Salvador
Riera

29 *Verds damunt marró fosc*, 1949
Oli sobre tela
73,5 x 92 cm
Col·lecció MACBA. Fons de
l'Ajuntament de Barcelona

34 *Quatre quadrats grisos sobre
fons marró*, 1959
Tècnica mixta sobre tela
195 x 170 cm
Col·lecció MACBA. Fons de
l'Ajuntament de Barcelona

35 *Relleu blanc*, 1959
Tècnica mixta sobre tela
190 x 310 cm
Col·lecció MACBA. Fons de
l'Ajuntament de Barcelona

33 *Pintura ocre*, 1959
Tècnica mixta sobre tela
241,5 x 190 cm
Col·lecció MACBA. Fons de
l'Ajuntament de Barcelona

57 *Sorra blanca i jersei*, 1970
Llapis i assemblage sobre tela
114,5 x 156,5 cm
Col·lecció MACBA. Fundació
Museu d'Art Contemporani
de Barcelona

Francesc Torres
(Barcelona, 1948)

106 *Cubo perforado por un
triángulo*, 1968-1969
[Cub perforat per un triangle]
Cartró estucat i Letraset
23,2 x 23,1 x 23,3 cm
Col·lecció MACBA. Fundació
Museu d'Art Contemporani
de Barcelona

106 *P...O...E...M...A...*, 1968-
1969
Cartró i Letraset
23 x 46 x 23 cm
Col·lecció MACBA. Fundació
Museu d'Art Contemporani
de Barcelona

106 *Pirámide A*, 1968-1969
[Piràmide A]
Cartró i Letraset
Alçada: 34 cm; base:
16,1 x 16,1 x 16,1 cm
Col·lecció MACBA. Fundació
Museu d'Art Contemporani
de Barcelona

106 *Poème-eméoP*, 1968-1969
Cartró estucat i Letraset
Poème: 23,1 x 25,4 x 23,3 cm;
-eméoP: 23,3 x 23,2 x 23,2 cm
Col·lecció MACBA. Fundació
Museu d'Art Contemporani
de Barcelona

106 *Constatación de la luz del sol
en el piso trece*, 1972
[Constatació de la llum
del sol en el pis tretze]
Fotografia en blanc i negre
41 x 41 cm
Col·lecció MACBA. Fundació
Museu d'Art Contemporani
de Barcelona

107 *Amnèsia-memòria*, 1991
Acero, focus amb plantilles
de coure, 13 impressions
sobre tela de cotó
Dimensions variables
Col·lecció MACBA. Procedent
del Fons d'art de la
Generalitat de Catalunya

Joaquín Torres-García
(Montevideo, Uruguai, 1874 – 1949)

22 *Contrapunto*, 1929
[Contrapunt]
Oli sobre fusta
20 x 5 x 6 cm
Col·lecció MACBA. Fundació
Museu d'Art Contemporani
de Barcelona

22 *Forma abstracta*, 1929
Oli sobre fusta
25,5 x 9,1 x 4,6 cm
Col·lecció MACBA. Fundació
Museu d'Art Contemporani
de Barcelona

22 *Planos de color con dos
maderas superpuestas*, 1929
[Plànols de color amb dues
fustes sobreposades]
Oli sobre fusta
29 x 24,5 x 3 cm
Col·lecció MACBA. Fundació
Museu d'Art Contemporani
de Barcelona

22 *Construcción con círculo rojo*,
1930
[Construcció amb cercle
vermell]
Oli sobre fusta
25,5 x 9,1 x 4,6 cm
Col·lecció MACBA. Fundació
Museu d'Art Contemporani
de Barcelona

Rosemarie Trockel
(Schwerte, Alemanya, 1943)

157 *Made in Western Germany*,
1987
[Fet a l'"oest" alemany]
Teixit de llana sobre tela
de cotó
250,8 x 180,2 cm
Col·lecció MACBA. Fundació
Museu d'Art Contemporani
de Barcelona

156 *Sense títol*, 1988
Tela negra, tija de fusta, ferro
forjat i ull de vidre
160 x 30 x 35 cm
Col·lecció MACBA. Fundació
Museu d'Art Contemporani
de Barcelona

Eulàlia Valldosera
(Vilafranca del Penedès, Barcelona,
1963)

182 *Envasos: el culte a la mare*,
1996
Tocadiscs, projectors de
diapositives, envasos
de plàstic, llibres i altres
materials
Dimensions variables
Col·lecció MACBA. Fundació
Museu d'Art Contemporani
de Barcelona. Donació
El Taller de la FMACBA

Jacques Villeglé
(Quimper, França, 1926)

55 *Boulevard St. Martin*, 1959
Paper enganxat sobre tela
i esquinçat
222 x 245 cm
Col·lecció MACBA. Fundació
Museu d'Art Contemporani de
Barcelona. Dipòsit Col·lecció
Onnasch

Jeff Wall
(Vancouver, Canadà, 1946)

155 *Coastal Motifs*, 1989
[Motius costers]
Transparència Cibachrome
en caixa de llum
120 x 147 x 30 cm
Col·lecció MACBA. Dipòsit
Sandra Álvarez de Toledo

172 *Adrian Walker. Artist Drawing from a Specimen in a Laboratory in the Dept. of Anatomy at the University of British Columbia, Vancouver*, 1992
[Adrian Walker. Artista copiant un braç en un laboratori del Departament d'Anatomia de la Universitat de British Columbia, Vancouver]
Transparència Cibachrome en caixa de llum
119 x 164 x 30 cm
Col·lecció MACBA. Fundació Museu d'Art Contemporani de Barcelona. Dipòsit particular

173 *A Fight on the Sidewalk*, 1994
[Una baralla a la vorera]
Transparència Cibachrome en caixa de llum
189 x 307 x 30 cm
Col·lecció MACBA. Fundació Museu d'Art Contemporani de Barcelona. Dipòsit particular

Gilberto Zorio
(Torí, Itàlia, 1944)

71 *Per purificare le parole*, 1984
[Per purificar les paraules]
Coure, ferro, vidre, lacre i alcohol etílic
250 x 120 cm
Col·lecció MACBA. Fundació Museu d'Art Contemporani de Barcelona

Zush
(Barcelona, 1946)

126 *Kaenia II*, 1972
Acrílic i tinta sobre tela
200,5 x 200,5 cm
Col·lecció MACBA. Procedent del Fons d'art de la Generalitat de Catalunya. Antiga Col·lecció Salvador Riera

126 *Trusne*, 1980
Tinta, pintura, cera i collage de paper sobre paper
112,5 x 22,3 cm
Col·lecció MACBA. Procedent del Fons d'art de la Generalitat de Catalunya

127 *Sense títol*, 1981-1991
Tècnica mixta sobre paper, enquadernació en cuir
32,4 x 23,5 x 1,3 cm
Col·lecció MACBA. Fons de l'Ajuntament de Barcelona

127 *Pulitocs*, 1992-1993
Llapis grafit sobre paper
86 x 181,5 cm
Col·lecció MACBA. Fundació Museu d'Art Contemporani de Barcelona

BIBLIOGRAFIA

ABALLÍ, Ignasi. «Círculos» (1992), a José Luis Brea (ed.). *Los últimos días.* Sevilla: Pabellón de España, 1992, p. 105.

ACCONCI, Vito. «Air Time» (1973), a Gloria Moure (ed.). *Vito Acconci. Escritos, obras, proyectos.* Barcelona: Polígrafa, 2001, p. 162.

ANDRE, Carl, entrevistat per Phyllis Tuchman. *Artforum* (Nova York), vol. 8, núm. 6, juny de 1970, p. 55-61. Recollit a *Carl Andre. Sculptor 1996. Krefeld – at Home. Wolfsburg – at Large.* Krefeld / Wolfsburg: Museum Haus Lange i Museum Haus Esters, 1996, p 47.

BARCELÓ, Miquel, entrevistat per Kewin Power. «Conversaciones con Miquel Barceló». Alacant: Diputació d'Alacant, 1985. Recollit a *Miquel Barceló.* Barcelona: MACBA / Actar, 1998, p. 16.

BLANCH, Teresa. «Sobre unos recentramientos en la escultura catalana de los ochenta», *Figura* (Sevilla), núm. 2, 1984. Recollit a *Impasse3. Una revisió de l'art català recent a partir de textos publicats*, Lleida, 2001, p. 46-49.

BOLTANSKI, Christian, entrevistat per Gloria Moure. *Christian Boltanski. Adviento y otros tiempos.* Santiago de Compostela: Centro Galego de Arte Contemporánea, 1996, p. 107-108.

BONET, Eugeni. «Pesos y medidas», a *De fuerza mayor.* Teruel: Museu de Teruel, Diputación Provincial de Teruel, 1995.

BRASSAÏ. «Graffitti» (ca. 1960), *Brassaï.* Barcelona: Fundació Antoni Tàpies, 1993, p. 173.

BREA, José Luis. «Lo real y la representación. (A todos nosotros, los actores secundarios.)», a *Pep Agut. Als actors secundaris.* Barcelona: MACBA / Actar, 2000, p. 16-17.

BROSSA, Joan. «El sol es alló que roda...», versió publicada incompleta a *Dau al Set* (Barcelona), desembre de 1949. Reproduïda a *Vivàrium.* Barcelona: Edicions 62, 1972, p. 65-67 (versió íntegra).

BROSSA, Joan. «La poesia en present». Fragment del discurs per als Jocs Florals de Barcelona, 1985. Recollit a Joan Brossa. *Anafil.* Barcelona: Edicions 62, 1987, p. 200.

BUREN, Daniel. *Limites critiques*, 1970.

CHEVRIER, Jean-François. «Une autre objectivité – Another Objectivity», a Jean-François Chevrier i James Lingwood (eds.). *Une autre objectivité – Another Objectivity.* Paris / Prato: Centre National des artes plastiques i Centro per l'arte contemporanea Luigi Pecci, 1989, p. 29-37.

CIRICI, Alexandre. «Antoni Llena i l'art pobre», *Serra d'Or* (Barcelona), març de 1970, p. 55.

CIRICI, Alexandre. «Dissolució dinàmica», *Platja 30.9.75*, Barcelona, 1976, s/p.

CIRICI, Alexandre. «Les Recerques de Josefina Miralles», *Serra d'Or* (Barcelona) núm. 174, març de 1974, p. 45.

CIRICI, Alexandre. «Tra 73», *Serra d'Or* (Barcelona), núm. 164, maig de 1973, p. 47-48.

CIRLOT, Juan Eduardo. «Magicismo plástico», a *Diccionario de los Ismos.* Barcelona: Argos, 1949.

CIRLOT, Juan Eduardo. «Noticia sobre Joaquín Llucià», *Correo de las Artes*, XII, Madrid, 1960.

CIRLOT, Juan Eduardo. *Pintura catalana contemporánea.* Barcelona: Ediciones Omega, 1961, p. 48.

COMPTON, Michael. «Les Éditions de Marcel Broodthaers», a *Marcel Broodthaers. L'œuvre graphique. Essais.* Ginebra: Centre de gravure contemporaine, 1991, p. 28-32.

COOKE, Lynne. «Re-definition: The *New British Sculpture* of the Eighties», a *Starlit Waters. British Sculpture an international art 1968-1988.* Liverpool: Tate Gallery, 1988, p. 45.

CORRAL, María de. «Rosemarie Trockel», a Sandra Stich (ed.). *Rosemarie Trockel.* Madrid: Museo Nacional Centro de Arte Reina Sofía, 1992, p. 32-33 (versió íntegra).

DUBUFFET, Jean. «L'Art brut préféré aux arts culturels», a *L'Art brut préféré aux arts culturels.* París: Gallerie Drouin, 1957. Reimprès a *París-París 1937-1957.* París: Centre Georges Pompidou / Gallimard, 1992, p. 255-257.

DURAN, Pep. Text inèdit, 1997.

EIBLMAYR, Silvia. «Los personajes de Martha Rosler» (1998), a Catherine de Zegher (ed.). *Martha Rosler. Posiciones en el mundo real.* Barcelona: MACBA / Actar, 1999, p. 153.

ELLIOT, James. *Practicing his Death*, text escrit seguint especificacions de Byars. San Francisco, sopar a casa d'Ann Hatch, 1994. Reimprés a J. L. Byars. *The Palace of Perfect.* Porto: Fundaçao Serralves, 1997, p. 286-287.

EXPÓSITO, Marcelo. «Octubre en el norte: temporal del noroeste», *Hika* (Bilbao), núm. 65, març de 1996 (versió íntegra).

EXPÓSITO, Marcelo. Text inèdit, 1992.

FOIX, J.V. «Balada dels cinc mariners exclusius i el timoner que era jo», *Dau al Set* (Barcelona), núm. 18bis, octubre de 1950 (versió íntegra).

FONTCUBERTA, Joan, i Pere FORMIGUERA. «Fauna: concepto y génesis» (Barcelona, maig de 1989), a *Fauna secreta.* Barcelona: Fundació Caixa de Catalunya, 1989, p. 69-70.

FORTUYN/O'BRIAN. «Neighbours, 1996», a *Mirades (sobre el museu).* Barcelona: MACBA, 1996, p. 184 (versió íntegra).

GORDILLO, Luis. «Fotos: procesos y transformaciones» (1989), a *Luis Gordillo. Superyo congelado.* Barcelona: MACBA / Actar, 1999, p. 73-77.

GRAHAM, Dan. «Rock My Religion» (1982), a *Scenes and Conventions in Architecture by Artists.* Londres: Institute of Contemporary Art, 1982. Recollit a *Dan Graham.* Santiago de Compostela: Centro Galego de Arte Contemporánea, 1997, p. 146 (versió íntegra).

GRAHAM, Dan. «Three Linked Cubes / Interior Design for Showing Videos» (1986), a *Dan Graham.* Santiago de Compostela: Centro Galego de Arte Contemporánea, 1997, p. 146.

GUZMÁN, Federico, entrevistat per Juan Vicente Aliaga i José Miguel G. Cortés. *La creación artística como cuestionamiento / Artistic Creation at Stake* (ed. José Miguel G. Cortés). València: IVAM, 1990, p. 105.

HAACKE, Hans, citat a Wulf Herzogenrath (ed.). *Selbstdarstellung. Künstler über Sich.* Düsseldorf: Droste Verlag, 1973, p. 63.
HAACKE, Hans. «J'ai rempli en partie...», a *Robho*, núm. 2 (París), novembre – desembre 1967. Edició en català a *Obra social*. Barcelona: Fundació Antoni Tàpies, 1995, p. 32.
HAINS, Raymond. Textos sense datar recollits a *Raymond Hains*. Barcelona: MACBA / Actar, 2001, p. 170, 176, 177, 182.
HARING, Keith. *Diarios*. Barcelona: Galaxia Gutenberg, 2001, p. 327.
HERNÁNDEZ PIJUAN, Joan. «Pintura y espacio. Una experiencia personal», a *Hernández Pijuan. Espacios de silencio 1972-1991*. Madrid: Museo Nacional Centro de Arte Reina Sofía, 1993, p. 31.
JOUFFROY, Alain. «Le Télémagnétisme de Takis», extractes publicats a *Takis, dix ans de sculpture 1954-1964*. París: Galerie Alexandre Iolas, 1964. Recollit a *Takis*. París: Galerie nationale du Jeu de Paume, 1993, p. 131.
KELLEY, Mike, citat a Timoty Martin. «Missing Time: Abuse and Composition», recollit a Carl Heney (ed.). *Mike Kelley*. Hannover: Kestner-Gesellschaft, 1995, p. 21-23.
KENTRIDGE, William. Declaració sense títol (1998), a Carolyn Christov-Bakargiev (ed.). *William Kentridge*. Barcelona: MACBA, 1999, p. 223.
KUSPIT, Donald. «The Appropriation of Marginal Art in the 1980s», a *Idiosyncratic Identities: Artists at the End of the Avant-Garde*. Nova York: Cambridge University Press, 1996, p. 23.
LEBRERO STALS, José. «Jordi Colomer. *Simo*, 1997-1998», a *Artificial. Figuraciones contemporáneas*. Barcelona: MACBA, 1998, p. 42-43 (versió íntegra).
Manifiesto El Paso (estiu de 1957). Inclòs a Laurence Toussaint. *«El Paso» y el arte abstracto en España*. Madrid: Ediciones Cátedra, 1983, p. 194-195.
MERZ, Mario. *Mario Merz*. Milán: Mazzotta, 1983.
MILLARES, Manolo. «Según los ejemplos más apremiantes...», a *Millares*. Madrid: Ateneo de Madrid, 1963. Recollit a *Millares. Pinturas y dibujos sobre papel (1963-1971)*. Cuenca: Museo de Arte Abstracto Español, Fundación Juan March, 1996, p. 11-12.
MIRALDA, Antoni. *Santa Comida*. Nova York: El Museo del Barrio, desembre 1984 - febrer 1985.
MORAZA, Juan Luis. «Estructura y límites. Realidad y demonismo» (1988), a *Seis sexos de la diferencia*. San Sebastià: Arteleku, 1990. p. 30.
MORRIS, Robert. «Anti-form», *Artforum* (Nova York), vol. 6, abril de 1968, p. 34. Recollit a *Continuous Project Altered Daily: The Writings of Robert Morris*. Cambridge, Mas.: The MIT Press, 1993, p. 42-46 (versió íntegra).
MUÑOZ, Juan, entrevistat per Jean-Marc Poinsot. *Juan Muñoz. Sculptures 1985-1987*. Burdeos: capc Musée d'Art contemporain de Bordeaux, 1987, p. 13-15.
NOBLE, Richard. «Jana Sterbak. Dialèctica de la creació i la contenció», a *Jana Sterbak. Velleitas*. Barcelona: Fundació Antoni Tàpies, 1995, p. 62-63.
OTEIZA, Jorge. «*de mi Desocupación del espacio*», a *Estética del huevo. Huevo y laberinto. Mentalidad vasca y laberinto*. Pamplona: Pamiela, 1995 (versió íntegra).
OWENS, Craig. «The Allegorical Impulse: Towards a Theory of Postmodernism», *October* (Cambridge, Mas.) núm. 12, primavera de 1980, p. 67-86. Recollit a Charles Harrison i Paul Wood (eds.). *Art in Theory 1900-1990*. Oxford / Cambridge, Mas.: Blackwell, 1992, p. 1.051-1.060.
PALAZUELO, Pablo, entrevistat per Kevin Power. *Geometría y visión*. Granada: Diputación Provincial de Granada, 1995, p. 23-24.
PARCERISAS, Pilar. «Notas para una "Suite Jordi Cerdà"», a *Relectures*. Barcelona: Fundació "la Caixa", 1986, s/p.
PARCERISAS, Pilar. *Més tot allò/Dibuix a la cuixa. Noguera*. Barcelona: Departament de Cultura de la Generalitat de Catalunya, 2001, p. 35.
PENCK, A.R. «Desde mi posición ventajosa...», a *A. R. Penck*. Londres: Waddington Galleries, 1984, p. 118. Recollit a *A.R. Penck*. Mèxic: Museo Rufino Tamayo, 1996, p. 15.
PEREJAUME. «Un paisatge és una postal feta escultura», a *La pintura i la boca*. Barcelona: Edicions de la Magrana, 1993. Recollit a *Perejaume. Deixar de fer una exposició*, Barcelona: MACBA / Actar, 1999, p. 172 (versió íntegra).
PISTOLETTO, Michelangeo. «A un lado» (1962), a *Michelangelo Pistoletto*. Barcelona: MACBA / Actar, 2000, p. 13.
PISTOLETTO, Michelangeo. «Dentro, dentro del espejo» (1987), a *Michelangelo Pistoletto*. Barcelona: MACBA / Actar, 2000, p. 30.
PONSATÍ, Josep. *Idees i actituts. Entorn de l'art conceptual a Catalunya, 1964-1980*. Barcelona: Centre d'Art Santa Mònica, 1992, p. 192.
PORTABELLA, Pere. «Tres reflexiones», *Arc Voltaic, full de cinema* (Barcelona), núm. 9-10, hivern de 1980-1981. Recollit a *Historias sin argumento. El cine de Pere Portabella*. Barcelona / València: MACBA / Ediciones de la Mirada, 2001, p. 349-351 (versió íntegra).
RÀFOLS-CASAMADA, Albert. «27 de noviembre, Barcelona» (1975), a *L'escorça dels dies. Fulls de dietari. 1975-1977*. Barcelona: Laertes, 1984, p. 89-90.
RAUSCHENBERG, Robert, citat a Calvin Tomkins. *The Bride & the Bachelor: Five Masters of the Avant Garde*. Nova York: Viking Press, 1968, p. 204.
RAUSCHENBERG, Robert. Comentari sense títol recollit a Dorothy C. Miller (ed.). *Sixteen Americans*. Nova York: Museum of Modern Art, 1959, p. 58.
RIBÉ, Àngels, en conversa amb Tina Girouard. *Style and Process*. Nova York: Fine Art Building, 1976, s/p.
RICHTER, Gerhard. *Gerhard Richter*. Londres: Tate Gallery, 1992, p. 123-124. Recollit a Charles Harrison i Paul Wood (eds.). *Art in Theory 1900-1990*. Oxford / Cambridge, Mas.: Blackwell, 1992, p. 1.047-1.048.
ROMERO, Pedro G. Próleg d'*En el ojo de la batalla*. València: Universitat de València, 2002, p. 49 i 52.
ROTH, Dieter. «In 1957, I (D.R.)...», Seydhisfjördhur, juny de 1995 (versió íntegra).
ROTH, Dieter. «Dieter Roth in Conversation with Felicitas Thun», a *Dieter Roth. Printed, Pressed, Bound, 1949-1979*. Colonia: Graphische Sammlung Albertina i Oktagon, 1998; Filadelfia: Goldie Paley Gallery, Moore College of Art and Design, 1999, p. 143-145.
SANTOS, Carles. «Informació d'Art Concepte 1973 a Banyoles» (febrer de 1973), *Questions d'Art* (Barcelona) núm. 28, 1974, p. 10-11. Recollit a *Grup de Treball*. Barcelona: MACBA, 1999, p. 50 (versió íntegra).
SEKULA, Allan. «Dismantling Modernism, Reinventing Documentary (Notes on the Politics of Representation)», *European Photography* (Göttingen), núm. 66, vol. 20, tardor-hivern 1999-2000, p. 13. Fragment reproduït a *Antagonismes. Casos d'estudi*, full de mà de l'exposició. Barcelona: MACBA, 2001, p. 7.
SMITHSON, Robert, citat a Jack Flam (ed.). *Robert Smithson: The Collected Writings*. Berkeley: University of California Press, 1996.
TÀPIES, Antoni. «Comunicació sobre el mur». Text escrit el 1969, i sol·licitat per la revista *Essai*. Reproduït a *La pràctica de l'art*. Barcelona: Ariel, 1973, p. 123-130 (versió íntegra).
THARRATS, Joan Josep. «Antoni Tàpies, o, El dau modern de Versalles», *Dau al Set* (Barcelona), novembre de 1950.
TORRES-GARCÍA, Joaquín. «Vouloir construire», *Cercle et Carré* (Paris), núm. 1, març 1931. Recollit a *Joaquín Torres-García. Un monde construit*. Estrasburg: Musée d'Art moderne et contemporain / Hazan, 2002, p. 101.
TORRES, Francesc. «Amnèsia - memòria», a *Francesc Torres. El carro de fenc*. Barcelona: Centre d'Art Santa Mònica, 1991, p. 69.
VALLDOSERA, Eulàlia. *Eulàlia Valldosera: obres 1990-2000*. Barcelona: Fundació Antoni Tàpies, 2000, p. 105.
VILLEGLÉ, Jacques. *Raymond Hains et la photographie*. Paris: CNAC, Musée national d'art moderne, 1976. Citat a *Raymond Hains*. Barcelona: MACBA / Actar, 2001, p. 176-177.
WILLIAMS, Raymond. «The Analysis of Culture», a *The Long Revolution*. Londres: Chatto & Windus, 1961, p. 57-70. Recollit a Charles Harrison i Paul Wood (eds.). *Art in Theory 1900-1990*. Oxford / Cambridge, Mas.: Blackwell, 1992, p. 712-717 (versió íntegra).
ZORIO, Gilberto, text publicat a Germano Celant. *Arte povera*. Milà: Mazzotta, 1969. Recollit a Germano Celant. *Gilberto Zorio*, València / Florència: IVAM i Hopeful Monster Editore, 1991, s/p.

1. Exposició *Col·lecció*, juny – novembre 2000
2. **Richard Long**, *Thames Circles*, 1991. Col·lecció MACBA. Fundació Museu d'Art Contemporani de Barcelona
3. Exposició *Col·lecció Onnasch*, novembre 2001 – febrer 2002
4. *SónarMACBA*, juny 2002

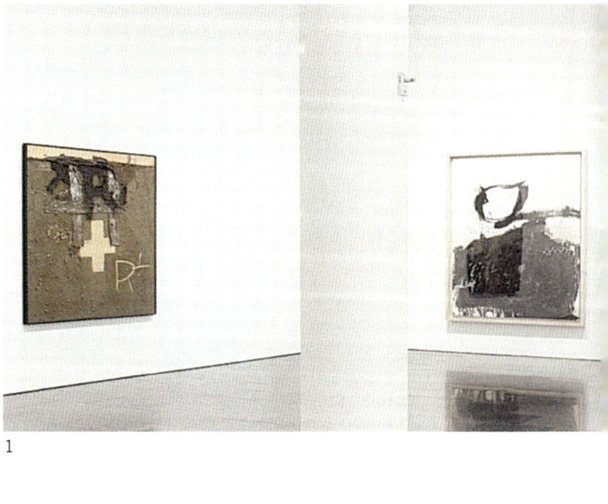

1

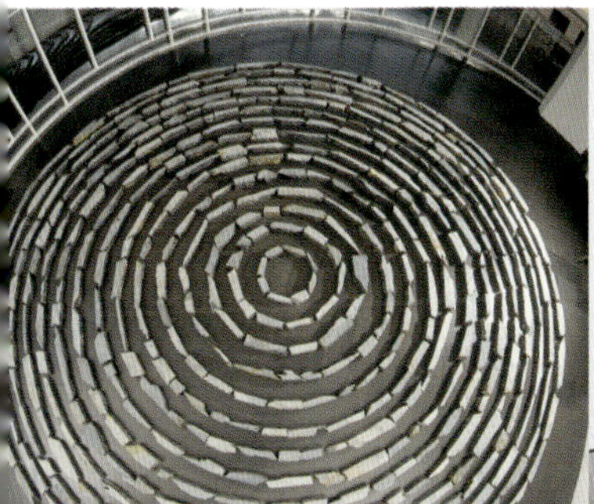

2

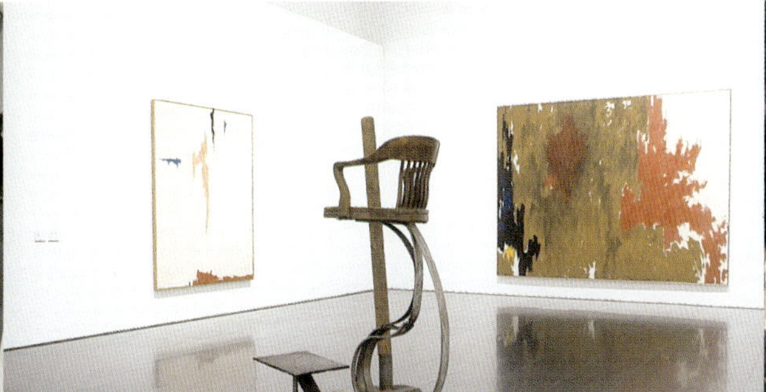

3

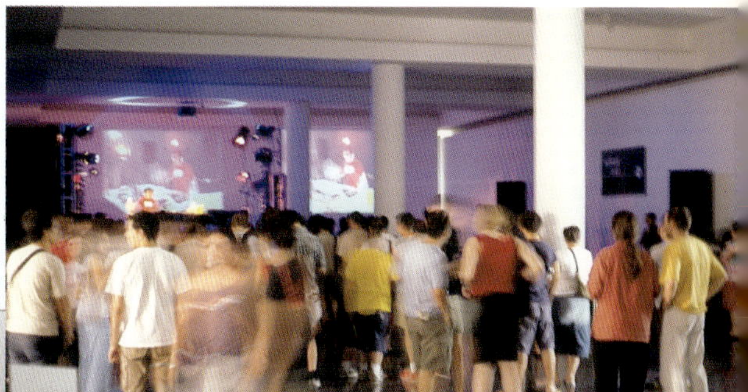

4

FUNDACIÓ MUSEU D'ART CONTEMPORANI DE BARCELONA

APORTACIONS

Membre d'honor
Repsol YPF

Benefactors permanents
Daniel Cordier
Juan March Delgado
Media Planning Group
Jorge Oteiza
Leopoldo Rodés Castañé
Fundación Bertrán
Fundación Retevisión
Sara Lee Corporation

Empreses benefactores
Banco Urquijo
El Consorci de la Zona Franca
El Corte Inglés
Fundación Telefónica

Empreses protectores
Fundación Cultural Banesto
Hotel Arts Barcelona
Merrill Lynch
RACC Club
Torras Papel

Empreses col·laboradores
Basi
Citigroup Private Bank
Clifford Chance
Ernst & Young
Ferrater Campins Morales
Fundació Miguel Torres
Fundació Privada Damm
Gràfiques Pacífic
Grupo Esteve
JP Morgan Private Bank
Obrascón Huarte Laín –OHL–
R & W Comunicación
Recoletos Grupo de Comunicación
Sono (Euphon Group)

Benefactors
M. Carmen Buqueras de Riera
Lady Jinty Latymer
Enrique Ordóñez Las Heras

Protectors
Fundación Herberto Gut de Prosegur
Dinath de Grandi de Grijalbo
José Mª Juncadella Salisachs
Pere Portabella

Col·laboradors
Deloitte & Touche España
Equipo Singular
Fundación Cuatrecasas
Ventura Garcés Bruses
Garrigues Advocats i Assessors Tributaris
Antonio Paricio
Eva de Vilallonga

Cercle Contemporani
Lluís Badia Almirall
Manuel Curtichs Pérez-Villamil
Instituto Dr. Javier de Benito
Jaime Malet
Ernesto Ventós Omedes
Hubert de Wangen

El Taller
José Luis Blanco Ruiz
Cristina Castañer Sauras
Pilar Cortada Boada
Ana Díaz Suñer
María Entrecanales Franco
Fernando Escura Seres
Pedro de Esteban Ferrer
Josep Gaspart i Bueno
Teresa Guardans de Waldburg
Pilar Líbano Daurella
Álvaro López Lamadrid
Juan Lladó Arburúa
Ignacio Malet Perdigó
Mercedes Mas de Xaxàs Faus
Sara Puig Alsina
Jordi Pujol Ferrusola
Alfonso Rodés Vilà
Francesc Surroca Cabeza
Tomas Tarruella Esteva
Alejandro Ventós Omedes

Directora
Ainhoa Grandes Massa

Departament de mecenatge
Sandra Miranda Cirlot

Secretaria i administració
Claudia Lepori Osés

Membre d'honor

Concepció
Manuel J. Borja-Villel
amb Antònia Mª Perelló

Edició
Mela Dávila

Coordinació
Anna Jiménez Jorquera

Documentació
Bénédicte Baqué
Kaira Marie Cabañas
Núria Homs
Neus Miró
Sílvia Noguer
Rosa Prats
Ariadna Robert
Valentín Roma
Xavier Rossell
Tania Saraiva
Marta Vega

Traduccions al català
Discobole
Mariam Chaïb Babou
Clara Maragall

Correcció
Clara Maragall

Disseny i maquetació
Edicions de l'Eixample

Producció
Elisabet Surís

Fotomecànica
Diacrom

Impressió
Gràfiques Ibèria

Distribució
ACTAR
Roca i Batlle, 2
08023 Barcelona
Tel: +34 93 418 77 59
Fax: +34 93 418 67 07
info@actar-mail.com
www.actar.es

ISBN: 84-89771-00-6
DL: B-27159-2003

AGRAÏMENTS

Martí Anson
Associació Art Barcelona
David Balsells
Antoni Bernad
Cisco Bernaus
Nimfa Bisbe
Xesús Borraxeiros
Guy Brett
Eduard Carbonell
José Francisco Carrascosa
Amat Carreras
Pere Casanovas
Christopher Grimes Gallery
A.J. Coleman
Victoria Combalía
Daniel Cordier
Marisa Díez de la Fuente
Corinne Diserens
Ediciones Omega
Elvireta Escobio de Millares
Jordi Font
Joan Fontcuberta
Anna Fontelles
Fundació J.V. Foix
Fundació Joan Brossa
Fundación Ordoñez-Falcón
Wolfram Gabler
Galería Juana de Aizpuru
Helena Gomà
Dominique Grass
Carles Guerra
Hans Haacke
Hatari Films
Lluís Llucià
David Lorente
Peter Meeker
Antoni Mercader
Samuel Mestre
Anna Mosquera
Pablo Palazuelo
Jordi Pujol
Fernando Quintana
Belén Roldán
Bjorn Roth
Lorena Ruiz de Villa
Tracy Sirés
Pía Subías
Gesine Tosin
Rafael Tous
Juan Varez
Videolab

i a totes aquelles persones que han volgut romandre en l'anonimat, la col·laboració de les quals ha estat fonamental per dur a terme aquesta publicació.

Catàleg imprès sobre
CreatorSilk 170 gr²
TORRASPAPEL

Aquest llibre s'acabà d'imprimir a Barcelona el mes de juliol de 2003